LE PARFAIT INGENIEUR FRANÇOIS.

LE PARFAIT
INGÉNIEUR FRANÇOIS,
OU
LA FORTIFICATION
OFFENSIVE ET DÉFENSIVE;
CONTENANT
LA CONSTRUCTION, L'ATTAQUE ET LA DÉFENSE
des Places régulieres & irrégulieres, selon les méthodes de Monsieur DE VAUBAN, & des plus habiles Auteurs de l'Europe, qui ont écrit sur cette Science.

NOUVELLE EDITION

Corrigée & augmentée de la Relation du Siege de LILLE, & du Siege de NAMUR, & enrichie de plus de cinquante Planches.

Par M. l'Abbé DEIDIER, Professeur royal des Mathématiques à l'Ecole d'Artillerie de la Ferre.

A PARIS,

Chez CH. AN. JOMBERT, Imprimeur-Libraire du Roi pour le Génie & l'Artillerie, rue Dauphine, à l'Image Notre-Dame.

M. DCC. LVII.
AVEC APPROBATION ET PRIVILEGE DU ROI.

A MONSIEUR
DE VALLIERE,
LIEUTENANT-GÉNÉRAL
DES ARMÉES DU ROI,

GRAND-CROIX DE L'ORDRE ROYAL-
Militaire de Saint-Louis, & Directeur général des
Écoles d'Artillerie.

MONSIEUR,

LORSQUE je mis au jour pour la premiere fois l'Ouvrage que j'ai l'honneur de vous présenter, je me défiois tellement de mes forces, que je ne voulus jamais consentir qu'on

a ij

l'annonçât sous mon nom. L'accueil favorable que le Public lui fit, me rassura un peu : mais malgré ce jugement si gracieux, je sentois toujours en moi-même que je ne devois en faire une seconde Edition, qu'après avoir consulté quelque personne éclairée, & qui eût long-temps pratiqué un métier que je ne connoissois que par la simple spéculation. Dans cette vue, à qui pouvois-je mieux m'adresser qu'à vous, Monsieur, dont la France & l'Europe entiere admire la science, & les vertus civiles & militaires que vous avez fait paroître dans tant d'occasions. J'eus donc l'honneur de vous rendre mes devoirs, & vous voulûtes bien me traiter avec cette politesse qui vous est si ordinaire, surtout pour les personnes qui travaillent à se rendre utiles au Public. Quelque temps après, les lumieres dont vous eûtes la bonté de me faire part, me mirent en état de faire cette seconde Edition, où, après avoir corrigé bien des fautes qui m'étoient échappées dans la premiere, j'ai ajouté grand nombre de choses utiles & intéressantes que je n'avois pas encore connues. J'ose donc vous supplier, Monsieur, d'accepter cet Ouvrage comme un tribut qui n'est dû qu'à vous, & en même-temps comme une marque de ma parfaite reconnoissance, & du profond respect avec lequel j'ai l'honneur d'être,

MONSIEUR,

Votre très-humble &
obéissant serviteur,
DIDIER.

PRÉFACE.

Il est certain que la partie des Mathématiques, qui traite des Fortifications, est la moins abstraite de toutes, mais en revanche il est sûr aussi qu'il n'en est point qui demande plus de prudence & de discernement. S'il n'étoit question, pour défendre une place, que d'entasser ouvrages sur ouvrages, & y jetter une nombreuse garnison, le moindre dessinateur un peu initié dans les premiers principes, seroit en état d'en donner des desseins peut-être encore meilleurs que tous ceux qu'on a vus jusqu'ici: de même, s'il ne s'agissoit que d'emporter une ville à quelque prix que ce fût, quel est l'Officier subalterne, qui avec la valeur naturelle aux François, n'en vînt enfin à bout, pourvu qu'on lui fournît une puissante armée, & les munitions de guerre & de bouche nécessaires pour ce projet. Cependant le sort d'un Prince qui n'auroit que de pareilles ressources, seroit le plus déplorable de tous les sorts, soit qu'il fût obligé de défendre ses places, ou d'attaquer celles de ses ennemis. En se défendant, ses trésors épuisés, par les constructions immenses qu'il seroit obligé de faire, & ses armées, par le grand nombre de troupes qu'il faudroit en tirer pour former ses garnisons, le mettroient bientôt hors d'état de tenir la campagne, & exposeroient tout son royaume aux incursions de ses aggresseurs; que s'il vouloit attaquer lui-même ses voisins, la perte de ses meilleures troupes qu'il seroit contraint de sacrifier à son entreprise, le jetteroit après la victoire dans des inconvéniens mille fois plus dangereux que ceux qu'il auroit prétendu éviter.

Le but de la Fortification n'est donc pas celui qu'elle paroît nous offrir du premier abord : il faut à la vérité construire, défendre & attaquer ; mais il ne faut faire tout cela qu'avec des ménagemens & des précautions conformes à l'état des choses, & qui tournent à l'avantage d'un Royaume, & non pas à sa destruction. C'est à quoi la plûpart des Auteurs qui ont écrit sur cette matiere, n'ont pas pensé autant que le sujet le demandoit. Prévenus des fautes de ceux qui avoient traité des Fortifications avant eux, ils n'ont pas pris garde qu'en s'éloignant d'un écueil, ils alloient donner directement dans un autre dont il étoit plus difficile de se sauver. Errard de Bar-le-Duc, & la plûpart des Ingénieurs de son siecle, ont fortifié d'une maniere très-imparfaite, parce qu'on ne les attaquoit alors que très-imparfaitement : dans la suite l'artillerie s'étant peu à peu multipliée, & la conduite des sieges ayant changé, il a fallu nécessairement songer à se défendre d'un autre façon. Mais qu'a-t'on fait ? on s'est creusé l'imagination pour tâcher de mettre l'assiégé au niveau de l'assiégeant, & à force de tourner ses vues vers cet unique objet, il n'est pas même venu dans l'esprit de ceux qui écrivoient, de s'interroger eux-mêmes pour sçavoir si tout ce qui paroît beau dans le pays des idées, peut se transplanter & ne point s'abâtardir dans le pays de la réalité. Delà cette foule innombrable de systêmes, ou, pour mieux dire, de phantômes, qui auroient bientôt été dissipés à la honte de ceux qui les avoient mis au jour, si l'on s'étoit donné la peine de les mettre en exécution ; & delà aussi le peu de soin

PRÉFACE.

qu'on a pris de nous donner de bonnes maximes, & des regles générales pour défendre & attaquer les places de quelque façon qu'elles fussent construites, ou qu'on voulût diriger leurs attaques. Chaque Auteur a prétendu partager avec les autres la gloire de l'invention; dans cette vue, il s'est donné la torture pour enfanter une méthode, & quelquefois même plusieurs, après quoi il ne s'est attaché qu'à nous faire voir les avantages de ses productions, en supposant toujours que l'ennemi feroit une espece de pacte avec lui pour ne l'attaquer que de la maniere la plus conforme à faire briller sa défense, & pour ne rien faire contre ses ouvrages au-delà de ce qu'il avoit pu prévoir.

Ces considérations me porterent, il y a environ cinq ans, à donner au Public un Traité complet de Fortification, qui fût comme une bibliotheque dans laquelle on trouveroit tout ce qui avoit été écrit jusqu'à nos jours sur la construction, l'attaque & la défense des places, avec des paralleles capables de faire juger du bon & du mauvais de tout ce qui avoit été pratiqué, & de perfectionner par ce moyen ce grand Art si nécessaire à l'Etat. Mon principal but étoit de faciliter l'étude des Fortifications à grand nombre d'Officiers qui n'ont pas toujours ni le pouvoir d'acheter une foule de livres, ni l'intelligence du latin & des langues étrangeres dans lesquelles la plûpart des Traités se trouvent écrits. Les Mémoires de M. de Vauban n'avoient point encore été imprimés dans ce temps-là: ses manuscrits se vendoient quelquefois jusqu'à trois ou quatre cens livres, & ceux qui faisoient ce lucratif commerce avoient grand soin de dire qu'un ouvrage de cette nature ne devoit point être imprimé, de peur que nos ennemis, à qui néanmoins ils les débitoient eux-mêmes, n'en tiraſſent de trop grandes inſtructions. Cependant la multiplication des copies faites preſque toujours par des perſonnes qui n'y entendoient rien, a produit une infinité de fautes ſi conſidérables, qu'il eſt bien des endroits où il n'eſt pas poſſible de deviner quel a été le ſens de l'Auteur, & malheureuſement c'eſt ſur l'une de ces copies défigurées & infideles que les Hollandois ſe ſont aviſés d'en faire une Edition qui eſt devenue encore plus défectueuſe par les fautes d'impreſſion, & par le peu d'intelligence de ceux qui en revoyoient les épreuves. Au reſte, quand même ce précieux ouvrage n'auroit pas ſubi un ſi triſte ſort, il ſeroit toujours vrai de dire qu'il y auroit encore beaucoup à ajouter. Il en a été de Monſieur de Vauban comme de M. Deſcartes & de tous les grands Hommes qui ont fait d'admirables découvertes. La loi fatale qui tranche toujours trop tôt la deſtinée de ces heureux génies, ne leur a jamais permis de perfectionner ce qu'ils avoient commencé, & ce n'eſt qu'après eux que les Sçavans, à la faveur de leurs lumieres, ont pouſſé les choſes beaucoup plus loin qu'on n'auroit cru d'abord qu'elles puſſent aller. On en verra beaucoup d'exemples dans cet ouvrage, & ſurtout dans cette derniere édition, où je fais voir grand nombre d'uſages nouveaux qui m'étoient inconnus lorſque ma premiere édition parut au jour.

Pour rendre ce Traité plus intelligible, j'y explique d'abord toutes les propoſitions de Géométrie, & les termes de l'Art dont je dois me ſervir, obſervant dans la ſuite de ne pas en employer d'autres ſans les définir, & retranchant tous les calculs, à la place deſquels je ſubſtitue des Tables où ces calculs ſe trouvent tout-faits. A la vérité je pouvois employer la voie de la Trigonométrie,

PRÉFACE.

trie, pour éviter les soupçons que l'on a toujours contre des Tables imprimées; mais il m'a paru que les Sçavans auroient beaucoup plus de satisfaction de faire eux-mêmes les calculs que de les lire, & que ceux qui ne les entendent point, ne comprenant rien à ce que j'en dirois, pourroient se dégoûter du reste du Livre, quelque utilité qu'ils en pussent retirer.

Après ce petit préambule, je commence par la construction des places dont il faut nécessairement avoir une exacte connoissance, quand on veut les attaquer, ou les défendre; car c'est toujours sur leur fort ou foible qu'on doit régler ses projets. J'y détaille d'abord avec beaucoup de soin les trois méthodes de M. de Vauban, qui sont sans contredit les meilleures que nous ayons, & je fais voir ensuite par le parallele que j'en fais avec celles des plus fameux Auteurs, que leur noble simplicité est beaucoup au dessus de tout ce que la subtilité de l'esprit humain a pu trouver de plus composé. Ce parallele, en rendant à ce grand Homme l'honneur qui lui est dû, est en même-temps très-propre pour accoutumer ceux qui s'adonnent aux fortifications, à juger facilement du bon ou du mauvais d'une place, selon ce qui se doit, & ce qu'on peut pratiquer dans l'état où l'on est, & non selon des hautes spéculations qui perdent toute leur réalité, dès qu'elles sortent du fonds d'un cabinet. De la construction des places régulieres, je viens à celles des irrégulieres, qui est d'un plus grand usage, à cause du grand nombre d'anciennes Villes qui ont été bâties avant la nouvelle fortification, & je donne des regles pour en corriger les défauts dans quelque cas que ce soit, avec plus de facilité & de rapport aux bonnes maximes, que la plûpart des Auteurs n'avoient fait jusqu'aujourd'hui.

PRÉFACE.

On y verra furtout des Tables & des Méthodes qui abrégeront beaucoup la pratique. Cette matiere me conduit à la fin de la premiere partie que je termine par la conftruction des citadelles & des réduits, où je fais voir l'adreffe dont M. de Vauban s'eft fervi pour rendre les réduits plus petits & moins incommodes, & cependant plus fpacieux en-dedans, à proportion de leur grandeur, & beaucoup plus propres pour l'ufage de la garnifon.

La feconde partie contient en détail les regles qu'il faut fuivre pour bien attaquer & défendre une place. Quoique l'efcalade, le pétard, & les autres furprifes ne foient plus d'ufage aujourd'hui, à caufe des dehors dont les places de guerre font environnées, & de la garde qu'on y fait, j'ai cru cependant ne devoir pas les omettre, tant pour faciliter l'intelligence de l'Hiftoire des Guerres paffées, que pour engager ceux qui font dans les villes mal fortifiées, & où l'on n'a pas toujours une nombreufe garnifon, à fe tenir fur leur garde contre ces fortes d'entreprifes, dont l'ennemi pourroit faire revivre l'ufage à leurs dépens. Delà, après avoir dit un mot des attaques d'emblée & par bombardement, je paffe aux grands fieges, où je conduis mon Lecteur comme par la main, depuis l'inveftiture jufqu'à la reddition d'une place, lui faifant obferver l'étendue & le travail des lignes dans lefquelles on fe renferme pour envelopper la place, & arrêter les fecours qui pourroient lui arriver; les gardes avancées, foit du côté de la campagne, foit du côté des fortifications, pour éviter les furprifes; le foin que l'on a de reconnoître les travaux de l'ennemi, pour diriger toujours fes attaques du côté le plus avantageux pour l'affiégeant; la conduite de la tranchée toujours

PRÉFACE.

dégagée des enfilades, & toujours en état de se défendre contre les sorties; l'invention ingénieuse de la sappe qui conduit l'assiégeant dans moins de huit jours au pied du glacis, sans perdre quelquefois un seul homme, malgré le feu de la place, sous lequel on travaille; l'adresse de placer ses batteries qui servent tout à la fois & à démonter le canon de l'assiégé, & à l'inquiéter lui-même, par le moyen des ricochets, dans les endroits les plus couverts; l'étendue des paralleles qui resserrent l'ennemi, & lui ôtent toute espérance de réussir dans ses sorties, à cause du grand nombre de troupes qu'elles lui opposent; les précautions dont on use pour rendre inutile ce que l'assiégé pourroit entreprendre du côté du dessous, tandis qu'on se rend maître du dessus; le soin que l'on prend d'épargner le sang des soldats, soit en les faisant travailler à couvert, dès qu'il y a le moindre danger, soit en ne les conduisant aux attaques de vive-force, que lorsqu'on ne peut faire autrement; la maniere adroite de chasser l'ennemi du chemin couvert, d'emporter ses dehors, de se loger sur ses breches, & de le pousser jusques dans ses derniers retranchemens, sans avoir recours à ces assauts aussi douteux que meurtriers, que l'on regardoit autrefois comme l'unique moyen d'avancer; enfin, le peu de temps que l'on emploie à terminer un Siege, malgré tous ces ménagemens qui semblent d'abord si opposés à la rapidité avec laquelle on vient cependant à bout de la défense la plus obstinée. Après la description des sieges, je fais passer légérement mon Lecteur sur les attaques brusques, & les blocus dont on se servoit anciennement à l'égard des places qui passoient pour imprenables, plutôt par l'ignorance des assiégeans, que par leur heureuse situation; & je finis en lui faisant examiner trois projets d'attaque, qui étoient autrefois les plus estimés, afin qu'il juge lui-même des avantages de celles dont je lui ai fait le détail, & par conséquent des grandes obligations que nous avons à M. de Vauban.

Le détail des attaques est suivi de celui de la défense. Je me renferme, pour ainsi dire, dans une place, où je suppose qu'un sage & vaillant Gouverneur doit essuyer les différentes attaques dont j'ai parlé, successivement les unes après les autres. Je le fais voir toujours zélé pour l'intérêt de son Prince, s'occuper uniquement à conserver la place qu'il lui a confiée; en observer soigneusement toutes les parties; y retrancher ce qu'elle a de défectueux; y ajouter ce qui peut la rendre plus forte; ne rien souffrir autour d'elle à la portée du canon qui puisse lui être nuisible; y entretenir une bonne & vigilante garnison, qui ne s'écarte jamais des regles de la discipline; veiller aux provisions de guerre & de bouche; observer les démarches de l'ennemi pour éviter les surprises; s'attirer par ses bonnes manieres l'amitié des habitans & des soldats; regarder sa garnison comme ses propres enfans, ne les exposer que selon la force de ses travaux; chicaner cependant jusqu'à un pouce de terrein; profiter de tous les avantages de ses fortifications; retarder les progrès de l'assiégeant par cent nouvelles chicanes qu'il invente tous les jours pour l'arrêter, s'il se peut, jusqu'à ce que la mauvaise saison, les maladies, ou le manque de nourriture ou de fourrage, l'obligent de décamper, ou pour donner le loisir à son Prince de lui envoyer du secours; pousser la défense aussi loin qu'il le peut, & obtenir à la fin une glorieuse capitulation, ou s'ouvrir un passage avec toute sa garnison à travers l'armée qui l'environne, plutôt que de se rendre à des

PRÉFACE.

conditions indignes de la conduite qu'il a tenue.

Plusieurs personnes ont trouvé à redire de ce que dans ma premiere Edition je ne m'étois pas assez étendu sur l'attaque & la défense; ce qui m'a fait voir qu'elles n'avoient fait que feuilleter les planches, sans s'attacher au discours, où certainement elles auroient vu que j'en avois beaucoup plus dit qu'on n'avoit fait jusqu'ici. Cependant pour contenter les esprits, & surtout ceux qui s'imaginent que la vue des desseins suffit pour les rendre sçavans, j'ai ajouté quelques planches, où l'on voit de quelle maniere on doit attaquer les places selon leurs différentes situations, & je n'en ai pas mis davantage, attendu qu'il auroit fallu trois ou quatre volumes au lieu d'un, si j'avois voulu entrer dans le détail de tous les cas qui peuvent arriver. Qu'on se donne la peine de lire attentivement ce que je dis sur cette matiere, qu'on en fasse l'application aux desseins que je donne, en changeant ce qui doit être changé selon les occurrences, & l'on conviendra sans peine qu'un plus grand nombre de gravures n'auroit fait qu'augmenter de beaucoup le prix de ce Volume, sans le rendre plus instructif.

Comme l'application des préceptes est souvent aussi utile que les préceptes mêmes, j'ai donné pour exemple d'une bonne fortification celle de Luxembourg, telle qu'elle est aujourd'hui. On y verra que tout a été construit selon les meilleures maximes, & qu'on n'y a multiplié les dehors & les ouvrages qu'autant que le demandoit la situation de la place, & les considérations que l'on doit toujours avoir dans ces sortes de constructions. J'ai aussi choisi deux des plus fameux sieges qui se soient faits sous le regne de Louis XIV, & qui ont le plus relevé la gloire des François qui, comme l'on sçait, ont toujours été supérieurs à leurs voisins, dans cette partie de la guerre, de même que dans les autres. Le premier de ces sieges est celui de Lille, où M. le Maréchal de Boufflers fit une si belle & si vigoureuse défense contre les attaques vives & redoublées du Prince Eugene, qui étoit alors à la tête de l'armée des Confédérés. Le second, est celui de Namur, où Sa Majesté commandoit en personne, & où M. de Vauban dirigeoit les travaux. La seule lecture des relations que j'en donne est capable d'animer l'émulation des Personnes qui s'adonnent au Génie, & de les porter à se mettre en état d'imiter de si beaux exemples.

C'est-là tout le plan de cet Ouvrage. J'y ai expliqué du mieux qu'il m'a été possible, toutes les difficultés qui pouvoient faire peine au Lecteur; il n'est point de terme que je n'aie clairement défini; point de calculs à faire dont je n'aie donné des tables, afin qu'on n'en eût pas l'embarras; point d'endroits un peu obscurs que je n'aie étendu autant qu'il le falloit pour les mettre à la portée de tout le monde; & point d'autres faciles à entendre que je n'aie mis en peu de mots, pour ne pas rendre la lecture de ce traité trop fatiguante par sa longueur. Ce qui me reste à souhaiter est que ceux qui le liront, puissent, en s'instruisant de cette grande science, parvenir en même temps à servir utilement l'Etat, & à se couronner eux-mêmes de gloire & de lauriers.

APPROBATION.

J'AI lu, par ordre de Monseigneur le Chancelier, un Manuscrit intitulé, *Le Parfait Ingénieur François*. Il m'a paru que l'impression de cet Ouvrage seroit utile au progrès de l'Art Militaire : les méthodes de fortifier les places, suivant les meilleurs Auteurs, y sont expliquées avec tout l'ordre & toute la clarté qu'on peut desirer. Fait à Paris ce 2 Mai 1740.

PITOT.

PRIVILEGE DU ROI.

LOUIS, par la grace de Dieu, Roi de France & de Navarre : à nos amés & féaux Conseillers, les Gens tenant nos Cours de Parlement, Maîtres des Requêtes ordinaires de notre Hôtel, Grand Conseil, Prevôt de Paris ; Baillifs, Sénéchaux, leurs Lieutenans Civils, & autres nos Justiciers qu'il appartiendra : SALUT, Notre cher & bien amé CHARLES-ANTOINE JOMBERT, Libraire ordinaire pour notre Artillerie & pour le Génie, & Libraire à Paris, Nous ayant fait remontrer qu'il souhaiteroit faire imprimer, & donner au Public *l'Arithmétique des Géometres*, & LE PARFAIT INGÉNIEUR FRANÇOIS, s'il nous plaisoit lui accorder nos Lettres de privilege sur ce nécessaires ; offrant pour cet effet de faire imprimer lesdits Ouvrages ci-dessus exposés en bon papier & beaux caracteres, suivant la feuille imprimée & attachée pour modele sous le contre-scel des Présentes. A CES CAUSES, voulant favorablement traiter ledit sieur Exposant, nous lui avons permis & permettons par ces Présentes, de faire imprimer lesdits Ouvrages ci-dessus spécifiés, en un ou plusieurs volumes, conjointement ou séparément, & tutant de fois que bon lui semblera, & de les vendre, faire vendre & débiter par tout notre Royaume, pendant le tems de six années consécutives, à compter du jour de l'expiration du précédent privilege. Faisons défenses à toutes sortes de personnes de quelque qualité & condition qu'elles soient, d'en introduire d'impression étrangere dans aucun lieu de notre obéïssance : comme aussi à tous Libraires-Imprimeurs & autres, d'imprimer ou faire imprimer, vendre, faire vendre, débiter ni contrefaire lesdits Ouvrages ci-dessus exposés en tout ni en partie, ni d'en faire aucun extrait, sous quelque prétexte que ce soit d'augmentation, correction, changement de titre ou autrement, sans la permission expresse & par écrit dudit Exposant, ou de ceux qui auront droit de lui, à peine de confiscation des exemplaires contrefaits, de trois mille livres d'amende contre chacun des contrevenans, dont un tiers à Nous, un tiers à l'Hôtel-Dieu de Paris, & l'autre tiers audit Exposant, & de tous dépens, dommages & intérêts : à la charge que

ces Préfentes feront enrégiftrées tout au long fur le Regiftre de la Communauté des Imprimeurs & Libraires de Paris, dans trois mois de la date d'icelles; que l'impreffion defdits Ouvrages fera faite dans notre Royaume, & non ailleurs, & que l'impétrant fe conformera en tout aux Réglemens de la Librairie, & notamment à celui du 10 Avril 1725; & qu'avant que de les expofer en vente, le Manufcrit qui aura fervi de copie à l'impreffion defdits Ouvrages, feront remis dans le même état où les approbations y auront été données, ès mains de notre très-cher & féal Chevalier le Sieur Dagueffeau Chancelier de France, Commandeur de nos Ordres, & qu'il en fera enfuite remis deux exemplaires de chacun dans notre Bibliotheque publique, un dans celle de notre Château du Louvre, & un dans celle de notre très-cher & féal Chevalier le Sieur Dagueffeau, Chancelier de France, Commandeur de nos Ordres; le tout à peine de nullité des Préfentes: du contenu defquelles vous mandons & enjoignons de faire jouir l'Expofant, fes ayans caufe, pleinement & paifiblement, fans fouffrir qu'il leur foit fait aucun trouble ou empêchement. Voulons que la copie des Préfentes, qui fera imprimée tout au long au commencement ou à la fin defdits Ouvrages, foit tenue pour duement fignifiée, & qu'aux copies collationnées par l'un de nos amés & féaux Confeillers Secretaires, foi foit ajoutée comme à l'Original. Commandons au premier notre Huiffier ou Sergent, de faire pour l'exécution d'icelles tous actes requis & néceffaires, fans demander autre permiffion, & nonobftant clameur de haro, Charte Normande, & Lettres à ce contraires; car tel eft notre plaifir. DONNÉ à Paris, le vingt-troifieme jour du mois d'Août, l'an de grace mil fept cent trente-fept, & de notre regne le vingt-deuxieme. Par le Roi en fon Confeil,
SAINSON.

Regiftré fur le Regiftre IX. de la Chambre Royale & Syndicale des Libraires & Imprimeurs de Paris, N°. 518, fol. 484, conformément aux anciens Réglemens, confirmés par celui du vingt-huit Février 1723. A Paris le trente-unieme Août mil fept cens trente-fept.

LANGLOIS, Syndic.

LE PARFAIT

naire de 60 en 60, dont 10 est la sixieme partie.

Et si la ligne à diviser, par exemple en 6, étoit trop grande, ensorte qu'en ouvrant le compas de proportion, sa grandeur ne puisse pas être comprise de 60 en 60, on la porteroit de 120 en 120, & l'on prendroit alors la distance de 20 à 20 pour la sixieme partie de cette ligne, & ainsi des autres.

Le Cercle est un espace borné d'une ligne courbe, qu'on nomme circonférence, & dont tous les points sont également éloignés du milieu de cet espace qu'on appelle centre, *Fig.* 7, *Planche* 1.

Toutes les lignes menées du centre à la circonférence, sont égales, & s'appellent rayons, comme les lignes CD, CE, *Fig.* 7, *Planche* 1.

Une ligne droite, qui passant par le centre, va aboutir aux deux extrêmités opposées de la circonférence, s'appelle diametre, comme la ligne AB, *Figure* 7, & ce diametre est double du rayon.

Une ligne droite, qui sans passer par le centre, coupe la circonférence en deux parties, s'appelle corde, comme la ligne IL. *Fig.* 7, *Planche* 1.

On divise le cercle en 360 parties égales, qu'on nomme degrés, chacun desquels est divisé en 60 parties, qu'on nomme minutes, & chaque minute en 60 parties, qu'on nomme secondes, & cette division sert à mesurer les angles, comme nous l'allons dire.

L'angle est l'inclinaison de deux lignes, qui se rencontrent en un même point, comme l'angle ABC, *Fig.* 8, *Planche* 1.

Le point B, où les lignes AB, BC se rencontrent, s'appelle sommet de l'angle, & les lignes AB, BC, se nomment côtés ou jambes de l'angle.

Si l'on décrit un cercle autour d'un angle en prenant le sommet pour centre, la portion de cercle renfermée entre les deux jambes de l'angle, sera, ou égale au quart de la circonférence, ou plus grande, ou plus petite. Dans le premier cas, l'angle sera droit, & par conséquent de 90 degrés, qui est le quart de 360, comme l'angle ABC, *Fig.* 9. Dans le second cas l'angle sera obtus, comme l'angle FBE, & dans le troisieme l'angle sera aigu, comme l'angle EBC, *Fig.* 9, *Planche* 1.

Les jambes de l'angle droit sont perpendiculaires entr'elles.

Une Figure est un espace renfermé de plusieurs lignes.

La plus simple de toutes les figures est le triangle : il est composé de trois lignes & de trois angles.

Le triangle considéré par rapport à ses trois côtés, se divise en triangle équilatéral, isoscele & scalene.

Le triangle équilatéral a ses trois côtés égaux, comme le triangle ABC, *Fig.* 10, *Planche* 1.

Le triangle isoscelle a deux côtés égaux, comme le triangle ABC, *Fig.* 11, *Planche* 1.

Le triangle scalene a ses trois côtés inégaux, comme le triangle ABC, *Fig.* 12, *Planche* 1.

Le triangle considéré par rapport à ses angles, se divise en triangle rectangle, acutangle, & obtusangle.

Le triangle rectangle est celui qui a un angle droit, comme le triangle ABC, *Fig.* 13, *Planche* 1, dont l'angle B est droit. Le côté AC opposé à l'angle droit, s'appelle hypoténuse.

Le triangle acutangle est celui qui a ses trois angles aigus, comme le triangle ABC, *Fig.* 14, *Planche* 1.

Le triangle obtusangle est celui qui a un angle obtus, comme le triangle ABC, *Fig.* 15, *Planche* 1.

Le quarré est une figure de quatre côtés égaux, & de quatre angles droits, comme ABCD, *Fig.* 16, *Planche* 1.

Le quarré long, parallélogramme rectangle, ou simplement rectangle, est une figure qui a les quatre angles droits, & les côtés opposés paralleles & égaux, comme ABCD, *Figure* 17, *Planche* 1.

Le parallélogramme qu'on appelle aussi rhomboïde, a les côtés opposés paralleles & égaux, & les angles opposés égaux ; comme ABCD, *Fig.* 18 & 19, *Planche* 1.

Le rhombe a les quatre côtés égaux, & les angles opposés égaux, comme ABCD, *Fig.* 20, *Planche* 1.

Le trapézoïde a ses quatre côtés inégaux ; mais il y en a deux qui sont paralleles, comme ABC, *Fig.* 21, *Planche* 1.

Le trapeze a ses quatre côtés inégaux, & il n'en a point de paralleles, comme ABCD, *Fig.* 22, *Planche* 1.

Toutes les figures qui ont les côtés & les angles égaux, s'appellent polygones réguliers. Le premier est le triangle équilatéral, le second le quarré, le troisieme le pentagone, le quatrieme l'exagone, le cinquieme l'eptagone, le sixieme l'octogone, le septieme l'ennéagone, le huitieme le décagone, le neuvieme l'ondécagone, le dixieme le dodécagone. *Voyez la deuxieme*

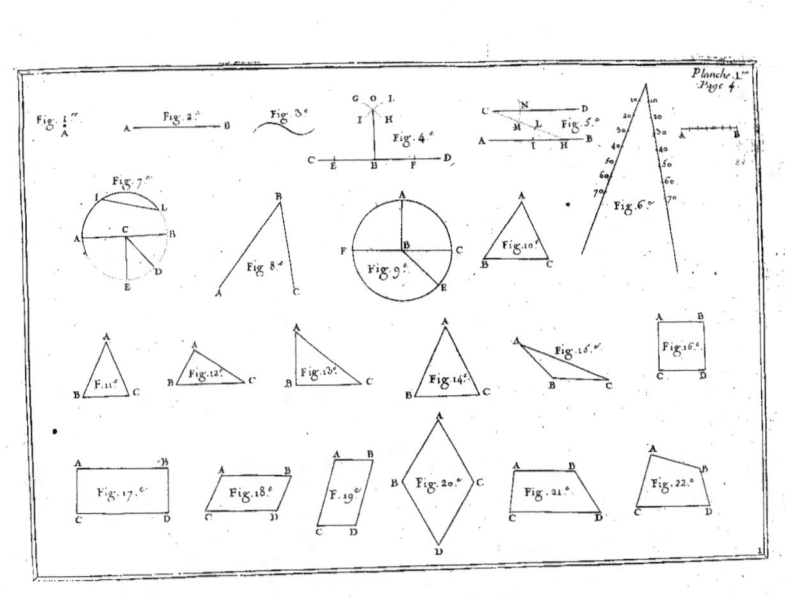

Planche. Les polygones qui ont plus de douze côtés, n'ont point de noms particuliers, & s'appellent du nombre de leurs côtés; ainsi on dit un polygone de 13 côtés, de 14, 15, &c.

Tout polygone régulier a un point qu'on appelle centre, qui est également éloigné du sommet des angles du polygone.

Si du centre du polygone on tire des lignes au sommet de tous les angles, ces lignes, qu'on nomme rayons, diviseront le polygone en autant de triangles égaux, que le polygone a de côtés, *Fig.* 1, *Planche* 2.

L'angle ABC s'appelle angle du centre; l'angle ACD s'appelle angle de la figure ou du polygone. L'angle ACB s'appelle angle du rayon sur le côté, ou angle de la base. Cet angle est toujours la moitié de l'angle du polygone. Les lignes AC, CD, s'appellent côtés du polygone; cependant dans l'usage des Fortifications, on appelle souvent polygone chacun de ses côtés; ainsi au lieu de dire les côtés du polygone qu'on veut fortifier, auront chacun 180 toises de long, on dit chaque polygone aura 180 toises de long. Quoique cette maniere de parler soit absolument contraire à l'idée que la Géométrie nous donne des polygones, je ne laisserai pas de m'en servir dans ce Traité de Fortification, quand l'occasion s'en présentera, parce qu'il est inutile de chicaner sur les mots, dès qu'on convient de la signification qu'on leur donne.

Si du centre B, *Fig.* 1, *Pl.* 2, on décrit un cercle qui passe par le sommet de tous les angles du polygone, ce cercle s'appellera circonscrit au polygone, & le polygone s'appellera inscrit au cercle.

Un cercle ACDE, *Fig.* 2, *Pl.* 2, étant donné, la maniere la plus courte d'y inscrire un polygone tel qu'on voudra, est de se servir du compas de proportion. Supposez, par exemple, qu'il faille y inscrire un pentagone, prenez avec le compas ordinaire la grandeur du rayon BC, & portez-la sur la ligne des polygones, enforte que les deux pointes du compas ordinaire tombent sur le point 6 de part & d'autre; le compas de proportion étant ainsi ouvert, prenez avec le compas ordinaire la distance des points 5, & portez cette distance 5 fois sur la circonférence du cercle donné aux points A, C, D, E, F, joignez ensuite les points par des lignes droites AC, CD, DE, EF, FA, & vous aurez votre pentagone inscrit. Pour l'eptagone vous auriez pris la distance des points 7, pour l'octogone la distance du point 8,

& ainſi des autres. Dans l'exagone le rayon eſt égal au côté : ainſi il n'y a qu'à porter 6 fois ce rayon ſur la circonférence.

Si le rayon du cercle donné étoit ſi grand qu'on ne pût pas le porter ſur la ligne des polygones, comme nous avons dit, on décriroit par le centre du cercle un autre cercle *a c d e f*, dont le rayon Bc feroit plus petit. On inſcriroit dans ce petit cercle le pentagone de la maniere que nous venons de l'enſeigner, après quoi du centre B on tireroit des lignes droites, qui paſſant par les angles du pentagone, iroient couper la circonférence du grand cercle en cinq endroits différens, & l'on tireroit des lignes droites d'un point à l'autre, comme montre la deuxieme figure, *Planche* 2.

La toiſe eſt une meſure dont on ſe ſert en France : elle contient 6 pieds, le pied contient 12 pouces, & le pouce 12 lignes.

Pour ſçavoir combien de toiſes les côtés d'une figure deſſinée ſur le papier, doivent avoir ſur le terrein, on ſe ſert ordinairement d'une échelle qui eſt une ligne droite double, telle que vous la voyez, *Fig.* 3, *Pl.* 2. On la diviſe en un certain nombre de parties qu'on fait valoir une toiſe chacune, ou 5, ou 10, ſelon l'étendue du papier ; c'eſt ce qu'on appelle réduire au petit pied.

On repréſente une Fortification ſur le papier par les plans, les profils, & quelquefois par les élévations.

Le Plan ou Ichnographie, eſt la repréſentation d'un Ouvrage tel qu'il paroîtroit au rez-de-chauſſée, s'il étoit coupé de niveau ſur les fondemens ; il montre la longueur des lignes, la quantité des angles, la longueur des foſſés, & les épaiſſeurs des remparts, des parapets & des banquettes.

Le profil ou ortographie eſt la repréſentation d'un Ouvrage tel qu'il paroîtroit, s'il étoit coupé à plomb depuis la plus haute juſqu'à la plus baſſe de ſes parties. Il montre les épaiſſeurs, les hauteurs & les profondeurs des Ouvrages.

L'élévation ou ſcénographie, eſt la repréſentation de la face d'un Ouvrage telle qu'elle paroît quand on la regarde.

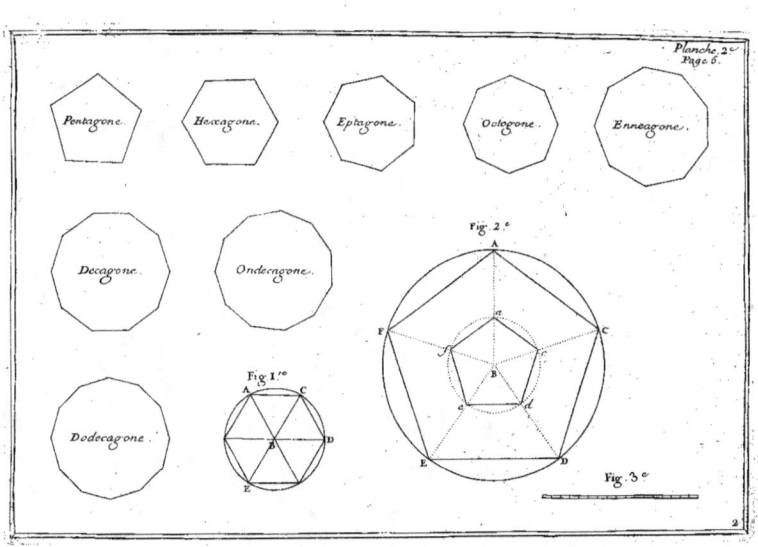

CHAPITRE II.

De l'Invention, & des Progrès de la Fortification.

Plan de cet Ouvrage.

La Fortification, prise dans sa signification la plus étendue, est la science de construire, d'attaquer & de défendre les places.

Elle se divise en Fortification offensive & Fortification défensive.

La Fortification offensive est l'art de conduire un siege, de sorte qu'on se rende maître de la place qu'on attaque.

La Fortification défensive, qui comprend l'Architecture Militaire, est l'art de mettre une place à couvert, & de la défendre contre toutes les attaques de l'ennemi.

Ceux qui commencerent les premiers à se renfermer dans les villes, n'opposerent d'abord à l'ennemi qu'une bonne muraille & un fossé, ce qui d'un côté mettoit l'assiégé au dessus de l'assiégeant, & de l'autre arrêtoit celui qui attaquoit, le contraignant de gagner la muraille ou de la renverser. Peu à peu on bâtit des créneaux au dessus de la muraille pour se mettre à couvert des traits; & comme la hauteur de cette muraille empêchoit de découvrir l'ennemi dès qu'il étoit une fois parvenu jusqu'au pied, on y fit diverses ouvertures d'espace en espace, auxquelles on ajouta des meurtrieres, par lesquelles on jettoit des pierres du haut en bas sur ceux qui s'étoient approchés. Mais comme on ne pouvoit pas trop multiplier ces ouvertures, de peur d'affoiblir la muraille, & qu'on pouvoit facilement s'approcher dans les entre-deux sans être découvert, on s'avisa de bâtir des tours quarrées pour pouvoir prendre l'ennemi en flanc. Ces tours étoient encore défectueuses, en ce que leur face restoit sans défense; c'est pourquoi on jugea à propos de les faire rondes, tant pour découvrir du haut de la muraille l'ennemi qui en approcheroit, que pour les rendre plus fortes par cette figure contre les coups de bélier, qui étoit la machine ordinaire dont on se servoit pour les abattre. D'autres conserverent les tours quarrées, qu'ils disposerent ensorte qu'elles présentoient un de leurs angles à la campagne ; ce qui leur donnoit un double avantage, en ce que les deux faces qui regardoient la campagne étoient découvertes du haut de la muraille, & que les deux autres n'étoient point apperçues de l'ennemi, qui en étoit cependant fort incommodé au passage du fossé.

Cette maniere de fortifier par des tours a duré fort long-temps ; mais enfin les Vénitiens, fatigués des attaques continuelles des Empereurs Ottomans, ont inventé la méthode de fortifier par des bastions ; méthode absolument nécessaire depuis l'invention du canon, auquel la petitesse des tours ne pouvoit résister, & qui ayant été cultivée par grand nombre d'Auteurs Hollandois, Allemans, Italiens, & François, a été enfin perfectionnée par M. de Vauban, qui l'a mise sur le pied où nous la voyons aujourd'hui.

Les places que l'on veut fortifier par cette méthode, sont ou régulieres, ou irrégulieres : les régulieres sont celles dont le contour est semblable à un polygone régulier, dont les côtés n'excédent pas la longueur de 200 toises : les places irrégulieres sont celles, ou qui ont le contour irrégulier, ou qui ayant leur contour régulier, ont les côtés plus longs de 200 toises, ou moindre de 160. De ces deux sortes de places sont venues deux sortes de fortifications ; l'une qu'on appelle réguliere, & qui convient aux places de la premiere espece, & l'autre qu'on appelle irréguliere, & qu'on applique aux places de la seconde espece.

Mon dessein dans cet Ouvrage est de détailler le mieux qu'il me sera possible, les trois manieres différentes de fortifier, que M. de Vauban a mis en usage dans les différentes places qu'il a fait bâtir, soit régulieres, soit irrégulieres : je ferai ensuite un précis des méthodes qui ont été employées par les Auteurs qui l'ont précédé, afin qu'on puisse juger de la supériorité & des avantages de celles de M. de Vauban. Delà je passerai à l'attaque des places ; c'est-à-dire, à la méthode que ce grand Auteur veut qu'on emploie dans ces occasions, & je finirai par quelques regles dont on doit se servir dans la fortification défensive lorsqu'on est attaqué, & qui ont tant de rapport à l'attaque, qu'on ne les auroit pas entendues facilement, si j'en avois parlé avant d'avoir expliqué la fortification offensive.

CHAPITRE

CHAPITRE III.

Explication des Parties d'une Place, des différens dehors qu'on y ajoute, des Angles & des Lignes qui composent ces Parties, & des Lignes occultes qui servent à la construction.

Des Parties d'une Place, et de ses Dehors.

A. Corps de la Place. C'est un assemblage de plusieurs édifices à l'usage du public & des particuliers, séparés par des rues, & ornés de places pour la commodité de ceux qui y demeurent. *Voyez la Figure* 1ere *de la Planche* 3.

B. Rempart. C'est une élévation de terre qui regne autour de la place pour mettre les édifices à couvert, & y poster des troupes qui en défendent les approches avec le mousquet & le canon. On le revêt ordinairement d'une muraille de pierre ou de brique, & quelquefois d'un simple gazon.

C. Bastion. C'est une partie du rempart qui avance vers la campagne pour mieux découvrir l'ennemi, & l'empêcher d'approcher. Les deux côtés qui regardent la campagne, s'appellent faces, & les deux autres s'appellent flancs. La partie du rempart qui regne entre deux bastions, s'appelle courtine.

Quand les flancs rentrent en dedans du bastion, & sont couverts par l'extrêmité des faces, le bastion s'appelle bastion à orillons, comme le bastion D.

E. Fossé. C'est une profondeur qui regne autour des remparts & des ouvrages de dehors, pour éviter les surprises. Il est quelquefois plein d'eau, & quelquefois sec. Le bord du fossé du côté du rempart, se nomme escarpe, & celui qui est vers la campagne s'appelle contrescarpe.

F. Tenaille. C'est un ouvrage qu'on met devant la courtine pour défendre le fossé. Il y en a de deux sortes : la tenaille simple, qui est composée de deux faces, telle que la tenaille F, & la tenaille double, qui est composée de deux demi-bastions & d'une courtine, comme la tenaille H. Cet ouvrage, de même que tous les autres, est revêtu de pierre, de brique, ou de gazon.

I. Demi-lune ou ravelin. C'est un ouvrage qu'on fait dans le fossé pour couvrir les portes ou les ponts, qui sont ordinairement sur le milieu de la courtine. Il y en a de deux sortes; les unes sont composées simplement de deux faces, comme la demi-lune I, & les autres ont deux faces & deux flancs, comme la demi-lune L. On ajoute quelquefois au côté de la demi-lune des petites lunettes, qui en sont séparées par un fossé, comme la demi-lune L: quelquefois aussi on couvre ses faces de deux grandes lunettes, qui en sont séparées par un fossé, comme la demi-lune M; à quoi on peut ajouter encore une petite lunette vers la pointe de la demi-lune, comme vous voyez en N.

O. Ouvrage à corne. Cet ouvrage est composé d'une courtine & de deux demi-bastions. On le place ordinairement devant la demi-lune, ou à la pointe d'un bastion pour le couvrir. On met aussi une demi-lune devant la courtine de cet ouvrage.

P. Ouvrage à couronne. Il est composé d'un bastion, de deux demi-bastions & de deux courtines. On n'emploie cet ouvrage que dans la nécessité, soit pour couvrir un fauxbourg, ou une source d'eau nécessaire à la Place, & soit pour renfermer une éminence qui domine sur les remparts, ou un lieu creux qui pourroit servir de retranchement à l'ennemi. On met ordinairement des demi-lunes devant les courtines de cet ouvrage.

Le rempart & les autres ouvrages sont couverts sur leur bord extérieur d'une élévation de terre d'environ 6 pieds, qu'on nomme parapet, pour mettre à couvert ceux qui les défendent: on y ajoute en dedans une petite marche nommée banquette, haute environ de deux pieds & demi, pour mettre les Mousquetaires en état de tirer pardessus le parapet. On fait à ce parapet, d'espace en espace, des ouvertures nommées embrasures, pour tirer le canon.

S. Chemin couvert. C'est un chemin large d'environ 5 toises, qui regne autour de la contrescarpe, & qui est couvert d'un parapet: on y fait à tous les angles rentrans des places d'armes qui sont des espaces plus grands, tels que vous les voyez dans la figure; c'est-là où les Mousquetaires se retirent, quand ils sont pressés par l'ennemi.

V. Glacis. C'est une pente douce qui part du parapet du

chemin couvert, & qui va se perdre insensiblement dans la campagne.

Il y a d'autres ouvrages que je n'ai point mis ici, de peur de surcharger la figure, & dont je parlerai dans la suite, lorsque je donnerai le détail des constructions.

Des Lignes & des Angles qui composent les parties d'une Place.

AB, BC, faces du bastion. AE, CF, flancs du bastion. EH, courtine. *Voyez la Figure 2, Planche 3.*

La ligne HEABCF, qui par sa continuité forme les courtines, les flancs & les faces, s'appelle ligne magistrale, tant parce que c'est par elle qu'on commence la construction, que parce que cette ligne enferme la place, tout ce qui est au-delà n'étant que des dehors qu'on employe pour la défense de cette ligne. Quand on trace une place sur le papier, on fait cette ligne beaucoup plus épaisse que les autres.

Après avoir tracé la ligne magistrale, on lui tire en dedans une ligne parallele MNOQIL, à la distance d'environ douze ou quinze toises : cette ligne marque l'extrêmité intérieure du rempart. Quand cette ligne suit parallélement les flancs & les faces du bastion, le bastion s'appelle vuide, tel qu'est le bastion P, & quand cette ligne n'entre pas dans le bastion, le bastion s'appelle bastion plein, comme le bastion S.

Entre la ligne magistrale & celle qui marque l'extrêmité intérieure du rempart, on trace deux autres lignes qui suivent parallélement partout la ligne magistrale, celle qui est plus proche de la magistrale, marque l'extrêmité intérieure du parapet, & celle qui vient après, marque l'extrêmité de la banquette.

L'angle ABC, s'appelle angle du bastion, ou angle flanqué, parce qu'il est vu & défendu par les flancs des bastions opposés P, X.

L'angle EAB, s'appelle angle de l'épaule, ou simplement épaule, parce qu'il couvre l'épaule de ceux qui sont le long du flanc.

L'angle HEA, s'appelle angle du flanc, c'est-à-dire, l'angle que le flanc fait avec la courtine.

L'angle TVY, s'appelle angle rentrant dans la contrescarpe, & l'angle VYX, s'appelle angle saillant de la contrescarpe.

On arrondit toujours l'angle faillant de la maniere que vous le voyez dans la figure; ce qui laisse un espace qu'on appelle place d'armes.

Des Lignes & des Angles occultes qui ne paroissent point après la construction.

O Centre du polygone. AB côté extérieur du polygone. CD côté intérieur. *Voyez la Figure* 3, *Planche* 3.

OB Grand rayon, OD petit rayon; OE rayon droit sur lequel Monsieur de Vauban prend ce qu'il appelle la perpendiculaire.

CI, CG, demi-gorge du bastion, dont la ligne droite GI est la gorge entiere, où l'on doit prendre garde que les deux demi-gorges prises ensemble, sont toujours plus grandes que la gorge entiere, les deux demi-gorges se formant par la continuation des courtines jusqu'au rayon, ce qui fait qu'elles font un angle; au lieu que la gorge entiere est une ligne droite tirée de l'extrêmité d'une courtine à l'extrêmité de l'autre.

CA capitale. C'est l'excès du grand rayon sur le petit.

IB ligne de défense rasante, ainsi appellée, parce que le Mousquetaire qui seroit au point I, ne pourroit point tirer contre la face LB, mais seulement la raser.

TB ligne de défense fichante, ainsi appellée, parce que le Mousquetaire qui seroit au point T, pourroit tirer contre la face ZB. Il est évident que dans ce cas on peut raser cette face de quelque point de la courtine, tel que seroit le point V, & alors la ligne VB s'appelle ligne de défense rasante, & la partie VT de la courtine, d'où l'on peut découvrir cette face, s'appelle second flanc, ou feu dans la courtine.

L'angle AOB s'appelle angle du centre. L'angle ABX, angle du polygone extérieur; l'angle OAB, angle de base extérieure, ou angle du rayon sur la base extérieure: il est toujours la moitié de l'angle du polygone. L'angle CDT, angle du polygone intérieur, & l'angle ODT, angle de base intérieure, ou angle du rayon sur la base intérieure.

L'angle BIH que la ligne de défense BI, fait avec le flanc IH, s'appelle angle flanquant intérieur, quand il n'y a point de second flanc; & lorsqu'il y en a un, l'angle flanquant intérieur se forme par la rencontre de la ligne rasante & de la courtine, comme l'angle BVT.

L'angle AQL formé par les deux lignes rasantes, s'appelle angle flanquant extérieur, ou autrement angle de tenaille, & les lignes QA, QB, s'appellent tenailles : c'est delà que le petit ouvrage que M. de Vauban met ordinairement devant la courtine, a pris son nom.

La ligne rasante fait avec la courtine un petit angle BID, qu'on appelle angle diminué; il est toujours égal à l'angle LBA, que fait la face LB, avec le côté extérieur AB, parce qu'il est démontré en Géométrie, qu'une ligne IB inclinée entre deux paralleles ID, AB, fait les angles alternes BID, IBA, égaux.

L'angle ACI que fait la capitale AC, avec la demi-gorge CI, s'appelle angle de gorge.

Quand on dessine un plan sur le papier, on met ordinairement à l'extrêmité de ce papier une échelle, par le moyen de laquelle on connoît la grandeur des lignes qui le composent : dans la fortification réguliere, selon la méthode ordinaire de M. de Vauban, qui donne 180 toises au côté extérieur, il est bon de faire cette échelle de la longueur du côté extérieur, & de la diviser ensuite en 180 parties égales, telle qu'est l'échelle AB de la Planche 4.

CHAPITRE IV.

Des Maximes générales de la Fortification.

1°. Toutes les parties d'une fortification doivent être vues & flanquées, c'est-à-dire défendues par les affiégés.

Cette maxime est la plus essentielle, & sert de fondement aux autres, puisqu'il est sûr que l'ennemi pourroit s'emparer aisément d'une partie qui ne seroit pas défendue, ou la renverser sans danger par une mine.

2°. La longueur de la ligne de défense doit être proportionnée à la portée du mousquet, afin de pouvoir employer tout à la fois le mousquet & le canon, lorsque l'ennemi voudra approcher. La portée du mousquet est tout au plus de 150 toises: mais comme le coup seroit trop foible à cette distance, on donne ordinairement 120 toises à la ligne de défense; ce qui n'empêche pas qu'on ne puisse lui donner quelque chose de plus, comme 130 ou 135: mais il ne faut jamais la prolonger jusqu'à 150, excepté dans des cas de nécessité, & alors il faut suppléer à ce défaut par d'autres défenses plus courtes, pratiquées dans le fossé.

3°. Les parties qui flanquent ne doivent être vues que de celles qu'elles doivent flanquer.

On ne peut pas observer absolument cette maxime, qui rendroit une place parfaite; mais on tâche de suppléer le mieux qu'on peut à ce défaut, par les orillons qui couvrent une partie du flanc, & par les dehors.

4°. Les parties qui flanquent, doivent regarder le plus directement qu'il est possible, celles qui sont flanquées.

Errard, pour mettre son flanc plus à couvert, le fait perpendiculaire à la face du bastion; mais à force de le couvrir, il rend les gorges trop petites, les embrasures trop obliques, & le fossé se trouve presque sans défense. Le Chevalier de Ville tire le flanc perpendiculaire à la courtine; mais les embrasures sont encore trop obliques, surtout dans les polygones de plusieurs côtés, & le fossé est par conséquent mal défendu. Le Comte de Pagan le fait perpendiculaire à la ligne de défense; ce qui

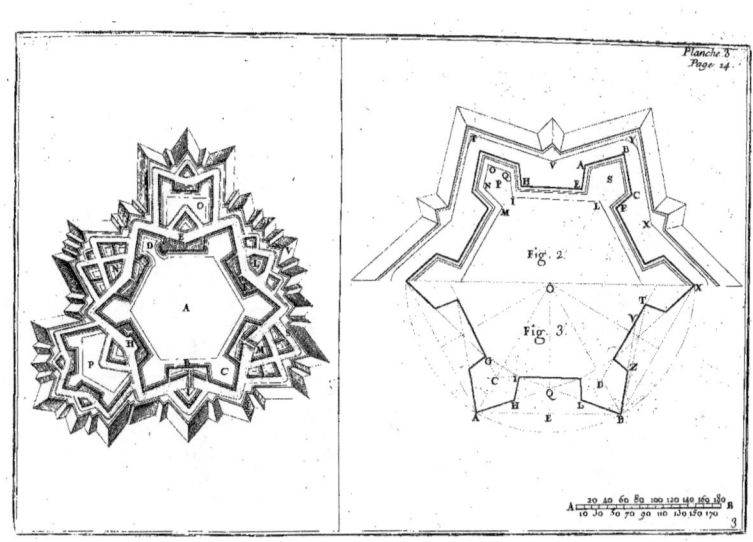

semble convenir parfaitement à cette maxime, puisque par-là le flanc défend le plus directement qu'il est possible, la face du bastion opposé; mais aussi ce flanc devient trop petit & trop exposé aux batteries de l'ennemi: c'est pourquoi M. de Vauban a pris un milieu entre ces différentes méthodes, en tirant son flanc de maniere que, sans le trop découvrir, la défense ne s'éloigne pas de beaucoup de la défense directe. Nous en parlerons dans le Chapitre de la construction.

5°. Les flancs les plus grands, & les plus grandes demi-gorges, sont les meilleurs.

Il est évident que plus le flanc est grand, plus il contient de canon & d'artillerie: c'est ce qui a fait que plusieurs Auteurs ont ajouté un second flanc pour augmenter la défense. Mais outre que ce second flanc ne défend la face du bastion opposé que d'une maniere extrêmement oblique, ce qui est contre la quatrieme maxime, le flanc droit, ou le flanc du bastion se trouve par-là plus exposé aux batteries de l'ennemi, ce qui est encore un grand défaut: c'est pourquoi on se contente aujourd'hui de faire les flancs du bastion les plus grands que l'on peut, sans se servir du second flanc, à moins que la nécessité n'y oblige. Les plus grandes gorges sont aussi les meilleures, parce qu'elles rendent le bastion plus ample & plus propre pour y faire des retranchemens, lorsque l'ennemi a fait breche au bastion.

6°. Les parties exposées aux batteries des assiégeans, doivent être assez fortes pour pouvoir soutenir leurs attaques.

Cette maxime est évidente par elle-même, puisqu'on ne fait des ouvrages autour d'une Place, que pour empêcher l'ennemi de s'en rendre le maître; d'où il suit que les angles flanqués ne valent rien lorsqu'ils sont trop aigus, parce que le canon de l'assiégeant peut en émousser facilement la pointe. Les Hollandois le souffrent au 60ᵉ degré: mais, selon la méthode de M. de Vauban, on ne le met guere au dessous de 75 degrés, à moins que la nécessité ne le demande. C'est pourquoi l'angle du polygone doit au moins être droit pour pouvoir être fortifié, & par conséquent le quarré est la premiere figure réguliere dont on puisse se servir, le triangle ayant ses angles trop aigus pour être capables d'un bastion bien conditionné.

7°. Une place doit être également forte partout:

Car autrement l'ennemi s'attacheroit à la partie la plus foible, d'où il pourroit ensuite se rendre plus facilement maître de la place. On voit par cette maxime qu'en fongeant à donner tous les avantages poffibles à une partie, il faut en même temps fonger à ne pas tomber dans le défaut à l'égard des autres, mais à ménager également les avantages de tous les côtés.

8°. Le corps de la place doit commander dans la campagne, & aucun endroit de la campagne ne doit commander ni dans la place, ni dans les dehors.

On appelle commandement, en terme de fortification, une hauteur qui découvre quelque partie de la place ou de fes dehors. Ce commandement peut être fimple, double, triple, &c. en prenant la hauteur de 9 pieds pour un commandement, celle de 18 pour deux, celle de 27 pour trois, & ainfi de fuite en augmentant toujours de 9.

Il y a trois fortes de commandemens, fçavoir de front, de revers & d'enfilade. Le commandement de front eft celui qui eft oppofé à la face d'un pofte; le commandement de revers eft celui qui bat un pofte parderriere, prenant les troupes à dos; & le commandement d'enfilade, qu'on appelle auffi commandement de courtine, eft celui qui bat d'un feul coup toute la longueur d'une ligne droite.

Quand il arrive un défaut contre cette maxime, il faut le corriger, ou en coupant le commandement, ou en l'enfermant dans quelque ouvrage extérieur, ou en élevant plus haut le rempart du côté du commandement, ou enfin en fe couvrant de cavaliers, ou de traverfes, qui font des ouvrages dont nous donnerons le détail en parlant des conftructions.

9°. Les ouvrages les plus proches du centre de la Place, doivent être plus hauts que les plus éloignés.

Cette maxime n'eft qu'une fuite des précédentes: car fi l'ennemi s'empare d'un ouvrage extérieur qui foit plus bas que le rempart, on pourra toujours du haut du rempart l'empêcher qu'il ne s'en couvre; au lieu que fi cet ouvrage étoit plus haut, la place fe trouveroit dominée, dès que l'affiégeant s'en feroit rendu maître.

10°. Il faut faire accorder les maximes précédentes le plus qu'on pourra.

Il eft difficile, dans la pratique, d'obferver à la rigueur chacune de ces maximes en particulier: fi on veut agrandir la gorge, la face en fouffre; fi on couvre trop le flanc, la défenfe devient trop oblique; fi on le découvre, il eft trop expofé aux

batteries

batteries : en un mot on trouve partout de l'avantage & du dé-
favantage, & le fecret confifte à fçavoir difcerner ce qui convient le mieux, felon les occafions, & à ménager les chofes de
telle maniere, que la fortification ne péche pas confidérablement contre les maximes principales.

CHAPITRE V.

De la conftruction des Ouvrages, felon la premiere méthode de M. de Vauban.

Il y a deux manieres de fortifier fur le papier un polygone régulier; la premiere s'appelle fortifier en dedans, & la feconde fortifier en dehors.

Fortifier en dedans, c'eft repréfenter les baftions & la courtine au dedans du polygone qu'on veut fortifier; & alors ce polygone s'appelle polygone extérieur.

Fortifier en dehors, c'eft repréfenter les baftions & la courtine au dehors du polygone qu'on veut fortifier, & ce polygone prend alors le nom de polygone intérieur.

Errard a commencé le premier à fortifier en dedans, & fa méthode qui étoit extrêmement défectueufe, a été corrigée par le Comte de Pagan, & perfectionnée par M. de Vauban.

Cet illuftre Auteur établit trois fortes de fortifications, la grande, la moyenne, & la petite. La grande a pour côté extérieur depuis 200 toifes jufqu'à 230, ou 240. Il ne l'émploie pas pour tous les côtés d'une place, mais feulement pour le côté qui eft le long d'une riviere, où il met toujours un grand dehors. La moyenne a le côté extérieur de 180 toifes, & c'eft celle qui eft le plus en ufage. La petite a le côté extérieur de 160 toifes, & même au deffous.

Nous fuivrons la moyenne dans toutes les conftructions que nous allons enfeigner, & nous donnerons une table qui montrera les dimenfions qu'il faut donner aux parties de la grande & de la petite.

Construction de la Ligne magistrale, du Rempart, du Fossé, du Chemin couvert & du Glacis.

Supposé donc que nous ayons un eptagone à fortifier ; après avoir fait une échelle de 180 toises, égale à l'un des côtés du polygone, comme nous avons déja dit, *Voyez la Figure* 1 *de la Planche* 4. Divisez l'un des côtés, par exemple, le côté AB en deux également au point C ; de ce point C tirez la ligne CO au centre O, cette ligne sera perpendiculaire sur le côté AB, parce qu'il est démontré en géométrie qu'une ligne qui, passant par le centre, coupe la corde d'un cercle en deux également, est perpendiculaire sur cette corde. Prenez la sixieme partie du côté AB, & portez-la sur la ligne CO en dedans depuis C jusqu'en D ; cette ligne CD est ce que M. de Vauban appelle la perpendiculaire ; elle est toujours égale à la huitieme partie du côté extérieur quand on fortifie un quarré, à la septieme quand on fortifie un pentagone, & à la sixieme quand on fortifie un hexagone, un eptagone, & tous les autres polygones au dessus. Des extrêmités A, & B du côté extérieur, tirez par le point D les lignes de défense indéfinies AF, BE ; divisez le côté extérieur AB en sept parties égales, & portez-en deux sur les lignes de défense de A en I, & de B en L, ce qui vous donnera les deux faces ; prenez ensuite la distance IL, & portez-la sur ces mêmes lignes de défense de I en F, & de L en E, après quoi tirez la courtine EF, & les flancs EI, FL ; si vous faites la même chose sur les autres côtés, vous aurez toute la ligne magistrale.

Voici une table qui marque les différentes grandeurs que l'on peut donner aux côtés des polygones dans la grande, la petite & la moyenne fortification, & même dans celles des forts de campagne, avec la grandeur des faces & des flancs, des perpendiculaires & des capitales des demi-lunes.

INGENIEUR FRANÇOIS.

	Pour les Forts de Campagne.						Petite Fortification.				Moyenne.		Grande.	
Côtés des polygones.	80	90	110	110	120	130	140	150	160	170	180	190	200	260
Perpendiculaires.	10	11	12½	15	16	18	20	25	25	28	30	30	25	22
Faces des Bastions.	22	25	28	30	30	35	40	45	45	48	50	52	55	60
Flancs.	7	8	9	10	10	14	16	18	20	22	24	24	24	24
Capitales de demi-lunes.	25	28	30	35	35	40	45	50	50	52	55	55	60	50

Le premier rang horizontal marque que pour les forts de campagne, on peut donner au côté extérieur du polygone depuis 80 toises jusqu'à 130. Pour la petite fortification, depuis 140 jusqu'à 170. Pour la moyenne, depuis 180 jusqu'à 190, & pour la grande, depuis 200 jusqu'à 260.

Le second rang horizontal montre la valeur des perpendiculaires, selon la grandeur des côtés; ainsi si l'on donne 80 au côté extérieur, le second rang montre qu'il faut donner 10 toises à la perpendiculaire; si l'on en donne 100 au côté extérieur, le second rang montre qu'il en faut donner 12½ à la perpendiculaire, & ainsi des autres; mais il faut prendre garde 1°. que les perpendiculaires ont été calculées pour les forts de campagne sur le pied de la huitieme partie du côté extérieur, parce que ces sortes de forts se font ordinairement quarrés. 2°. Que dans la petite fortification elles sont sur le pied de la septieme partie du côté extérieur, parce que cette fortification est pour les citadelles, qu'on fait ordinairement pentagones. 3°. Que dans la moyenne elles sont sur le pied de la sixieme partie, parce que cette fortification s'emploie pour les grandes places qui sont ou hexagones, ou eptagones, ou au dessus. 4°. Enfin, que dans la grande elles sont sur le pied de la huitieme partie, pour éviter que les angles flanqués ne deviennent trop aigus. C'est pourquoi il faut observer dans l'usage de cette table, que si on faisoit un fort de campagne qui eût plus de quatre côtés, il faudroit faire la perpendiculaire conforme à la regle que nous

C ij

avons donnée ci-deſſus, c'eſt-à-dire, égale à la ſeptieme partie du côté extérieur, ſi c'étoit un pentagone, & à la ſixieme pour un hexagone, & pour tous les autres polygones au deſſus, & non pas ſe ſervir de celle que la table marque, qui n'eſt que pour le quarré. Il faut faire la même obſervation pour la petite & la moyenne fortification, mais on doit toujours ſuivre la table pour la grande, parce qu'on ne l'emploie jamais que ſur un ſeul côté d'un polygone irrégulier.

Le troiſieme rang marque la grandeur des faces des baſtions, ſelon la grandeur qu'on veut donner au côté extérieur : ainſi ſi l'on donne au côté extérieur 80 toiſes, le troiſieme rang marque 22 toiſes pour la face ; ſi on en donne 110 au côté, le troiſieme rang marque 30 pour la face, & ainſi des autres.

Le quatrieme rang marque de même la valeur des flancs, à proportion de la grandeur qu'on veut donner au côté extérieur, & le cinquieme marque la valeur des capitales des demi-lunes qu'on met devant la courtine, à proportion de la grandeur du côté extérieur : cette table peut ſervir pour la fortification irréguliere, de même que pour la réguliere ; mais revenons à notre conſtruction.

Après avoir décrit la ligne magiſtrale de la maniere dont nous venons de l'enſeigner, il faut lui tirer parallélement & en dedans la ligne *a b c d*, qui marquera l'extrêmité intérieure du rempart : ſi les baſtions ſont vuides, cette ligne ſuivra parallélement les flancs & les faces des baſtions, & ſi les baſtions ſont pleins, elle ſera ſeulement parallele à la courtine, & fera un angle vis-à-vis l'entrée du baſtion, comme on peut voir dans la figure.

Le rempart a ordinairement 15 pieds de hauteur ſur le niveau de la place : pour éviter l'affaiſſement des terres, on lui donne en dedans une pente égale à ſa hauteur, ou du moins aux deux tiers, qu'on nomme talus intérieur, pour le diſtinguer de l'extérieur, dont nous parlerons bientôt.

On met le long de ce talus en certains endroits, des rampes ou pentes extrêmement douces, pour monter ſur le rempart : elles ont deux toiſes de largeur, & ſont priſes ſur le talus intérieur. On les place ſelon l'occaſion & le beſoin, tantôt à l'angle du rempart, vis-à-vis l'entrée du baſtion quand le baſtion eſt plein, tantôt le long des flancs, ou à l'angle flanqué quand le baſtion eſt vuide, comme on peut voir dans la figure. On ne marque pas ordinairement dans les petits plans ni les rampes, ni les talus.

Nous avons déja dit que le bord extérieur étoit toujours revêtu, ou d'un simple gazon, ou d'une muraille de pierre ou de brique.

Quand il est revêtu d'un simple gazon on ne peut guere se dispenser de faire son talus extérieur égal à sa hauteur, ou du moins aux deux tiers, pour empêcher l'affaissement des terres; & comme l'ennemi pourroit y monter facilement, on plante au niveau du haut du rempart, autrement dit le terre-plein, des fraises, qui sont des pieux quarrés, posés presque horizontalement à six pouces de distance les uns des autres, & sortans en dehors de dix ou douze pieds pour empêcher les escalades.

Quand le rempart est revêtu d'une muraille, ce que M. de Vauban a toujours observé, le talus extérieur doit être égal à la cinquieme partie de sa hauteur : ainsi en donnant quinze pieds de hauteur au rempart, le talus intérieur doit être de trois pieds; & ces trois pieds de talus extérieur étant ajoutés aux quinze pieds de talus intérieur, réduisent la largeur du rempart au sommet à neuf toises, sur lesquels il faut encore prendre l'épaisseur du parapet & de la banquette dont nous allons parler.

En dedans de la ligne magistrale, & à trois toises quatre pieds de distance ou environ, on tire une ligne qui suit parallélement les courtines, les faces & les flancs, & qui marque l'extrêmité intérieur du parapet; la hauteur de ce parapet est ordinairement de six pieds, son talus intérieur est d'un pied, l'extérieur est continué avec celui du rempart quand il est gazonné; mais l'on n'en fait point quand il est revêtu, & la petite muraille qui le couvre, & qu'on nomme tablette, tombe à plomb sur le haut du revêtement du rempart où l'on met le cordon. Le sommet du parapet doit pencher vers la campagne, de sorte qu'on puisse aisément découvrir le chemin couvert, ce qui réduit la hauteur extérieure du parapet à trois ou quatre pieds environ, selon la largeur du fossé.

Sur le bord intérieur du parapet, & à quatre ou cinq pieds de distance, on tire une autre ligne paralelle partout au parapet, & qui marque l'extrêmité intérieure de la banquette : on lui donne environ deux pieds de hauteur quand il n'y en a qu'une, & un petit talus intérieur; & quand il y en a deux, chaque banquette a deux pieds ½ de large, & un pied de hauteur : la distance qui reste entre le bord intérieur de la banquette & l'extrêmité du talus intérieur du rempart, s'appelle sommet du rempart ou terre-plein, & a environ 5 toises de largeur. C'est là où l'on place le canon & l'artillerie pour la défense de la place.

Le revêtement ou la muraille dont on couvre le rempart, a son fondement au dessous du fond du fossé : son talus commence au fond du fossé, & se termine au cordon qui est au niveau du terre-plein : le cordon est rond, & a environ dix ou douze pouces de diametre. Le sommet de la muraille au cordon, selon la méthode de M. de Vauban, a toujours cinq pieds d'épaisseur, & son talus est toujours la cinquieme partie de sa hauteur, d'où on tire une méthode facile de trouver l'épaisseur qu'il faut donner au pied pardessus le fondement, dès qu'on sçait la hauteur qu'on veut lui donner. Ainsi supposant qu'on veuille donner trente pieds de hauteur à la muraille, il n'y a qu'à prendre la cinquieme partie de la hauteur 30 qui est 6, & l'ajouter à l'épaisseur qu'on doit lui donner au cordon qui est 5, ce qui fait 11 pour l'épaisseur de la muraille pardessus le fondement. On ne peut pas donner de même des regles pour l'épaisseur du fondement, parce que cela dépend de la qualité du terrein qui n'est pas toujours le même.

Afin que cette muraille soutienne plus facilement la poussée des terres du rempart, ou y ajoute en dedans de 15 en 15 pieds, ou de 18 en 18, selon le besoin, des éperons ou contre-forts, qui sont de petites murailles perpendiculaires au revêtement ; leur hauteur monte tout au moins jusqu'au cordon. *Voyez la fig. 2 de la planche 4*, où la ligne AB marque l'extrêmité intérieure du revêtement, la ligne CD s'appelle racine du contre-fort, la ligne EF s'appelle queue du contre-fort, & la ligne IH s'appelle la longueur. Voici une table que M. de Vauban a donné, pour marquer les différentes épaisseurs de toutes ces lignes, selon les différenteshauteurs du revêtement, depuis 10 toises de hauteur jusqu'à 80.

INGENIEUR FRANÇOIS.

Hauteur des Revêtemens	Epaisseur des Revêtemens au sommet	Epaisseur des Revêtemens sur la retraite, ou sur le fondement	Distance du milieu d'un contre-Fort à l'autre	Distance du milieu d'un contre-Fort à l'autre	Longueur des contre-Forts	Epaisseur des contre-Forts à la Racine	Epaisseur des contre-Forts à la queue		Solidité de la Maçonnerie par toises courantes, les contre-Forts étant de 18 en 18 pieds	Solidité de la Maçonnerie par toises courantes, les contre-Forts étant de 15 en 15 pieds
pieds.	pieds.	pieds.	pieds.	pieds.	pieds.	pieds.	pi.	po.	pi. po. lig. poi.	pi. po. lig. poi.
10	5	7	18	15	4	3	2	0	2 0 11 1	2 1 1 4
20	5	9	18	15	6	4	2	8	4 5 0 5	4 9 4 4
30	5	11	18	15	8	5	3	4	8 3 3 1	8 5 1 4
40	5	13	18	15	10	6	4	0	13 2 6 2	14 0 2 8
50	5	15	18	15	12	7	4	8	19 3 8 10	20 4 2 8
60	5	17	18	15	14	8	5	4	27 1 10 2	29 6 2 8
70	5	19	18	15	16	9	6	0	36 3 9 4	39 3 4 0
80	5	21	18	15	18	10	6	8	47 4 5 4	31 2 8 0

M. de Vauban ajoute à cette table quelques remarques que nous allons transcrire mot à mot.

1°. Dans les pays où la maçonnerie est fort bonne, on peut faire l'épaisseur au sommet de 4 pieds ½, mais dans les lieux où elle ne le sera pas, il faudra l'augmenter jusques à 5 pieds 6 pouces, & même plus si elle est fort mauvaise.

2°. Les contre-forts aux angles saillans doivent être redoublés & brasés par rapport aux lignes droites qui forment ces angles.

3°. Les contre-forts seront toujours élevés à plomb à l'extrêmité & par les côtés, & bien liés au corps de la muraille.

4°. Ils seront elevés aussi haut que le cordon ; ils seroient encore meilleurs si on leur donnoit deux pieds de plus pour le soutien du parapet.

5°. Dans les Ouvrages où le revêtement n'est élevé qu'à la moitié ou aux trois quarts du rempart, & le surplus en gazon, il faudra régler son épaisseur comme s'il devoit être élevé en maçonnerie jusqu'au sommet du rempart. Par exemple, si on élevoit quinze pieds en gazon au dessus du revêtement, il faudroit augmenter l'épaisseur au sommet de trois pieds, avec cinq qu'elle avoit déja, pour en avoir huit à la naissance du gazon.

6°. Il faut augmenter la grandeur & la solidité des contreforts à proportion de l'élévation du revêtement. Par exemple, si le revêtement a 35 pieds de haut, sçavoir 20 en revêtement,

& 15 en gazon, il faudra y faire les contre-forts qui ont été réglés fur le revêtement, de 35 pieds de haut, & le revêtement doit avoir la même épaiſſeur à 20 pieds de haut, comme s'il en avoit 35.

7°. Dans les endroits où on fera des cavaliers, comme à Maubeuge, (nous expliquerons ailleurs ce que c'eſt qu'un cavalier) il faudra augmenter le ſommet du revêtement d'un demi-pied d'épais pour chaque cinq pieds de hauteur que le cavalier aura au deſſus du revêtement, & la ſolidité des contre-forts ſera augmentée à proportion; ce qui doit s'entendre des gros revêtemens de la place, & non pas de ceux qu'on fait quelquefois au cavalier, & ſeulement quand le pied du cavalier approche de trois ou quatre toiſes du parapet.

8°. Les deux dernieres colonnes de la Table portent en toiſes, pieds & pouces cubiques, ce que chaque toiſe courante de ces différens revêtemens en contient, réduction faite des contre-forts.

9°. Enfin ces revêtemens ne ſont propoſés que pour la Maçonnerie, qui doit ſoutenir des grands poids de terre nouvellement remuée, & non pas pour celle qu'on endoſſe contre la terre vierge qui ne l'a pas encore été, comme ſont la plûpart des revêtemens des foſſés.

Quoiqu'on ſe ſoit ſervi de cette Table avec beaucoup de ſuccès dans la pratique, & que M. de Vauban aſſure lui-même qu'on l'a expérimentée ſur plus de cinq cens mille toiſes cubes de maçonnerie bâties à 150 Places fortifiées par les ordres de Louis le Grand, cependant M. Belidor, dans ſon excellent Livre de la Science des Ingénieurs, trouve qu'elle n'a pas toute l'exactitude qu'on pourroit lui donner, & voudroit du moins, ſans la rejetter, qu'on y fît quelque correction, par rapport à l'épaiſſeur du ſommet des remparts. Ce ſçavant Auteur, après avoir calculé avec toute l'exactitude poſſible, la pouſſée des terres ſelon les différentes hauteurs qu'elles peuvent avoir, prouve très-bien que le revêtement de dix pieds de hauteur, pris avec les dimenſions que la Table lui donne, eſt en état de ſoutenir une pouſſée double de celle qu'il ſoutient naturellement; que celui de 20 eſt au deſſus de l'équilibre d'un quart de la réſiſtance qu'il lui faut; que celui de 30 n'eſt au deſſus de l'équilibre que d'un huitieme; celui de 40 d'un dix-neuvieme, celui de 50 d'un vingt-unieme, & celui de 60 d'un cinquante-huitieme; de ſorte qu'il qu'il est évident que dans ceux qui sont au dessus, la poussée des terres est au dessus de la résistance : c'est ce qui l'a obligé à calculer des Tables où il donne les différentes épaisseurs du sommet des revêtemens & de leurs bases, selon les différentes hauteurs des terres qu'ils ont à soutenir, & les talus différens qu'on voudroit leur donner, depuis un cinquieme de talus jusqu'à un dixieme : mais comme on pourroit lui objecter que l'expérience est contraire à ce qu'il avance, il répond : 1°. Que les revêtemens que l'on fait d'ordinaire, passent rarement 35 à 40 pieds, & qu'à cette hauteur la résistance est encore beaucoup au dessus de la poussée des terres. 2°. Que les terres n'ont jamais toute la poussée dont elles sont capables, parce que quand on éleve les remparts, on les entretient avec des lits de fascinage, qui font qu'elles se soutiennent presque d'elles-mêmes. 3°. Enfin que le pied du revêtement est bien lié avec les fondemens, qui étant enterrés, ne peuvent pas facilement incliner du côté du fossé, quand même la résistance du revêtement seroit au dessous de l'équilibre ; ce qui n'empêche point qu'on ne prît quelques précautions qu'il propose lui-même pour une plus grande sûreté, & qui nous dispenseroient de faire tous les calculs qu'il a faits, & même d'avoir recours à ses Tables, du moins pour un cinquieme de talus, comme on l'observe dans la Méthode de M. de Vauban. Ces précautions seroient de donner quatre pieds d'épaisseur au sommet du revêtement de dix pieds, quatre pieds & demi à celui de vingt, cinq à celui de trente, cinq & demi à celui de quarante, & ainsi des autres, augmentant toujours l'épaisseur de six pouces, à mesure que la hauteur augmentera de dix pieds ; & à l'égard des autres dimensions on les détermineroit comme elles sont marquées dans la Table de M. de Vauban, observant pourtant toujours de donner un cinquieme de talus.

Comme toutes ces remarques de M. Bélidor sont fondées sur un calcul d'analyse très-exacte, il me semble qu'on devroit y faire attention, & l'observer du moins depuis la hauteur de trente pieds au dessus, & suivre la Table de M. de Vauban depuis dix pieds jusqu'à trente, pour donner plus de résistance contre le canon au sommet des revêtemens.

Dans ce même Livre de la Science des Ingénieurs, M. Bélidor, après avoir enseigné les calculs nécessaires pour trouver les dimensions qu'on doit donner aux contre-forts, prouve par le principe même de Méchanique sur lequel ses calculs sont fondés, que ces contre-forts seroient beaucoup meilleurs, si on les mettoit dans la disposition contraire à celle dont on les met ordinairement, c'est-à-dire, qu'au lieu que leur queue n'est environ que les deux tiers de leur racine, on fît au contraire leur queue non seulement plus grande de la moitié, mais même double de la racine pour leur donner plus de force. Il est vrai, comme il l'avoue lui-même, que les contre-forts dans cette disposition ne seroient pas si bien liés avec le revêtement : mais outre que ce défaut seroit assez compensé par la force plus grande qu'ils acquerroient, on y trouveroit encore un autre avantage, qui est que lorsque le revêtement auroit été détruit par les batteries des assiégeans, les contre-forts qu'il faut nécessairement abattre pour rendre la breche praticable, donneroient moins de prise au canon, ayant leur racine moins large, & par conséquent arrêteroient davantage l'ennemi. Quelque solide que soit ce raisonnement, l'Auteur ne veut pourtant rien décider absolument là-dessus, & donne dans ses Tables les dimensions des contre-forts selon la disposition ordinaire : mais sa modestie n'est en cela que plus louable, & ne doit pas empêcher ceux qui sont chargés de ces sortes d'ouvrages, de faire du moins attention à ce qu'il dit. On ne doit point porter l'estime pour les regles de M. de Vauban, jusqu'à croire qu'on n'y puisse rien ajouter ; & je ne doute point que ce grand homme, s'il vivoit encore, n'approuvât lui-même les remarques qu'on pourroit faire pour perfectionner ses ouvrages, d'autant plus que ses grandes & continuelles occupations pouvoient les dérober facilement à ses lumieres.

Venons à présent à la construction du fossé, après avoir décrit la ligne magistrale, celle du rempart, du parapet & de la banquette de la maniere que nous avons dit ; prenez 18 toises, & de l'extrêmité B de l'angle flanqué, *Pl.* 4. *Fig.* 1, décrivez l'arc 1, 2 ; ensuite des angles d'épaule des bastions opposés tirez les lignes I 1, 3 2, qui touchent cet arc ; faites la même chose à tous les angles flanqués, & vous aurez la ligne qui marque l'extrêmité extérieure du fossé, autrement dite la contre-escarpe, comme vous voyez dans la figure. Ou bien continuez les deux faces de B en 1, & de B en 2, jusqu'à la distance de 18 toises ; tirez par les points 1 & 2 des lignes aux angles d'épaule des bastions opposés, & arrondissez la distance 1, 2 ; le point C, où se coupent les lignes tirées aux angles d'épaule, s'appelle sommet de l'angle rentrant de la contrescarpe, & le point 4, où ces lignes se couperoient, si on les continuoit au-delà de l'arc 12, s'appelle sommet de l'angle saillant de la contrescarpe. On arrondit toujours cet angle pour avoir plus de facilité dans le chemin couvert.

Sur la rondeur de la contrescarpe, on met de côté & d'autre des degrés qu'on appelle pas de souris: ils commencent du point où la capitale prolongée couperoit cette rondeur à la distance de dix ou douze toises sur la contre-escarpe, & vont finir au fond du fossé, selon la pente qu'on leur donne. *Voyez la Figure 1 de la Planche* 4, où ces degrés sont marqués vis-à-vis l'angle flanqué A. La longueur de ces degrés est de sept à huit pieds, & ils entrent d'environ six pieds dans la contrescarpe; on en met aussi au sommet de l'angle rentrant de la contrescarpe, & aux angles rentrans des dehors: ces degrés servent pour la communication d'un ouvrage à l'autre quand le fossé est sec; mais quand il est plein d'eau, on met à leur place des ponts de communication: on ne marque pas ordinairement dans les plans les pas de souris, c'est pourquoi nous ne les mettrons plus dans les figures suivantes, non plus que les rampes dont nous avons parlé ci-devant, & qu'on doit observer de mettre dans les ouvrages extérieurs, comme dans le rempart de la Place.

Quoique nous ayons donné dix-huit toises de largeur au fossé, on ne doit pourtant pas regarder cette mesure comme déterminée & fixe, la longueur & la profondeur du fossé dépendant de plusieurs circonstances, & principalement de la qualité du terrein qu'il faut consulter avant que de déterminer rien là-dessus. Tout ce qu'on peut dire en général, c'est que sa largeur doit surpasser la grandeur des plus grands arbres, afin que l'ennemi ne puisse pas facilement faire des ponts pour le passer. Dans les lieux marécageux où l'on trouve facilement l'eau, on le fait plus large, pour donner plus de peine à l'ennemi quand il voudra le saigner. Dans les lieux élevés, & où il y a du roc, on le fait moins large; mais aussi comme ordinairement il n'y a point d'eau, on le fait plus profond pour éviter les surprises & l'escalade. Enfin dans les lieux où la terre est bonne, on lui donne une largeur & une profondeur médiocre, à moins que quelque autre circonstance ne demande qu'on fasse autrement: mais de quelque maniere qu'on les construise, ils ne sont guere au dessous de quinze toises de largeur, ni au dessus de vingt-deux, & sa profondeur peut aller depuis douze jusqu'à vingt ou vingt-deux.

Le fossé sec a sa contrescarpe & ses talus plus droits, & celui qui est plein d'eau doit avoir plus de talus, s'il n'y a point de revêtement de pierre ou de brique, parce que l'eau détrempant la terre, la feroit facilement ébouler.

Quand le fossé est sec, on y peut pratiquer au milieu un autre fossé plus petit, qu'on appelle cunette ou cuvette, large de deux toises, & profond d'environ six pieds, pour faciliter l'écoulement des eaux, & présenter un nouvel obstacle à l'ennemi : on y peut faire aussi des traverses pour couvrir ceux qui sortent, comme nous dirons dans la suite, des coffres & des caponnieres qui sont des galeries creusées en terre, & couvertes de solives élevées de deux pieds au dessus du fond du fossé. On y fait de petites ouvertures par lesquelles les Mousquetaires qui sont dans ces galeries, peuvent tirer sans être vus. On ne se sert plus guere de ces sortes de galeries depuis l'invention des tenailles.

Le fossé sec, & celui qui est plein d'eau, ont l'un & l'autre de grands avantages, & l'on ne peut déterminer lequel des deux vaut mieux, que selon la situation de la Place & les différentes circonstances où l'on peut se trouver. Le fossé sec est plus commode pour faire des sorties, la Cavalerie même pouvant s'y assembler, pourvu qu'on y pratique des montées : il facilite la retraite quand on est repoussé ; on secoure les dehors plus aisément par son moyen ; enfin on peut le disputer pied à pied, en y faisant des retranchemens : mais en revanche le fossé plein d'eau assure mieux la Place & les dehors contre les surprises, & arrête davantage l'ennemi qui se trouve obligé, ou d'en détourner l'eau, ou d'y faire des especes de jettées avec des fascines & de la terre, pour pouvoir le passer. C'est pourquoi on peut tirer de l'un & de l'autre des grandes utilités qu'il faut sçavoir ménager, selon le besoin.

A cinq toises de la contrescarpe, on lui tire une ligne paralelle qui marque l'extrêmité intérieure du glacis : l'espace renfermé entre ces deux lignes, s'appelle corridor ou chemin couvert, parce qu'il est effectivement couvert par le glacis, qui a six pieds de hauteur de ce côté-là, & va se perdre insensiblement par une pente douce dans la campagne, à la distance de quinze, vingt, ou même trente toises.

Quand il n'est pas aisé de creuser autour d'une Place, on fait le chemin couvert au niveau de la campagne, en le couvrant cependant toujours du glacis ; & quand on peut creuser, on le met trois ou quatre pieds au deſſous du niveau : c'eſt pourquoi on donne à la hauteur du rempart tantôt trois toiſes, tantôt trois toiſes & demie.

On ajoute au pied du glacis, ſur le chemin couvert, une petite banquette ſemblable à celle du rempart. On obſerve auſſi de faire aux angles rentrans des places d'armes, qui ſe conſtruiſent ainſi.

Continuez les lignes du glacis juſqu'à ce qu'elles ſe rencontrent au point 7. De côté & d'autre du point 7, portez 8 toiſes, ce qui vous donnera les deux demi-gorges 7 8, 7 9. Prenez enſuite douze toiſes, & des points 8 & 9 décrivez deux arcs qui ſe coupent au point 10, tirez les lignes 8 10, 9 10, qui vous donneront les deux faces, *Fig.* 1, *Pl.* 4. Nous parlerons ailleurs des traverſes que l'on met ordinairement ſur le chemin couvert : nous ajouterons ſeulement ici que, ſur la banquette qui doit être large de trois pieds, on plante, à un pied de diſtance du glacis, des pieux en loſanges à quatre pouces les uns des autres, c'eſt ce qu'on appelle paliſſade : elles ſont plus élevées que le glacis de deux ou trois pieds ; on les lie avec des traverſes de bois, & leur ſommet finit en pointe, afin que l'ennemi ne puiſſe pas monter pardeſſus.

De la maniere de décrire le Profil du Rempart avec ſon Revêtement, du Foſſé, du Chemin couvert, & de la Contreſcarpe.

Nous avons dit ailleurs que le profil étoit la repréſentation d'un ouvrage, tel qu'il paroîtroit s'il étoit coupé à plomb depuis la plus haute juſqu'à la plus baſſe de ſes parties. C'eſt pourquoi avant que de commencer à le décrire, il faut couper les parties du plan que vous voulez repréſenter par une ligne perpendiculaire à ces parties, telle qu'eſt la ligne YZ, *Fig.* 1, *Pl.* 4. qui coupe perpendiculairement la face du baſtion, la contreſcarpe, le chemin couvert & le glacis : il faut auſſi obſerver de faire pour le profil une échelle beaucoup plus grande que celle du plan, pour mieux repréſenter ces parties.

Ces préparations étant faites, tirez la ligne du niveau de la campagne AB., *Fig.* 3 & 4. *Pl.* 4. portez de A en C douze toises pour l'épaisseur du rempart, de C en D dix-huit toises pour la largeur du fossé, de D en E cinq toises pour le chemin couvert, & de E en B trente ou vingt toises pour le glacis, selon qu'il est marqué dans le plan; ensuite élevez des perpendiculaires sur toutes ces divisions. Portez sur les perpendiculaires AH, CI, trois toises, si le chemin couvert est au niveau de la campagne, & seulement deux toises $\frac{1}{2}$, si le chemin couvert est plus bas de quatre pieds; ce que l'on fait afin que le haut du rempart soit élevé de deux toises sur le glacis qui sert de parapet au chemin couvert, & soit par-là en état de dominer non seulement sur le glacis, mais encore sur les dehors qu'on peut mettre entre le rempart & la contrescarpe. Portez 3 toises de H en L, quand la hauteur du rempart est de 3 toises, ou 2 toises $\frac{1}{2}$, quand elle n'en a pas davantage, & tirez le talus intérieur LA. Portez de I en M 3 toises 4 pieds pour l'épaisseur du parapet; élevez en M la perpendiculaire M, O, de six pieds, pour la hauteur intérieure du parapet, tirez du point O la ligne OD au sommet de la contrescarpe; ce qui vous donnera la pente du sommet du parapet qui doit toujours découvrir le chemin couvert. Ajoutez au pied du parapet en dedans une ou deux banquettes, selon les dimensions que nous avons déjà données, & vous aurez le profil de l'intérieur du rempart, en observant de donner au terre-plein ML une pente d'environ 1 pied & $\frac{1}{2}$ pour l'écoulement des eaux, & à la surface intérieure du parapet un talus d'environ un pied.

Ensuite portez sur les perpendiculaires DP, CQ, quinze pieds pour la profondeur du fossé, si le chemin couvert est au niveau de la campagne, ou dix-neuf s'il est quatre pieds plus bas; tirez la ligne QP, qui marque le fond du fossé; portez de Q en S cinq pieds pour l'épaisseur du revêtement au sommet, & six pieds de Q en T pour son talus, parce que sa hauteur est de trente pieds, dont six est la cinquième partie; tirez la perpendiculaire SV & la ligne TI, ce qui vous donnera le revêtement; ajoutez-y un cordon de dix ou douze pouces de diametre, & pardessus le cordon élevez une petite ligne perpendiculaire jusqu'à ce qu'elle coupe la ligne OD; cette ligne marque la petite muraille qui revêt la face extérieure du parapet, & qu'on appelle tablette; on lui donne ordinairement quatre pieds de hauteur sur trois d'épaisseur. De S en Z, portez huit pieds pour la longueur du contre-fort, & achevez ce contre-fort de la maniere que vous le voyez dans la Figure, obfervant que fa hauteur furpaffe celle du cordon, felon ce qui a été dit auparavant. Ce qui eft en deffous de la ligne ZT, marque les fondemens dont nous ne donnerons point les dimenfions, parce qu'elles dépendent de la qualité du terrein.

Du fommet de la contrefcarpe tirez une ligne en pente d'un pied fur le fond du foffé ; cette ligne marquera le talus du revêtement de la contrefcarpe. Comme les terres du chemin couvert ne font pas des terres remuées, & n'ont pas par conféquent tant de pouffée que les autres, on ne donne ordinairement au fommet du revêtement que trois ou quatre pieds fur un talus du fixieme de fa hauteur.

Quand on fait une cuvette au milieu du foffé, on lui donne deux toifes de largeur par le haut, une toife de profondeur, & trois pieds de talus de chaque côté. Il eft bon alors de faire le fond du grand foffé un peu en pente pour faciliter l'écoulement des eaux dans la cuvette.

Enfin pour achever ce profil, prenez fur la perpendiculaire ER, la partie ER de fix pieds, fi le chemin couvert eft au niveau de la campagne ; & de fept pieds s'il eft au deffous du niveau, & dans ce dernier cas, il faut y ajouter deux banquettes ; enfuite du point R tirez la ligne EB, qui repréfentera le glacis, & tout fera fait.

Conftruction du Baftion à Orillons.

Décrivez un baftion felon la méthode ci-deffus, *Voyez Fig.* 1. *Pl.* 5. Divifez enfuite le flanc droit AC en trois parties, & prenez-en une CB pour l'orillon ; de l'angle flanqué du baftion oppofé, tirez la ligne DBH, enforte que BH qu'on appelle retraite ou brifure, vaille cinq toifes, quand le côté extérieur eft de 180, fix quand ce côté eft de 200, quatre quand il eft de 160, & trois quand il eft de 140. Continuez la ligne de défenfe DA jufqu'en I, & faites la brifure AI égale à la brifure BH ; tirez la ligne droite IH, & faites fur cette ligne le triangle équilateral IHQ, le point Q fera le centre par lequel vous décrirez l'arrondiffement du flanc concave.

Pour avoir l'arrondiffement de l'orillon, qu'on appelle auffi flanc convexe, tirez la ligne droite BC ; divifez-la en deux également au point P, sur lequel vous éleverez la perpendiculaire PO ; ensuite élevez la perpendiculaire CO, sur l'extrêmité C de la face du bastion ; & le point O où ces deux perpendiculaires se couperont, sera le centre d'où vous décrirez l'arrondissement de l'orillon.

Il y a des Auteurs qui ne l'arrondissent point, & qui le terminent par la ligne droite BC ; mais cette maniere d'orillon n'est pas si solide que celle-ci, qui est aujourd'hui généralement suivie.

Il n'y a qu'à jetter les yeux sur la figure, pour voir de quelle maniere il faut mener le parapet & la banquette autour du flanc concave par le moyen du triangle équilateral SQT. Je n'ai point continué le parapet & la banquette devant l'orillon, pour en mieux faire voir la construction. Nous parlerons ailleurs des flancs bas ou casemates, que quelques-Auteurs ajoutent aux bastions à orillons.

Construction des Embrasures, & des Batteries à Barbette.

Les ouvertures que l'on fait au parapet pour tirer le canon, s'appellent embrasures, *Fig.* 3, *Pl.* 5. Ces ouvertures commencent à trois pieds au dessus du terre-plein du rempart, & ont trois largeurs différentes ; la premiere AB est du côté de la place, & a deux pieds & demi ; la seconde CD est à un pied de distance de la premiere, & est de deux pieds ; la troisieme NM qui est en dehors, est de neuf pieds : la partie du parapet qui reste entre les embrasures, s'appelle merlon : on donne aux embrasures la même pente qu'au parapet, pour pouvoir tirer sur le chemincouvert.

Pour construire les embrasures sur le papier, divisez la ligne sur laquelle vous voulez les décrire de trois en trois toises : ainsi supposant que la ligne EF a neuf toises, vous la diviserez en trois aux points P, Q ; élevez sur ces points de division des perpendiculaires, comme QR, qui aillent aboutir à la surface extérieure du parapet ; portez sur cette ligne un pied de Q en I, & du point I tirez la ligne TIV paralelle à la ligne FF ; mettez ensuite un pied $\frac{1}{4}$ de Q en A, & de Q en B, la distance CD donnera la seconde largeur ; enfin portez de R en N, & de R en M quatre pieds $\frac{1}{2}$, la distance NM donnera la troisieme ;

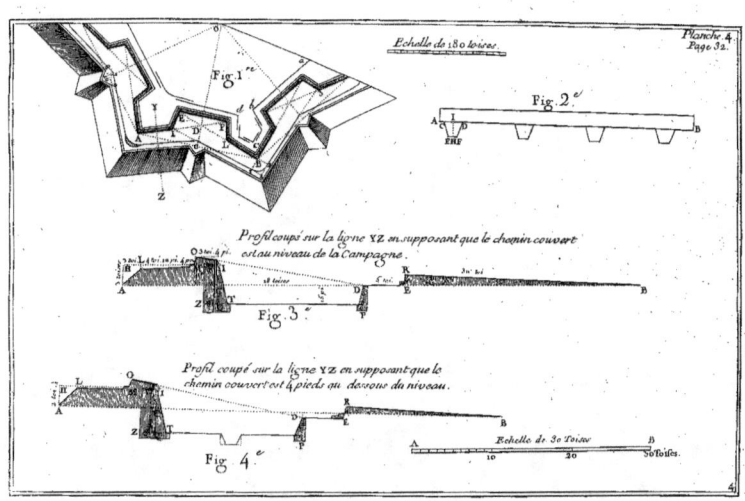

troisieme, après quoi vous tirerez des lignes droites BD, AC, & DM, CN, & tout sera fait.

Il faut distribuer de telle maniere les embrasures du flanc concave, que la premiere C puisse battre le chemin couvert, & la derniere D puisse défendre la breche que l'ennemi auroit faite à la face du bastion opposé, *Pl. 5, Fig. 2.*

Les batteries en barbe sont des plateformes qu'on éleve aux angles flanqués des bastions & des dehors, à la hauteur de quatre pieds sur le terre-plein, de sorte que le canon peut tirer par-dessus le parapet; ce qui leur a fait donner le nom de batteries en barbe, parce que le boulet rase le haut du parapet, & c'est delà qu'on dit tirer en barbe ou en barbette.

Pour construire cette batterie, *Pl. 5, Fig. 4,* prenez six toises sur chaque face, depuis le sommet de l'angle flanqué A, jusqu'en B & en C; aux points B & C, élevez les perpendiculaires BD, EC, jusqu'à l'extrêmité du terre-plein, si le bastion est creux, ou, ce qui est la même chose, donnez cinq toises à ces perpendiculaires. Cette batterie doit être élevée, comme nous venons de dire, de quatre pieds au dessus du terre-plein; on la fait de terre bien battue, qu'on couvre d'un plancher de bois de chêne.

Construction des Cavaliers.

Le cavalier, de la maniere qu'on le fait aujourd'hui, *Pl. 6, Fig. 1,* est une plateforme à qui on donne la figure du bastion, au dedans duquel on l'éleve pour mieux découvrir la campagne & la contrescarpe, & pour commander les batteries que les ennemis y peuvent élever : il sert aussi pour couvrir quelque endroit de la place, que l'ennemi pourroit battre de front ou de revers, & alors on lui donne une figure ronde ou quarrée, ou de quelque autre maniere, selon le besoin.

Pour construire un cavalier dans un bastion, tirez deux lignes AB, BC, paralleles aux faces du bastion, & distantes de dix toises de ces faces; prolongez les côtés DE, DF, du triangle équilatéral jusqu'en C & en L, ensorte que les parties FL, EC, aient chacune dix toises; du centre D décrivez l'arc CL, faites la même chose au flanc AO, & vous aurez la ligne magistrale du cavalier, auquel vous ajouterez un parapet & une banquette, comme au rempart.

E

La hauteur du cavalier, pardessus le sommet du rempart, est de douze, quinze pieds, &c. selon la nécessité; son talus, quand il est revêtu, est du sixieme de sa hauteur, & quand il est gazonné, on lui donne un talus égal à sa hauteur.

Il y en a qui, pour donner un fossé aux faces du cavalier, éloignent ces faces d'environ dix-huit toises de celles du bastion; mais alors ce cavalier ne peut contenir tout au plus que trois ou quatre pieces de canon, au lieu que ceux-ci en peuvent contenir jusqu'à huit.

Pour monter sur le cavalier, on fait une rampe large de deux toises, qui va se perdre dans l'une des courtines: on peut en faire deux qui aillent aboutir l'une à une courtine, & l'autre à l'autre courtine.

Construction des Guérites.

Les guérites sont des petites tours qu'on bâtit sur le cordon du revêtement, c'est-à-dire, du sommet du rempart, à tous les angles saillans des ouvrages; on leur donne environ trois ou quatre pieds de diametre en dedans, & sept ou huit pieds de hauteur: leur figure est ou ronde, ou pentagonale, ou hexagonale, &c. On leur fait des fenêtres de tous les côtés, afin que la sentinelle qu'on y place, puisse découvrir tout ce qui se passe dans le fossé, & avertir, en cas que l'ennemi voulût surprendre la place. On coupe aussi le parapet & la banquette devant l'entrée de la guérite, pour former un passage large de deux ou trois pieds. *Voyez les Fig.* 3 *&* 5 *de la Pl.* 6, dont la premiere montre le plan d'une guérite pentagonale, & la seconde le plan d'une ronde. Les *Figures* 4 *&* 6 en font voir les élévations.

Quand le rempart est revêtu d'un simple gazon, on y fait des guérites de bois.

Construction de la Tenaille simple, de la Tenaille double, & de la Caponniere, ou du Chemin couvert au devant de la Tenaille.

Pour construire la tenaille simple, prenez sur les lignes de défense les faces CB, DB, *Fig.* 1, *Pl.* 7, laissant entre l'orillon & la tenaille, un fossé de trois toises, & un autre entre les deux faces,

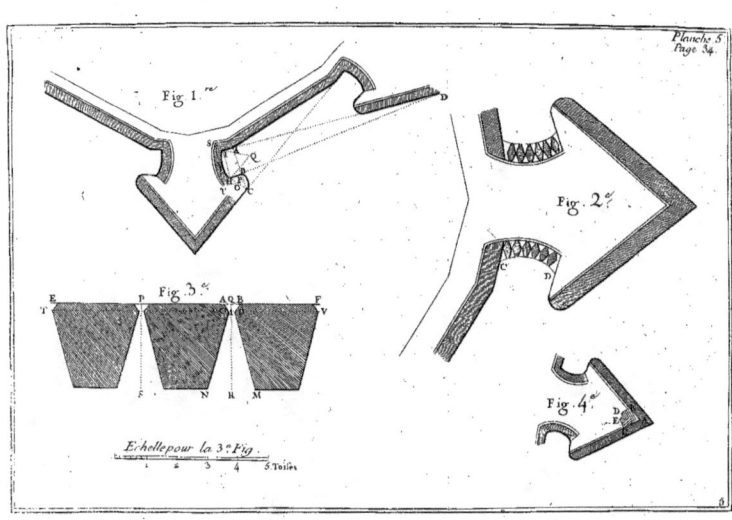

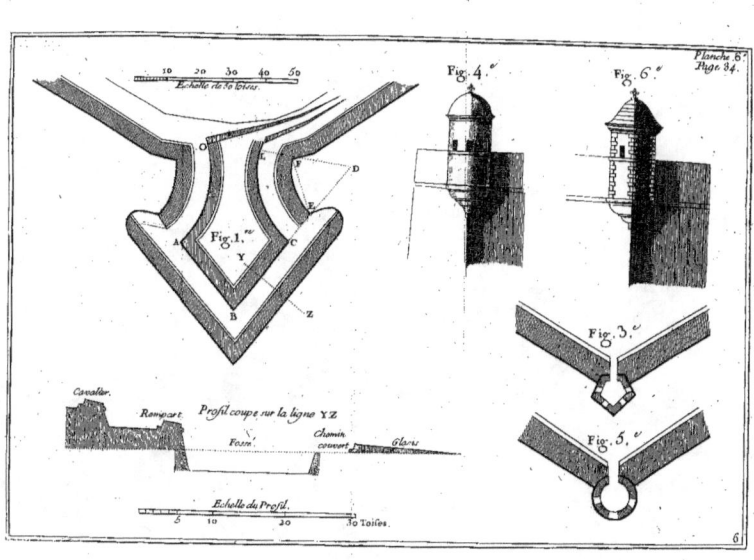

large de deux toises; tirez les lignes DI, CL, paralleles aux flancs droits, & longues d'environ huit ou neuf toises, ou même davantage, si l'on veut; des points I, L, tirez des lignes paralleles aux faces, jusqu'à ce qu'elles coupent les lignes de défenses en M, N, & tirez MN qui sera parallele à la courtine, laissant au milieu l'espace de deux toises pour le petit fossé qui est entre les deux faces.

On donne à la tenaille un rempart de huit ou neuf toises, & même au dessus, selon le besoin. Ce rempart est au niveau de la campagne; on y ajoute une banquette & un parapet de la même épaisseur que celle de la place.

Le petit fossé qu'on laisse entre les deux faces, sert de passage aux soldats pour aller dans la caponniere ou chemin couvert BH, qu'on met ordinairement devant la tenaille, lorsque le grand fossé est sec. Ce chemin est large de deux toises; on y fait au milieu un petit fossé large d'une toise, & plus bas de trois pieds que le grand fossé : la terre que l'on en tire, sert à faire les parapets de côté & d'autre. Ces parapets ont trois ou quatre pieds de hauteur au dessus du fond du grand fossé. On plante aussi des palissades sur leur banquette, & on laisse du côté de la tenaille, & du côté de la contre-escarpe, de petits passages pour communiquer avec les autres ouvrages.

Les faces de la tenaille se communiquent par un petit pont qu'on fait sur le fossé qui les sépare.

Pour construire la tenaille double, donnez seize toises aux deux faces HI, LM, prenez ensuite la distance IL, & portez-la sur les lignes de défense de I en O, & de L en P; ce qui vous donnera les deux flancs IP, LO : enfin tirez la courtine PO. Les faces peuvent être plus grandes selon les différentes grandeurs de la courtine de la place; mais il faut observer que le flanc ne doit pas avoir moins de huit à dix toises, & qu'entre la courtine de la place & celle de la tenaille, il doit y avoir tout au moins sept ou huit toises de distance, dont trois seront pour le parapet de la tenaille, $1\frac{1}{2}$ ou 2 pour le sommet du rempart, qui n'est pas plus large dans cet endroit, & $1\frac{1}{2}$ ou deux pour la distance de ce même rempart à celui de la place.

Sous les faces & les flancs de la tenaille, le sommet de son rempart doit être de neuf à dix toises, & le parapet des faces doit être plus haut que celui des flancs, de deux ou trois pieds, pour mieux couvrir ceux qui sont dans ces flancs.

Il y en a qui font régner tout autour de l'escarpe, c'est-à-dire sur le bord du fossé du côté de la place, un chemin couvert qu'on nomme fausse braie. Il a environ six toises, y compris le parapet & la banquette : d'autres ne mettent la fausse braie que devant les courtines & les flancs de la place ; mais comme les débris du revêtement ou du rempart, lorsqu'il n'y a point de revêtement, incommodent beaucoup ceux qui sont dans la fausse braie, M. de Vauban en a absolument condamné l'usage, & a mis en sa place les tenailles qui, sans avoir la même incommodité, ont le même avantage, puisqu'elles fournissent un second flanc pour la défense du fossé, auquel la caponniere en ajoute un troisieme.

Construction des demi-Lunes sans flancs, des demi-Lunes avec flancs, des grandes & des petites Lunettes.

Pour construire une demi-lune sans flanc, *Pl.* 7, *Fig.* 2, prolongez la perpendiculaire HL, au-delà de l'angle rentrant de la contrescarpe, & prenez depuis cet angle rentrant 50 ou 55 toises pour la capitale de la demi-lune. Du point L où ces cinquante toises vont aboutir, tirez des lignes aux angles d'épaules, jusqu'à ce qu'elles coupent la contrescarpe aux points M, N ; ce qui vous donnera les deux faces LM, LN, & les deux gorges IM, IN. On donne à la demi-lune un rempart de dix ou onze toises, y compris ses talus, sur lequel on met un parapet & une banquette, de même que sur le rempart de la place. La plus grande hauteur de la demi-lune, qui est celle du sommet de son parapet, doit être de six pieds plus bas que le sommet du parapet du rempart de la ville ; c'est-à-dire, que si le haut du parapet de la place est élevé au dessus de l'horizon de trois toises, le haut du parapet de la demi-lune ne sera élevé au dessus de l'horizon que de deux toises & demie. On peut aussi aligner les faces de la demi-lune à quatre ou cinq toises pardessus l'angle d'épaule du bastion ; ce qui vaut mieux, parce qu'en les alignant à cet angle, l'épaisseur du parapet du flanc diminue la défense du fossé de la demi-lune.

Quelques Commençans seront peut-être étonnés de voir dans le profil de la *Pl.* 7, que la ligne YZ&, sur laquelle j'ai fait la coupe du plan, n'est pas droite, comme il semble que j'ai dit ci-dessus qu'elle devoit l'être; mais je réponds à cela que les profils étant faits principalement pour faire voir les hauteurs & les talus des ouvrages que le plan ne montre point, on peut négliger les épaisseurs que le plan montre, afin de ne pas trop prolonger l'étendue d'un profil. C'est pourquoi j'ai fait un angle à ma ligne en Z, pour n'être pas obligé de mettre sur mon profil toute la longueur ST, qu'il m'auroit fallu mettre, si ma ligne avoit été droite. En général il faut s'attacher au profil, comme je viens de le dire, pour les hauteurs & les talus; mais il faut avoir recours aux plans pour les grandes épaisseurs, ce plan étant fait pour cela.

J'ai donné les talus extérieurs, en supposant toujours qu'ils étoient revêtus de pierre ou de brique; mais il faut se souvenir que ces talus devroient être plus grands, comme nous l'avons dit ailleurs, s'ils étoient simplement gazonnés.

On fait autour de la demi-lune un fossé large de dix à douze toises, & pour empêcher le passage de ce fossé, lorsqu'il est sec, on y fait aux extrêmités M, N, des faces, des places d'armes MR, NV, qui sont des chemins couverts dont le parapet est de trois ou quatre pieds au dessus du fond du fossé.

Pour construire une demi-lune avec des flancs, décrivez-la d'abord sans flanc, *Fig.* 1, *Pl.* 8, & prenez ensuite sur l'extrêmité des demi-gorges, cinq ou six toises; & des points I, L, tirez les flancs IM, LN, paralleles aux capitales.

On ajoute ordinairement à la gorge un réduit ou corps-de-garde D, dont les murs sont percés de petits trous qui ont deux ou trois pouces d'ouverture en dehors, & dix huit ou vingt pouces en dedans. Les demi-gorges ont six toises, les flancs qui doivent être parallèles aux capitales, ont quatre toises, & de l'extrêmité de ces flancs, on tire les faces parallèles à celles de la demi-lune. On y fait tout autour un petit fossé large de trois toises, & profond de dix pieds. Autrefois on mettoit la demi-lune vis-à-vis l'angle flanqué, pour couvrir cet angle, surtout lorsqu'il étoit trop aigu; & comme on arrondissoit sa gorge, de même qu'on arrondit la contrescarpe, cette gorge arrondie avoit la forme d'une demi-lune; ce qui en fit donner le nom à cet ouvrage, qui prenoit celui de ravelin, lorsqu'on le mettoit devant la courtine, parce que sa gorge n'étoit pas arrondie. Aujourd'hui on l'appelle indifféremment ravelin ou demi-lune.

Pour conftruire les petites lunettes qu'on fait aux angles rentrans formés par la contrefcarpe du grand foffé, & par celle du foffé de la demi-lune, *Fig.* 1, *Pl.* 8, donnez aux demi-gorges TV, TS, quinze toifes; enfuite prenez vingt toifes, & des points V, S, décrivez des arcs qui fe couperont en R, où vous tirerez les deux faces, autour defquelles on met un foffé de fix toifes.

Cet ouvrage n'a point de rempart, c'eft-à-dire que fon terrein eft au niveau du chemin couvert: on y met feulement un parapet & une banquette à l'ordinaire, pour pouvoir enfiler l'ennemi dans le chemin couvert, lorfqu'il voudra monter à la breche de la demi-lune, ou de la face du baftion.

Les grandes lunettes ou contre-gardes, font des ouvrages dont on couvre les faces de la demi-lune, *Fig.* 2, *Pl.* 8, furtout lorfque par la fituation du lieu, elle pourroit être battue de revers. Pour les décrire, prolongez les deux faces de la demi-lune au-delà de la contrefcarpe; donnez trente toifes aux lignes DC, EF, enfuite fur l'angle formé par la contrefcarpe du grand foffé, & par celle du foffé de la demi-lune, portez quinze toifes de M en N, & tirez les lignes CN, FN. Le rempart & le parapet font de même qu'à la demi-lune, excepté qu'ils doivent être plus bas de trois ou quatre pieds. Dans le milieu de ces lunettes on fait un retranchement PO, parallele à la face DC: il eft compofé d'un rempart & d'un parapet qui fe joint à celui de la grande face, & fon foffé qui fe joint à celui de la demi-lune, a environ trois toifes: le foffé des lunettes eft de la même grandeur que celui de la demi-lune. On ajoute auffi quelquefois, devant ces contre-gardes, une petite lunette S, dont les demi-gorges peuvent avoir dix toifes, & les faces douze; fon foffé eft d'environ fix toifes: on peut fe paffer de faire des places d'armes aux deux angles rentrans de la contrefcarpe, qui font aux côtés de cette lunette.

Conftruction d'un Ouvrage à Corne.

L'ouvrage à corne préfente à la campagne une courtine défendue de deux demi-baftions; ce qui s'appelle la tête de l'ouvrage, *Fig.* 3, *Pl.* 8. Il eft fermé par deux longs côtés paralleles qui s'appellent les aîles, & qui aboutiffent à la contrefcarpe du grand foffé. On peut le placer devant une courtine,

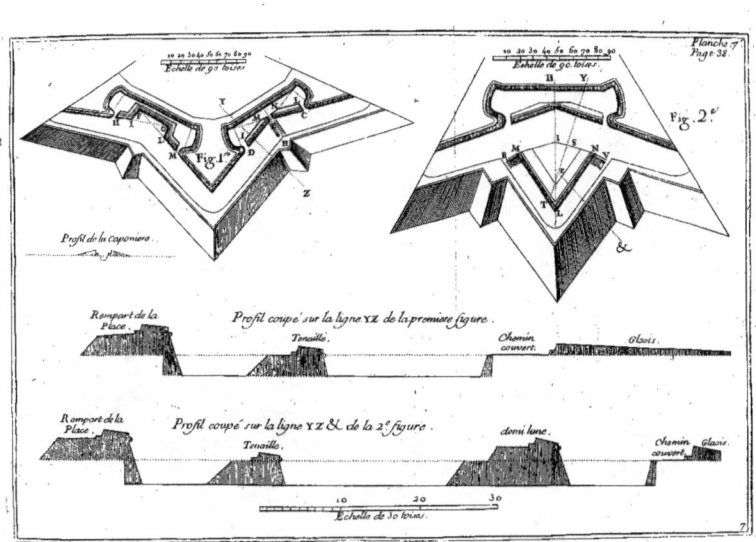

ou à la pointe d'un baſtion, & ſes aîles doivent toujours être défendues de quelque endroit de la place.

Pour conſtruire cet ouvrage, prolongez la perpendiculaire IL, qui paſſe par le milieu de la courtine vers la campagne, & du point I, où elle coupe l'angle rentrant de la contreſcarpe, portez en L la moitié, ou tout au plus les deux tiers du côté extérieur, c'eſt-à-dire, qu'on peut faire la ligne IL de la grandeur de 90, de 110, ou de 120 toiſes, & non pas au-delà, parce que la tête de l'ouvrage doit être à la portée du mouſquet de la place. Du point L, menez la ligne LOP, parallele à la courtine, & faites LO, LP chacune de 60 toiſes ou de 70; enſorte que le côté extérieur PO, ait 120 ou 140 toiſes au plus, parce qu'autrement ſes aîles tomberoient trop près de l'angle flanqué. Fortifiez ce côté extérieur de la même maniere qu'on fortifie la place, c'eſt-à-dire, en faiſant la perpendiculaire égale à la ſixieme partie, les faces aux deux ſeptiemes, &c. La briſure des orillons ne doit avoir que trois toiſes, comme nous avons dit ailleurs, parce que le côté extérieur n'eſt que de 140.

S'il étoit abſolument néceſſaire de faire le côté extérieur de cet ouvrage plus long de 140 toiſes, alors, au lieu de faire les aîles paralleles, il faudroit les aligner ou à l'angle d'épaule, ou à cinq ou ſix toiſes au deſſus, afin que le reſte des faces pût défendre les aîles.

Le foſſé de cet ouvrage eſt les trois quarts du grand foſſé: ſon rempart & ſon parapet, de même que ceux de la demi-lune; mais il doit être plus bas de ſix pieds; ce que l'on doit obſerver dans tous les dehors, dont les plus proches de la place doivent avoir ſix pieds de hauteur pardeſſus les plus éloignés. Ainſi ſuppoſant que le rempart de la place ait trois toiſes au deſſus du niveau de la campagne, celui de la demi-lune n'en doit avoir que deux & demie, celui de l'ouvrage à corne n'en doit avoir que deux, & celui de la demi-lune qu'on met ordinairement devant la courtine de l'ouvrage à corne, n'en doit avoir qu'une & demie, & ainſi des autres ouvrages, excepté la tenaille, qui n'étant faite que pour défendre le paſſage du foſſé, n'a pas beſoin de dominer ſur la demi-lune, ni ſur les autres dehors: la capitale de la demi-lune qu'on met devant la courtine de l'ouvrage à corne, doit être de trente-cinq toiſes, & ſes faces ſont alignées aux angles d'épaule de cet ouvrage: ſon foſſé eſt les trois quarts de celui de la grande demi-lune.

Quand on met l'ouvrage à corne à la pointe du bastion, ses aîles, au lieu d'être parallèles, doivent être alignées à 15 ou 20 toises des angles d'épaule du bastion.

Construction d'un Ouvrage à Couronne.

La tête de cet ouvrage comprend un bastion entre deux courtines, & deux demi-bastions : on le met quelquefois à l'angle flanqué d'un bastion, & quelquefois devant la courtine : dans le premier cas ses aîles sont alignées sur la face du bastion, à douze toises loin de l'angle d'épaule, & dans le second elles sont alignées à ces angles. La distance de l'angle flanqué de l'ouvrage à couronne à l'angle flanqué de la demi-lune, doit être entre 120 & 150 toises ; & quand cet ouvrage est à l'angle flanqué d'un bastion, la distance doit être la même de cet angle à celui de l'ouvrage.

Pour construire cet ouvrage devant la demi-lune, élevez du milieu de la courtine, la perpendiculaire AB, qui passera par l'angle flanqué de la demi-lune ; portez sur cette perpendiculaire, depuis l'angle flanqué C de la demi-lune, entre 120 & 150 toises ; par exemple, 130 de C en B : du point C pris pour centre, & de l'intervalle CB, décrivez l'arc EBF, sur lequel vous porterez aussi 130 toises de B en E, & de B en F ; les côtés BE, BF, seront les côtés extérieurs de cet ouvrage, que vous fortifierez comme ceux de la place, après quoi vous tirerez les aîles ou aux angles d'épaule du bastion, ou à quelques toises pardessus. Le rempart & le parapet auront les mêmes dimensions que ceux de l'ouvrage à corne. Le fossé sera les deux tiers ou les trois quarts du grand.

On met aux angles rentrans des contrescarpes de cet ouvrage, des demi-lunes dont la capitale est de trente ou trente-cinq toises, & dont le fossé est de sept à huit toises.

Construction des Ouvrages à Tenailles simples & doubles, des Ouvrages à Queue & à contre-Queue d'Hironde, & des Bonnets à Prêtre.

L'ouvrage à tenaille simple présente à la campagne deux faces & un angle rentrant, *Fig.* 1, *Pl.* 9. Pour le tracer, il faut tirer

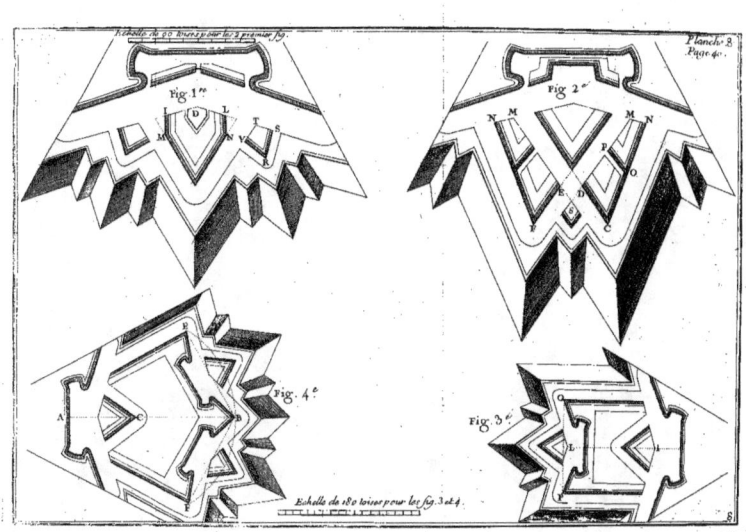

tirer du milieu de la courtine la perpendiculaire AB, que l'on fait égale aux trois quarts du côté extérieur; c'est-à-dire, que si le côté extérieur a 180 toises, cette perpendiculaire doit en avoir 135 ou 140. Du point B on tirera la ligne CBD parallele au côté extérieur, & l'on portera la longueur de la face du bastion de B en C, & de B en D. Ensuite on portera la moitié de cette longueur sur la perpendiculaire de B en E, & l'on tirera les deux faces CE, CD. Les aîles seront paralleles à la perpendiculaire, & se termineront sur la contrescarpe; le fossé sera les deux tiers du grand.

L'ouvrage à double tenaille présente un angle saillant entre deux rentrans, *Fig.* 2, *Pl.* 9. Pour le décrire, divisez chacune des faces de la tenaille simple en deux également aux points A & B; portez sur la perpendiculaire de D en E, la moitié de la longueur CD, & tirez ensuite les lignes BE, AE, le reste de même que pour la tenaille simple.

Quand les ouvrages qui ont des aîles, vont en rétrecissant du côté de la place, comme l'ouvrage à corne, *Fig.* 3, *Pl.* 9, on les appelle ouvrages à queue d'hirondelle ou d'hironde; & si au contraire la situation du lieu demandoit qu'on les élargît en allant vers la place, on les appelleroit ouvrages à contre-queues d'hironde: mais la double tenaille, quand elle va vers la place en rétrecissant, comme on voit dans la *Fig.* 4, *Pl.* 9, s'appelle bonnet à prêtre: ses aîles sont ordinairement alignées ou au milieu de la courtine, ou au centre de la place.

On n'employoit autrefois ces sortes d'ouvrages, que dans la nécessité d'enfermer une hauteur, un palais, une source d'eau, &c. parce qu'ils donnoient trop de terrein à l'ennemi, lorsqu'il s'en étoit emparé; mais aujourd'hui on ne s'en sert plus, non-seulement à cause qu'ils servent de logement à l'ennemi lorsqu'il s'en est rendu le maître, ce qu'il est bon d'éviter autant qu'il est possible, mais encore parce que leurs angles rentrans n'étant flanqués de nulle part, rien n'empêchoit l'assiégeant d'y attacher le mineur, & d'en chasser l'assiégé.

C'est pour la même raison qu'on a banni de la fortification moderne, tous ces ouvrages à redans ou à retours, & ces forts à étoiles, qui sembloient n'être faits avec tant d'appareil, que pour convier l'ennemi à venir s'y loger.

F

Construction des *Traverses*, des *Redoutes, Bonnettes*, ou *Fleches* qu'on met à l'extrêmité du *Glacis*, de l'avant-*Fossé*, & des *Pâtés*.

Les traverses sont des parapets de terre, qui traversent le chemin couvert d'espace en espace, *Fig.* 1, *Pl.* 10. Elles ont trois toises d'épaisseur, six pieds ½ de hauteur, en comptant leurs banquettes qui sont toujours du côté des angles rentrans de la contrescarpe, & leur hauteur, du côté des angles saillans, est d'environ quatre pieds & demi. Celles qui sont auprès des angles saillans, se forment par le prolongement des faces des bastions, ou des demi-lunes; & celles qui sont aux angles rentrans, se tirent de l'extrêmité des faces de la place d'armes : elles sont ou perpendiculaires au parapet du chemin couvert, ou parallèles aux traverses des angles saillans. La longueur des unes & des autres est de cinq toises, & occupe toute la largeur du chemin couvert.

On laisse entre les traverses & le parapet du chemin couvert, un espace de trois ou quatre pieds pour le passage des soldats; mais afin que ce passage ne soit pas enfilé par l'ennemi, lorsqu'il est parvenu jusqu'à l'angle saillant du glacis, on le couvre en reculant le parapet du chemin couvert, & lui faisant faire un petit retour qu'on appelle coude, du côté de l'angle saillant. Voyez les traverses qui sont aux angles rentrans de la *Fig.* 1, *Pl.* 10 : car ce que nous venons de dire, ne regarde que celles-là. Pour celles qui sont aux angles saillans, ou dans l'intervalle du chemin couvert, entre les traverses des angles saillans & des angles rentrans, il y a trois différentes manieres de couvrir leurs passages. La premiere est de reculer le parapet du chemin couvert, & d'y faire deux retours ou coudes l'un devant & l'autre derriere la traverse, comme on voit dans la figure depuis A jusqu'en B. La seconde est de faire un retour devant chaque traverse, & de tirer ensuite une ligne depuis l'extrêmité extérieure du retour qui est devant la traverse la plus proche de l'angle saillant, jusqu'à l'extrêmité intérieure du retour qui est devant celle qui vient après, ce qu'on appelle retours à dents de cremailliere, parce qu'en effet le parapet du chemin couvert en prend la figure, comme vous voyez depuis B jusqu'en C.

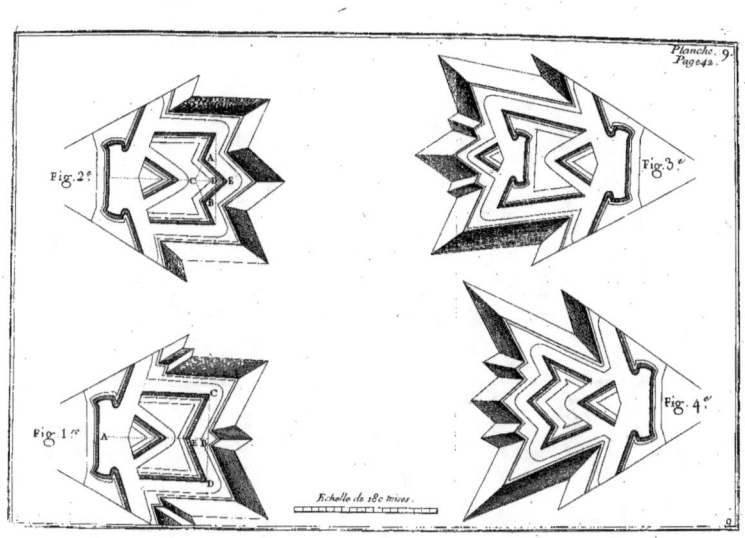

La troisieme enfin est de faire devant la traverse, à trois ou quatre pieds de distance, un merlon qui avance trois ou quatre pieds dans le chemin couvert, tel que vous voyez depuis C jusqu'en D. De ces trois manieres, la premiere me paroît la meilleure pour garantir de l'enfilade, à cause du retour qu'on fait derriere la traverse, qui empêche que le reste du chemin couvert ne soit vu par l'ennemi. Le parapet du chemin couvert ne doit point avoir de banquettes dans le passage des traverses.

On se sert de semblables traverses pour mettre à couvert les ouvrages du dehors, & ceux même de la place de quelque commandement, ou des batteries à ricochet. On y fait aussi des rechûtes au rempart, c'est-à-dire qu'on éleve le rempart du côté du commandement, plus haut qu'aux autres endroits où il n'est pas commandé.

On appelle batteries à ricochet des batteries de canon, que l'on dresse de telle maniere que le boulet, au lieu d'aller en ligne droite, comme il va ordinairement, s'éleve comme la bombe, mais à moins de hauteur; ensorte qu'en tombant à terre, il fait des ricochets, à peu près comme une pierre platte qu'on jette horizontalement sur la surface de l'eau. On dresse ordinairement ces batteries sur la ligne d'une face ou d'un flanc, afin que le boulet en enfile & nettoie toute la longueur : c'est pourquoi il est bon, quand l'attaque est formée, d'y employer les précautions dont nous venons de parler.

A l'extrêmité du glacis on fait quelquefois des redoutes, fleches ou bonnettes, pour défendre l'approche du chemin couvert, *Fig.* 1, *Pl.* 10. Ce sont des logemens de terre ou de maçonnerie, faits en forme de bastions ou de demi-lunes. Leur gorge peut avoir neuf ou dix toises, leurs faces douze toises, & leurs flancs sept ou huit. Ils sont composés d'un parapet de trois toises d'épaisseur, de six à sept pieds de hauteur, & d'une ou de deux banquettes. On leur donne un fossé sec de trois ou quatre toises, & pardevant un chemin couvert & un glacis qui regne quelquefois tout le long du premier glacis, comme à Philippe-Ville & à Saar-Louis, ou qui est simplement devant la redoute, comme on voit en plusieurs autres places. On met une bonne palissade le long de ce glacis, & l'ouvrage est contreminé, afin que l'ennemi ne puisse pas s'en servir.

Ces redoutes sont placées sur les angles saillans du glacis de la place, parce que ce sont ces angles que l'ennemi attaque ordinairement. On fait une coupure au glacis depuis le chemin couvert, pour servir de communication à ces redoutes, *Figure 2, Planche* 10, & de peur que ces coupures ne soient enfilées, on y fait des traverses d'espace en espace, comme on peut voir *Fig.* 2, *Pl.* 10. Ces coupures sont fermées à l'entrée du chemin couvert, par une barriere.

On fait aussi quelquefois autour du glacis, un second fossé qu'on appelle avant-fossé, & qui a environ douze toises, *Fig.* 3, *Pl.* 10. On y met vis-à-vis des deux angles rentrans, qui sont à côté de la demi-lune du grand fossé, des petites demi-lunes, dont la capitale peut avoir 20 ou 30 toises, & les faces 30 ou 35. On y fait régner l'avant-fossé tout autour. On ajoute à cet avant-fossé, un chemin couvert, & un glacis quand la situation du lieu le permet, comme à la citadelle de Lille, dont on verra le plan ci-après. *Voyez la Fig.* 3., *Pl.* 10, depuis A jusqu'en B : mais si on ne pouvoit faire ce chemin couvert sans couvrir celui de la place, on n'en feroit point, comme je l'ai marqué depuis B jusqu'en C.

Enfin on peut faire aussi, à quelque distance du glacis, des ouvrages irréguliers D, qu'on nomme des pâtés, à cause de la figure irréguliere tantôt quarrée, tantôt longue, &c. qu'on leur donne selon le besoin. Ils servent à occuper un lieu creux, à défendre une avenue, &c. Ils ont un parapet, une banquette, un fossé, un chemin couvert, bordé de palissade, & un glacis qu'on joint à celui de la place, & l'on mine l'ouvrage, afin que l'ennemi ne puisse pas s'en servir lorsqu'il en aura chassé les assiégés.

S'il y a quelques termes dont nous n'ayons point encore parlé, on en trouvera l'explication dans la suite, où je tâcherai de ne rien laisser en arriere. Je dirai seulement, en finissant cette premiere méthode, que les différentes mesures que nous avons donné jusqu'ici, ne sont pas si absolument déterminées, qu'on ne puisse les augmenter ou les diminuer de quelque chose, pourvu qu'on ne péche pas contre les maximes essentielles d'une bonne fortification.

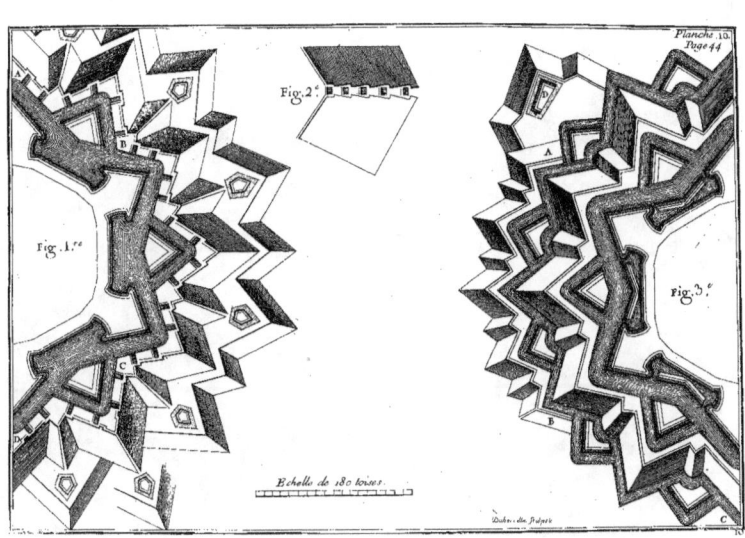

CHAPITRE VI.
De la seconde & troisieme Méthode de M. de Vauban.
Construction de la seconde Méthode.

Monsieur de Vauban n'a employé cette seconde méthode qu'à Beffort & à Landau : la mauvaise situation de Beffort, & l'impossibilité de fortifier cette place avec des bastions ordinaires, sans être enfilé presque de tous les côtés, malgré les traverses & les rechûtes qu'on auroit pu y faire, lui ont donné occasion d'inventer de petits bastions voûtés à l'épreuve de la bombe, qu'on appelle tours bastionnées, & qui sont couverts de contre-gardes, dont le sommet du parapet est presque aussi haut que celui des tours. Quoique ces deux places soient irrégulieres, l'une dans ses angles, & l'autre dans ses angles & ses côtés, on peut cependant en tirer une méthode pour la fortification réguliere, comme on verra par la construction.

Supposé donc que nous ayons à fortifier un hexagone, dont le côté intérieur 1, 2, soit de 120 toises, *Fig.* 1, *Pl.* 11, portez six toises à l'extrêmité de ce côté de 1 en 3 ; du point 3 élevez la perpendiculaire 3, 4, à laquelle vous donnerez six toises ; du point 4 abaissez sur la capitale la perpendiculaire 4, 5 ; faites la ligne 5, 6, égale à la perpendiculaire 5, 4, & tirez la face 4, 6. Faites la même chose sur toutes les extrêmités des côtés intérieurs, & vous aurez les tours bastionnées, dont vous continuerez les flancs 4, 3, dans l'intérieur de la place, jusqu'à quatre toises, & vous fermerez ensuite l'entrée de ces tours, par une ligne droite.

Pour la contre-garde, prolongez la capitale, ensorte qu'il y ait trente-neuf toises du point 6 au point 7, & tirez la ligne de défense 7, 2. Donnez cinquante-six toises à la face 7, 8 ; portez trente-trois toises depuis l'angle de la tenaille 10 jusqu'au point 11, & tirez le flanc 8, 11 ; élevez sur la face de la tour bastionnée, la perpendiculaire 6, 9, à laquelle vous donnerez six toises, & tirez ensuite la ligne 11, 9, que vous arrondirez devant l'angle flanqué de la tour. Le rempart, le parapet & la banquette sont de même que ceux de la premiere méthode.

Les contre-gardes de Beffort & de Landau ne sont ni si

longues, ni si larges; mais celles de Neuf-Brisach, où M. de Vauban a employé la troisieme méthode, par laquelle il a perfectionné celle-ci, ont les mêmes dimensions que nous venons de leur donner, & la raison en est que cette piece étant la plus importante, puisqu'elle met à couvert le corps de la place, on doit en repousser l'ennemi le plus qu'on peut, & pouvoir même y disputer le terrein pas à pas.

La capitale des demi-lunes est de quarante-cinq toises, & peut aller jusqu'à cinquante-cinq, comme nous avons dit dans la premiere méthode; mais leurs faces, au lieu d'être alignées aux angles d'épaule de contre-garde, sont alignées à dix toises au dessus, leurs flancs ont dix toises de longueur.

Le petit fossé, entre la tour bastionnée & la contre-garde, est de six toises à l'angle flanqué de la tour, comme nous venons de voir: le grand fossé est de douze toises à l'angle flanqué de la contre-garde, & sa contrescarpe est alignée à l'angle d'épaule: le fossé de la demi-lune est de dix toises; le chemin couvert & le glacis, de même qu'à la premiere méthode.

Il n'y a point de tenailles à Beffort; mais si on veut en mettre comme à Landau, on joint par une ligne droite 11, 13, l'extrêmité intérieure des flancs des contre-gardes, & l'on décrit la tenaille simple à l'ordinaire, en laissant entre la tenaille & la contre-garde, un fossé de cinq ou six toises, & un autre à l'angle rentrant de la tenaille, d'environ deux toises. Les deux profils, *Fig.* 2 & 3, *Pl.* 11, marquent les différentes hauteurs de toutes ces pieces. J'y ai donné dix-huit pieds pour la hauteur du rempart au dessus de l'horizon; mais on peut le réduire à 15 pieds, si on veut, pourvu que le rempart de la demi-lune soit abaissé de six pieds. J'ai aussi donné dix-huit pieds pour la profondeur du fossé, ce qu'on peut réduire de même à 15; mais de quelque maniere qu'on le fasse, il faut observer qu'il n'y ait que six pieds d'eau, afin que la batterie souterreine de la tour ne soit pas inondée.

Cette batterie souterreine est au niveau de l'eau, & contient deux canons à chaque flanc: elle est voûtée à plein ceintre, & terrassée à l'épreuve de la bombe. Le dessus est une terrasse avec un parapet de brique de huit pieds d'épaisseur, & l'on peut y faire deux embrasures à chaque flanc, & trois à chaque face. Le cordon de la tour, surpasse de deux pieds celui de la cour-

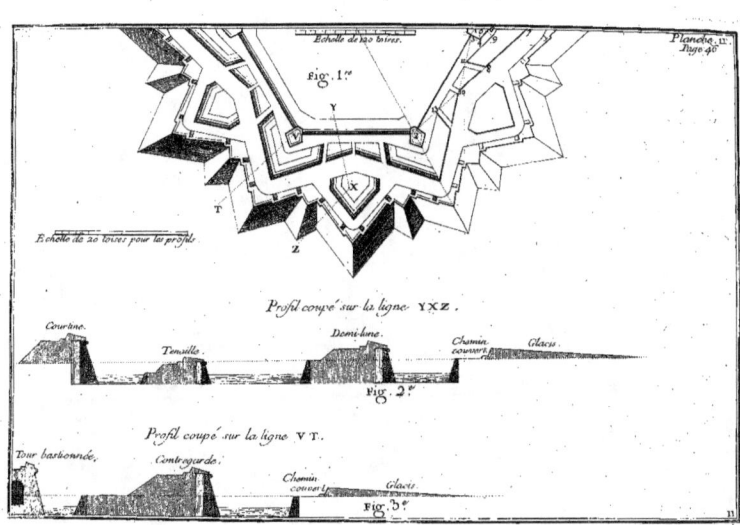

tine, & la hauteur intérieure de son parapet n'a qu'un pied au dessus de la hauteur intérieure du parapet de la contre-garde.

Cette seconde méthode a des avantages considérables qui méritent une attention particuliere, & qui doivent la mettre au dessus de la précédente. 1°. Les dehors d'une ville fortifiée, selon cette méthode, tels que sont la contre-garde, la demi-lune & les autres ouvrages qu'on pourroit ajouter, se défendent mutuellement les uns les autres, & n'ont pas besoin du secours de la place, qu'on peut par conséquent cacher aux batteries de l'ennemi. 2°. Les contre-gardes occupant la place des bastions, & en ayant toutes les propriétés, sont capables des mêmes défenses; avec cette différence, que quand l'ennemi s'est une fois logé sur la breche d'un bastion attaché, la défense ne va plus guere loin, à cause de la difficulté de pouvoir conserver des retranchemens faits à la hâte, & du péril où l'on expose une place en soutenant l'assaut, au lieu qu'on peut opiniâtrer la défense des contre-gardes, & disputer le terrein pied à pied, sans exposer la place qui en est détachée par un fossé, & qui a sa défense particuliere. 3°. Les tours ne sçauroient être battues de la campagne, ni d'aucun autre endroit que du sommet des contre-gardes, ni leurs flancs, que des flancs des contre-gardes opposées, où l'ennemi ne peut monter du canon qu'avec de grandes difficultés, encore ne peut-il dresser une batterie contre le flanc d'une tour, sans s'exposer à être battu par le flanc de l'autre; outre qu'on peut miner le terre-plein de la contre-garde. 4°. Les tours ne craignent ni les ricochets, ni les bombes, tant à cause qu'elles sont cachées à l'ennemi, qu'à cause de leur petitesse, qui donne peu de prise aux bombes, & point du tout aux ricochets, parce qu'il faut de l'espace au boulet pour plonger; ce qui ne se trouve pas ici. 5°. La breche faite aux faces ou aux flancs de ces tours, n'est jamais qu'une très-petite breche, & ne peut pas même faire une véritable ouverture à la place, à cause de la muraille qui en ferme l'entrée, où l'on peut même faire des défenses. 6°. Enfin outre les batteries basses, on peut encore faire dans ces souterreins des caves très-bonnes, & des magasins à poudre très-sûrs, & capables d'en contenir une grande quantité, comme on peut voir par le plan que M. Bélidor en a donné dans son Traité de la Science des Ingénieurs. Il est vrai que la dépense des revêtemens, selon cette méthode, est plus considérable que celle des revêtemens de la premiere; mais on peut la diminuer de beaucoup, en ne mettant qu'un demi-revêtement aux dehors, comme on a fait à Neuf-Brisach ; & d'ailleurs la dépense n'est pas un objet à quoi on doive s'arrêter, lorsque, sans devenir plus forte de beaucoup, elle augmente considérablement la défense d'une place, & la met en état de faire une résistance presque double, comme cette seconde méthode nous le fait voir.

Construction de la troisieme Méthode.

Cette troisieme méthode, qui n'est qu'une suite de la seconde, & qu'on appelle pour cela l'ordre renforcé, *Fig.* 1, *Pl.* 12, a été mise en exécution à Neuf-Brisach. M. de Vauban n'y a rien oublié pour la perfectionner, & a même trouvé le moyen d'en diminuer la dépense par les demi-revêtemens qu'il met aux dehors, tels que les profils les montreront, quoiqu'il en augmente la force, comme on le verra par la construction.

Prenons, par exemple, un polygone de huit côtés, & qui ait 180 toises pour son côté extérieur, tel qu'est Neuf-Brisach ; donnez à la perpendiculaire *ab* trente toises, c'est-à-dire, la sixieme partie du côté extérieur. Des deux extrêmités, *d*, *c*, du côté extérieur, tirez par le point *b* les lignes de défense indéfinies *de*, *cf* ; portez sur ces deux lignes de *d* en *h*, & de *c* en *i*, soixante toises pour les deux faces des contre-gardes ; du point *h* intervalle *hi*, décrivez un arc sur lequel vous porterez la ligne *i*, *l*, de vingt-deux toises pour le flanc de la contre-garde ; faites la même chose pour avoir l'autre flanc *hs* ; par les extrêmités intérieures *l*, *m*, des flancs, tirez une ligne indéfinie qui sera parallele au côté extérieur ; continuez la perpendiculaire *ab*, en-sorte que le point *n* soit neuf toises au-delà de cette derniere ligne que vous venez de tirer, & par le point *n* tirez une autre ligne parallele au côté extérieur ; cette ligne sera le côté intérieur, aux deux extrêmités duquel vous prendrez sept toises pour chaque demi-gorge des deux tours ; vous donnerez cinq toises aux flancs qui seront perpendiculaires au côté intérieur, & de l'extrêmité des flancs, vous tirerez les faces aux points où la parallele du milieu coupe les rayons de la figure ; vous continuerez ensuite les flancs jusqu'à quatre toises du côté de la place, & vous fermerez l'entrée de la tour.

Pour avoir la partie rentrante de la courtine, continuez la perpendiculaire,

perpendiculaire, & donnez cinq toises de *n* en *o* ; du point *o* & par les angles des flancs, tirez les deux petites lignes de défenses indéfinies ; prolongez les flancs des contre-gardes, jusqu'à ce qu'ils coupent les deux lignes de défense en dedans aux points *p*, *q*, que vous joindrez par une ligne qui sera la partie enfoncée de la courtine ; les lignes *pu*, *qr*, seront les deux flancs, & les parties *u e*, *rf*, des lignes de défense, formeront le reste de la courtine.

Pour le fossé entre les contre-gardes & la courtine, prenez sur le parallele du milieu, depuis l'extrêmité des flancs, les parties *ug*, *ms*, chacune de dix toises ; élevez sur l'angle flanqué des tours, une petite ligne perpendiculaire à la face, & longue de six ou sept toises, ensuite vous tirerez des points *g* & *s*, des lignes à l'extrêmité de ces perpendiculaires ; ce qui vous donnera la contrescarpe de ce fossé.

Le grand fossé est de quinze ou seize toises, & sa contrescarpe est parallele aux faces de la contre-garde ; le fossé entre la tenaille & la contre-garde, est de cinq à six toises, celui de la demi-lune est de douze toises, & celui du réduit est de six.

La tenaille n'a point de fossé entre ses faces. La capitale de la demi-lune est de cinquante-cinq toises : ses faces sont alignées à quinze toises pardessus l'angle d'épaule des contre-gardes, ses flancs ont dix ou quinze toises.

La capitale du réduit est de vingt-trois toises : ses faces sont paralleles à celles de la demi-lune, & ses flancs ont cinq ou six toises.

Les trois profils de cette troisieme méthode, *Fig.* 1, 2 & 3, *de la Pl.* 13, sont les mêmes que M. Bélidor a donnés dans *la Science des Ingénieurs*, parce que j'ai cru ne pouvoir mieux faire que de suivre un Auteur qui a écrit sur les Mémoires les plus exacts : je n'y ai point marqué en chiffres les dimensions de chaque partie, de peur de brouiller les figures ; mais j'y suppléerai par une explication, & j'avoue franchement que je l'ai prise dans le même Livre de M. Bélidor ; car quoiqu'il soit permis de se servir d'un bien dont on a rendu maître le public, on ne doit pourtant jamais le faire sans en rendre une espece d'hommage à son Auteur, à qui du moins on doit marquer sa reconnoissance.

Le rempart de la place, selon cette méthode, est élevé de onze ou douze pieds au dessus de l'horizon ; le sommet de son

G

terre-plein est de trente pieds, & son talus intérieur de seize.

La banquette a un pied & demi de hauteur, quatre pieds & demi de large, & trois pieds de talus.

Le parapet a quatre pieds & demi au dessus de la banquette : son talus intérieur est du quart de sa hauteur, c'est-à-dire, d'un peu plus d'un pied : son sommet a dix-huit pieds, & sa pente du dedans au dehors, est de deux pieds.

Le revêtement a environ dix pieds d'épaisseur sur le fondement, c'est-à-dire au fond du fossé qui a quinze pieds de hauteur. La hauteur de ce revêtement jusqu'au cordon, est de vingt-six pieds, & sa largeur au cordon est de cinq pieds. Il est surmonté par une petite muraille ou tablette qui couvre le parapet, & qui a quatre pieds de hauteur sur trois ou quatre de largeur.

Le terre-plein de la tenaille est élevé de dix pieds pardessus le fond du fossé ; sa banquette a deux pieds de hauteur, & son parapet en a $5\frac{1}{2}$ pardessus la banquette : le revêtement a dix pied de hauteur au dessus du fond du fossé. Son épaisseur au sommet est de trois pieds ; delà, à trois pieds plus bas, elle est de quatre pieds, & son talus est du sixieme de sa hauteur, c'est-à-dire d'un pied huit pouces ; ce qui donne pour l'épaisseur, au dessus du fondement, cinq pieds huit pouces. Comme les talus des revêtemens sont toujours d'un sixieme de la hauteur, nous nous contenterons, dans la suite, de donner l'épaisseur au sommet.

Pardessus le revêtement on fait une retraite d'un pied six pouces de largeur, qu'on nomme berme ; on peut y planter une haie vive, comme nous l'avons marqué au profil, pourvu qu'on la fasse plus large : mais comme cet ouvrage est fait pour la défense du fossé, il vaut mieux n'y en point mettre, afin que le fossé soit mieux découvert du haut du parapet.

A l'extrêmité intérieure de cette berme, on éleve le côté extérieur du parapet, qui a cinq pieds & demi de hauteur, & un talus égal aux deux tiers de sa hauteur, parce qu'il n'est pas revêtu.

Le rempart du réduit est de trois pieds plus bas que celui de la place ; c'est-à-dire, qu'il n'est élevé au dessus de l'horizon que de huit ou neuf pieds : le sommet de ce rempart a quinze pieds de largeur, son talus intérieur a les deux tiers de sa hauteur, ce qu'il faut observer dans tous les autres remparts ; c'est pourquoi nous n'en parlerons plus. La banquette comme celle de la place, la largeur supérieure du parapet quinze pieds, le revêtement a vingt-trois pieds, jusqu'au cordon où il a cinq pieds d'épaisseur : il est surmonté d'une tablette semblable à celle de la place. La pente des parapets du dedans au dehors, est partout de deux pieds.

Le terre-plein de la demi-lune est au niveau de celui du réduit, & son sommet a vingt pieds de largeur ; ce que l'on doit entendre ici comme ailleurs, depuis le pied de la banquette jusqu'au bord du talus intérieur.

La banquette & le parapet, comme ceux de la place. Le revêtement n'a que quinze pieds de hauteur pardessus le fond du fossé : son épaisseur au sommet est de deux pieds six pouces ; mais à trois pieds plus bas, elle est de cinq pieds, taluant à l'ordinaire.

Au dessus du revêtement est une berme de dix pieds de largeur, garnie d'une haie vive & d'une palissade vers le milieu ; & à l'extrêmité intérieure de cette berme, on éleve le côté extérieur du rempart & du parapet, de simple terre, ou revêtu d'un gazon.

Nota. Que lorsque les ouvrages sont de simple terre, ce qu'on appelle placage, M. de Vauban leur donne pour talus les deux tiers de leur hauteur, & quand ils sont revêtus d'un gazon, il ne leur donne qu'un tiers.

Le cordon de la tour est plus haut de deux pieds que celui de la courtine. L'épaisseur au sommet est de huit pieds, & le parapet qui est pardessus, est aussi de huit pieds d'épaisseur ; il est de briques, & a deux banquettes aux faces, faisant ensemble trois pieds de largeur sur trois de hauteur. La batterie souterreine, les magasins, & la terrasse qui est pardessus, sont les mêmes que dans la méthode précédente, toute la différence ne consistant que dans un peu plus de largeur que ces tours ont pardessus celles de Landau, & en ce que l'angle flanqué est obtus dans celles-ci, au lieu qu'il est droit dans celles-là.

Le rempart de la contre-garde est élevé à l'angle flanqué de douze ou treize pieds au dessus de l'horizon ; c'est-à-dire, qu'il est plus haut d'un pied que celui de la courtine, ensorte que la hauteur intérieure de son parapet n'est surmontée que d'un pied par la hauteur intérieure du parapet de la tour bastionnée ; mais ce même rempart est plus bas de trois pieds à l'angle d'épaule, & de quatre à l'angle du flanc, & ces différentes hauteurs se forment par une pente presque insensible. Le sommet du terre-plein, la banquette & le parapet, de même que ceux de la place. Le revêtement est élevé de vingt pieds pardessus ses fondemens à l'angle flanqué, de dix-huit & demi à l'angle d'épaule, & de dix-huit à l'angle du flanc: son épaisseur au sommet est de deux pieds & demi, mais à trois pieds plus bas, elle est de cinq pieds; ensorte que dans ce revêtement, comme dans ceux des autres ouvrages qui ne sont revêtus qu'à demi, la partie de la muraille qui est depuis le sommet jusqu'à trois pieds plus bas, est une espece de tablette, & n'en differe qu'en ce qu'elle a un talus en dehors, qui se continue avec celui du reste de la muraille. La berme qui est au dessus du revêtement, a dix pieds de largeur, & à l'extrêmité intérieure de cette berme, le rempart & le parapet s'élevent avec leur talus du tiers ou des deux tiers, comme nous avons déja dit. Outre cela on ajoute à l'angle flanqué une petite muraille pardessus le revêtement: elle a quatre pieds de hauteur, & vingt pieds de longueur sur chaque face, où elle va se raccorder au revêtement par une pente de douze pieds. *Voyez la Fig.* 4, *Pl.* 13, où j'ai mis l'élévation des deux faces de la contre-garde. Je ne donne point ici les dimensions des contre-forts de tous ces revêtemens, parce qu'on peut consulter la Table que j'en ai donné dans la premiere méthode.

Les contrescarpes du grand fossé & de ceux des ouvrages, ont un revêtement qui a trois pieds d'épaisseur au sommet, & dont les contre-forts ont quatre pieds de longueur, $4\frac{1}{2}$ de largeur à la racine, 3 à la queue, & 1 pied de hauteur moins que le revêtement: ces contre-forts, aussi-bien que ceux de la place & des autres ouvrages, sont espacés à quinze pieds de distance de milieu en milieu.

Tous les fossés ont quinze pieds de profondeur, mais celui qui est à l'angle flanqué de la contre-garde, a vingt pieds de profondeur, & monte insensiblement en s'avançant vers la tenaille où il se réduit à quinze.

Enfin tous les remparts ont une petite pente d'un pied & demi, depuis la banquette jusqu'au talus intérieur, pour faciliter l'écoulement des eaux, & l'on y plante deux rangs d'arbres qui font une allée sur le terre-plein, & un troisieme au pied du talus. Je crois qu'après cette explication, on comprendra facilement les profils de la quatorzieme planche, pourvu qu'on se donne la peine d'y jetter les yeux à mesure qu'on lira.

Telle est cette fameuse méthode de M. de Vauban, qui,

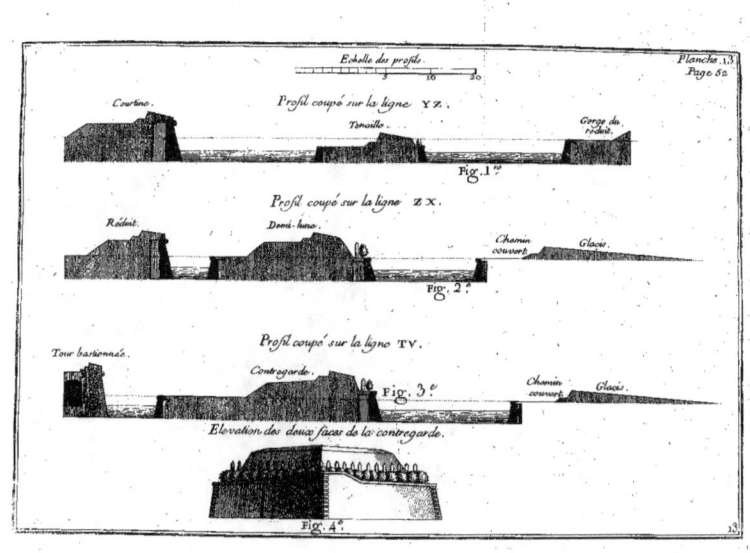

malgré l'approbation presque universelle qu'elle s'est attirée, n'a pu cependant éviter la critique de quelques Auteurs qui l'ont censurée, les uns par envie, & les autres faute de la bien connoître. Du nombre de ces derniers est le célebre Sturmius, professeur en Mathématique de l'Université de Francfort, qui, en 1708, donna au public un Livre intitulé, *Le véritable Vauban se montrant, au lieu du faux Vauban qui a couru jusqu'ici par le monde, &c.* Ce titre pompeux, joint à la réputation de l'Auteur, donne d'abord de grandes espérances; mais on est bien étonné en lisant cet ouvrage, de n'y trouver, touchant la premiere & la troisieme méthode de M. de Vauban, que ce que tout le monde en sçavoit; encore s'explique-t'il d'une maniere si obscure, & quelquefois si peu exacte, qu'on peut dire que le faux Vauban qu'il veut décrier, ne s'est jamais trouvé que dans son Livre. La fortification de Neuf-Brisach ne vaut pas, à son avis, la dépense qu'on y a faite; mais comme il trouve que ce système est très commode pour faire des sorties, il veut bien lui faire grace, pourvu qu'on veuille la renforcer par les moyens qu'il nous en donne, ne s'appercevant pas que ces moyens sont précisément ceux qui seroient les plus capables de l'affoiblir. *Voyez la Fig.* 2 *de la Pl.* 12, où j'ai donné le plan de cet Auteur. 1°. Il met la courtine sur la direction du côté extérieur, & fait sortir en dehors la partie que M. de Vauban fait rentrer, d'où il arrive que les tours ne peuvent presque plus se défendre mutuellement, & que le petit flanc de sa courtine saillante ne nettoie qu'une courte partie du fossé.

2°. Il donne à la perpendiculaire quarante toises, rendant ainsi l'angle flanqué des contre-gardes plus aigu, selon sa belle maxime, que l'on doit faire l'angle du bastion aussi aigu qu'on peut; ce qui est absolument opposé au sentiment de tout ce qu'il y a d'habiles gens dans cette science, qui ne souffrent guere cet angle au dessous de 75 degrés.

3°. Il diminue la largeur & la longueur de la contre-garde, diminuant par-là la défense de cette partie que M. de Vauban a pris soin d'agrandir tant qu'il a pu, parce que c'est la piece la plus importante de cette fortification : il est vrai que Sturmius n'en agit ainsi que pour ajouter une fausse braie autour de la contre-garde, mettant un petit fossé entre deux, afin que les soldats ne soient point incommodés par les débris du revêtement; mais cette fausse braie n'est guere tenable, dès que l'ennemi est une fois maître du chemin couvert, & l'assiégeant y trouve le moyen de monter plus facilement le canon sur la breche de la contre-garde; ce que M. de Vauban a pris tant de soin d'éviter, qu'il a même fait creuser le fossé devant l'angle flanqué, jusqu'à vingt pieds de profondeur, afin que l'ennemi eût plus de peine à faire le pont pour approcher de la breche.

4°. Enfin il fait un petit fossé sec entre le grand fossé plein d'eau & la contrescarpe; ce qui me paroît sans fondement, puisque ce fossé ne sçauroit couvrir les assiégés, quand ils sont obligés d'abandonner le chemin couvert, & qu'il diminue la longueur du pont que l'ennemi est obligé de faire pour s'avancer vers la contre-garde. Il faut avouer qu'un Ouvrage si mal conçu, ne demandoit pas d'être annoncé au public avec tant d'emphase, & je ne sçaurois le lire sans me ressouvenir que les cris horribles de la Montagne en travail, ne produisirent qu'une chétive souris.

Le même Auteur, sur la fin de son Livre, donne un nouveau plan pour renforcer la premiere méthode de M. de Vauban: mais il ne veut ni l'expliquer, ni en donner les profils, parce qu'il est bien aise, dit-il, d'attendre le jugement qu'on en portera, & de sçavoir jusqu'à quel point il peut reconnoître pour ses Juges ceux qui en décideront; bien entendu cependant, qu'il traitera d'ignorans ceux qui ne l'approuveront point, comme il le fait entendre à l'égard d'une autre production qu'il a mis dans ce Livre, & qu'il comparera leurs sentimens à ceux de Midas. Il ne paroît pas que la modestie ait été trop consultée dans ce discours; quoiqu'il en soit, nous rapporterons dans la suite ce nouveau plan de Sturmius, & l'on pourra voir aisément que cette production si vantée, n'est qu'un pillage masqué des méthodes de Coëhorn, que nous détaillerons avec beaucoup de soin.

De la grande Place d'armes, de l'Arsenal, des Casernes, des grandes Portes, des Poternes, des Ponts, &c.

La grande place d'armes d'une ville de guerre est un grand espace vuide où on assemble les soldats pour recevoir les ordres, & pour leur faire faire l'exercice. Elle doit être, s'il se peut, au centre de la ville, afin qu'elle découvre également de tous côtés. La figure qu'on lui donne, est ordinairement la même que celle du polygone fortifié, *Fig.* 4, *Pl.* 12, & l'on tire les rues principales les unes aux centres des bastions, & les autres au milieu des courtines: la raiſon qu'en donne Ozanam, c'eſt que par-là le Gouverneur peut voir de la place, tout ce qui ſe paſſe dans toutes les attaques, & y envoyer un prompt ſecours, ſans être obligé d'aller s'en informer ſur les remparts; mais comme cette diſpoſition des rues rend la plûpart des maiſons irrégulieres par les angles aigus qu'elles doivent néceſſairement avoir, comme le montre la *Fig. 4 de la Pl.* 12, & que d'ailleurs l'avantage que l'on en retire, n'eſt pas de telle nature, qu'on ne puiſſe facilement ſuppléer à ſon défaut par le moyen de deux ou trois perſonnes qu'on charge de venir informer le Gouverneur de ce qui ſe paſſe, il eſt plus à propos de faire cette place quarrée, comme M. de Vauban l'a ordonné à Neuf-Briſach, dont j'ai donné le plan dans *la Pl.* 14, & d'aligner les rues principales aux portes de la ville, obſervant de faire les autres perpendiculaires à celles-là, afin que les maiſons n'aient point d'angles irréguliers.

La grandeur de la place d'armes doit être proportionnée à celle du polygone fortifié, c'eſt-à-dire, qu'elle doit être capable de contenir la garniſon qui eſt néceſſaire pour ſa conſervation. M. Bélidor regle cette grandeur, pour une fortification de ſix baſtions, dont le côté extérieur eſt de 180 toiſes, à 40 ou 45 toiſes par côtés; pour une à ſept baſtions, à 55 ou 60 par côtés; pour huit baſtions, à 70 ou 75; pour neuf ou dix baſtions, à 80 ou 85; enfin pour onze ou douze baſtions, à 90 ou 95: mais, comme il ajoute fort bien, il vaut mieux s'en rapporter à la diſcrétion des Ingénieurs qui exécutent de pareils deſſeins, qu'à aucune regle particuliere.

Les logemens du Gouverneur, du Lieutenant de Roi, du Major, de l'Intendant & du Commiſſaire, la Maiſon de Ville & les priſons, doivent être bâties ſur cette place, de même que la paroiſſe, afin que les habitans en ſoient également à portée.

On donne ordinairement aux principales rues ſix toiſes de largeur, afin que trois charriots y puiſſent paſſer de front, & qu'y en ayant un d'arrêté de chaque côté, un troiſieme puiſſe paſſer entre deux; mais les petites rues n'ont que trois ou quatre toiſes.

On fait auſſi des petites places d'armes devant les portes de la ville, tant pour l'embelliſſement, qu'afin que les corps-de-garde puiſſent ſe garantir plus facilement des ſurpriſes du dedans.

Les caſernes ou logemens des ſoldats ſe placent proche le

rempart, le long des courtines, afin que le soldat soit plus séparé de la bourgeoisie : on y fait aux extrêmités des pavillons pour les officiers. Quoique les casernes augmentent la dépense qu'on fait dans la construction d'une ville, on ne doit cependant jamais négliger d'en faire, par la commodité qu'elles donnent de pouvoir assembler facilement la garnison toutes les fois qu'on en a besoin, au lieu que lorsque le soldat est logé chez les bourgeois, s'il survient une allarme pendant la nuit, on ne peut le rassembler qu'avec beaucoup de peine.

La boulangerie & la cantine doivent être au voisinage des casernes. On appelle cantine, dans une ville de guerre, des lieux où la garnison a le privilege d'avoir de l'eau-de-vie, du vin & de la biere, à beaucoup meilleur marché que dans les cabarets & dans les autres lieux de la ville.

L'arsenal est un grand édifice qui renferme une ou plusieurs cours entourées de bâtimens à plusieurs étages, dans lesquels on ménage des salles pour renfermer les armes, qu'on appelle des salles d'armes, des magasins pour les bombes, les boulets, pour les cordages, les sacs à terre, les harnois des chevaux, les hottes, les paniers, & autres choses nécessaires dans une ville de guerre, des forges, des boutiques d'armuriers, des atteliers par les charpentiers & les charrons, des grands magasins pour les bois, enfin tout ce qu'il faut pour une fonderie, si l'on en peut faire une dans la ville. On y fait aussi des logemens pour les officiers d'artillerie, & pour les ouvriers. On place ordinairement l'arsenal au voisinage du gouverneur & du major.

L'hôpital doit être dans un lieu écarté, & surtout proche d'une riviere ou d'un ruisseau, s'il s'en trouve. A Neuf-Brisach il est hors la ville, comme on peut voir dans le plan ; & c'est ce qui a obligé M. de Vauban de faire ce grand ouvrage à couronne qui l'enveloppe.

On fait, le moins que l'on peut, des portes dans une place de guerre, pour ne pas multiplier la garde dont elles ont besoin. On les met au milieu des courtines, qui est le lieu le plus fort, étant défendu par les deux flancs. On coupe le rempart à cet endroit, à la largeur de neuf à dix pieds, & l'on y fait une voûte de treize à quatorze pieds de hauteur, sur laquelle on fait deux petits bâtimens, l'un du côté de la ville, pour loger un capitaine des portes, ou un aide-major de la place, & l'autre du côté de la campagne, pour y placer l'orgue qui est une porte composée

posée de plusieurs grosses poutres séparées les unes des autres d'un demi-pied, qui se levent & se baissent perpendiculairement, & qui servent à couper le passage aux ennemis, lorsqu'ils ont rompu le pont-levis qui couvroit la porte. On peut voir la *Fig.* 2 dans la *Pl.* 14.

Les orgues sont meilleurs que les herses, qui sont une espece de porte, telle qu'on la voit représentée dans la *Fig.* 3, *Pl.* 14, parce que si le canon ou le pétard vient à rompre une poutre de l'orgue, cette poutre n'étant point attachée aux autres, retombe & répare la brisure par sa longueur; au lieu que si on brise une partie de la herse, elle donne un passage auquel on ne sçauroit remédier ; outre qu'on peut l'empêcher de tomber, en mettant une piece de bois dans les coulisses qui sont entaillées aux côtés de la porte, ou en mettant au dessous un charriot renversé, ou des planches soutenues par des trétaux, ce qu'on appelle des chevalets, *Fig.* 4, *Pl.* 14.

Aux côtés des voûtes de la porte, on en fait deux autres qui servent de corps-de-garde, l'un pour les soldats, & l'autre pour les officiers ; & c'est au dessus de ces corps-de-gardes qu'est le logement du capitaine des portes. Entre ce logement & la chambre des orgues, on laisse une ouverture qui donne du jour au passage de la porte. A côté des corps-de-gardes, on fait des escaliers de pierre, pour monter sur les remparts.

Outre les grandes portes, on fait aussi au milieu des autres courtines, à la retraite des orillons, dans la premiere méthode, & aux côtés des tours dans la troisieme, des petites portes ou poternes, pour communiquer au dehors. Leur passage est voûté sous le rempart, & a dix ou douze pieds de largeur : les portes ont quatre pieds & demi de largeur, & sont masquées ou couvertes, du côté du fossé, d'une maçonnerie de quatre pieds & demi d'épaisseur, qu'on n'abat qu'en cas de besoin. J'ai marqué ces portes, avec leurs allées, aux côtés de la tour, dans la *Fig.* 3 *de la Pl.* 12.

On couvre les grandes portes d'une demi-lune, & l'on y fait un pont de communication, dont la partie la plus proche de la porte, se hausse & se baisse, & s'appelle pont-levis ; le reste s'appelle pont-dormant, & se fait toujours d'une charpente posée sur des piles de maçonnerie, dont la hauteur se regle sur la profondeur du fossé. On coupe ordinairement le pont dormant au milieu par un pont-levis.

58　　　　Le Parfait

Tous les ouvrages par où il faut passer pour entrer dans la ville, tels que sont à Neuf-Brisach le réduit & la demi-lune, ont aussi des portes, des corps-de-gardes, des pont-levis, & des ponts-dormans jusqu'au chemin couvert, où l'on fait une coupure en glacis, qui laisse le passage libre, & qu'on ferme par une bonne barriere.

Les autres ouvrages se communiquent entr'eux par des pont-dormans, où l'on passe par des souterreins creusés sous les remparts de ces ouvrages. Ceux qui voudront en sçavoir davantage sur tout ce que nous venons de dire, n'ont qu'à consulter *la Science des Ingénieurs* de M. Bélidor, qu'il me faudroit copier ici, si je voulois entrer dans un plus grand détail.

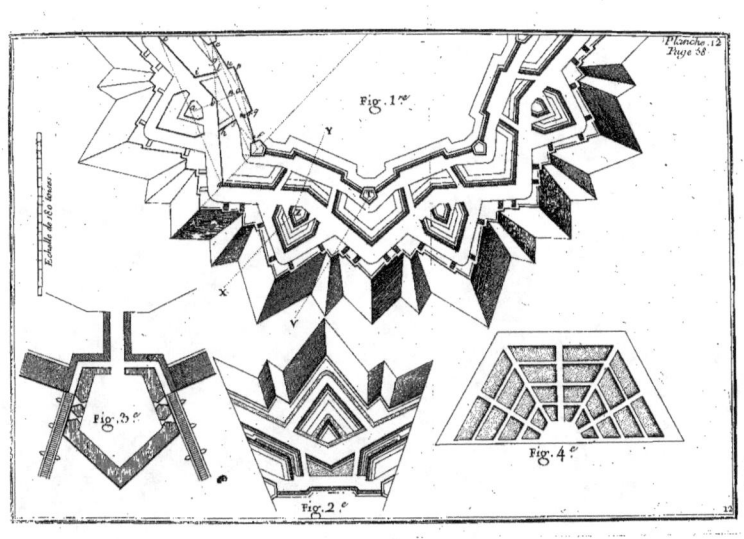

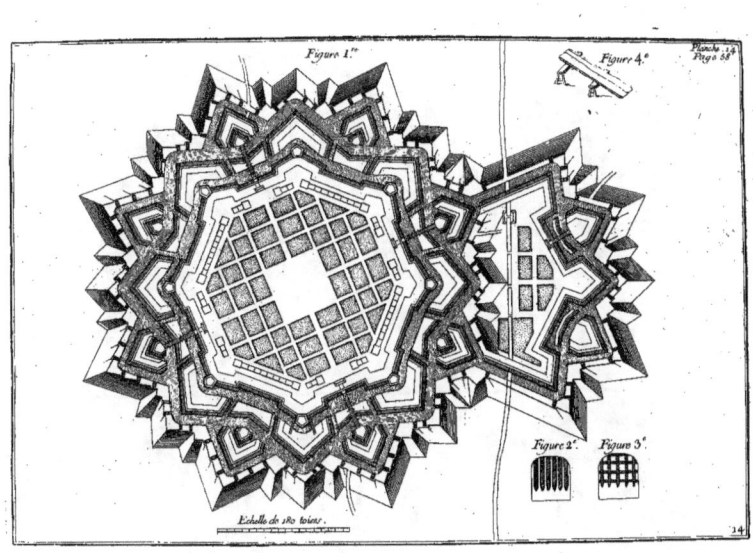

CHAPITRE VII.

Des Méthodes des différens Auteurs.

MÉTHODE D'ERRARD.

ERRARD fortifie en dedans, & fait le flanc perpendiculaire à la face, depuis le quarré jusqu'à l'octogone, & perpendiculaire à la courtine aux autres polygones.

Pour sa construction, supposons un hexagone dont le centre est O, & le côté extérieur AB, *Fig.* 1¹, *Pl.* 15. Faites aux extrêmités A, B, avec les rayons AO, BO, les angles OAC, OBD, chacun de quarante-cinq degrés. Si c'étoit un quarré, vous le feriez de trente degrés, & si c'étoit un pentagone, vous le feriez de quarante : mais aux autres polygones, l'Auteur le fixe, comme ici, à quarante-cinq. Divisez l'angle OAC en deux également, par la ligne AD, qui coupera la ligne de défense BD au point D ; divisez de même l'angle OBD en deux également, par la ligne BC, qui coupera la ligne de défense AC au point C ; joignez les points CD par une ligne qui sera la courtine, & de ces points C, D, abaissez des lignes perpendiculaires sur les lignes de défense ; ce qui vous déterminera les flancs & les faces.

Pour le fossé, tirez de chaque angle d'épaule des lignes parallèles aux lignes de défense, & pour le rempart vous ferez sa longueur égale à la longueur du flanc.

Les défauts de cette maniere de fortifier sont si visibles, surtout si on la compare aux méthodes dont on se sert aujourd'hui, qu'on a même voulu dire que l'Auteur ne s'en étoit jamais servi dans les travaux qu'il avoit fait construire. J'ai peine à croire qu'un habile Géometre, qui passoit pour le plus habile Ingénieur de son siecle, eût voulu de gaieté de cœur se deshonorer dans un Ouvrage qu'il composoit avec connoissance de cause, & qu'il consacroit à la postérité ; il est vrai qu'une place bâtie dans ce goût ne serviroit qu'à exciter la risée des assiégeans qui attaqueroient comme on attaque de nos jours. Il faut nécessairement, pour pouvoir se défendre, faire des flancs capables d'un plus grand nombre de canons, & qui regardent plus directement la contrescarpe & le foſſé où l'ennemi trouve le ſecret de parvenir en peu de temps, & de dreſſer de violentes batteries. Mais il n'en étoit pas de même du temps d'Errard. L'attaque étoit extrêmement foible : toute l'artillerie que l'on conduiſoit à un ſiege, conſiſtoit en quatre ou cinq pieces de canon de très-petit calibre, & en quelques mortiers que l'on employoit plutôt à ruiner des clochers, qu'à inquiéter l'ennemi dans ſes défenſes. Les tranchées menées ſans art n'étoient ni amples, ni ſpacieuſes, comme on les fait aujourd'hui : la moindre ſortie renverſoit tout, & obligeoit à recommencer un travail où l'on perdoit un monde infini, à cauſe du feu de la place, toujours ſupérieur à celui qu'on lui oppoſoit. Cependant le temps faiſoit ſon cours, & la mauvaiſe ſaiſon venoit ſouvent arrêter l'entrepriſe, au grand contentement du ſoldat rebuté. Que ſi, après bien des travaux & du ſang répandu, on parvenoit enfin juſqu'au chemin couvert, que pouvoit-on faire avec des troupes fatiguées, & des munitions de guerre ſi peu abondantes, contre une place dont la garniſon ſubſiſtoit dans ſon entier, & dont à peine on avoit abattu quelques morceaux de parapets ? La plûpart du temps tout aboutiſſoit, ou à une retraite honteuſe, ou à une victoire plus cruelle pour le vainqueur, que pour celui qui s'avouoit vaincu. Les Hiſtoires ſont remplies de pareils exemples. Rapprochons-nous de ces temps, & nous avouerons ſans peine que ſi Errard n'a pas mieux fait, c'eſt que la néceſſité de ſe mieux défendre, ne lui avoit pas ouvert l'entendement, comme elle l'a fait à nos Ingénieurs. Au reſte, j'ai rapporté ſa méthode uniquement pour faire voir les progrès que les fortifications ont faits, en les comparant à celles qu'on a été obligé d'imaginer après lui.

METHODE A L'ITALIENNE,
DE SARDIS.

Les Italiens ont eu grand nombre d'Auteurs qui ont donné différentes méthodes de fortifier, entre leſquelles nous avons choiſi celle de Sardis, à qui l'on a toujours donné la préférence. *Fig.* 2, *Pl.* 15.

Il fortifie en dedans, & donne à ſon côté intérieur AB, au rapport d'Ozanam, 800 pas géométriques, ſur leſquels il en prend 150 de chaque côté, pour les demi-gorges AC, BD; ce qui me paroît exhorbitant, puiſque le pas géométrique valant cinq pieds, il s'enfuivroit que le côté intérieur, felon Sardis, auroit 666 toifes, & les demi-gorges 125, de même que les flancs qui leur font égaux, & par conféquent que la courtine auroit 410 toifes, d'où retranchant 51 toifes qui en eft le huitieme, pour le fecond flanc, il refteroit encore 359 toifes; ce qui rendroit les lignes de défenfe beaucoup plus longues qu'il ne faut pour la portée du moufquet. C'eft pourquoi, en gardant la proportion de 800 à 150, on peut donner 160 toifes au côté intérieur, & 30 à chaque demi-gorge, à l'extrêmité defquelles on éleve perpendiculairement les flancs CF, DE, chacun auffi de trente toifes. Enfuite on donne à chaque fecond flanc CI, DH, la huitieme partie de la courtine, & l'on tire les lignes de défenfe IK, HL, qui déterminent les faces.

Les cavaliers que l'Auteur ajoute au milieu de chaque courtine, font éloignés du parapet d'environ trente pieds : leur figure eft un quarré long, qui contient trois pieces de canon fur le long côté, pour battre la campagne, & deux à chaque côté, pour battre les baftions, quand l'ennemi y aura fait breche.

Pour les orillons & les flancs bas qu'on appelle cafemates, il prend fur les flancs les lignes AC, EF, égales chacune au tiers du flanc, *Fig.* 3, *Pl.* 15. Il prend auffi fur les demi-gorges, les lignes BI, NM, égales aux précédentes, & porte la même grandeur fur les faces prolongées de A en L, & de E en H, après quoi il tire les lignes IT, LV, MO, HR, paralleles aux flancs & indéfinies; il prolonge enfuite les flancs, enforte que les parties BS, MY, foient chacune de quinze pieds, & tire des points S & Y, les lignes SP, YQ, paralleles aux demi-gorges; les parties C4, F3, ont chacune dix pieds, & les lignes P6, Y5 ont chacune vingt-quatre toifes.

Si on veut un orillon quarré, on tirera du point F, une ligne au milieu de la face du baftion oppofé, qui coupera en R la ligne HR, & pour l'orillon rond, après avoir tiré la ligne CV de la même maniere, on fera fur la ligne LV un triangle ifofcele, dont les côtés foient environ les deux tiers de cette ligne, & l'on décrira la rondeur de l'orillon du fommet de ce triangle. La ligne P6 marque l'extrêmité extérieure du flanc haut, ou de la place haute, & la ligne CB marque l'extrêmité extérieure du flanc bas, qu'on appelle cafemate, ou place baffe, parce qu'elle eft plus baffe que le flanc haut, comme on peut le voir dans la *Fig.* 4, *Pl.* 15, qui en montre le profil, la partie A repréfentant le flanc haut,

& la partie B, le flanc bas, avec leur banquette & leur parapet. Le nom de casemates, selon Ozanam, vient de ce que l'on pratique des voûtes sous le rempart du flanc haut, & au niveau du flanc bas, pour y renfermer les canons de ce flanc bas, quand on n'en a plus besoin.

Quoique les casemates paroissent d'abord d'une grande utilité, puisqu'elles augmentent le feu de la place, & qu'elles défendent beaucoup mieux le fossé que ne fait le flanc haut, cependant on a observé que pour peu qu'on y tire le canon, on y est étouffé de la fumée qui incommode aussi la place haute, & qu'outre le feu de cette place, & les débris qui fatiguent extrêmement ceux qui sont en bas, à moins qu'on ne fasse les casemates fort larges, & les flancs fort hauts, ce qui est sujet à de grands inconvéniens, comme nous dirons autre part, la bombe y fait d'ailleurs tant de fracas, qu'on est bientôt obligé de les abandonner; ce qui a obligé M. de Vauban à en condamner entiérement l'usage.

Le défaut de cette méthode consiste en ce que les faces sont défendues trop obliquement par les flancs, qui cependant sont extrêmement découverts, à cause du second flanc sur la courtine, dont la défense est d'un très-petit avantage, & très-incommode pour son obliquité.

Tous les Auteurs Italiens s'attachent fort à ce second flanc, & affectent de faire l'angle du bastion aigu, afin que les faces d'un même côté de la place, puissent se défendre mutuellement. C'est pourquoi Ozanam a cru que ceux qui ont donné la méthode de Sardis, comme nous venons de l'expliquer, n'ont pas bien pris la pensée de l'Auteur, & voudroit qu'au lieu de donner dans tous les polygones la huitieme partie de la courtine pour le second flanc, on n'en donnât point au quarré ni au pentagone, parce que leurs angles ne sont pas assez ouverts; qu'on donnât la huitieme partie à l'hexagone, la septieme à l'eptagone, la sixieme à l'octogone, la cinquieme à l'ennéagone, la quatrieme au décagone, la troisieme à l'ondécagone, & la moitié au dodécagone. Mais ce raisonnement ne me paroît pas juste, parce que Sardis, tout Italien qu'il est, peut fort bien avoir pensé autrement que les autres.

MÉTHODE ESPAGNOLE.

Les Espagnols ne font jamais de second flanc, & l'angle flanqué obtus n'est point regardé parmi eux comme un défaut dans la fortification, *Fig.* 5, *Pl.* 15. Selon leur méthode, on donne aux demi-gorges AC, BD, la sixieme partie du côté intérieur AD; les flancs sont égaux aux demi-gorges, & perpendiculaires à la courtine, & les faces sont déterminées par des lignes de défense rasantes CE, BF.

Cette maniere de fortifier a le même défaut que la précédente, excepté que son flanc n'est pas si découvert, n'y ayant point de second flanc: mais d'un autre côté, les angles flanqués deviennent extrêmement obtus dans les polygones qui sont au dessus de l'hexagone; ce qu'il faut éviter avec soin, parce qu'il faut beaucoup moins démolir pour faire une breche dans un angle obtus, qu'il ne faut démolir pour en faire une égale dans un angle aigu, comme on peut l'observer dans la *Fig.* 7, *Pl.* 15, où l'on voit que, quoique la breche AB soit égale à la breche CD, cependant la démolition AEB qu'il faut faire pour l'une, est bien plus petite que la démolition CED qu'il faut faire pour l'autre. C'est ce qui a donné lieu à quelques Auteurs de soutenir que tous les angles aigus étoient bons; en quoi ils se sont trompés, parce que l'angle trop aigu ne sçauroit résister au canon, & que l'ennemi l'ayant abattu du premier coup, trouve bientôt le moyen d'en agrandir la breche: d'où il suit que l'angle du bastion doit être un peu aigu, ou tout au plus droit, & qu'on ne doit jamais le souffrir au dessous de soixante degrés, observant même de le faire toujours au dessus, comme de 70 ou 75, à moins que la nécessité ne le demande.

De l'Ordre renforcé.

Cet ordre, dont plusieurs Auteurs Italiens & Espagnols ont parlé fort au long, a été inventé pour diminuer le nombre des bastions qu'il faudroit faire dans une grande place, & pour proportionner la ligne de défense à la portée du mousquet, *Fig.* 6, *Pl.* 15. On donne ordinairement 160 toises au côté intérieur AB, que l'on divise en huit parties égales; les demi-gorges en ont une chacune, de même que les flancs qui sont perpendiculaires au côté intérieur; les deux courtines DE, FC, ont chacune deux parties, & les flancs retirés EI, FL, sont égaux & parallèles aux flancs du bastion. La courtine retirée se tire par l'extrêmité de ces flancs, après quoi on tire les lignes de défense IFG, LEH, qui déterminent les faces.

Toutes les défenses de cette méthode sont trop obliques: les angles flanqués sont trop aigus, & les fossés, pour être bien défendus, doivent être extrêmement grands, puisqu'il faut les faire d'une largeur raisonnable à l'angle flanqué, afin que l'ennemi n'approche pas trop facilement de la breche, & les aligner aux angles d'épaule, afin que les flancs puissent les defendre; ce qui les agrandit beaucoup, & augmente prodigieusement la dépense.

METHODE DU CHEVALIER DE VILLE.

Le Chevalier de Ville, à l'exemple des Espagnols, donne aux demi-gorges & aux flancs, la sixiéme partie de la courtine, & détermine les faces & l'angle flanqué du quarré & du pentagone, par les lignes de défense rasantes, *Fig.* 1, *Pl.* 16; mais dans les autres polygones, il tire une ligne droite AC par l'extrêmité des flancs, & sur cette ligne il décrit un demi-cercle ABC, qui est coupé en deux également au point B, où il fait l'angle flanqué en tirant les lignes AB, BC: par-là il donne un second flanc sur la courtine, à l'exemple des Italiens, & c'est ce qui a fait appeller sa méthode le Trait composé, parce qu'elle est mêlée de l'Italienne & de l'Espagnole.

Pour l'orillon & les casemates, divisez le flanc AB en deux également au point C; de l'angle flanqué D du bastion opposé, tirez la ligne DC, mettez six toises de C en E, & de A en F, tirez la ligne EF sur laquelle vous ferez un demi-cercle pour l'arrondissement de l'orillon, *Fig.* 2, *Pl.* 16.

Pour les casemates & le flanc haut, prolongez indéfiniment la ligne EC; de l'extrêmité I de l'orillon opposé, tirez la ligne IB indéfinie, & qui passe par l'extrêmité de la courtine; divisez la demi-gorge en deux également au point H, par lequel vous tirerez la ligne LH parallele au flanc BC, & qui sera terminée par la rencontre des lignes indéfinies. LO marquera le bord extérieur du flanc haut, & BC le bord extérieur du flanc bas.

Cette méthode a de commun avec les précédentes, que ses défenses

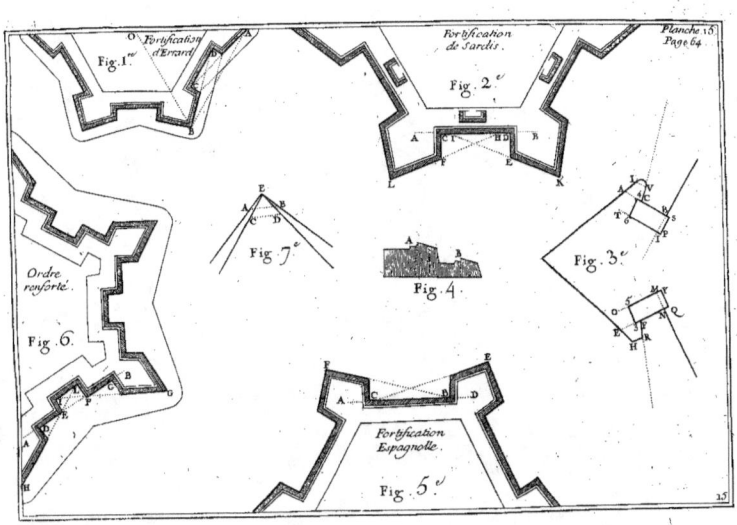

défenses ne sont pas assez directes, & que son fossé doit être extrêmement grand vis-à-vis les courtines, surtout dans les grands polygones, pour être défendu de tout le flanc : on peut ajouter encore que ses flancs sont trop petits, & ne fournissent pas assez de terrein pour une bonne batterie.

Par les méthodes dont nous venons de parler, il paroît que le principal usage auquel on destinoit le flanc, étoit de défendre le passage du fossé. Ce passage se faisoit alors par le moyen de galeries de bois, contre lesquelles le canon avoit beau jeu : le flanc ne contenoit à la vérité que quatre ou cinq canons ; mais comme on pouvoit y transporter des pieces des autres endroits de la place, qui n'étoient point attaqués, & faire par conséquent un feu continuel en tirant les unes, tandis qu'on chargeoit les autres, on ne laissoit pas que d'arrêter long-temps l'ennemi, d'autant plus qu'on se trouvoit toujours supérieur aux petites batteries qu'il opposoit contre les flancs. Dans la suite, ces batteries devenant plus fortes, on s'avisa de faire un second flanc ou casemate, pour défendre les galeries, tandis que le flanc haut tâchoit de démonter le canon de l'assiégeant ; & par ce moyen la défense étoit encore assez proportionnée à l'attaque. Mais depuis qu'on fait marcher des arsenaux entiers contre une place, & que le passage du fossé se fait par des fascinages & des sacs à terre qui bravent le feu du flanc, c'est en vain que l'assiégé multiplie & étend ses flancs : ses défenses entiérement abattues dès le commencement même des travaux, la grêle énorme de grenades, de pierres & de bombes, qu'on fait pleuvoir sur lui, le jeu effroyable des mines qu'on pratique de toutes parts, le feu terrible des batteries qui culbutent l'unique défense qu'il regardoit comme sa derniere ressource, tout le menace d'une ruine prochaine, & le seul parti qui lui reste, après avoir poussé la défense à bout, est d'obtenir une capitulation glorieuse, à moins qu'une puissante armée ne vienne à son secours, ou que la grêle, l'orage ou les tempêtes ne se déclarent pour lui.

METHODE DU CHEVALIER DE S. JULIEN,
POUR LES GRANDES PLACES.

Quelque dépense que l'on fasse pour bien fortifier une ville, il faut cependant avouer que la bombe & le canon viennent enfin à bout de tout, & qu'après bien des peines, & de l'argent employé dans une place, l'affiégeant ne laisse pas de s'en rendre le maître. C'est ce qui a obligé le Chevalier de S. Julien d'imaginer, pour les grandes places qui coûtent le plus à défendre, une nouvelle méthode par laquelle il prétend non-seulement diminuer la dépense, ce qu'on ne lui pourroit contester, mais encore augmenter la force; ce que nous examinerons, après avoir vu sa construction.

Suppofé donc que nous ayons un octogone à fortifier felon fa maniere, *Fig.* 3, *Pl.* 16, donnez au côté extérieur ab 240 toifes, divifez cette ligne en deux également au point c, & faites la perpendiculaire ci de 24 toifes, c'eft-à-dire égale à la dixieme partie du côté extérieur; tirez par le point i les lignes de défenfe ail, bih, & faites les parties il, ih, chacune de 70 toifes; tirez la ligne hl, qui fera la courtine, & par le milieu o, tirez les lignes de défenfes rafantes oa, ob, fur lefquelles vous prendrez pour chaque face 48 toifes, c'eft-à-dire le cinquieme du côté extérieur, & vous tirerez enfuite les flancs par les deux extrêmités de la courtine : ces mefures fervent pour toutes fortes de polygones.

Pour l'orillon, prenez les deux cinquiemes du flanc, & achevez le refte comme dans la méthode de M. de Vauban. Le foffé, dont la contrefcarpe eft parallele à la face du baftion, a vingt toifes de largeur; & comme dans cette méthode la portée du moufquet fe prend du milieu de la courtine, l'Auteur met dans le foffé, depuis le milieu de la courtine jufqu'à la gorge de la demi-lune, une caponniere couverte, haute de fept pieds, & large de dix toifes, où il met du canon pour la défenfe des faces, & pardeffus il y fait une galerie pour les moufquetaires, & pour fervir de paffage au ravelin.

La demi-lune a quarante-cinq toifes de capitale, & fes faces font alignées à 15 toifes dans la courtine; fon foffé eft de dix toifes; la contre-garde a trente-cinq toifes de p en q; fes faces font paralleles à celles de la demi-lune, & fon foffé eft de douze toifes. J'ai fait par mégarde, dans la figure, le foffé de la demi-lune & celui de la contre-garde, beaucoup plus grands que je ne viens de dire; mais je crois, qu'à la dépenfe près que l'Auteur veut ménager, il feroit beaucoup mieux de le faire ainfi, puifque l'orillon feroit par-là plus couvert.

Le chemin couvert a cinq toifes de largeur : les demi-gorges des places d'armes ont quinze toifes, & les faces vingt. Elles font couvertes d'une traverse de chaque côté, & dans le milieu est une redoute pour y loger du canon & des mousquetaires. Le glacis est de trente-cinq à quarante toises.

Le rempart a douze toises d'épaisseur, y compris le parapet qui en a cinq, afin qu'il résiste davantage. L'élévation du rempart, au dessus de l'horizon, n'est que de douze pieds, & les dehors ne sont plus bas que de deux ou trois pieds; ce que l'Auteur a fait pour donner moins de prise aux batteries de l'ennemi, en enterrant les ouvrages qu'il couvre avec des traverses d'espace en espace, pour éviter l'enfilade : il met aussi en plusieurs endroits des cavaliers pour battre l'ennemi en barbe, & surtout à la gorge de chaque bastion, où le cavalier a deux batteries, l'une plus élevée que le parapet de la place, & l'autre au niveau du rempart, & voûtée à l'épreuve de la bombe; enfin pour rendre plus solides les parapets des flancs & des casemates, il a imaginé une sorte de merlons & d'embrasures, à qui il donne une figure circulaire, comme on peut voir dans la *Fig.* 4, *Pl.* 16. Les embrasures doivent avoir environ une toise & demie, & les merlons deux.

Quoiqu'il y ait de fort bonnes choses dans cette méthode, telles que le cavalier de la gorge, qui séparant en quelque maniere le bastion du corps de la place, met les assiégés en état de se défendre plus long-temps après la breche faite, cependant il me paroît que ses faces ne sont pas assez bien flanquées par la caponniere du fossé dont la défense est trop oblique, & qui peut être entiérement détruite par deux ou trois bombes, & que ses flancs sont trop découverts, puisque l'ennemi ayant abattu le parapet de la demi-lune & de sa contre-garde, voit ceux du flanc sur un front extrêmement large.

Pour les merlons des flancs, on ne sçauroit disconvenir qu'ils ne soient plus solides que ceux qu'on fait ordinairement; mais c'est à Messieurs de l'Artillerie, à juger s'ils sont assez commodes pour être mis en usage.

MÉTHODE DU CHEVALIER DE S. JULIEN,
POUR LES PETITES PLACES.

L'intention de l'Auteur, dans la méthode précédente, a été, comme nous l'avons déja dit, de diminuer considérablement les dépenses énormes qu'il faut faire pour fortifier une grande ville; mais comme il y a de petites places qui ne laissent pas que d'être d'une grande conséquence, & qu'on peut faire à moins de frais, il a imaginé pour celles-ci une nouvelle maniere qui, sans contredit, vaut mieux que la précédente, quoiqu'elle ait aussi ses défauts.

Supposons, par exemple, que nous ayons un hexagone à fortifier, *Fig.* 1, *Pl.* 17, donnez 180 toises au côté extérieur ab, & faites la perpendiculaire cd, égale au quart de ce côté, c'est-à-dire de 45 toises; tirez ensuite les lignes de défense sur lesquelles vous porterez 120 toises de a en l, & de b en i; donnez 60 toises aux faces as, br, & portez sur les lignes de défense 30 toises de d en o, & de d en t, la ligne ot sera la courtine de la place, & la ligne i, l, sera celle du tenaillon; tirez les lignes tr, os, & par les angles d'épaule, tirez rp, sq, paralleles au côté extérieur. Faites en dedans un fossé de huit toises de largeur; ce qui vous donnera les faces des bastions telles que u, x, & vous déterminerez le flanc droit xt, sur lequel vous ferez l'orillon & le flanc concave à la maniere de M. de Vauban. Tirez ensuite les flancs des tenaillons, paralleles à ceux de la place, jusqu'à ce qu'ils rencontrent les faces prolongées de l'avant-bastion.

Le fossé de la place est de seize toises de largeur, la capitale de la demi-lune extérieure, de 70 toises, & ses faces sont alignées aux points z, n, éloignés de 20 toises des extrêmités r, s, des faces de l'avant-bastion: son fossé est de douze toises.

La capitale de la demi-lune intérieure est de quarante-cinq toises; ses faces sont paralleles à celles de la demi-lune extérieure; son fossé est de dix toises, & sa gorge est arrondie, en forte qu'on puisse voir de u en a; ce que l'Auteur a fait à dessein de mettre une batterie dans le fossé sec up, pour arrêter l'ennemi, lorsqu'il aura fait breche à la pointe a de l'avant-bastion. J'ai oublié de donner de petits flancs aux demi-lunes, comme

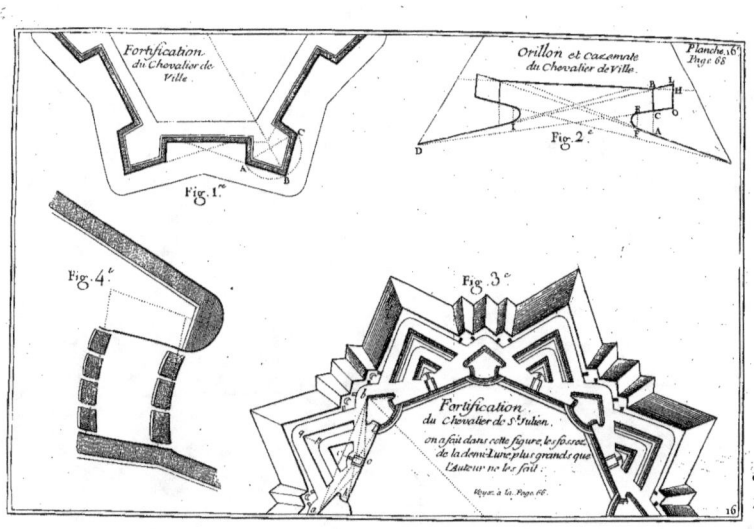

l'Auteur a fait. Le chemin couvert est à l'ordinaire, & le glacis doit avoir trente-cinq ou quarante toises.

Selon cette nouvelle maniere de fortifier, les flancs ont une bonne défense qui approche beaucoup de la directe, sans être cependant trop découverts; les faces du bastion intérieur sont cachées aux batteries de l'assiégeant; la breche est battue de revers par la batterie du fossé sec du bastion opposé, contre laquelle l'ennemi ne sçauroit dresser du canon; enfin le tenaillon est capable d'une grande défense par la longueur de ses flancs: mais on peut dire aussi que l'angle flanqué de l'avant-bastion est trop aigu, & celui du bastion principal trop obtus; ce qui facilite extrêmement la breche sur laquelle l'ennemi pourra toujours se loger, malgré la batterie du fossé sec, parce qu'il pourra la détruire par la bombe, s'il ne peut pas la découvrir avec le canon. Ajoutez à cela que dès que cette batterie sera renversée, les faces du bastion intérieur resteront sans défense.

METHODE HOLLANDOISE
DE MAROLLOIS.

Soit le côté extérieur & indéfini AB, faites au point A l'angle BAO égal à la moitié de l'angle du polygone que vous voulez fortifier, *Fig.* 2, *Pl.* 17. Par exemple, si c'est un hexagone comme ici, faites l'angle BAO de soixante, parce que l'angle de l'hexagone est de 120; divisez cet angle en deux également par la ligne AC, & faites ensuite l'angle CAD de sept degrés & demi. Portez sur la ligne AD quarante-huit toises de A en E, pour la face du bastion; du point E tirez la ligne EG indéfinie & perpendiculaire au côté extérieur: faites à ce même point E l'angle GEF de cinquante degrés. Du point F où le rayon AO est coupé, tirez la ligne FH, parallele au côté extérieur, ce qui terminera le flanc; & donnez à la courtine GH 72 toises. Du point H élevez la perpendiculaire HI, faites IB égal à AN, & le flanc HL égal au flanc GE; tirez la face LB, & après avoir fait la demi-gorge HM égale à la demi-gorge FG, vous tirerez le rayon BMO, qui rencontrera AFO au point O, qui sera le centre de votre polygone. On l'achevera facilement en décrivant de ce point O un cercle qui passe par les points AB, & sur lequel on portera le côté extérieur AB six fois, parce que c'est un hexagone; ensuite on portera sur ces côtés de part & d'autre, la distance AN, d'où on élevera des perpendiculaires sur lesquelles on portera les distances NE, EG, pour déterminer les faces, les flancs & les courtines, comme on peut voir par la Figure. On suivra cette construction dans tous les polygones, jusqu'à l'ondécagone ; mais pour le dodécagone, & ceux qui sont au dessus, on se contentera, après avoir fait l'angle BAO égal à la moitié de l'angle du polygone, de faire ensuite OAE de quarante-cinq degrés, afin que l'angle flanqué ne devienne pas obtus ; ce qui arriveroit infailliblement, si on faisoit dans ceux-là, comme on fait aux autres, où l'on ajoute à la moitié de l'angle du polygone, quinze degrés, comme on peut voir par cette construction de l'hexagone : car l'angle OAC valant trente degrés, & l'angle CAD sept & demi, ce qui fait trente-sept & demi pour le demi-angle flanqué, il s'ensuit que l'angle flanqué tout entier en a 75, c'est-à-dire 15 de plus que la moitié, 60 de l'angle de l'hexagone ; & par conséquent comme l'angle du polygone augmente à mesure qu'il a plus de côtés, l'angle flanqué augmente aussi, & seroit enfin obtus, si on ne le bornoit, comme l'Auteur a fait.

On peut juger facilement des défauts de cette méthode, par tout ce que j'ai déja dit dans les précedentes : c'est pourquoi sans m'y arrêter davantage, je dirai seulement ici que les Hollandois, outre la fausse braie dont ils se servent dans leurs ouvrages, & dont nous avons déja parlé, pratiquent aussi, entre le cordon & le parapet, un chemin large de neuf ou dix pieds, sur le bord duquel est un petit parapet de deux pieds de largeur, pour empêcher qu'on ne tombe dans le fossé ; c'est ce qu'on appelle le chemin des rondes, c'est-à-dire où on fait le guet de nuit, pour voir ce qui se passe au dehors, & si les sentinelles font leur devoir. *Voyez la Fig. 3 de la Pl.* 17, où j'ai donné le profil d'un rempart avec son chemin des rondes : la partie A marque le rempart, la banquette & le parapet ; la partie B le chemin des rondes, & son petit parapet au dessus du cordon ; la lettre C représente le fossé, & la lettre D le chemin couvert avec une partie du glacis.

M. de Vauban a condamné, avec juste raison, cet ouvrage, parce que dès les premiers jours d'un siege, le petit parapet étoit abattu, & le chemin se trouvoit comblé par les débris des parapets de la place.

MÉTHODE DE BOMBELLE.

Monsieur de Bombelle établit trois sortes de fortifications : le grand royal, le moyen, & le petit royal, *Fig.* 4, *Pl.* 17. Le côté intérieur du premier a 80 verges, ou 160 toises ; celui du second a 70 verges, ou 140 toises ; & celui du troisieme n'a que 60 verges, ou 120 toises ; & tous les trois se fortifient de la même maniere.

Soit la ligne *a c* le côté intérieur du polygone, donnez-en la cinquieme partie à chaque demi-gorge *a b*, *d c*, & la quatrieme partie à chaque flanc *b i*, après quoi vous tirerez les lignes rasantes *d p*, *b s*, qui détermineront les faces.

Pour les orillons & les casemates, tirez la ligne *b n* perpendiculaire à l'extrêmité de la courtine, prenez-en le tiers de *n* en *u* ; prenez aussi le tiers de la face de *s* en *z*, & du point *z* tirez la ligne *z u o*, qui sera terminée en *o* par la ligne *b o*, perpendiculaire à la ligne de défense.

Continuez la ligne de défense jusqu'à ce qu'elle coupe le rayon de la Figure au point *x*, faites *x*M égal à *x a*, & tirez la ligne droite *b*M, sur laquelle les flancs couverts seront terminés, le centre *q* de ces flancs se trouve au sommet d'un petit triangle isoscele, fait sur la ligne *b o*, & dont les côtés ont chacun les trois quarts de cette ligne. Le flanc bas & le flanc haut avancent vers la face d'environ deux ou trois toises au-delà du point *o*.

La casemate de l'angle flanqué se décrit en prenant sur la capitale la ligne *p t*, égale à la ligne *p r*, & le centre de son arrondissement se prend sur le milieu de cette ligne.

L'angle flanqué de la demi lune se trouve en décrivant deux arcs de cercle, l'un du point *d* intervalle *d a*, & l'autre du point *b* intervalle *b c* : ses faces sont alignées aux extrêmités des orillons, & se terminent sur la contrescarpe du fossé qui a vingt-quatre toises de largeur.

Le fossé de la demi-lune a seize toises : la contre-garde se décrit en prolongeant les faces de la demi-lune au-delà de son fossé ; ensorte que la ligne 1, 2, soit égale à l'une de ces faces. L'angle 1, 2, 3, doit avoir 60 degrés ; la partie 1, 5, doit être le tiers de la ligne 1, 2, après quoi il n'y a plus qu'à achever le petit parallélogramme, comme on le voit dans la Figure. Tous les parapets ont quatre toises de largeur.

Cette méthode est beaucoup plus conforme aux maximes d'une bonne fortification, que la plûpart des précédentes: ses faces sont défendues directement, & les flancs étant très-grands, sont capables d'une bonne défense, sans présenter pourtant un si grand front à l'ennemi, parce qu'ils sont toujours à ligne rasante. Cependant comme l'angle diminué est toujours d'environ vingt-un degrés, il arrive que l'angle flanqué du quarré n'en a que quarante-huit, & celui du pentagone soixante-six; ce qui rend le premier entiérement irrégulier, & le second extrêmement foible: d'ailleurs la casemate de l'angle flanqué affoiblit beaucoup plus cet angle qu'elle ne paroît d'abord le fortifier; car d'un côté la casemate devant être plus basse que la place haute d'environ dix-huit pieds, si l'on ne veut point que ceux d'en bas soient brûlés par le canon d'en haut, comme on l'a souvent éprouvé, il est impossible qu'elle ne soit enfilée de toutes parts, surtout n'étant couverte d'aucun dehors, & de l'autre l'arrondissement de la place haute présente un front à l'ennemi beaucoup plus facile à renverser, que ne seroit la pointe du bastion. Ajoutez à cela que la casemate sert de degrés à l'assiégant pour monter plus commodément à la breche.

On pourroit aussi donner plus d'aisance à l'entrée du bastion, en décrivant l'arrondissement des flancs selon la maniere ordinaire.

METHODE DE M. BLONDEL.

M. Blondel fortifie en dedans, & établit deux sortes de fortifications: la grande, dont le côté extérieur est de deux cens toises; & la petite, où le côté n'est que de 170, parce qu'il ne veut point que la ligne de défense soit au-delà de 140 toises, qui est la grande portée du mousquet, ni au dessous de 120, pour ne pas multiplier les bastions. Il commence par l'angle diminué qu'il trouve en ôtant 90 degrés de l'angle du polygone, & en ajoutant 15 au tiers du reste, c'est-à-dire que supposé que l'angle du polygone soit de 120 degrés, comme il l'est dans l'hexagone, il en retranche 90; & comme il lui en reste 30, il en prend le tiers qui est 10, & en y ajoutant 15, il a 25 degrés pour l'angle diminué de ce polygone: ainsi cet angle est de 15 degrés dans le quarré, & augmente peu à peu dans les autres polygones, jusqu'aux bastions qui se font sur une ligne droite,

où

où il se trouve de 45 degrés. D'où il suit que l'angle du bastion est au quarré de 60 degrés, au pentagone de 66, à l'hexagone de 70, augmentant toujours à mesure que les polygones augmentent, quoiqu'il ne monte à 90 degrés, que lorsque le bastion est construit sur une ligne droite.

Soit donc AB le côté extérieur d'un hexagone, faites aux deux extrêmités les deux angles diminués ABC, DAB, de 25 degrés, *Fig.* 5, *Pl.* 17; ce qui vous donnera les deux lignes de défense, que vous déterminerez en leur donnant à chacune les sept dixiemes du côté extérieur, c'est-à-dire qu'ayant divisé ce côté en dix parties, vous en donnerez sept à chaque ligne de défense, qui par conséquent aura 140 toises dans la grande fortification, & un peu moins de 120 dans la petite; divisez les parties AO, BO des lignes de défense en deux également aux points E, H, & de ces points tirez les lignes EC, HD, aux extrêmités C, D, ce qui vous donnera les faces & les flancs, après quoi tirez la ligne CD, qui sera la courtine.

Pour l'orillon, prenez sur les flancs les parties EI, HL, chacune de dix toises, & donnez cinq ou six toises à la retraite que vous alignerez à l'angle du bastion opposé. Dans les grands polygones, & dans les bastions qui se font sur une ligne droite, l'Auteur donne jusqu'à vingt toises, afin d'agrandir par-là sa courtine. Les trois plateformes qui sont après la retraite de l'orillon, sont parallèles aux flancs : leurs parapets ont trois toises, & leur terre-plein cinq. La plus basse est au dessus du fond du fossé de neuf à douze pieds, la moyenne de dix-huit à vingt-quatre, & la plus haute de vingt-sept à trente-six. La gorge du bastion est occupée en partie par un cavalier, tel que la Figure le montre.

Le fossé est parallèle aux faces, & sa largeur est égale à la longueur du flanc : on met dans ce fossé, à la pointe de chaque bastion, & à la distance de dix ou douze toises de la contrescarpe, une contre-garde de maçonnerie large de quatre toises, y compris son parapet qui n'a que huit ou dix pieds, & contreminée partout; sa longueur est terminée par le fossé de la demilune.

L'angle flanqué de la demi-lune se trouve en décrivant deux arcs des points E, H, pris pour centre, & de l'intervalle EH, les faces sont alignées à six toises au dessus des angles d'épaule, & sont terminées sur le prolongement du côté extérieur des contre-gardes; le foffé eft large de dix toifes, & afin que ce foffé foit bien défendu, on prend fur la face du baftion toute la partie qui découvre le foffé, & qui par conféquent eft de dix toifes, & l'on y fait deux batteries, l'une baffe, qui eft au niveau de la moyenne du flanc, & l'autre haute, qui eft au niveau du rempart. On fait de femblables batteries fur les parties de la demi-lune, qui découvrent le foffé de la contre-garde; & afin que ces batteries foient mieux couvertes, on met aux angles rentrans une petite demi-lune, dont chaque côté a environ vingt toifes. Enfin on fait régner dans le milieu du grand foffé une cuvette large de fept ou huit toifes.

S'il ne s'agiffoit, pour rendre une ville bien forte, que de mettre beaucoup de canon fur les remparts, il n'y auroit rien de mieux imaginé que cette méthode, où chaque face eft défendue par quatre batteries, dont chacune a 50, & même 60 & 70 toifes de longueur; mais comme un tableau qui pécheroit contre les regles de la peinture, ne devroit jamais être approuvé malgré l'éclat & la vivacité des couleurs qu'on auroit pu y employer, il ne faut pas non plus que cette prodigieufe augmentation de feux que ce deffein nous préfente d'abord, nous éblouiffe & nous faffe fermer les yeux fur les défauts effentiels que l'on y trouve prefque à chaque pas, contre la maxime fondamentale de la fortification.

La contre-garde de maçonnerie, telle que l'Auteur la conftruit, ne fçauroit réfifter long-temps, parce que fon parapet n'a que huit ou dix pieds, & qu'on n'a pas affez de place pour en fubftituer un autre de gabions ou de facs à terre, qui doit néceffairement avoir trois toifes & demie, pour réfifter au canon: cette contre-garde étant détruite, les flancs fe trouvent entiérement expofés aux batteries de l'ennemi, fans qu'on puiffe tirer en même-temps tous leurs canons, parce que ces places n'ont pas affez de profondeur pour empêcher que le feu des fupérieures ne brûle ceux qui font dans les inférieures; d'ailleurs ces quatre batteries font fi ferrées, que les bombes qu'on ménage fi peu aujourd'hui, en auroient bientôt fait un amphithéâtre ruiné, qui fembleroit attirer l'ennemi à l'affaut, par la facilité qu'il lui offriroit de monter.

Les batteries qui font fur les faces des baftions & des demi-lunes, font fujettes aux mêmes défauts, & l'on peut encore chicaner cette méthode fur l'angle flanqué, qui eft trop aigu dans la plûpart des polygones, fur la cuvette féche qu'un Auteur

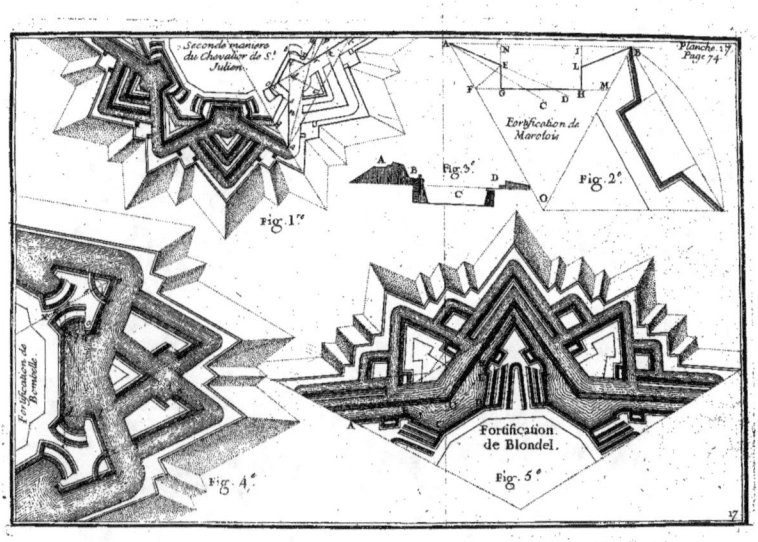

moderne appelle une vraie niche à mineur, malgré la caponniere que M. Blondel y met à l'angle rentrant, & fur plufieurs autres chofes dont il eft inutile de parler plus long-temps, non plus que de la dépenfe qui, toute énorme qu'elle eft, ne devroit point être un objet, fi la fortification en valoit la peine, parce que, comme difent très-bien le Chevalier de Ville & le Comte de Pagan, un Prince doit fermer les yeux & ouvrir la bourfe, dès qu'il s'agit de conferver une place, d'où dépend prefque toujours la fûreté de fes Etats.

MÉTHODE ANONYME.

Il parut en 1689, un Livre intitulé, *Nouvelle maniere de fortifier les Places, tirée des Méthodes du Chevalier de Ville, du Comte de Pagan, & de M. de Vauban, avec des Remarques fur l'ordre renforcé, fur les Deffeins du Capitaine Marchy, & fur ceux de Monfieur Blondel.* On y trouve des réflexions fi folides touchant ces manieres de fortifier, qu'on eft étonné que l'Auteur n'ait point voulu mettre fon nom à la tête d'un ouvrage qui certainement lui auroit fait beaucoup d'honneur. C'eft fur ces réflexions qu'il fonde fa nouvelle méthode, qui ne préfente d'abord, comme il l'avoue lui-même, que des pieces de rapport, mais qui, par le choix & l'arrangement judicieux qu'il a fçu faire de ces pieces, augmente cependant beaucoup plus la force d'une place, que les méthodes précédentes, & en diminue en même temps la dépenfe. Il diftingue trois fortes de fortifications : la grande, la moyenne & la petite, dans chacune defquelles la conftruction varie fi fort par rapport aux différens polygones, qu'il eft à propos, avant de l'expliquer, de mettre ici une Table où l'on voie d'un coup d'œil les différens rapports de ces pieces; ce que l'Auteur, ce me femble, n'auroit pas dû négliger de faire, pour faciliter à fon Lecteur l'intelligence de fon Ouvrage.

	GRANDE FORTIFICATION.					MOYENNE.					PETITE.		
Polygone	IV.	V.	VI.	VII.	Les autres Polygones, au-dessus de l'eptagone, ont les mêmes dimensions que l'eptagone, excepté pour les demi-gorges pour lesquelles on ajoute autant de pieds à la cinquieme partie du côté, que l'angle du polygone a de degrés au dessus de 135.	IV.	V.	VI.	VII.	Les polygones au dessus de l'eptagone suivent les dimensions de ce dernier, excepté pour les demi-gorges qui suivent la regle précédente.	IV.	V.	L'Auteur ne veut point qu'on employe la petite fortification au-delà du pentagone; cependant si on vouloit s'en servir, on donneroit toujours au flanc 24 toises & l'on commenceroit à augmenter les demi-gorges à l'eptagone, afin que les faces ne deviennent pas trop petites.
Côtés intérieurs.	130 toises.	140	150	150		120	130	130	130		110	110	
Demi-gorges.	25	28	28	30		25	25	26	26		20	22	
Flanc droit.	Indéterminé.	24	25	25		Indéterminé.	24	24	24		Indéterminé.	24	
Inclination du flanc.	0	3	3	3		0	3	3	3		0	3	
Second flanc.	0	12	14	Indéterminé.		0	10	13	15		0	0	
Saillie droite de l'orillon.	1	1	1	1		0	1	1	1		1	1	
Retraite de l'orillon jusqu'à la casemate.	1	1	1	1		0	1	1	1		0	1	
Retraite de la courtine jusqu'à la casemate.	1	0	0	0		0	0	0	0		0	0	
Casemate.	plate.	plate.	ronde.	ronde.		plate.	plate.	plate.	plate		plate.	plate.	

Par le moyen de cette Table on peut facilement décrire, selon la méthode de l'Auteur, tel polygone qu'on voudra, à l'exception du quarré pour lequel il a une construction particuliere dont nous parlerons bientôt.

Suppofé donc que vous vouliez décrire un hexagone de sa grande fortification, vous trouverez dans la Table sous le chiffre romain VI, qui marque l'hexagone, 150 toises pour le côté intérieur *a*, *b*, de ce polygone, *Fig.* 1 & 2, *Pl.* 18, & vingt-huit toises pour chaque demi-gorge; élevez sur les extrêmités de la courtine les flancs droits, à qui vous donnerez vingt-cinq toises, comme la Table le montre : il faut les faire d'abord perpendiculaires, tels que les flancs AB, CD, de la seconde figure qui représente un bastion en grand ; & ensuite vous les inclinerez en portant sur la courtine trois toises de A en E, par où vous tirerez BE qui sera le véritable flanc : la Table fait voir que cette inclinaison est égale dans tous les polygones, & qu'au quarré les flancs restent perpendiculaires. Portez sur la courtine de côté & d'autre, quatorze toises pour le second flanc, & par les points *cd*, *Fig*. 1, où finissent ces seconds flancs, tirez les lignes de défense qui, passant par l'extrêmité des flancs droits, iront couper le rayon de la figure, & détermineront les faces : ainsi tout sera fait.

Pour l'orillon, portez sur le flanc DH sept toises de D en I, *Fig*. 2, *Pl*. 18, portez deux toises & demie sur la face du bastion opposé, à commencer depuis l'angle flanqué, & par l'extrêmité de ces deux toises & demie, tirez une ligne indéfinie qui passe par le point I, portez sur cette ligne une toise en dehors du flanc de I en F : c'est ce que j'ai appellé dans la Table, saillie droite de l'orillon ; du point F tirez la ligne FD à l'angle d'épaule, & après avoir élevé une perpendiculaire sur le milieu de cette ligne, & une autre à l'extrêmité de la face, vous décrirez l'arrondissement de l'orillon du centre O, où ces perpendiculaires se coupent.

Pour la casemate, portez sur la ligne indéfinie que vous avez tirée de la face opposée par le point I, une toise en dedans du flanc de I en L, & des points L, H, intervalle LH, décrivez deux arcs en dehors, dont la section sera le centre de l'arrondissement de la place basse ; la partie IL est ce que j'ai appellé dans la Table, retraite de l'orillon jusqu'à la casemate. La place haute se décrit par le même centre, & doit être éloignée de la basse de dix toises : elle est terminée du côté de l'orillon par la ligne indéfinie, mais on la fait rentrer dans la place à quinze toises au-delà de la retraite de la courtine ; ce qui se fait en décrivant sur la ligne TV un triangle équilatéral VTP, & décrivant du sommet P l'arc TS, sur lequel on porte quinze toises. La retraite de la courtine se trouve en tirant une ligne de l'angle d'épaule opposé par le pied A du flanc perpendiculaire AB, jusqu'à ce qu'elle rencontre la place haute en T.

La seconde courtine est éloignée de la premiere de sept toises : le coffre se tire d'un angle d'épaule à l'angle d'épaule opposé.

Pour la demi-lune, il faut porter sur les faces huit toises, depuis l'angle d'épaule jusqu'au point h, i, *Fig.* 1, *Pl.* 18, & après avoir divisé l'espace h, i, en huit parties, il faut décrire deux arcs des centres h, i, & d'un intervalle égal à sept de ces parties; ce qui donnera l'angle flanqué de la demi-lune : ses faces seront alignées aux points h, i; son fossé sera de douze toises, & sera défendu par une batterie enfoncée sur la face du bastion, à peu près semblable à celle de M. Blondel, si ce n'est qu'au lieu d'aligner la retraite ZX de cette batterie, à la contrescarpe de la demi-lune, *Fig.* 2, *Pl.* 18, l'Auteur l'aligne à trois ou quatre toises au dessous de l'angle flanqué; ce qui vaut beaucoup mieux, parce qu'il y a toujours, par ce moyen, un canon caché dans cette batterie, que l'ennemi ne peut pas découvrir. J'oubliois de dire que le fossé de la place est de seize toises à l'angle flanqué, & doit être aligné à l'angle d'épaule.

Le petit réduit se décrit en retranchant de la courtine basse dix toises de chaque côté, pour la grande & moyenne fortification, & cinq pour la petite, *Fig.* 1, *Pl.* 18, & décrivant ensuite des extrêmités s, r, intervalle sr, deux arcs qui donneront l'angle flanqué du réduit, ses faces seront alignées aux points r, s.

Les contre-gardes ont seize toises de longueur : l'Auteur y forme à l'extrêmité des faces une espece de flanc, tel qu'on le voit dans la *Fig.* 3, *Pl.* 18, où j'ai marqué toutes les dimensions pour abréger le discours. La ligne AB doit être alignée à quatre toises au dessous de l'angle flanqué de la demi-lune.

Le chemin couvert & le glacis se font à l'ordinaire, & si on vouloit mettre un avant-fossé, l'Auteur ne veut point qu'on le fasse à la maniere ordinaire, tel que la *Fig.* 4, *Pl.* 18, le représente, parce que l'ennemi peut s'y retrancher après l'avoir saigné; mais il propose de continuer le premier glacis depuis le parapet A du chemin couvert, jusqu'au pied B de la contrescarpe du second glacis; ce qui, sans contredit, vaut beaucoup mieux.

Les polygones de la grande fortification depuis l'eptagone en haut, & ceux de la moyenne depuis l'octogone, ont l'angle flanqué droit. *Fig.* 5, *Pl.* 18. L'Auteur décrit cet angle en tirant par l'extrêmité des flancs une ligne droite sur laquelle il décrit un demi-cercle, & du milieu de la circonférence il tire les faces à l'extrêmité des flancs : ces faces étant prolongées, donnent le second flanc sur la courtine, & c'est pourquoi dans la Table j'ai appellé ce flanc indéterminé, parce qu'au lieu que dans les autres polygones ce flanc détermine l'angle flanqué, dans ceux-ci au contraire, c'est l'angle flanqué qui le détermine.

Le retranchement des bastions se fait comme celui de la *Fig.* 2, *Pl.* 18, où il n'y a, dans le besoin, qu'à couper les terres qui sont entre les lignes NZ, MY, & faire la même chose sur l'autre face, pour n'avoir plus de communication avec la breche.

Pour construire le quarré, il faut donner aux demi-gorges le nombre de toises qui est marqué par la Table, & élever des perpendiculaires indéfinies à toutes les extrêmités des courtines, après quoi, pour avoir, par exemple, l'angle flanqué A, *Fig.* 6, *Pl.* 18, il faut joindre les extrêmités BC, des deux courtines, par la ligne BC, sur laquelle on décrira le triangle équilatéral BAC, dont le sommet A sera l'angle flanqué, & les côtés BA, AC, seront les lignes de défense, qui détermineront les faces & les flancs que j'ai appellé dans la Table indéterminés, parce que l'Auteur ne les détermine point avant d'avoir tiré la ligne de défense, comme dans les autres polygones.

Dans tous les quarrés, & dans le pentagone de la petite fortification, la gorge du bastion n'est pas assez grande pour y faire un retranchement semblable à celui des autres polygones; c'est pourquoi l'Auteur y met un petit bastion, dont la face est défendue en ligne rasante par le flanc opposé, comme on peut le voir dans la *Fig.* 7, *Pl.* 18. Mais comme il faut pour cela, que les parties E, F de la casemate & du flanc haut soient abattues, & que la courtine basse, si elle étoit construite comme dans les autres polygones, resteroit alors sans défense, il met cette courtine à la place de la grande, & retire la grande dans la ville.

Les remparts ont huit toises d'épaisseur, y compris le parapet qui a trois toises aux courtines & aux faces, aux places basses & aux dehors, & vingt pieds aux flancs hauts. Le terre-plein du bastion est élevé au dessus du niveau de la campagne de trois toises, & celui de la courtine haute, de deux. La courtine basse est au niveau du chemin couvert, & le fossé a deux toises de profondeur. Le flanc bas est élevé d'une toise au dessus de la campagne, & est par conséquent plus haut de six pieds que la courtine basse; son terre-plein est séparé du flanc haut & de la courtine retirée, par un fossé de trois toises, afin que les bombes n'y faſſent pas tant de ravages, on laiſſe une petite coupure entre le flanc bas & la retraite de la courtine haute, pour pouvoir deſcendre dans la courtine baſſe. Les dehors ſont plus bas de trois pieds que la haute courtine: le parapet du coffre eſt élevé de quatre pieds au deſſus du fond du foſſé.

La haute courtine, les batteries enfoncées ſur les faces des baſtions, & le réduit ne ſont point revêtus; ce qui diminue beaucoup la dépenſe.

On ne ſçauroit diſconvenir que cette méthode ne ſoit très-judicieuſement inventée: toutes les pieces y ſont bien flanquées, les défenſes ne ſont ni trop obliques, ni trop ouvertes; ſes flancs y ſont d'une grandeur raiſonnable, & ont même l'avantage d'augmenter beaucoup le feu par leur prolongement du côté de la place; ce qui fait qu'on peut les regarder comme des flancs raſans: ſes caſemates ont toute l'utilité que l'on peut attendre de ces ſortes de pieces, ſans être ſujettes aux ravages des bombes, à cauſe du foſſé qui les ſépare de la place haute; & ſi l'Auteur met une fauſſe braie, ce n'eſt que devant la courtine que l'ennemi n'attaque guere, encore l'emploie-t'il bien moins en vue d'augmenter la force de la place, que pour éviter la dépenſe d'un grand revêtement. Tous ces avantages n'empêchent cependant pas que cette méthode n'ait encore de grands défauts auxquels il faudroit néceſſairement remédier avant de la mettre en uſage. Ses baſtions ſont trop élevés au deſſus des dehors; qui ſont tout au moins quinze pieds plus bas; ce qui les expoſe trop au feu des ennemis. Ses caſemates ſont encore trop elevées par rapport au flanc haut qui ne domine que de deux toiſes: les batteries enfoncées dans les faces, facilitent beaucoup la breche. Enfin l'Auteur auroit bien mieux fait d'agrandir ſes flancs en dehors, en les mettant à défenſe raſante, que de les prolonger en dedans de la place, où leur feu incommode beaucoup une grande partie de la courtine; auſſi avoue-t'il lui-même qu'il n'a pas ſuivi en cela ſon inclination, & que s'il n'avoit voulu éviter l'augmentation des frais, qui rebute bien des gens, il auroit préféré les deux deſſeins qu'il donne à la fin de ſon Livre, & dont nous allons voir la conſtruction. Je n'ai rien dit de la différence de ſes caſemates qu'il fait plates ou rondes, ſelon qu'il a beſoin du terrein, parce que la Table fait aſſez voir dans quels polygones il les emploie: j'ajouterai ſeulement qu'il voudroit qu'on diſtribuât les rues d'une nouvelle place, à

peu

peu près de la maniere qu'on les voit dans la *Fig.* 1, *Pl.* 18 ; enforte que les maisons formassent devant chaque bastion une tenaille ou un ouvrage à corne, couvert d'une demi-lune, afin de pouvoir s'y retrancher : mais je doute fort qu'on veuille jamais assujettir toute une ville aux incommodités d'une telle disposition, pour un avantage qui, dans le fonds est si petit, & sur lequel il est bien rare qu'on ose se fier.

SECONDE METHODE ANONYME.

L'Auteur n'ayant proposé cette méthode & la suivante, que comme de simples projets, n'en a donné la construction que sur un octogone, sans l'expliquer même entiérement : mais il seroit facile de l'appliquer à toutes sortes de polygones, en suivant son idée ; & pour la construction, la voici telle que j'ai pu l'imaginer, & qui s'accorde cependant très-bien avec ce qu'il en dit.

Tirez la ligne *a b* indéfinie du côté du point *b*, faites au point *a* l'angle *b a o* de 67 degrés $\frac{1}{2}$, qui est la moitié de l'angle de l'octogone, *Fig.* 8, *Pl.* 18 ; faites encore au même point *a* l'angle diminué *b a d* de trente-deux degrés & demi, afin que le demi-angle du bastion soit de trente-cinq, & par conséquent l'angle entier de 70 ; donnez à la ligne de défense *a d* 150 toises, & à la face *a c* 42 ; du point *d* tirez une ligne indéfinie & parallele à la ligne *a b*, & mettant la pointe du compas à l'extrêmité *c* de la face, décrivez un arc de l'ouverture de 58 toises, jusqu'à ce qu'il coupe la derniere ligne que vous venez de tirer au point *n*, que vous joindrez au point *c* par une ligne droite qui sera le flanc, & qui aura par conséquent 58 toises. Ensuite du milieu de la courtine *n d*, élevez une perpendiculaire jusqu'à ce qu'elle coupe la ligne de défense au point *h*, par lequel & par le point *n* vous tirerez l'autre ligne de défense *n b* à qui vous donnerez aussi 150 toises de *n* en *b*. Vous prendrez sur cette ligne la face de l'autre bastion, & de son extrêmité vous tirerez le flanc à l'extrêmité *d* de la courtine. Après quoi, pour trouver le centre du polygone, vous continuerez la perpendiculaire que vous avez élevée sur le milieu de la courtine, jusqu'à ce qu'elle coupe le rayon *ao* au point *o*, qui sera le centre par lequel vous décrirez un cercle, & vous porterez sur sa circonférence le côté *a b* huit fois.

Il ne sera pas difficile après cela de faire la même construction sur les autres côtés; car il n'y aura qu'à tirer du centre *o* une ligne perpendiculaire *o i* sur le milieu de ces côtés, & faire la partie *o s* de cette perpendiculaire égale à la ligne *o h*, & tirez ensuite par le point *s* & par les extrêmités du côté extérieur, les lignes de défense, à chacune desquelles vous donnerez cent cinquante toises, & vous acheverez le reste comme ci-dessus.

Le flanc *c, n*, doit être divisé en deux parties, dont la premiere *t n* a vingt-cinq toises, & la seconde *c, t*, en a 33. Du pied *d* du flanc opposé, on tire une ligne *d t*, qui, allant aboutir sur le rayon de la figure, donne la face du bastion intérieur. Les casemates & les flancs hauts de ce bastion sont circulaires; mais celles du bastion extérieur sont en ligne droite: il y a toujours un fossé large de trois toises entre les places hautes & les places basses. Devant la casemate du bastion intérieur, on fait un petit flanc convexe, plus bas d'une toise que la casemate, & qui ne sert que pour la mousqueterie.

Le fossé se décrit en tirant d'abord une ligne de l'angle *a* du bastion à l'angle d'épaule opposé, & tirant ensuite une ligne parallele à la face *a c*, & éloignée de cette face de seize toises, jusqu'à ce qu'elle rencontre la premiere au point *u* : ce fossé est profond de quatre toises, depuis l'angle d'épaule *t*, du bastion intérieur jusqu'à la contrescarpe, & va en talus vers la courtine, où sa profondeur se réduit à une toise. On met une caponniere depuis l'angle d'épaule d'un bastion intérieur, jusqu'à l'angle d'épaule de l'autre; les faces du bastion extérieur sont élevées de deux toises au dessus du niveau de la campagne, & par conséquent de six au dessus du fond du fossé: le bastion intérieur a trois toises au dessus de l'horizon. Le flanc bas du bastion extérieur est deux toises plus haut que le fond du fossé, & le flanc haut l'est de quatre; le reste du bastion, entre les flancs hauts, est au niveau de la place basse, afin qu'en cas de besoin, on pût couper la place haute qui n'a que quatre toises & demie d'épaisseur, & séparer par-là entiérement le bastion intérieur.

L'ouvrage qui regne le long de la contrescarpe, & que l'Auteur appelle une fausse braie, a ses flancs longs de vingt-cinq toises, & sa ligne de défense ne doit jamais être au dessus de 150 toises. Le fossé de cet ouvrage doit être de douze toises devant les faces, les trois demi-lunes & le reste de cette construction, se conçoivent facilement en voyant la figure.

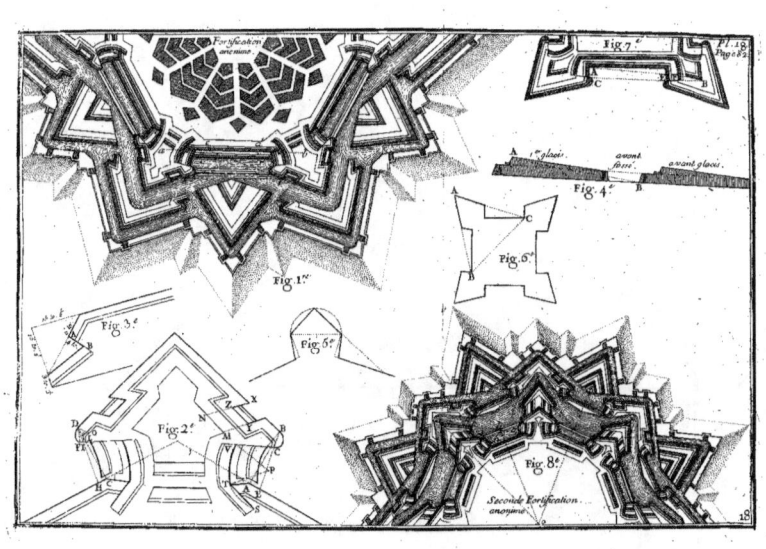

Cette fortification, considérée en elle-même, & dépouillée des circonstances qui la rendent presque impossible dans la pratique, seroit excellente, si l'Auteur, au lieu de creuser un fossé si profond, & de baisser ses dehors, les avoit au contraire élevés, à l'exemple de M. de Vauban ; ensorte que la place, dont les dehors n'ont point besoin pour leur défense, eût été presque entiérement couverte. Par-là l'ennemi, après s'être épuisé pour emporter ces ouvrages, dont la résistance n'auroit certainement pas été moindre que celle des meilleures places, se seroit vu obligé de recommencer sur nouveaux frais un siège encore plus pénible, ne pouvant se placer que sur des ruines enfilées de tous côtés, & où il auroit eu bien de la peine à se retrancher. Cependant si l'on considere la dépense excessive de cette fortification, & le nombre de soldats qu'il faudroit y mettre pour la garder, surtout si on avoit à faire, comme il arrive presque toujours, à des habitans intéressés & mutins, qui se mettent peu en peine d'obéir à un Prince plutôt qu'à un autre, pourvu que la bombe n'endommage pas leurs maisons, on verra bientôt qu'il ne faudroit que deux ou trois places bâties de la sorte pour épuiser entiérement les coffres d'un Roi, & dépeupler son royaume. Il est vrai qu'un Prince ne doit point épargner les frais dans ces sortes d'occasions, parce qu'il perdroit beaucoup plus en perdant ses places ; mais aussi ces frais demandent beaucoup de prudence, & ne doivent jamais le mettre hors d'état de tenir une bonne armée en campagne, en l'obligeant d'enfermer le plus grand nombre de ses troupes.

Le secret de la fortification ne consiste donc point à multiplier les ouvrages ; car autrement il n'y auroit qu'à faire plusieurs enceintes les unes plus fortes que les autres ; mais à les disposer de telle sorte, qu'on soit en état de faire une défense vigoureuse avec un petit nombre de troupes, qui ne diminue pas considérablement celles qu'on doit avoir en campagne pour faire tête à l'ennemi, & c'est ce qu'on trouve dans les Systêmes de M. de Vauban, beaucoup mieux que dans tous les autres.

TROISIEME METHODE ANONYME.

Cette troisieme méthode ne differe de la seconde, par rapport au corps de la place, qu'en ce que les faces sont plus longues, & les flancs moins inclinés, *Fig.* 1 & 2, *Pl.* 19. Pour la construction, faites les mêmes angles que dans la précédente, & après avoir donné 150 toises à la ligne de défense, & tiré la ligne indéfinie BC, *Fig.* 2, tirez une autre ligne indéfinie SP en dedans de la place, & parallele à la ligne BC à la distance de six toises. Ensuite portez 56 toises sur la ligne de défense de A en D, pour la face du bastion, prenez 58 toises avec le compas, & mettant une pointe en D, décrivez de l'autre un arc qui coupera la ligne SP en S, où vous tirerez le flanc DS; ce flanc coupera la ligne indéfinie CB au point C: ainsi vous diviserez la longueur CB en deux également au point L, & vous y éleverez la perpendiculaire LHE, qui coupera la ligne de défense en H. Du point C par le point H, vous tirerez l'autre ligne de défense, & vous acheverez le reste comme dans la méthode précédente.

Sa grande demi-lune se décrit comme dans la premiere méthode ; la seconde a ses faces alignées à l'orillon du bastion extérieur, & celles du réduit sont alignées à l'orillon du bastion intérieur.

L'angle flanqué de la contre-garde extérieure est éloigné de 70 toises de l'angle flanqué du bastion extérieur. Ses faces sont alignées sur la contrescarpe de la demi-lune, à trente toises de l'angle flanqué. Cet ouvrage n'a point de fossé.

Quoique cette fortification paroisse beaucoup plus simple que la précédente, cependant, si on la considere de près, on verra que la dépense n'y est guere moindre à cause de ses doubles contre-gardes, & qu'elle demande à peu près la même garnison, surtout si on veut éviter les surprises qui peuvent arriver facilement du côté de ces ouvrages, à qui l'Auteur a très-mal à propos retranché le fossé. D'ailleurs la grandeur de ces contregardes, jointe à leur continuité avec le chemin couvert, offre un vaste terrain à l'ennemi, dont il peut s'approcher sans beaucoup de peine, en ruinant les défenses des demi-lunes, & où il peut ensuite se retrancher facilement, au grand dommage de la place. Je ne voudrois pas non plus que l'Auteur présentât tout d'un coup aux yeux de l'ennemi, toutes les forces de la place dans une espece d'amphithéâtre, dont les pieces les plus hautes sont même trop relevées ; ce grand étalage ne sert qu'à avertir l'assiégeant de redoubler ses batteries dont la violence ne laisse rien subsister, au lieu qu'en se réservant, comme on dit, une poire pour la soif, on pourroit l'arrêter davantage, & lui donner même beaucoup de peine. Ses bastions intérieurs seroient, par exemple, très-bons pour cela, s'il les avoit baiſſés au lieu de les relever, & s'il les avoit couvert davantage, en prolongeant l'orillon des baſtions extérieurs; car alors les faces des baſtions n'auroient pu être battues que du rempart des baſtions extérieurs, qui n'a pas beaucoup de terrein, & où d'ailleurs l'ennemi n'auroit pu monter du canon qu'avec une extrême fatigue, à cauſe de la grande profondeur du foſſé.

J'ai oublié de dire qu'au lieu du terre-plein de la courtine baſſe & des caſemates, l'Auteur propoſe un canal plein d'eau, où l'on mettroit des batteries ſur des bateaux couverts en dos d'âne, afin que les bombes ne les endommageaſſent point; l'expédient, quoique nouveau, ne laiſſe pas que d'être fort ingénieux, & l'Auteur ne rencontre pas tout-à-fait ſi juſte, lorſqu'il ajoute que l'eau de ce canal ſerviroit à noyer le foſſé, quand l'ennemi ſeroit ſur la breche: on ne ſe perſuade pas aiſément qu'un foſſé profond de quatre toiſes, & large de ſeize devant les faces du baſtion, puiſſe être inondé par une ſi petite quantité d'eau.

METHODE DU COMTE DE PAGAN.

Le Comte de Pagan fortifie en dedans, & diſtingue trois ſortes de fortifications: la grande, la moyenne & la petite, *Fig.* 3 *&* 4, *Pl.* 19. Le côté extérieur de la grande eſt de 200 toiſes; celui de la moyenne eſt de 180, & celui de la petite de 160. Il commence par élever ſur le milieu du côté extérieur & en dedans, une perpendiculaire à qui il donne toujours 30 toiſes pour tous les polygones qui ſont au deſſus du quarré; & après avoir fait paſſer les lignes de défenſe par l'extrêmité de cette perpendiculaire, il prend ſur ces lignes ſoixante toiſes pour chaque face de la grande fortification, 55 pour celles de la moyenne, 50 pour celles de la petite, & de l'extrêmité de ces faces, il tire des perpendiculaires ſur les lignes de défenſe oppoſées; ce qui détermine la courtine & les flancs. Mais ces regles, & ſurtout la perpendiculaire, varient un peu pour les quarrés, comme on va voir dans cette Table.

	Grande Fortification.		Moyenne.		Petite.	
	Pour les quarrés.	Pour tous les autres polygones.	Pour les quarrés.	Pour tous les autres polygones.	Pour les quarrés.	Pour tous les autres polygones.
Côté extérieur.	200 toises.	200 toises.	180 toises.	180 toises.	160 toises.	160 toises.
Perpendiculaire.	27	30	24	30	21	30
Face.	60	60	55	55	45	50
Flanc.	22	24 to. 2 p.	19 to. 1 p.	24	18 to. 3 p.	23 to. 2 p.
Courtine.	73 to. 2 p.	70 to. 5 p.	63 to. 4 p.	60 to. 4 p.	63 to. 5 p.	50 to. 4 p.
Ligne de défense.	141 to. 4 p.	141 to. 2 p.	126 to. 1 p.	126 to. 5 p.	115 to. 5 p.	112 to. 3 p.

Après ce que je viens de dire, il n'y a qu'à jetter les yeux sur cette Table & sur les *Fig.* 3 & 4 *de la Pl.* 19, pour tracer facilement le premier trait de toutes sortes de polygones, selon cette méthode.

L'orillon que l'Auteur fait plat, est toujours égal à la moitié du flanc; la retraite de la courtine se prend sur le prolongement de la ligne de défense, & celle de l'orillon lui est parallele. Les trois places de chaque flanc, c'est-à-dire la haute & les deux casemates, ont deux toises d'élévation les unes au dessus des autres; & leur terre-plein, y compris le parapet, est de sept toises dans le quarré de la grande fortification, dans le quarré & le pentagone de la moyenne, & dans le quarré, le pentagone, & l'hexagone de la petite. Mais dans les autres, les remparts des casemates ont huit toises, quoique ceux de la place n'en aient que sept.

Dans tous les quarrés, & dans le pentagone de la petite fortification, la casemate la plus basse se décrit sur la ligne du flanc haut, qui a quatorze toises de longueur. Dans les autres polygones la premiere casemate est enfoncée de cinq toises, & les deux autres places ont quinze toises de longueur.

Dans tous les polygones, on tire de l'extrêmité des places hautes des lignes paralleles aux faces des bastions, ce qui donne un bastion intérieur, & l'on fait entre les faces de ces deux bastions un fossé sec, pour diminuer l'effet des mines.

Le fossé de la place a seize toises de largeur devant les faces auxquelles il est parallele: sa profondeur est de trois. La hauteur des remparts est de six toises au dessus du fond du fossé ; celle du bastion extérieur est la même.

Les dehors que l'Auteur appelle des grandes contrescarpes, ont deux sortes de dispositions. La premiere consiste en un double ravelin & une contre-garde. Les demi-gorges du grand ravelin ont trente toises chacune, & les faces cinquante ; celles du second en sont éloignées de quinze, & leur sont paralleles : on fait un petit fossé entre ces deux ravelins. Le fossé du grand a douze toises, la contre-garde a neuf ou dix toises d'épaisseur, & son fossé est semblable à celui du ravelin.

La seconde disposition des dehors consiste en deux contre-gardes qui se joignent par une courtine brisée, à l'extrêmité de laquelle on éleve deux flancs, *Fig.* 4, *Pl.* 19. Pour la décrire, il faut donner vingt-cinq toises de largeur aux contre-gardes, & après avoir continué leurs faces jusqu'à ce qu'elles coupent la contrescarpe aux points A & B, il faut porter sur ces lignes de A en C, & de B en D, dix-sept toises pour l'épaisseur des trois casemates, & élever aux points D & C, les flancs perpendiculaires. Les remparts de ces dehors & des précédens, ont sept toises d'épaisseur, & le reste du terrein est occupé par des fauxbourgs. La hauteur de ces deux sortes de dehors est de quatre toises au dessus du fond de leur fossé, qui n'a que deux toises de profondeur ; ce qui fait que les remparts de la place ne sont élevés que d'une toise au dessus. Le chemin couvert a quatre toises de largeur, & le reste s'acheve à la maniere ordinaire.

Les grands avantages que cette méthode a sur toutes celles qui avoient paru jusqu'alors, lui ont attiré grand nombre d'admirateurs, qui l'ont même regardée comme la meilleure maniere de fortifier, & il n'a fallu rien moins que le systême de M. de Vauban, pour en diminuer la réputation. En effet, la maniere de décrire les flancs, qui vaut beaucoup mieux que celle dont on se servoit autrefois, les doubles bastions par lesquels l'Auteur a prétendu rendre les mines inutiles, les fauxbourgs où l'on peut enfermer grand nombre de personnes & d'animaux nécessaires, mais embarrassans dans une place attaquée, & qui n'ont pas besoin, pour être à couvert, d'un ouvrage à corne ou à couronne, dont on se trouve quelquefois si mal, enfin ses demi-lunes retranchées ont quelque chose de si éblouissant, surtout quand on n'a rien vu de mieux, qu'il est très-facile, pour peu qu'on s'y laisse surprendre, de ne pas s'appercevoir si-tôt des défauts de cette fortification, quoiqu'elle en ait de fort confidérables. Ses flancs, dont la défenfe eft entiérement directe, paroiffent d'abord avoir la meilleure difpofition qu'on puiffe leur donner : mais comme il ne s'agit point ici d'une exactitude géométrique, & qu'il eft d'ailleurs d'une grande importance de conferver le plus que l'on peut ces parties, qui font les feules dont on puiffe fe fervir pour flanquer la breche, & défendre le paffage du foffé, ils n'en auroient pas été moins bons, s'ils avoient été un peu inclinés, comme M. de Vauban les a faits, & l'ennemi n'auroit pas eu l'avantage de les battre fur un fi large front. Ses orillons font d'une largeur démefurée, & dérobent inutilement quatre ou cinq toifes de largeur, où l'on pourroit mettre deux canons de plus. Les cafemates n'ont point affez de profondeur des unes aux autres, pour pouvoir tirer tout à la fois, & font outre cela trop étroites. Ces fortes de pieces, dit très-bien l'Auteur des méthodes anonymes, ne font bonnes que pour la montre & le divertiffement des bombardiers qui ont le plaifir de voir porter tous leurs coups. Mais on peut croire en cela que M. de Pagan les auroit corrigées lui-même, s'il avoit vu de fon temps la profufion & l'adreffe avec laquelle on jette les bombes aujourd'hui. Le baftion intérieur n'eft flanqué que par les cafemates qui ne fçauroient empêcher que le Mineur ne s'attache à l'angle d'épaule. Enfin la courtine brifée de fes feconds dehors, laiffe leurs flancs fans défenfe, & les fauxbourgs que l'Auteur y met, donnent un moyen facile à l'ennemi de s'y retrancher. Au refte, je ne prétends pas, dans les jugemens que je porte de cette méthode & des autres, en relever tous les défauts ; j'en paffe beaucoup fous filence, pour n'être pas trop long, & il peut fort bien fe faire qu'il en échappe beaucoup d'autres à mes lumieres : mais il me fuffit d'en marquer les plus effentiels, pour faire voir que c'eft avec raifon qu'on donne la préférence aux fyftêmes de M. de Vauban. Ce n'eft pas que je penfe que ces fyftêmes foient fi parfaits qu'on ne puiffe abfolument y ajouter quelque chofe de mieux ; il n'eft rien dans ce monde dont le temps & l'ufage ne découvrent les défauts ; mais il eft jufte auffi de s'en tenir à ce qui eft bon, jufqu'à ce qu'on ait rencontré mieux, & l'on doit prendre garde furtout, que l'amour de la nouveauté ne nous faffe donner dans des idées chimériques, telle qu'eft la méthode dont nous allons parler.

METHODE

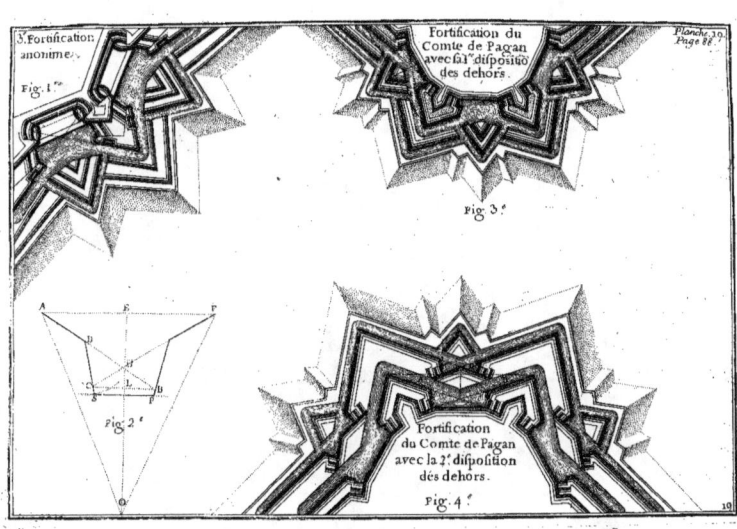

MÉTHODE

Qu'un Auteur moderne préfere à celle de Neuf-Brisach.

Je ne nommerai point l'Auteur de cette méthode, parce qu'il est encore en vie. Quelques ridicules que puissent être les découvertes d'un homme qui a cru servir le public par son travail, on doit toujours lui sçavoir gré de sa bonne intention; & s'il faut relever ses bévues, de peur que quelqu'un ne s'y laisse surprendre, il faut du moins ménager sa personne, de peur de paroître ingrat, d'autant mieux qu'un mauvais ouvrage, s'il ne perfectionne pas l'esprit par la science, nous fait du moins ouvrir les yeux sur le danger qu'il y a de nous fier trop légérement à nos propres lumieres.

L'Auteur affecte d'abord, dans son Livre, de ne parler de M. de Vauban, qu'avec les éloges les plus pompeux : *Il a été*, dit-il, *l'Ingénieur de l'Europe le plus suivi & le plus estimé. Sa mémoire sera éternellement chere à la France*....... *Neuf-Brisach est la ville de l'Europe la mieux fortifiée*....... *Tout est si bien proportionné dans cette place, qu'on y reconnoît aisément le haut sçavoir de l'Ingénieur qui en a donné le plan.* Que pouvoit-il dire & penser de plus avantageux pour ce grand homme ! & qui ne croiroit, après ces beaux discours, qu'il ne se fît honneur d'en suivre inviolablement les regles ? Cependant il n'en conclut rien moins que cela, & ce langage, en apparence si flatteur pour M. de Vauban, ne tend enfin qu'à vouloir relever davantage son nouveau systême, où il prétend qu'on ne sçauroit reprendre ce qu'il croit devoir blâmer dans Neuf-Brisach, c'est-à-dire *le nombre des ouvrages extérieurs, pour lesquels il faut*, dit-il, *une garde d'autant plus grande, qu'ils sont détachés les uns des autres; son chemin couvert, garni de traverses & de places d'armes*, dont il se flatte d'avoir fait connoître *le désavantage, & enfin les sommes immenses que cette fortification a coûtée, sans être*, ajoute-t'il, *d'une plus grande défense qu'une ville qui seroit bâtie selon cette nouvelle méthode*. Assurément l'Auteur ne se sert pas mal de l'art de louer les autres pour se combler lui-même d'éloges, qui dans le fonds ne seroient point outrés, si ses promesses étoient véritables. L'aveuglement funeste touchant les fortifications, où est encore aujourd'hui toute l'Europe, quoiqu'elle soit la partie du monde la plus éclairée, seroit enfin par-là heureusement guéri ; les ridicules préventions qui nous font regarder l'Auteur du Neuf-Brisach, comme le plus grand Ingénieur qui ait paru, ne nous entretiendroient plus dans l'erreur ; nos plus grandes villes se fortifieroient *avec peu de dépense, & seroient cependant incomparablement plus fortes que par aucune des méthodes pratiquées jusqu'à présent.* Les impositions qu'un Prince est souvent contraint de mettre sur ses sujets, pour défendre son royaume, seroient par conséquent moins grandes, & nous mettroient plus à couvert des attaques de l'ennemi. Tant d'avantages mériteroient certainement bien que nous fissions tous nos efforts pour rendre éternelle la mémoire de celui qui nous les auroit procurés, au préjudice même de celle de M. de Vauban. Mais malheureusement nous n'en sommes pas encore réduits là ; & le nouveau système, bien loin d'affoiblir nos anciens préjugés, semble même n'avoir été inventé que pour les fortifier davantage. C'est ce qu'il ne sera pas difficile de prouver, quand nous aurons vu le détail de sa construction.

Sa manière de fortifier est la même depuis le quarré jusqu'au dodécagone, *Fig.* 1, *Pl.* 20. Le côté extérieur de sa grande enceinte est toujours de 200 toises, la perpendiculaire élevée sur le milieu & en-dedans, en a toujours 25. Les lignes de défense passent par l'extrêmité de cette perpendiculaire ; les faces ont 60 toises chacune, & les flancs se forment comme ceux de M. de Vauban, c'est-à-dire en portant le compas depuis l'extrêmité de l'autre, & décrivant des arcs jusqu'à ce qu'ils coupent les lignes de défense opposées ; ce qui détermine en même-temps la courtine.

L'orillon est le tiers du flanc ; sa retraite est alignée au point où les deux lignes de défense se coupent. La casemate est reculée de cinq toises du côté de l'orillon, & va se terminer à l'extrêmité de la courtine ; ce qui rend le flanc aussi ouvert que celui de M. de Pagan : le terre-plein de la casemate est de huit toises, y compris le parapet qui en a trois. Ce terre-plein est au niveau de la campagne. Les remparts des courtines & des bastions, ont neuf pieds au dessus de l'horizon, & quinze toises d'épaisseur, y compris le parapet qui en a six.

Le rempart du cavalier est six pieds plus haut que celui du bastion : sa construction se fait en prolongeant les lignes de défense, & celle de la retraite de l'orillon, jusqu'à ce qu'elles coupent la capitale du baſtion; on prend ſur le prolongement des lignes de défenſe, quinze toiſes pour chaque demi-gorge, & ſur le prolongement de la retraite de l'orillon, vingt toiſes pour chaque face; ce qui détermine les flancs.

Le foſſé a vingt-cinq toiſes de largeur devant les faces : ſa profondeur eſt de trois toiſes au pied de la contreſcarpe, & de deux au pied de l'eſcarpe.

Devant la courtine on met une tenaille qui en eſt éloignée de cinq toiſes : elle eſt compoſée de deux faces briſées, de deux petits flancs, & d'une courtine. La premiere partie de la face ſe fait en tirant une ligne de l'extrêmité de la courtine à l'angle rentrant de la contreſcarpe ; cette ligne ſera déterminée par une autre qu'on tirera de la ſeconde embraſure de la caſemate à l'angle flanqué du baſtion oppoſé, & celle-ci ſera déterminée par la rencontre de la ligne de défenſe. A l'extrêmité de cette derniere partie de la face, on tirera le flanc perpendiculaire à la courtine, & long de cinq toiſes, & faiſant la même choſe de l'autre côté, on aura toute la tenaille.

Quand le foſſé eſt ſec, l'Auteur fait autour des faces une fauſſe braie qui a ſix toiſes de largeur, & dont le parapet eſt en glacis juſqu'à la contreſcarpe. Cette fauſſe braie ſe termine à une place d'armes, en forme de demi-lune enterrée, dont les faces ſe forment ſur des lignes tirées des extrêmités de la courtine à l'angle rentrant de la contreſcarpe, comme on peut le voir dans la *Fig.* 1, *Pl.* 20. Mais ſi les foſſés étoient pleins d'eau, il n'y auroit que la tenaille.

Le chemin couvert a douze toiſes de largeur : il n'y a ni places d'armes, ni traverſes, mais ſeulement un réduit dans l'angle rentrant, dont les demi-gorges ont chacune quinze toiſes : les flancs ſont perpendiculaires à la contreſcarpe, & ont douze toiſes de longueur : des extrêmités de la courtine, & par celle des flancs, on tire les faces. Les flancs n'ont qu'un ſimple parapet d'une toiſe & demie d'épaiſſeur, & battent de niveau le chemin couvert; les faces ont un rempart de ſept pieds de hauteur, & un parapet pardeſſus, pour pouvoir tirer ſur le glacis & dans la campagne. On peut placer du canon & de la mouſqueterie dans le réduit.

Le glacis a neuf pieds de hauteur ſur l'horizon, c'eſt-à-dire autant que le rempart de la place, & il faudroit l'élever davantage, ſi ce rempart étoit plus haut. Son étendue dans la campagne est de 100 toises sur 15 pieds de pente; ensorte qu'à son extrêmité il se trouve plus bas de six pieds que le niveau de la campagne; ce qui donne un second chemin couvert. A tous les angles saillans il y a de petites demi-lunes où l'on peut placer quelques pieces de canon. A ces mêmes angles & du côté du chemin couvert, il y a des grandes places d'armes qu'on construit en mettant une pointe du compas sur l'angle saillant du chemin couvert, & décrivant un demi-cercle à l'ouverture, de 50 toises. On porte sur cet arc, de part & d'autre, 50 toises pour les faces, & les flancs sont alignés à 30 toises de l'angle saillant : les faces sont enterrées de six pieds.

Si l'on pouvoit avoir une eau vive & rapide, l'Auteur feroit creuser le fossé de la place deux toises de plus : l'eau entreroit par l'angle saillant du glacis à quinze ou vingt toises de chaque côté de cet angle, & iroit à l'angle du bastion où seroient deux batardeaux ou digues, avec une écluse pour inonder la campagne, s'il se pouvoit, ou du moins pour faire passer l'eau, selon le besoin, d'un côté du fossé, plutôt que d'un autre : outre cela il feroit un fossé profond au pied du glacis, pour pouvoir y mettre de l'eau à la disposition de la place, quand les ennemis auroient passé ce fossé ; ce qui, selon lui, les renfermeroit entre le camp & la ville, & les exposeroit, ou à être taillés en pieces, ou à se noyer.

Pour rendre le passage de ce fossé plus difficile, il formeroit des bastions sur l'escarpe, dont la construction qu'il ne donne point, pourroit se faire ainsi : on prendroit sur les lignes extérieures du glacis, 60 toises pour les faces; les flancs se feroient en mettant les pointes du compas sur les extrêmités des deux faces, & décrivant des arcs sur lesquels on porteroit la grandeur des flancs de la place; ensuite on tireroit la courtine que l'on continueroit de part & d'autre, jusqu'à ce qu'elle rencontrât les rayons prolongés du polygone; on diviseroit cette ligne en trois parties, & sur les deux points de division, on tireroit des lignes en dedans, qui feroient, du côté du bastion, un angle de 100 degrés, & qui seroient terminées par le prolongement des faces ; ce qui détermineroit la courtine retirée; ensuite des angles des flancs, on tireroit aux extrêmités de cette courtine des lignes qui détermineroient les autres courtines & les petits flancs retirés.

Tout ce que nous avons dit jusqu'ici ne regarde que l'enceinte extérieure : mais comme l'Auteur n'a pas cru que c'en fût assez pour rendre sa place beaucoup plus forte que les autres, ou du moins, *pour en convaincre*, comme il dit lui-même, *les personnes les plus difficultueuses, & éviter toutes les oppositions qu'on lui pourroit faire*, il ajoute une seconde enceinte en dedans, qui se construit ainsi :

On prend vingt-cinq toises sur le rayon, depuis l'angle saillant formé par les côtés intérieurs des remparts de la premiere enceinte. Delà on tire une ligne parallele à la courtine, & on la divise en trois parties égales ; ensuite on retranche sur les vingt-cinq toises prises sur le rayon, cinq toises pour le fossé, & l'on tire de ces points les lignes de défense aux secondes divisions de la parallele. On prend quinze toises pour les faces, à l'extrémité desquelles on tire en dedans des lignes de six toises de longueur, & qui font, avec les faces, un angle obtus que l'Auteur ne détermine point, mais qu'on peut mettre à cent degrés ; ensuite, par les points de division de la parallele, on mene en dehors des lignes qui font aussi un angle de cent degrés ; mais du côté opposé, ces lignes sont coupées par d'autres que l'on tire depuis l'angle d'un flanc jusqu'à la seconde division opposée ; ce qui détermine la courtine retirée, les deux autres courtines, & les deux petits flancs. *Voyez la Fig.* 1, *Pl.* 20.

Le rempart a six toises d'épaisseur à la courtine retirée, & est ensuite tiré sur la même ligne ; sa hauteur est de trois pieds au dessus de l'enceinte extérieure ; le parapet n'a que neuf pieds d'épaisseur. Il y a des batteries basses aux petits flancs de la courtine & dans les petites tours, de même qu'à Neuf-Brisach. Le fossé aura six pieds d'eau, si l'on peut.

J'oubliois de dire que l'Auteur ajoute le long du chemin couvert, un soûterrein voûté, de trois pieds de largeur, & cinq pieds de hauteur, qui a plusieurs rameaux, avec des chambres pour des mines, par lesquelles il prétend faire sauter l'ennemi quand il s'approchera des palissades.

Telle est la belle méthode que l'Auteur veut en vain nous faire regarder comme le moyen le plus sûr d'augmenter les forces d'une place, & d'en diminuer les dépenses, & la garnison qu'il faut y employer. S'il n'est pas facile de se persuader que deux enceintes plus grandes que celle de Neuf-Brisach, environnées de trois fossés extrêmement larges & profonds, & d'un glacis de cent toises, contre-miné presque partout, puissent se faire à peu de frais, il est encore plus difficile de croire qu'on puisse employer une petite garnison pour garder un parapet aussi étendu que celui du second chemin couvert, des grandes places d'armes & des redoutes sur le glacis, un chemin couvert extrêmement large, des réduits aux angles rentrans, des demi-lunes enterrées, des fausses braies, des tenailles, & deux enceintes, dont l'intérieure demande un nombre de soldats capables de contenir les habitans, & dont l'extérieure, quoique la plus importante, est cependant si sujette aux surprises par le peu de hauteur de ses casemates. Il est vrai que toutes les pieces de cette seconde enceinte se communiquent les unes aux autres; mais elles ne sont en cela, que plus défectueuses: car si l'ennemi, ayant une fois surpris ou emporté l'une de ces pieces, feignoit de vouloir s'étendre & profiter du terrein, l'assiégé seroit obligé d'attirer à son secours la plûpart des troupes qui seroient dans les autres; ce qui pourroit occasionner des nouvelles surprises, à moins qu'on n'eût dans la place un nombre prodigieux de soldats, par le moyen desquels on ne fût jamais obligé de dégarnir ces sortes de postes. J'ai pris cette remarque dans le Livre même de l'Auteur, & je suis étonné que s'en étant servi pour décrire les dehors détachés, il n'ait pas pris garde qu'on pouvoit l'employer beaucoup mieux contre les siens. Passons-lui cependant ces deux articles, où il s'est peut-être trompé, & qui, tout considérables qu'ils sont, n'empêchent pas qu'on ne se servît d'un système qui augmenteroit beaucoup la force; du moins dans une place qui seroit de la derniere importance. *Ce qui me rend fort contre la Critique*, dit l'Auteur dans une Lettre qui est à la fin de son Livre, *c'est qu'on ne peut m'accuser de n'avoir point observé les maximes de la fortification........ & que les hauteurs, longueurs & largeurs de tous les ouvrages ont des proportions si exactes, que je les crois au dessus de la critique régulière.* Voilà déja bien du faste rabattu; il ne s'agit donc plus de se mettre au dessus de M. de Vauban par un système d'une plus grande force, & qui coûteroit moins d'argent & de soldats, mais seulement de soutenir que ce système est conforme aux bonnes regles. Cependant il réussiroit dans ce point encore moins que dans les autres, & je ne crois point qu'il persuade jamais à qui que ce soit, qu'un avant-fossé, où l'ennemi peut facilement se retrancher par le moyen de quelques digues & de quelques coupures, sans que l'assiégé ose trop s'approcher, malgré le parapet qui ne l'empêche point d'être enfilé de toutes parts; qu'un

glacis dont la longueur & l'enfoncement facilite à l'ennemi le
moyen d'éventer les mines, que des grandes places d'armes,
qui sont, pour ainsi dire, autant de batteries à bombes, toutes
faites pour l'assiégeant, malgré ses redoutes ou demi-lunes,
dont on sçait si bien venir à bout en les prenant par derriere;
qu'un chemin couvert sans traverse, & où l'on n'a de ressource
que dans un réduit pointu, qu'une volée de canon est capable
de mettre en poudre; qu'une fausse braie devant les faces où
l'enfilade est encore plus dangereuse que les débris du revêtement; que des flancs perpendiculaires à la ligne de défense,
& trop exposés aux batteries de l'ennemi; que ses casemates
où l'on ne sçauroit tenir contre le feu du flanc haut, parce qu'il n'y
a que neuf pieds de profondeur; que ses tenailles, dont une partie
de la face ne défend rien; enfin que le parapet de son enceinte
intérieure, qui n'a que neuf pieds d'épaisseur, soient des ouvrages
construits selon les maximes d'une bonne fortification. Qu'il ne
s'en prenne donc point, comme il fait dans sa Lettre, contre
l'horreur qu'on a pour la nouveauté. *Descartes*, dont il cite
l'exemple, & M. de Vauban, *ont bien fait connoître que la raison
est de tout âge*, & ont changé notre horreur en admiration. Qu'il
fasse aussi bien qu'eux, s'il veut avoir le même sort, & qu'il
propose modestement ses ouvrages, sans déchirer impitoyablement des personnes dont la science a toujours été infiniment
au dessus de la sienne. Je dis impitoyablement; car il n'y a qu'à
voir la critique peu juste qu'il fait des places d'armes & des traverses du chemin couvert, pour être tenté de croire qu'il a
voulu se dédommager des grandes louanges qu'il avoit prodi-
guées à M. de Vauban. Si on l'en croit, dès que l'ennemi aura
une fois sauté dans une de ces places d'armes, les assiégés ne
pourront se sauver qu'un à un, & en tumulte, par le passage des
traverses; ce qui en exposera plusieurs à être tués : l'assiégeant
n'aura plus qu'à se retrancher du côté des gorges, & se servir
du revêtement de la contrescarpe, comme d'un parapet; il
sera même maître du chemin couvert de côté & d'autre, à la
faveur des banquettes des deux traverses; enfin l'assiégé ne
sçauroit le chasser de ce poste, parce qu'il ne peut faire un front
de troupes assez considérables pour tenir tête à l'ennemi, &
encore moins le forcer dans sa place d'armes couverte de traverses. Voilà dans peu de mots, bien des bévues contre les no-
tions même les plus communes de la fortification. De quelles

places d'armes veut-il donc parler ici ? Eſt-ce de celles de l'angle ſaillant, ou de celles de l'angle rentrant ? Si c'eſt des premieres, comment ignore-t'il que leurs traverſes ont les banquettes en dehors, & non pas en dedans, comme celles des autres ? & ſi c'eſt des ſecondes, comment a-t'il oublié que l'aſſiégeant ne les attaque ordinairement qu'après s'être rendu maître des autres ? & que par conſéquent l'aſſiégé ne pouvant plus ſe tenir dans le reſte du chemin couvert, les traverſes de l'angle rentrant lui deviennent inutiles. D'ailleurs l'ennemi n'eſt pas fort empreſſé de placer ſes canons ſur cette place d'armes, & le feroit encore moins, s'il n'y avoit point de demi-lune qui le couvrît en partie du feu de la courtine, ainſi que l'Auteur le voudroit ; & tout le monde ſçait bien qu'on poſte les batteries ſur l'angle ſaillant, pour détruire le flanc oppoſé, & pouvoir enſuite jetter commodément le pont vers la breche de la face. Ce qu'il objecte contre les traverſes n'eſt pas mieux fondé que ce qu'il dit contre les places d'armes ; un petit nombre de ceux qui abandonnent le poſte y périſſent, parce que le paſſage eſt trop étroit : donc il faut abſolument condamner cet ouvrage, & expoſer tout le chemin couvert à une enfilade contre laquelle on ne ſçauroit tenir. Quelle conſéquence quand même on ne pourroit remédier à ce défaut ? cependant rien de ſi facile, & je ſuis étonné qu'un homme capable de faire un ſyſtême, ne puiſſe pas deviner qu'il n'y a qu'à faire un pont autour de la traverſe du côté du foſſé, pour faire évanouir cet inconvénient qui l'embarraſſoit ſi fort. Enfin ſi l'ennemi peut mettre une batterie dans nos places d'armes, & ſe couvrir du revêtement de la contreſcarpe, du moins ce n'eſt qu'en cet endroit, & le reſte du chemin couvert ne ſçauroit lui ſervir à cet uſage, au lieu que, ſelon ſon ſyſtême, l'ennemi trouve partout un eſpace de douze toiſes, où il peut étendre, tant qu'il voudra, ſes batteries, les couvrir d'un parapet même de cinq toiſes, ſans craindre de ſe reſſerrer, & élever facilement des deux côtés des traverſes qui lui formeroient une place d'armes, où il ſeroit tout auſſi difficile de le forcer que dans les autres, d'autant plus qu'il ſe défendroit ſur un front auſſi large que celui ſur lequel on voudroit l'attaquer. Mais en voilà aſſez ſur un ſyſtême qui certainement ne fera jamais fortune, & qu'on pourroit appeller Fortification à rebours, beaucoup mieux & dans un ſens plus véritable que celui dont nous allons parler.

METHODE

MÉTHODE
DE LA FORTIFICATION A REBOURS.

Donato Roffetti, chanoine de Livourne, profeffeur de Mathématique dans l'Académie de Piémont, & Mathématicien du Duc de Savoye, eft l'Auteur de cette méthode qu'il fit paroître en 1678, en dialogues Italiens. Il y a beaucoup de génie dans fon Livre, & l'on y trouve des remarques fi judicieufes touchant les fortifications, furtout pour le temps auquel il a écrit, qu'il eft étonnant qu'on ne l'ait pas traduit en notre Langue, comme on a fait tant d'autres, qui certainement ne valent pas celui-ci. L'Auteur intitule fon fyftême, *Fortificazione a Rovefcio*, c'eft-à-dire Fortification à Rebours, tant parce que l'angle rentrant de la contrefcarpe eft vis-à-vis l'angle flanqué, ce qui eft le contraire des autres fyftêmes, que parce qu'il prétend qu'on doit l'attaquer à rebours des autres, comme nous dirons ci-après.

Pour fa conftruction, fuppofons un octogone dont le côté intérieur AB foit de 108 toifes, *Fig.* 2, *Pl.* 20. Après avoir prolongé les rayons indéfiniment, & élevé fur le milieu des côtés des perpendiculaires indéfinies en dehors, on divife le côté AB en fix parties égales, dont on en donne une à chaque demi-gorge; les flancs font perpendiculaires à la courtine, & égaux à la fixieme partie du côté intérieur. Les lignes de défenfe font toujours rafantes, & déterminent les faces. Sur les deux extrêmités de la courtine on prend douze toifes de C en E, & de D en F, & l'on éleve des perpendiculaires jufqu'à ce qu'elles coupent les lignes de défenfe; ce qui donne les flancs bas avec leurs faces.

On prend fur l'extrêmité des faces fupérieures, depuis l'angle d'épaule, trois toifes, & mettant les pointes du compas l'une au point S, & l'autre au point T, on décrit des arcs en dehors qui donnent le fommet de la demi-lune: fes faces font alignées aux points S, T, & ont trente toifes chacune. Après avoir fait de même fur tous les côtés du polygone, on tire de l'extrêmité R de la face d'une des demi-lunes, la ligne RQP, qui, paffant par l'angle flanqué de l'autre, fe termine au point P, où elle rencontre le prolongement de la ligne de défenfe du baftion oppofé. On prend enfuite fur la courtine la partie EV de fix toifes, & après avoir tiré le côté extérieur de la figure, on mene la ligne VP qui coupe le côté extérieur au point N, d'où l'on tire une ligne à l'extrêmité de la face de la demi-lune ; ce qui en détermine le flanc. Il n'y a qu'à prendre la diftance du point N à la perpendiculaire élevée fur le milieu de la courtine, & porter cette diftance de l'autre côté, pour avoir le point d'où on doit tirer l'autre flanc, & par ce moyen on aura tous les flancs des demi-lunes.

Du point P on tire la ligne PM à l'angle d'épaule de la demi-lune oppofée ; & fi on la prolonge de l'autre côté vers X, elle coupera la perpendiculaire tirée fur le milieu de la courtine au point X ; deforte qu'il n'y a qu'à porter fur tous les rayons prolongés la diftance ZH, depuis l'angle des baftions en dehors, & la diftance XQ fur toutes les perpendiculaires, depuis l'angle flanqué des demi-lunes, & tirer enfuite des lignes qui, paffant par l'extrêmité de ces diftances, donneront le contour de la contrefcarpe.

Le chemin couvert eft d'environ cinq toifes ; mais la largeur du glacis aux angles rentrans eft égale à la longueur du flanc bas, & elle eft double aux angles faillans : ce que l'Auteur a fait afin que les faces du baftion puffent rafer ce glacis de tous côtés. Quelquefois il prolonge ce glacis jufqu'à ce qu'il foit plus bas de fix pieds que le niveau de la campagne, & c'eft ce qu'il appelle le fecond glacis, dont on voit le profil dans la *Fig.* 4, *Planche* 20 ; & après ce glacis il ajoute un fecond chemin couvert LH.

La hauteur des faces & des flancs hauts, y compris celle des parapets, eft de fix toifes au deffus du niveau de la campagne ; & celle des faces baffes, des flancs bas & de la courtine, n'eft que de la moitié. Le foffé a trois parties différentes, que l'Auteur nomme foffé fec, foffé guéable, & foffé profond. *Voyez la Fig.* 4, *Pl.* 20.

La contrefcarpe a trois toifes de profondeur au deffous du niveau de la campagne. Sur ce niveau on prend de A en B dix-huit toifes ; & après avoir partagé la ligne AB en deux également au point C, on tire des perpendiculaires BE, CF, dont la premiere BE eft terminée par le niveau de l'eau ; la feconde CF defcend quatre ou cinq pieds plus bas, & l'on tire enfuite la ligne OEFG, dont la partie OE eft le foffé fec, la partie EF est le fossé guéable, & la partie FG est le fossé profond. Il n'importe pas que la ligne OEFG soit en ligne droite ou non, ce qui peut arriver selon le niveau de l'eau, & le pied de la contrescarpe peut être creusé plus bas, jusqu'à ce qu'on ait huit ou neuf pieds d'eau tout au moins.

Le chemin couvert est élevé d'une toise au dessus de l'horizon, & la hauteur des demi-lunes, pardessus le fond du fossé, est d'environ quatre ou cinq toises & demie. L'Auteur les joint aux faces supérieures des bastions, par une muraille qu'il appelle chemin des rondes, parce qu'on peut passer sur cette muraille pour faire la ronde dans les demi-lunes. Il prétend par-là diminuer le nombre des sentinelles qu'il place seulement aux angles flanqués, & se donner une place devant les courtines pour y loger des troupes auxiliaires, qu'il ne pourroit loger dans la ville, outre que les déserteurs ne trouveroient pas si facilement le moyen de s'évader; mais en cas d'un siege, il feroit abattre ses murailles du côté des attaques, afin qu'elles n'empêchassent point la défense des flancs bas.

Il ajoute dans le fossé sec deux fausses braies, dont la *Fig.* 5, *Pl.* 20, fait voir le profil. La premiere, qui est la plus proche du fossé guéable, est enfoncée en terre à six pieds de profondeur, & sa largeur est de trois toises. La seconde qui est au niveau du fossé sec, est éloignée de trois toises de la pointe du bastion, & est couverte d'un parapet formé par les terres qu'on a tirées de la premiere. Enfin l'Auteur propose un retranchement dans la demi-lune, tel qu'on le voit dans la *Figure* 2, à la demi-lune Y; mais ce retranchement ne se feroit que dans le besoin, & l'on employeroit pour ses faces les terres que l'on ôteroit aux flancs.

Sa construction varie dans les autres polygones, par rapport aux différentes dimensions, comme on verra dans la Table que j'ajouterai ici pour les curieux, & dans la maniere de décrire le quarré, que j'expliquerai en peu de mots, après avoir rapporté ici les différens noms que l'Auteur donne aux lignes dont il se sert.

La ligne CE s'appelle l'aîle du bastion. La hauteur de son rempart est double de celle de la courtine, *Fig.* 2, *Pl.* 20,

La ligne EV s'appelle aîle de la courtine, parce qu'elle découvre le point de l'agresseur.

La ligne RQ s'appelle ligne fixe, parce qu'elle se tire toujours de la même maniere dans tous les polygones, excepté dans le quarré, où l'on ne pourroit la tirer de la même maniere, comme la *Fig.* 3 le fait voir.

Le prolongement QP de cette ligne, s'appelle la ligne directrice : elle ne se termine pas toujours, comme ici, au prolongement de la ligne de défense, parce que le fossé deviendroit quelquefois trop étroit devant la pointe des demi-lunes ; mais l'Auteur la détermine selon les occasions ; ce que la Table montrera.

La ligne PHK s'appelle ligne variante, parce qu'elle n'est pas toujours la même que la ligne de défense, comme nous venons de dire, & qu'elle se termine tantôt à l'angle du flanc, tantôt plus bas vers la courtine, & tantôt plus haut selon les différens polygones.

La ligne PV s'appelle la troisieme concurrente, parce qu'elle concourt avec la ligne PR, & la ligne PK.

Le point P s'appelle le point de l'agresseur, parce que l'Auteur prétend que c'est là où l'assiégeant doit faire son pont pour le fossé. Enfin la ligne MZP s'appelle la terminante, parce qu'on trouve le contour de la contrescarpe, par son moyen.

J'oubliois de dire que pour tracer dans le plan la ligne qui marque l'extrêmité intérieure du fossé sec, il faut diviser la distance ZH en deux également, & ensuite du point P élever une perpendiculaire PI sur la ligne PK, & faire cette perpendiculaire égale à la longueur du flanc bas, après quoi le reste sera facile à faire, *Fig.* 2, *Pl.* 20. Je dirai aussi que l'Auteur arrondit la moitié du flanc haut jusqu'à la courtine, & qu'il tire la partie du flanc bas, qui est coupée par la ligne de défense vers l'extrêmité V de l'aîle de la courtine.

Dans le quarré on ne sçauroit tirer la plûpart de ces lignes de la même maniere, parce que les demi-lunes sont entierement cachées les unes aux autres ; c'est pourquoi voici la construction, *Fig.* 3, *Pl.* 20. Le côté intérieur est de 108 toises, les demi-gorges en ont quinze chacune, les flancs hauts quinze ; les lignes de défense sont rasantes. L'aîle du bastion a quinze toises ; celle de la courtine six. L'angle flanqué de la demi-lune se trouve comme ci-dessus. Ses faces ont trente toises chacune. Après quoi on prend, à l'extrêmité de la face du bastion, trois toises depuis l'angle flanqué, & l'on tire la ligne fixe AB, sur le prolongement de laquelle on prend vingt-deux toises

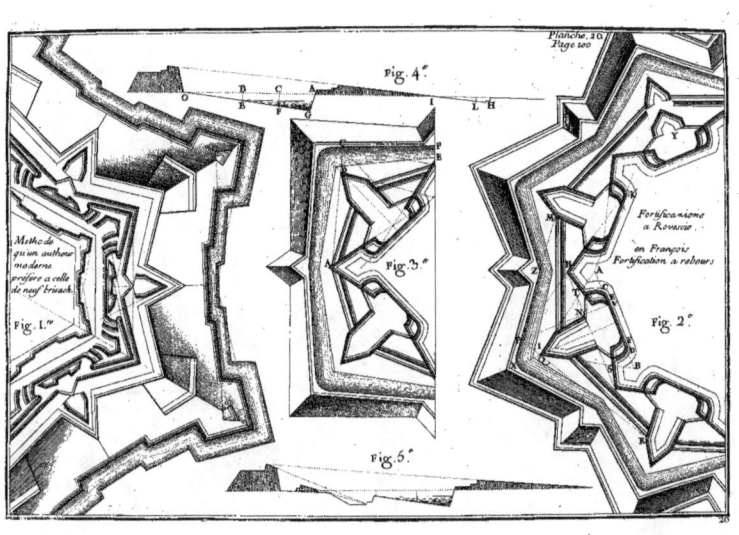

pour la ligne directrice BC. La terminante se trouve en portant sur le prolongement du rayon de la figure, vingt-une toises de E en F, & tirant la ligne FC, le reste s'achevera comme nous avons dit ci-dessus. Les fausses braies se feront comme on voit dans la figure. Il ne faut pas s'embarrasser de la ligne variante, dont l'Auteur ne s'est servi que pour faire voir le plus ou moins de feu que l'agresseur doit essuyer, selon les différens polygones. Voici la Table dont j'ai parlé.

Polygones.	IV.	V.	VI.	VII.	VIII.	IX.	X.	XI.	XII.
Côté intérieur.	toises. 108	toises. 96	toises. 102	toises. 105	toises. 108	toises. 108	toises. 108	toises. 108	toises. 108
Demi-gorge.	15	12	12	15	18	18	18	18	18
Aîle du bastion.	15	12	15	$13\frac{1}{2}$	12	12	12	12	12
Aîle de la courtine.	6	6	6	6	6	6	6	6	6
Face de la demi-lune.	30	24	27	$28\frac{1}{2}$	30	30	30	30	30
Ligne directrice.	$22\frac{1}{2}$	$22\frac{1}{2}$	$22\frac{1}{2}$	$26\frac{1}{2}$	$25\frac{1}{2}$	25	24	23	$22\frac{1}{2}$

Rien ne fait tant voir le génie & la capacité de l'Auteur, que la simplicité de son système qui ne demande ni de grandes dépenses, ni une forte garnison, & qui oppose cependant autant & même plus de feu à l'ennemi, que la plûpart des méthodes les plus composées. On pourroit de même louer l'invention de ses fossés, où l'on trouve tout à la fois l'avantage de l'eau & du terrein, sans qu'il en coûte plus pour les construire, qu'il n'en coûte pour les fossés ordinaires; l'adresse avec laquelle il éleve ses murailles sur le niveau de la campagne, de sorte pourtant que l'ennemi n'en découvre le pied que lorsqu'il est sur la contrescarpe; ses demi-lunes vuides, où l'assiégeant ne sçauroit se loger sans avoir beaucoup à souffrir du côté de la place; ses fausses braies exemptes d'enfilade, & très-bien postées pour défendre le passage du fossé; enfin les défenses rasantes qu'il emploie, malgré la prévention générale des Italiens pour les seconds flancs, quoiqu'en cela je suis moins étonné qu'il se soit élevé au dessus des préjugés de sa nation, que de voir encore aujourd'hui des François qui veulent faire revivre ces pieces, après toutes les démonstrations qu'on leur a fait de leurs désavantages. Ceux qui entendent l'Italien, trouveront dans son Livre grand nombre d'autres bonnes choses qu'il est inutile de rapporter ici.

Cependant il me semble que l'Auteur fait deux suppositions d'autant plus intéressantes pour son système, qu'il en perd la moitié de sa force, si elles se trouvent fausses. La premiere est que l'ennemi étant arrivé au point P, qu'il appelle le point de l'agresseur, y doit encore essuyer tout le feu de la face haute & basse, des aîles du bastion & de la courtine, de la face d'une demi-lune, du flanc de l'autre, & des deux flancs du bastion ; la seconde, que l'ennemi doit nécessairement choisir ce point pour se loger sur la contrescarpe, préférablement à tout autre. Je ne m'arrêterai pas à réfuter la premiere qui est évidemment fausse par elle-même, puisque tout le monde sçait que l'assiégeant ne s'avance ordinairement jusqu'à la contrescarpe, qu'après avoir éteint tous les feux qu'il a pu découvrir de plus loin, & que rien n'empêche dans ce système, qu'il n'ait détruit de la campagne les faces hautes du bastion, celles des demi-lunes, & l'aîle du bastion. La seconde paroît plus véritable, parce qu'effectivement on ne peut battre les flancs du bastion K, que par ce point ; & qu'il faut même, dans ce système, avant de passer le fossé pour monter à la breche H, dresser une autre batterie au point opposé, pour battre le bastion B, & le flanc N de la demi-lune, qui défendent le passage du fossé ; mais comme dans ces suppositions chacune de ces batteries auroient à essuyer tout à la fois les feux des flancs, tant du bastion que de la demi-lune opposée, je ne vois point pourquoi l'ennemi ne pourroit pas auparavant se servir des faces de la place d'armes de l'angle rentrant, & y faire, par des coupures au glacis, qui lui serviroient d'épaulemens, deux batteries croisées qui détruiroient les flancs des demi-lunes ; après quoi on les transporteroit aux points de l'agresseur. On pourroit même, & ceci vaudroit mieux, couper d'abord le glacis à ces mêmes points, ensorte qu'on fût à couvert des flancs du bastion ; & après avoir battu en enfilade les flancs de la demi-lune, tourner ensuite ses batteries vers ceux de la place. Je ne disconviens point que ce ne soit un grand avantage dans cette méthode, d'opposer toujours au passage du fossé les flancs de deux bastions : mais je crois que cet avantage est extrêmement diminué par quantité d'autres défauts qui sont pour la plûpart inévitables dans cette construction. Les angles de ses demi-lunes sont trop aigus, & ceux des bastions trop ouverts; ce qui facilite la breche, comme nous avons dit ailleurs. Ses flancs perpendiculaires obligent à faire des embrasures extrêmement obliques, qui diminuent beaucoup la force des merlons. Les flancs bas n'ont pas assez de profondeur par rapport aux flancs hauts: les uns & les autres sont fort sujets à l'enfilade, pour peu qu'on abatte du parapet des faces qui les couvrent; ce qui ne seroit point arrivé si l'Auteur y avoit mis un orillon. Enfin ses murailles élevées au niveau de la campagne, sont fort commodes pour le mineur qui passe facilement pardessous, surtout s'il peut se glisser dans la premiere fausse braie.

PREMIERE METHODE DE M. DE COËHORN.

Feu M. Minno, Baron de Coëhorn, étoit tout à la fois général de l'artillerie, lieutenant général de l'infanterie, directeur général des fortifications des Provinces-Unies, gouverneur de la Flandre & des forteresses sur l'Escaut; & l'on peut dire à son honneur, que son profond sçavoir, joint à une longue expérience, le mettoient au dessus de tous ces grands emplois. Ce sçavant homme s'étant apperçu que quelques dépenses que l'on fît pour revêtir le rempart d'une ville de guerre, le canon avoit bientôt tout détruit, & que souvent, après bien du temps, des peines & des frais employés pour la fortifier, il ne falloit que quinze jours ou trois semaines à l'ennemi pour s'en rendre le maître, imagina trois différens systêmes qui cachent entiérement les murailles aux batteries, & où il met tant de chicanes à chaque pas, qu'il prétend, non pas à la vérité rendre ses places absolument imprenables, mais du moins en vendre bien cher la conquête à ceux qui oseront les attaquer. La seule inspection de ses plans frappe d'abord, & donne la curiosité de voir son Livre; mais à peine s'est-on engagé dans cette lecture, qu'on y trouve tant de manieres obscures de parler, qui viennent peut-être de la part du Traducteur peu versé dans la langue, si peu d'éclaircissemens touchant les constructions que l'Auteur ne se donne pas la peine de détailler, tant d'affectation de cacher sa maniere de faire les revêtemens, & les chicanes qu'il pourroit ajouter dans ses Ouvrages, un détail si ennuyeux de la défense qu'on peut opposer, selon les différentes attaques qu'on feroit à ses places, & enfin des parallelles si longs de ses systêmes avec ceux de M. de Vauban, dont il fait peu de cas, qu'on n'a ni le courage, ni la patience de parcourir cet Ouvrage jusqu'au bout. C'est ce qui est arrivé à d'habiles gens qui m'en ont parlé, & ce qui me seroit arrivé aussi, si je n'avois entrepris de rapporter les méthodes des différens Auteurs, afin qu'on voie, par les défauts qu'on y découvre, si c'est par pure prévention que nous préférons celle de M. de Vauban à toutes les autres. J'ai donc lu & relu, malgré mon dégoût, la nouvelle fortification de M. de Coëhorn, de peur que mon silence ne fît croire à quelqu'un qu'on ne pouvoit y trouver des défauts; & après avoir comparé & rapproché plusieurs fois les différens endroits de son Livre, dont j'ai pu tirer quelque éclaircissement, j'ai enfin découvert ses constructions & ses profils, que je tâcherai de développer en peu de mots, & le plus clairement que je pourrai.

Par son premier systême, il fortifie un hexagone dont le côté intérieur est de 150 toises, & dont il suppose que le niveau de la campagne n'est que de quatre pieds au dessus du niveau de l'eau, comme on le trouve dans beaucoup d'endroits des Provinces-Unies. Il faut bien prendre garde à ce point, parce que c'est sur cela qu'il a réglé tous ses profils.

Supposé donc que vous ayez à fortifier un semblable hexagone, *Fig.* 1, *Pl.* 21, divisez le côté intérieur AB en deux également au point C, portez trente-six toises de C en D, & tout autant de C en E, pour avoir la courtine DE de 72 toises. Faites à chaque extrêmité de cette courtine les angles diminués DEH, EDM de 25 degrés par les lignes DM, EH, qui seront les deux lignes de défense. Faites la même chose sur les autres côtés, & tirez les lignes des gorges tels que EL, aux extrêmités de laquelle vous prendrez quatorze toises de E en R, & de L en S, menez ensuite la ligne OP parallele à la ligne de défense, & éloignée de vingt-trois toises en dedans. Donnez quarante-une toises à cette ligne OP pour la face haute du bastion, & tirez le flanc haut OR, que vous arrondirez à la maniere ordinaire : faisant de même partout ailleurs, vous aurez le contour intérieur de la place.

Divisez l'espace qui est entre la face haute & la ligne de défense, en deux parties, dont l'une, qui aura seize toises, marquera le fossé sec, & l'autre, qui en aura sept, sera la face basse, dont le rempart est composé d'un parapet & d'une banquette, & d'un petit terre-plein qui n'a que cinq pieds de largeur : la longueur de cette face basse est de 76 toises.

Pour

Pour l'orillon, *Voyez la Fig.* 2, *Pl.* 21. Prolongez la face basse, & donnez au prolongement AB huit toises, ou huit toises $\frac{1}{2}$, tirez la ligne AC perpendiculaire à l'extrêmité de la face basse & en dedans du fossé sec, donnez dix-neuf toises à cette ligne. Sur le point C, & en dehors du fossé sec, élevez la perpendiculaire CE de quatre toises. Prenez sur CA cinq toises $\frac{1}{2}$ de C en F, élevez la perpendiculaire FH d'environ quatorze toises, & après avoir tiré la ligne HE, arrondissez la distance HB à la maniere ordinaire, c'est-à-dire par un triangle équilatéral. Continuez la ligne EC vers le fossé sec, jusqu'à quatre toises, & faites-y trois embrasures, dont l'Auteur prétend se servir pour tirer sur l'ennemi, quand il se sera rendu maître de la face basse, & qu'il voudra s'avancer vers la tour par le moyen de la galerie soûterreine qui regne le long de cette face. De l'extrêmité I de cette ligne, tirez une autre perpendiculaire de quatre toises, qui ira aboutir à l'angle d'épaule du bastion intérieur, vous ferez vers les deux bouts de cette ligne, deux portes avec des ponts-levis pour communiquer dans le fossé sec; & dans l'entre-deux des portes il y aura deux embrasures pour enfiler ce fossé. Devant ces portes & devant le côté F de la tour, vous mettrez un fossé plein d'eau, large de six toises. La tour a une batterie soûterreine de six pieces de canon, & pardessus est une plate-forme, dont le parapet est large au sommet de vingt-quatre pieds aux côtés BA, BH, & de seize aux autres. Les voûtes des soûterreins sont couvertes de six pieds de terre contre la bombe.

Après ce que nous venons de dire, on comprendra facilement par la *Fig.* 1, *Pl.* 21, comment il faut décrire le flanc moyen qui aboutit à l'extrêmité de la courtine. Son terre-plein, sans compter le parapet ni la banquette, n'est que de dix pieds de largeur; mais en temps de guerre l'Auteur l'élargit jusqu'à vingt-quatre, par un plancher de bonnes poutres, afin d'y pouvoir tirer le canon. On verra les hauteurs & les revêtemens de toutes les pieces, dans la Table que je donnerai ci-dessous, en parlant des profils. Entre le flanc moyen & le flanc haut, on fera un fossé sec, qui, de même que tous les autres qui sont dans cette construction, ne sera que d'un demi-pied au dessus du niveau de l'eau, afin que l'ennemi ne puisse pas s'y retrancher; en dehors du flanc moyen est un fossé plein d'eau, large de six toises.

Pour la tenaille, divisez en deux également la partie MN de la ligne de défense, comprise depuis l'angle d'épaule M, jusqu'à celui de la tenaille N; divisez de même en deux également la partie ND de cette même ligne, comprise depuis l'angle de la courtine. Faites la même chose sur l'autre ligne de défense, & tirez des lignes droites des divisions de l'une aux divisions de l'autre; ce qui vous donnera les faces, les flancs & la courtine brisée de la tenaille, dont le terre-plein n'est large que de quatre pieds: entre la tenaille & la courtine on fait un fossé sec.

Le grand fossé a vingt-quatre toises de largeur devant les faces auxquelles il est parallele; sa profondeur est de treize pieds à l'escarpe, de quatorze vers le milieu, & de douze à la contrescarpe.

Les demi-gorges du ravelin intérieur ont environ vingt-huit à vingt-neuf toises chacune, & leurs faces quarante-cinq. Son terre-plein, sans compter le parapet, est de quinze pieds; mais à l'angle flanqué il est de vingt-quatre sur vingt toises de longueur. Tout autour de ce ravelin on fait un fossé sec de seize toises de largeur, & ensuite un second rempart que l'Auteur nomme face basse, & dont le terre-plein, y compris la banquette, n'a que huit pieds de largeur.

Le terrein renfermé dans le ravelin est plus haut de six ou sept pieds que le fossé sec. On arrondit l'angle des gorges, & sur le milieu de l'arrondissement on fait une caponniere faite en triangle, maçonnée & couverte de bonnes poutres chargées de trois pieds de terre: la muraille est élevée de huit pieds pardessus les poutres; ce qui donne un parapet pour la terrasse que l'Auteur appelle bonnette. Devant cette caponniere on fait un fossé sec palissadé, qui se joint aux remparts. On met encore des palissades depuis la caponniere jusqu'au grand fossé, pour faciliter la retraite des assiégés. J'ai marqué ces palissades par des points; il en faut mettre aussi dans les fossés secs autour des faces des ouvrages.

Dans le fossé sec qui est entre la face haute & la face basse du ravelin, on fait, à six toises du grand fossé, un coffre haut de quatre pieds pardessus l'horizon: il est couvert de planches, sur lequel on met un pied & demi de terre. On y fait des créneaux de distance en distance, pour la mousqueterie; ce qu'il faut observer de même dans la caponniere & dans les autres ouvrages de cette nature. Derriere le coffre, du côté du grand fossé, on fait deux banquettes, afin de pouvoir tirer pardessus le coffre dans le fossé sec, & pardevant on y fait un petit fossé plein d'eau, large de six toises. La communication de la demi-lune se fait par une sortie de maçonnerie au travers du rempart du côté du grand fossé. On ajoute encore une caponniere à l'angle flanqué des faces basses, qui a une communication avec la demi-lune par une galerie, comme la Figure le montre; & de peur que l'ennemi ne se serve de cette galerie pour entrer dans la demi-lune, on la remplit d'eau dans le besoin.

Le fossé qui regne devant les faces basses, est de dix-huit toises de largeur; il est profond de onze pieds à l'escarpe, & de dix à la contrescarpe.

La contre-garde est composée d'un parapet & de deux banquettes. Son fossé a quatorze toises de largeur, dix pieds de profondeur à l'escarpe, & neuf à la contrescarpe.

Le chemin couvert a douze toises de largeur: il est, au pied de la banquette, trois pieds au dessous de l'horizon, & va en taluant jusqu'au niveau de l'eau. Les demi-gorges des places d'armes ont chacune vingt-deux toises, & les faces vingt-huit. On y fait un logement de maçonnerie, dont les faces ont quatorze toises, & les demi-gorges douze, & l'on met une traverse de chaque côté, garnie d'un double rang de palissades: tout le chemin couvert est bordé d'un rang de palissades qui se haussent & se baissent selon le besoin, & qu'on peut par conséquent mettre à l'abri du canon. J'en donnerai le dessein dans les méthodes suivantes.

Sur le glacis, à six toises des faces de la place d'armes, on fait un coffre couvert pour empêcher l'ennemi d'approcher, & l'on construit deux aîles, tant pour servir de communication, que pour tirer sur ceux qui auroient forcé le passage du coffre.

Les profils de la *Pl.* 21 ne sont pas exacts, surtout par rapport aux largeurs, parce que je n'avois pas assez d'étendue: j'ai voulu seulement représenter les différentes hauteurs, distinguer les pieces revêtues d'avec celles qui ne le sont pas, & faciliter l'intelligence de la Table suivante des profils que l'on comprendra plus aisément, si on jette les yeux sur les figures à mesure qu'on lira, d'autant plus que j'ai rangé dans cette Table les parties dans le même ordre qu'elles le sont dans ces profils.

LE PARFAIT

TABLE
DES PROFILS.

	Hauteur intérieure du parapet par-dessus l'horizon.	Hauteur du revêtement par-dessus l'horizon.	Largeur du parapet au sommet.	Pente du parapet du devant au derriere.	Largeur du terre-plein au sommet.	TALUS.
Courtine haute.	18 pieds.	6 pieds.	20 pieds.	2 pieds.	24 pieds.	Toutes les pieces qui ne sont pas revêtues, ont leur talus extérieur égal à leur hauteur, & ceux qui sont revêtus ont un talus égal aux deux tiers de leur hauteur depuis le sommet du parapet jusqu'au revêtement. Les talus intérieurs sont par-tout égaux à la hauteur, excepté au parapet où l'on en donne beaucoup moins.
Courtine basse, & face de la tenaille.	8 pieds.	0	20 pieds.	1 pied.	4 pieds.	
Face haute du ravelin.	14 pieds.	8 pieds.	20 pieds.	2 pieds.	15 pieds.	
Face basse du ravelin.	12 pieds.	0	20 pieds.	2 pieds.	4 pieds.	
Chemin couvert.	3 pieds.	0	20 toises.	3 pieds.	12 toises.	
Face haute du bastion.	22 pieds.	10 pieds.	20 pieds.	2 pieds.	Le bastion est plein.	
Face basse du bastion.	12 pieds.	0	20 pieds.	2 pieds.	5 pieds.	
Contre-garde.	12 pieds.	0	20 pieds.	2 pieds.	Il n'y a que deux banquettes de 3 pieds chacune.	
Flanc haut.	22 pieds.	10 pieds.	24 pieds.	2 pieds.	Le Bastion est plein.	L'Auteur fait revêtir d'une bonne muraille l'extrêmité de la face basse qui touche l'orillon, afin de garantir cet orillon: ce revêtement a sept ou huit toises de longueur: mais il est un peu moins élevé que celui de la tour.
Flanc moyen.	11 pieds.	0	24 pieds.	1 pied.	7 pieds.	
Flanc bas.	3 pieds.	0	24 pieds.	1 pied.	4 pieds. On peut l'agrandir pour y mettre du canon.	
La tour.	22 pieds.	16 pieds.	24 pieds. Mais il y en a 3 qui n'en ont que 16. Voyez ce qu'on en a dit ci-dessus.	2 pieds.	Plein.	

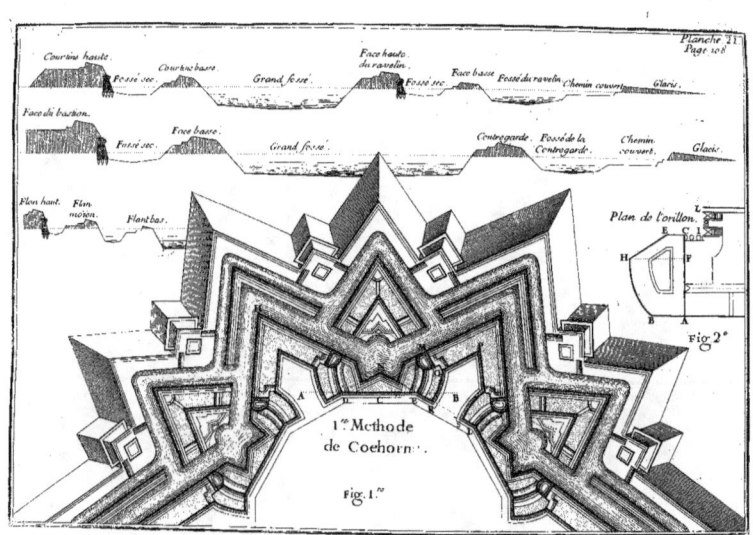

Nota 1°. Qu'entre les parapets & les terre-pleins, il y a toujours une banquette de trois pieds de largeur, qu'il ne faut prendre ni fur le terre-plein, ni fur le parapet.

Nota 2°. Que l'Auteur prétend avoir une maniere particuliere de conftruire les revêtemens, de forte que quoiqu'il les faffe doubles avec deux contre-galeries, *ils ne requierent cependant que trois huitiemes de briques que l'on emploie dans les murailles modernes*, c'eft-à-dire dans celles de M. de Vauban. Ceux qui font plus au fait de la maçonnerie que moi, pourront s'exercer à chercher cette conftruction que l'Auteur ne veut pas nous expliquer, *parce qu'il veut*, dit-il, *fe réferver quelque chofe pour lui*. Mais il eft bon de fçavoir qu'il dit lui-même dans un autre endroit, *que ce grand ménage réfulte uniquement de ce qu'il commence fes murailles fur le terrein folide, & non pas depuis le fond du foffé*, en quoi il femble avoir découvert, fans y penfer, fon prétendu myftere, à moins qu'il n'ait voulu par-là empêcher les habiles gens de pouffer plus loin leurs recherches. *Voyez l'Addition fur la fin de la feconde méthode ci-deffous.*

Il n'y a point d'ouvrage dans ce fyftême, qui ne foit conforme aux maximes d'une bonne fortification; chaque partie y eft très-bien défendue : les angles flanqués font d'une grandeur raifonnable, étant de 70 degrés; les hauteurs y font d'autant mieux proportionnées, que fans cacher les défenfes, elles dérobent cependant les murailles au canon de l'ennemi; & fi la courtine baffe femble défectueufe en ce qu'elle eft brifée, & que par-là le mineur femble être en fûreté dès qu'il fera parvenu à l'angle rentrant, il n'y a qu'à jetter les yeux fur le profil, pour voir que ce n'eft pas ici un défaut, parce que le fommet du parapet du flanc bas, n'ayant que trois pieds au deffus de l'horizon, & fes embrafures n'étant par conféquent élevées que d'un pied au deffus de l'eau, le mineur feroit ici plus expofé que partout ailleurs, outre que le peu de hauteur de cette partie le met à l'abri des tentatives que l'on voudroit y faire. Cette méthode a encore l'avantage d'oppofer chicane fur chicane à l'ennemi qui ne trouve jamais du terrein pour fe loger, à caufe du peu d'épaiffeur des remparts & des foffés fecs, où il ne fçauroit creufer un demi-pied fans rencontrer l'eau, & où il eft pourtant obligé d'effuyer toujours quelque nouveau feu caché, qu'il ne fçauroit détruire qu'avec beaucoup de peine, fans parler d'une infinité d'autres moyens que l'affiégé peut employer pour l'incommoder,

& dont l'Auteur fait un long détail dans son Livre, quoiqu'il nous dise qu'il nous en cache beaucoup : d'où l'on peut conclure que cette maniere de fortifier seroit effectivement la meilleure, si elle ne demandoit une garnison d'autant plus forte, que la plûpart de ses défenses dépendent de la mousqueterie, & que d'ailleurs les surprises y sont beaucoup plus dangereuses. Quel ravage en effet l'ennemi ne feroit-il pas, si par le moyen d'une fausse attaque faite sur un front, il pouvoit surprendre d'un autre côté une ou deux redoutes des angles saillans, ou même la demi-lune ? ses batteries dressées contre la tour, auroient bientôt détruit cette partie la plus essentielle dans cette fortification, & la place se trouveroit dans peu de jours à deux doigts de sa perte : mais d'autre part, quel nombre prodigieux d'hommes ne faut-il point pour mettre à l'abri d'insulte toutes ces différentes parties, dont on ne sçauroit dégarnir tant soit peu la moindre, pas même l'un des coffres du glacis, sans être en grand danger ? D'ailleurs la dépense n'est pas si petite que l'Auteur veut bien nous le dire. On convient avec lui que ses murailles ne coûtent pas tant que les nôtres, & les grands calculs qu'il en fait dans son Livre, n'étoient point du tout nécessaires pour nous en convaincre ; mais l'entretien de ces ouvrages de terre qu'il faut réparer presque à tout moment, ne cause-t'il pas à la fin, plus de frais que les plus fortes murailles, & une longue expérience n'a-t-elle pas fait connoître qu'une place fortifiée qui doit durer long-temps, est beaucoup moins dispendieuse pour un Prince, lorsqu'elle est revêtue, que si elle ne l'étoit pas ? Revenons-en donc à ce que nous avons déja dit ailleurs : il ne s'agit pas, pour bien fortifier une ville, d'y entasser les chicanes & les ouvrages ; car autrement celui qui en mettroit le plus, pourvu qu'il eût soin de bien flanquer chaque partie, seroit toujours celui qui auroit le mieux réussi : mais il faut tellement ménager les choses, qu'en mettant une place en état de se bien défendre, un Prince ne soit point obligé d'y mettre une garnison si prodigieuse, qu'il faille, ou dégarnir les autres, ou affoiblir extrêmement son armée : en quoi il y a beaucoup de danger de part & d'autre. La plûpart des nouvelles méthodes péchent de ce côté-là, comme nous l'avons vu, de même que les anciennes péchoient contre les bonnes regles ; & l'on ne peut trop admirer la sublimité du génie de M. de Vauban, qui a sçu si bien accorder les maximes d'une bonne fortification avec les précautions qu'il faut prendre pour ne pas affoiblir tout un royaume, fous prétexte de fortifier deux ou trois villes.

SECONDE METHODE DE M. DE COËHORN.

Ce second fyftême eft fur un eptagone, dont le côté intérieur eft de 126 toifes, & dont le niveau de la campagne eft élevé de trois pieds au deffus de celui de l'eau, *Pl.* 22. Pour le conftruire, on prolonge les rayons fur lefquels on prend 72 toifes pour la capitale du baftion. A l'extrêmité de la capitale on fait de chaque côté un angle de 40 degrés; ce qui rend l'angle du baftion de 80. On prend enfuite fur le côté intérieur, 30 toifes pour chaque demi-gorge, & mettant la pointe du compas fur l'angle du baftion oppofé, on décrit un arc qui paffe par l'extrêmité de la demi-gorge, & fur lequel on prend 30 toifes pour le flanc moyen. Cet arc ne fert que pour déterminer le flanc que l'on doit arrondir par un autre arc, dont le centre eft au fommet d'un triangle équilatéral, qui a le flanc pour bafe. Il faut obferver la même chofe partout où l'on trouvera une femblable conftruction, foit dans ce fyftême, foit dans le fuivant.

La retraite de l'orillon eft alignée à l'angle du baftion oppofé; fa faillie en dehors, jufqu'à la naiffance de l'arrondiffement, eft d'environ dix toifes; la ligne droite de la face eft de 66 toifes, après quoi on arrondit l'orillon à l'ordinaire.

La retraite de la courtine eft fur la gorge du baftion : le flanc haut a quarante toifes de longueur, le baftion eft plein.

La tenaille fe décrit en prolongeant les faces jufqu'à dix toifes; après quoi on met la pointe du compas fur l'angle du baftion, & l'on décrit un arc qui paffe par l'extrêmité de ces dix toifes, & auquel on en donne vingt pour la longueur du flanc bas; ce qui détermine la bafe courtine, qui fe trouve de 36 toifes.

Derriere la tenaille, du côté de la place, on fait un foffé fec, & pardevant on en fait un autre plein d'eau, profond de dix pieds, & large de dix toifes.

Autour de cet ouvrage regne un foffé fec parallele aux faces, & large de vingt toifes; & à l'extrêmité de ce foffé on éleve un autre rempart qui a vingt-neuf pieds de largeur au fommet, y compris le parapet & la banquette, & fous lequel on fait des galeries voûtées.

A l'angle rentrant de ce rempart, on fait une coupure de

quinze toises de chaque côté, pour servir de passage à la demi-lune. Ce passage est bordé de part & d'autre d'un flanc qui se décrit de l'angle saillant opposé: il a dix huit toises de longueur; son rempart a les mêmes dimensions que le précédent, & on y fait aussi des galeries voûtées.

Pour la demi-lune on éleve une perpendiculaire de 125 toises sur le milieu de la courtine, & l'on y fait à l'extrêmité de chaque côté, un angle de 35 degrés; ce qui en donne 70 pour l'angle flanqué. Les faces ont 50 toises de longueur: on met aussi des galeries voûtées sous son rempart.

Le fossé sec qui est entre les faces & la redoute, est de douze à quatorze toises. La redoute est de maçonnerie; sa muraille intérieure est éloignée de l'extérieure de seize pieds. On les couvre de poutres, & sur ces poutres on met un parapet de terre avec une banquette & un terre-plein. La longueur des faces est d'environ quatorze toises chacune.

Le grand fossé est parallele à tous ces ouvrages, & a vingt-quatre toises de largeur, & douze pieds de profondeur.

Pour l'ouvrage que l'Auteur appelle premiere contrescarpe, on le fait large d'abord partout de 20 toises; ensuite on fait aux angles rentrans des redoutes de maçonnerie, dont les faces ont quatorze toises. Leur hauteur est de neuf pieds au dessus du chemin couvert: à douze toises loin de chaque face on tire deux lignes parallèles, qui font un angle saillant, du sommet duquel on prend de part & d'autre quinze ou seize toises pour chaque partie de la courtine brisée; ensuite on prend sur le bord extérieur de la contrescarpe, vingt-cinq toises pour le flanc que l'on tire à l'extrêmité de la courtine brisée, en l'arrondissant à l'ordinaire: les faces de la contrescarpe se trouvent déterminées par cette construction.

Le rempart de cet ouvrage consiste en un parapet, une banquette & un petit terre-plein, dont on verra le détail dans la Table des profils. Le reste est un chemin couvert qui est deux pieds plus bas que l'horizon au pied du rempart, & qui va en taluant jusqu'au niveau de l'eau.

Les redoutes qui sont vis-à-vis de l'angle flanqué de la demi-lune, ont dix toises de faces, & sept de flanc; & celles qui sont vis-à-vis les bastions en ont douze à la face, & quatre au flanc. Leur hauteur est de sept pieds au dessus du chemin couvert. On met dans le chemin couvert des traverses à l'extrêmité

Ingenieur François.

de chaque face de cette contrescarpe; sous la courtine brisée on fait un coffre avec une galerie de communication vers la redoute. Enfin on borde toutes les redoutes & le chemin couvert de palissades, disposées de la maniere que la figure le fait voir.

La seconde contrescarpe n'a rien de différent de celle de la méthode précédente, & le glacis a seize ou vingt toises de longueur.

Les profils de la planche 22 ne sont pas plus exacts que ceux de la 21, parce qu'il n'est pas possible de mettre toute la longueur des pieces dans si peu d'espace; cependant ils ne laisseront pas que d'être fort utiles, si on s'en sert en lisant la table suivante des profils, comme j'ai dit dans la méthode précédente.

Le Parfait

TABLE
DES PROFILS.

	Hauteur intérieure du parapet par-dessus l'horizon.	Hauteur du revêtement par-dessus l'horizon.	Largeur du parapet au sommet.	Pente du parapet du devant au derriere.	Largeur du terre-plein au sommet.	TALUS.
Courtine haute.	22 pieds.	8 pieds.	20 pieds.	2 pieds.	24 pieds.	Les pieces non-revêtues ont leur talus extérieur égal à leur hauteur. Les revêtues talusent à peu près des 2 tiers ou des 3 quarts jusqu'au revêtement : les talus intérieurs font égaux aux hauteurs.
Courtine basse, & face de la tenaille.	11 pieds.	5 pieds.	24 pieds.	1 pied.	3 pieds.	
Redoute de la demi-lune.	14 pieds.	8 pieds.	14 pieds.	1 pied.	6 pieds.	
Face de la demi-lune, ou ravelin.	12 pie. $\frac{1}{2}$	0	20 pieds.	1 pied.	6 pieds.	
Premiere contre-escarpe.	10 pieds.	0	20 pieds.	1 pied.	5 pieds. Le chemin couvert est au pied de ce terre-plein, deux pieds $\frac{1}{2}$ par-dessous l'horizon, & va en talusant jusqu'à l'eau.	
Seconde contre-escarpe.	4 pie. $\frac{1}{2}$	0	16 toises. C'est le glacis.	4 pie. $\frac{1}{2}$ C'est la pente du glacis.	12 toises. Ce terre-plein est la même chose que le chemin couvert.	
Face du-bastion.	28 pieds.	13 pie. $\frac{1}{2}$	20 pieds.	2 pieds.	Le bastion est plein.	
Face basse.	14 pieds.	0	20 pieds.	1 pieds.	6 pieds.	
Flanc haut.	28 pieds.	0	24 pieds.	2 pieds.	Le bastion est plein	
Flanc moyen.	18 pieds.	8 pieds.	24 pieds.	2 pieds.	8 pieds. Y compris les talus intérieurs.	
Flanc bas.	10 pieds.	4 pieds.	24 pieds.	2 pieds.	4 pieds.	

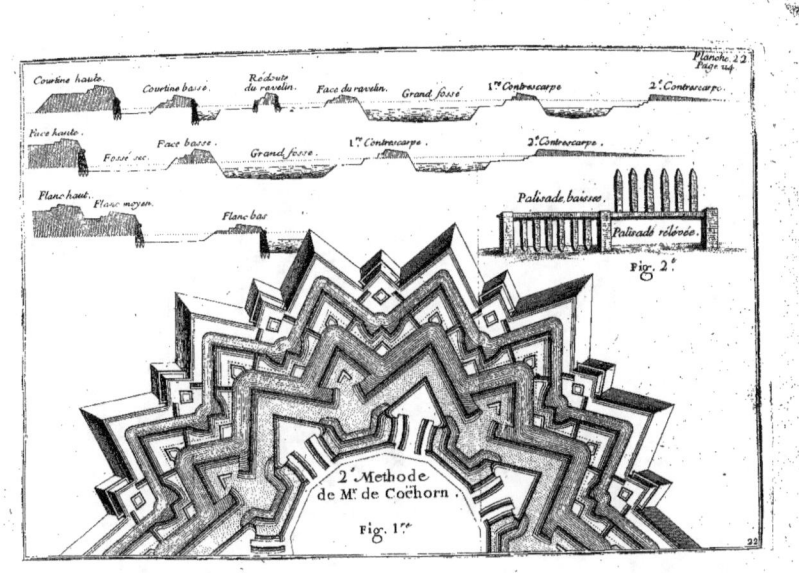

Il faut obferver ici, & dans la méthode fuivante, ce que nous avons dit dans la précédente au fujet des banquettes. Tous les angles faillans font plus hauts d'un ou de deux pieds que cette Table ne les marque : ce que l'Auteur a fait fagement pour éviter l'enfilade.

J'ai mis dans la *Pl. 22*, *Fig. 2*, un deffein des paliffades telles que l'Auteur les ordonne. Elles font attachées à une longue poutre, que l'on met fur deux pieux percés, de telle maniere que la poutre hauffe ou baiffe, comme on veut, les pointes des paliffades. Par ce moyen, le canon ne les incommode jamais, parce qu'elles font baiffées tant qu'il tire, & on les releve quand l'ennemi approche du chemin couvert pour en chaffer les affiégés. Ces paliffades font auffi d'un grand ménage, parce qu'on peut les enfermer dans un magafin en temps de paix, & que quand même on les laifferoit, elles dureroient encore plus long-temps que les autres dont la terre pourrit bientôt le pied.

Ce que nous avons dit du fyftême précédent, fera facilement juger des défauts de celui-ci, qui font beaucoup plus fenfibles; & l'on verra par la conftruction & les profils du troifieme, que fi l'Auteur avoit continué d'imaginer des méthodes, il auroit enfin fallu employer la moitié des habitans d'un royaume, pour la défenfe d'une feule ville. On peut cependant dire, pour fa juftification, que ces défauts, fi confidérables dans une ville foumife à une monarchie, ne le font prefque pas dans celles qui dépendent d'une république, telle que la Hollande pour qui M. de Coëhorn a travaillé. On fçait que ces fortes d'Etats ne faifant prefque jamais la guerre que pour la confervation de leur liberté, mettent auffi tout en ufage plutôt que de s'expofer à la perdre; chaque particulier y contribue de bon cœur aux frais, tant pour ne pas tomber fous la domination d'un étranger, que par l'efpérance de s'élever par-là aux plus hautes charges; & loin d'être obligé de laiffer dans l'intérieur d'une place une grande garnifon pour contenir les habitans, on trouve même dans ces habitans prefque autant de foldats prêts à défendre les dehors, & à difputer le terrain pas à pas, au péril de leur vie. Il eft même bon, dans ces circonftances, d'augmenter le plus qu'on peut les chicanes des dehors, pour fatiguer plus long-temps l'ennemi qui, après avoir perdu beaucoup de monde, n'ofera peut-être pas attaquer le corps de la place, où il eft affuré que les habitans fe voyant dans le danger de perdre leur liberté, feront une défense beaucoup plus opiniâtre que les troupes les plus aguerries. Tout ceci suppose qu'une République soit assez riche & assez peuplée pour se soutenir par elle-même; car si elle avoit besoin des troupes auxiliaires, ces systêmes, à la dépense desquels elle auroit peine à suffire, l'obligeroient outre cela à soldoyer une grande garnison qui l'affameroit infailliblement, pour peu que le siege traînât en longueur, & qui d'ailleurs n'ayant pas la même vigilance que les troupes du pays, l'exposeroit à tout moment au danger des surprises. D'où on peut conclure que si les méthodes de M. de Coëhorn sont avantageuses dans certaines circonstances qu'il envisageoit lorsqu'il les a inventées, elles sont aussi très-défectueuses dans une infinité d'autres, & qu'il est même dangereux de s'en servir toujours en supposant tout ce qu'il suppose, parce que les révolutions de la guerre changeant souvent la face des choses, il peut arriver que ces avantages que l'on en espéroit tirer, deviennent enfin très-préjudiciables.

TROISIEME METHODE DE M. DE COËHORN.

L'Auteur se propose de fortifier par ce troisieme systême un octogone, dont le niveau de la campagne est élevé de cinq pieds au dessus de celui de l'eau.

Le côté intérieur est de 100 toises. Les demi-gorges en ont 21 chacune. La capitale est de 64 toises, *Pl.* 23. A l'extrêmité de cette capitale, on fait de part & d'autre un angle de quarante-deux degrés & demi; ce qui rend l'angle flanqué de 85. Sur les jambes de l'angle flanqué on prend 54 toises pour chaque face, & depuis l'angle de tenaille, en tirant vers l'intérieur du bastion opposé, on prend trente-deux toises pour la moitié de la courtine brisée de la tenaille, qui par conséquent en a 64. Ensuite mettant la pointe du compas sur l'angle flanqué du bastion, on décrit deux arcs, dont l'un passe par l'extrêmité opposée de la grande courtine, & l'autre par l'extrêmité opposée de la courtine brisée. Sur le premier arc on prend trente-six toises pour le flanc haut, & trente pour le flanc de la tenaille ou flanc bas; on les arrondit à la maniere ordinaire, après quoi on décrit l'orillon. Il y a un fossé sec entre les flancs, de même qu'entre les courtines, & l'on met un grand creux plein d'eau à chaque extrêmité des courtines brisées, afin que leur fossé sec n'ait point de communication avec celui des flancs.

Le fossé qui est entre la face du bastion principal, & le bastion détaché, est de 20 toises. Sur l'angle rentrant de ce fossé on prend 38 toises de part & d'autre pour les demi-gorges. On éleve sur le milieu de la courtine une perpendiculaire indéfinie qui passe par cet angle : sur cette perpendiculaire on prend 100 toises en-dehors, à compter depuis l'angle rentrant du fossé; ces 100 toises sont la capitale du bastion détaché. De l'extrêmité de la capitale on tire des lignes à l'extrêmité des demi-gorges opposées des autres bastions détachés, & à 23 toises de ces lignes en-dedans, on en tire d'autres qui leur sont paralleles, & sur lesquelles on prend 31 toises pour chaque face intérieure. On met ensuite la pointe du compas sur l'extrêmité de la capitale opposée du bastion détaché, & de l'autre on décrit un arc qui, passant par l'extrêmité de la face intérieure, va couper la demi-gorge; ce qui donne le flanc haut qui est de 34 toises. Le fossé sec qui est entre les faces hautes & basses, est de 16 toises ; la face basse en a 62 ou 64 de longueur; après quoi on décrit l'orillon, le flanc bas & le reste, comme dans la premiere méthode, si ce n'est que l'orillon est un peu plus long du côté de l'arrondissement, afin qu'il couvre mieux le flanc bas qui aboutit à l'extrêmité des demi-gorges.

Entre les deux flancs hauts on fait une caponniere haute de six pieds, pardessus l'horizon, & couverte de 4 ou 5 pieds de terre contre les feux d'artifice. On y fait tout au tour un fossé sec, large de 4 toises, & profond de 3 pieds au dessous de l'horizon; le bord extérieur de ce fossé est garni d'une galerie, dont la largeur est de 6 pieds, & la hauteur de 7; on la couvre de planches & de terre par où on monte au terre-plein du bastion, qui est élevé de 15 pieds pardessus l'horizon. On fait aussi des galeries au tour de la face basse. L'angle flanqué du bastion détaché est de 90 degrés.

Le grand fossé est parallele aux faces basses, & a 24 toises de largeur; les demi-gorges de la demi-lune ont 28 toises chacune, & les faces en ont chacune 45. Le fossé sec entre les faces hautes & les basses, est de 16. On y fait des caponnieres, des coffres, des galeries, & comme dans la premiere méthode, l'angle flanqué est de 65 degrés.

Enfin on met devant le bastion détaché une contre-garde, dont le fossé est large de 12 toises, & l'on acheve le chemin couvert & le glacis, comme on a fait aux deux plans précédens. Voici la Table des profils.

LE PARFAIT

TABLE
DES PROFILS.

	Hauteur intérieure du parapet par-dessus l'horizon.	Hauteur du revêtement par-dessus l'horizon.	Largeur du parapet au sommet.	Pente du parapet du devant au derriere.	Largeur du terre-plein au sommet.	TALUS.
Face du bastion de la place.	26 pieds.	5 pieds.	24 pieds.	2 pieds.	Le bastion est plein.	Les talus extérieurs & intérieurs suivent les mêmes regles que ceux des deux méthodes précédentes.
Face haute du ravelin.	16 pieds.	7 pieds.	20 pieds.	2 pieds.	15 pieds.	
Face basse du ravelin.	9 pieds.	0	20 pieds.	2 pieds.	5 pieds.	
Chemin couvert.	2 pie. $\frac{1}{2}$	0	16 toises. C'est le glacis.	2 pie. $\frac{1}{2}$ C'est la pente du glacis.	12 toises.	Le revêtement de la tour est de quinze pieds au-dessus de l'horizon, & son parapet qui est de terre, est aussi haut que celui de la face haute. On revêtit aussi sept ou huit toises de la face basse pour garantir la tour; mais ce revêtement est un peu moins haut.
Courtine haute.	22 pieds.	6 pieds.	24 pieds.	2 pieds.	27 pieds.	
Courtine basse.	11 pieds.	0	24 pieds.	1 pied.	7 pieds.	
Face haute du bastion détaché.	21 pieds.	9 pieds.	20 pieds.	2 pieds.	Le bastion est plein.	
Face basse du bastion détaché.	11 pieds.	0	20 pieds.	2 pieds.	5 pieds.	
Contre-garde.	10 pieds.	0	20 pieds.	1 pied.	4 pieds.	
Flanc haut de la place.	22 pieds.	7 pieds.	24 pieds.	2 pieds.	Le bastion est plein.	
Flanc bas de la place.	12 pieds.	0	24 pieds.	2 pieds.	8 pieds.	
Flanc haut du bastion détaché.	19 pieds.	7 pieds.	24 pieds.	2 pieds.	Le bastion est plein.	
Flanc bas.	9 pieds.	0	24 pieds.	2 pieds.	7 pieds.	

J'ai mis chaque piece, dans cette Table, selon l'ordre qu'elles ont dans les desseins de la *Pl.* 23, afin qu'on puisse y jetter les yeux à mesure qu'on lira.

J'ajouterai ici la profondeur des fossés pleins d'eau, dont j'ai oublié de parler. Le fossé entre le bastion capital & le bastion détaché, est profond de 13 pieds à l'escarpe, de 15 vers le milieu, & de 14 à la contrescarpe.

Le fossé, entre le bastion détaché & la contre-garde, est profond de 12 pieds à l'escarpe, de 14 vers le milieu, & de 13 à la contrescarpe.

Le fossé, entre la demi-lune & le chemin couvert, est profond de 8 pieds à l'escarpe, & de 7 à la contrescarpe.

Enfin le fossé, entre la contre-garde & le chemin couvert, est profond de 7 pieds à l'escarpe, & de 5 à la contrescarpe.

ADDITION.

J'étois sur le point de faire imprimer cet Ouvrage, quand on est venu me faire part de la découverte qu'un habile Officier, Lieutenant-Colonel d'infanterie, avoit fait de la maniere dont M. de Coëhorn construit ses revêtemens, en passant par Manheim qui a été bâti sur le projet & les instructions de cet Auteur. Cette maniere, quoique fort simple, est cependant si ingénieuse & si propre à diminuer la dépense, que j'ai cru faire plaisir au public de la lui communiquer. On donne d'ordinaire cinq pieds au sommet des revêtemens, avec un cinquième de talus au dessus des fondations, auxquelles on donne deux, trois, quatre pieds d'épaisseur de plus, & souvent même davantage, selon le terrein. On ajoute à cela des contre-forts espacés de dix-huit en dix-huit pieds, ou de quinze en quinze pieds, dont on a pu voir les dimensions ci-dessus, quand nous avons parlé de la premiere méthode de M. de Vauban. Cette construction qui jette dans une dépense excessive, surtout dans les grandes places, & dans celles où l'on est obligé de faire le fossé fort profond, a cependant paru jusqu'ici si nécessaire pour résister à la poussée des terres du rempart, qu'aucun Ingénieur n'a encore osé s'en éloigner considérablement dans les ouvrages dont il s'est trouvé chargé. M. de Coëhorn avoit à la vérité franchi le pas; mais il nous faisoit, dans son Livre, un si grand mystere de son invention, qu'apparemment son secret seroit mort avec lui, s'il ne l'avoit employé à Manheim, qui est la seule ville où il a fait travailler. Le voilà enfin heureusement découvert : voyons jusqu'où peut aller son utilité. Il ne donne qu'environ trois pieds d'épaisseur au sommet, avec un talus du sixieme de la hauteur, & même moindre, qu'il continue jusqu'au bas du fondement, & ne met point du tout de contre-forts ; mais comme la poussée des terres renverseroit bientôt de si foibles murailles, en dérangeant ou faisant glisser leurs assises de pierre ou de brique, si elles étoient posées horizontalement, comme celles de la *Fig.* A, *Pl.* 23, ce qui s'est toujours pratiqué, il remédie à cet inconvénient en les mettant perpendiculaires au talus, afin que les terres qui poussent de haut en bas sur un angle de quarante-cinq degrés, venant à porter sur la plus haute assise, ne fassent que la presser davantage contre la seconde, au lieu de la déranger, & que la seconde étant pressée contre la suivante, & ainsi de suite jusqu'à la derniere d'en bas, ses revêtemens ne puissent être culbutés, à moins qu'on ne vienne à sapper les fondemens, *voyez la Fig.* B, *Pl.* 23. On ne peut certainement rien imaginer de meilleur pour diminuer les frais que causent ces sortes d'ouvrages ; mais je ne sçais pas si quelques volées de coups de canons ne viendroient pas bientôt à bout de murailles ainsi bâties, & si ce n'est pas dans cette crainte que M. de Coëhorn prend tant de soin de les cacher aux batteries de l'ennemi ; que si c'est là son objet, on peut dire qu'il n'a évité Scylla que pour tomber dans Carybde : car il est évident que la construction de ses revêtemens, jointe à celle des ouvrages de terre dont il les couvre, & à leur entretien, doit à la fin coûter beaucoup plus que ceux qui sont faits selon la maniere ordinaire. Quoi qu'il en soit, son invention me paroît admirable pour les murailles qui n'ont à résister qu'à la poussée des terres, & je crois qu'on doit en pareil cas s'en servir préférablement à tout autre, surtout après l'expérience qu'en a fait ce Lieutenant-Colonel à S. Martin de Ré, où il a eu le plaisir de voir qu'un revêtement qu'il avoit fait faire de cette façon, s'est beaucoup mieux soutenu que les autres, quoiqu'on en eût serré les assises avec des crampons de fer.

METHODE DE SCHEITEER.

J'avois résolu de finir ici ce Chapitre, que je crois plus que suffisant pour faire voir les avantages que les fortifications de

M.

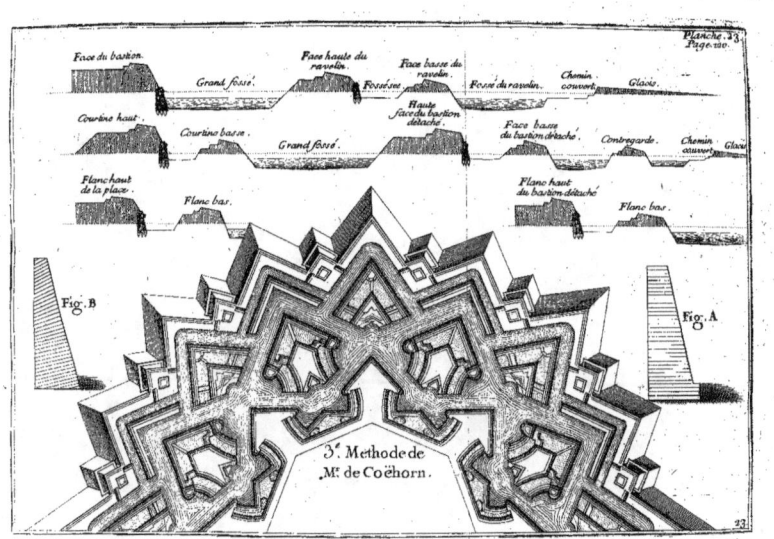

M. de Vauban ont fur toutes les autres qu'on a imaginées jufqu'aujourd'hui ; mais ayant trouvé dans un vieux Livre qui m'eft tombé par hazard entre les mains, la méthode du célebre Scheitéer, Auteur Allemand, j'ai cru devoir la rapporter, afin qu'on juge fi Sturmius a eu raifon d'avancer auffi hardiment qu'il l'a fait dans fon Livre, que M. de Vauban doit à cet Auteur l'invention de Neuf-Brifach.

Scheitéer établit trois fortes de fortifications, la grande, la moyenne, & la petite. Le côté extérieur de la grande eft de 200 toifes, celui de la moyenne eft de 180, & celui de la petite eft de 160. La ligne de défenfe, dans la grande, a 140 toifes de longueur ; dans la moyenne 130, & dans la petite 120. Cette ligne eft toujours rafante ; toutes les autres lignes font fixées à une même grandeur dans tous les polygones, pour la conftruction defquels il fuffit de connoître le côté extérieur, la capitale ou l'angle flanqué, pour achever facilement tout le refte, comme nous ferons voir après que nous aurons donné la Table fuivante, qui marque les angles flanqués, & les capitales qu'il faut donner à chaque polygone dans ces trois fortes de fortifications.

TABLE
DES CAPITALES ET DES ANGLES FLANQUÉ'S.

POLYGONES.	IV.	V.	VI.	VII.	VIII.	IX.	X.	XI.	XII.
Angles flanqués dans les trois Fortifications.	64 degrés.	76	84	90	95	97	99	101	103
Capitale de la grande.	46 toifes.	49	51	52	53	$54\frac{1}{2}$	$56\frac{1}{2}$	58	59
Capitale de la moyenne.	42	$44\frac{1}{2}$	$46\frac{1}{2}$	$48\frac{1}{2}$	50	51	$52\frac{1}{2}$	54	55
Capitale de la petite.	39	$41\frac{1}{2}$	$42\frac{1}{2}$	45	46	$47\frac{1}{2}$	$48\frac{1}{2}$	50	$50\frac{1}{2}$

On peut commencer la conftruction ou par l'angle flanqué, ou par la capitale. Nous la commencerons ici par la capitale,

Q

après quoi nous dirons comment on peut y parvenir par l'angle flanqué, *Fig.* 2, *Pl.* 24.

Supposons donc que nous ayons un octogone à fortifier selon la grande fortification, c'est-à-dire dont le côté extérieur AB soit de 200 toises : prenez sur les rayons les capitales AC, BD de 46 toises, comme la Table le marque, & tirez le côté intérieur CD; après quoi, prenez avec le compas 140 toises pour la ligne de défense, & portant une pointe sur l'angle flanqué A, décrivez avec l'autre un arc qui coupera le côté intérieur au point E. Portez aussi la pointe sur l'angle flanqué B, & décrivez un arc qui coupera le côté intérieur au point F; ce qui vous donnera les deux lignes de défense AE, BF. Sur ces lignes élevez les flancs perpendiculaires EL, FI, qui, rencontrant les lignes de défense opposées, détermineront les faces de la contre-garde.

Prolongez les lignes de défense vers les capitales, & prenez-y les parties EH, FP, de seize toises, & ayant divisé ces lignes en deux également, tirez les flancs hauts parallèles aux flancs bas, comme la *Fig.* 2 le fait voir. Faites la même chose sur les autres côtés; & prenant ensuite la distance PQ avec le compas, dont vous laisserez une pointe en P, décrivez avec l'autre un arc qui coupe la capitale au point N, d'où vous tirerez les lignes QN, PN, & la contre-garde sera achevée.

Décrivez autour de la contre-garde du côté de la place, un fossé large de 18 toises, qui vous donnera le redan RST; & comme l'escarpe de ce fossé feroit un angle saillant vers le milieu de la courtine entre les deux contre-gardes, l'Auteur, pour y remédier, y construit un bastion que vous décrirez ainsi :

Du point 3, où les lignes de défense se rencontrent, abaissez une perpendiculaire 3, 4, sur le côté intérieur, & portez sur ce côté, de part & d'autre, la grandeur 4, 3, de 4 en 5, & de 4 en 6. Tirez les faces 3, 5; 3, 6 : & tirez les flancs 5, 2; 6, 7, parallèles à la perpendiculaire 4, 3, jusqu'à ce qu'ils rencontrent l'escarpe du fossé; faisant la même chose de tous les côtés, on aura le contour de la place intérieure, dont l'angle flanqué, comme on voit, se trouve au milieu du côté du polygone.

Pour le grand fossé, prolongez la face de la contre-garde jusqu'à 20 toises, depuis A jusqu'en X, & tirez la ligne XL à l'angle d'épaule opposé.

Sur l'angle rentrant de la contrescarpe, faites une grande redoute, telle que vous la voyez dans la *Fig.* 3, *Pl.* 24, où les lignes AB, BC, marquent l'angle rentrant. Sa conſtruction ſe fait en élevant du milieu du côté intérieur, une perpendiculaire indéfinie, qui paſſe par l'angle rentrant B, & le coupe en deux également. Prenez enſuite ſur cette ligne la partie BE de ſeize toiſes; du point E portez ſix toiſes en dedans juſqu'en F, & ſur le point F élevez la perpendiculaire LFI, ſur laquelle vous porterez la grandeur FE de F en L, & de F en I de part & d'autre; après quoi vous tirerez les deux faces LE, EI. Faites FH égale à FE, tirez une autre perpendiculaire MHN égale à LI, & tirez les deux faces intérieures MB, NB, & les deux flancs ML, NI, après quoi vous décrirez un foſſé de ſix toiſes.

Cela étant fait, il n'y a plus qu'à ajouter des fauſſes braies autour de la contre-garde & de la place intérieure, excepté devant les faces des baſtions, & tracer deux chemins couverts & deux glacis, comme on voit dans la *Fig.* 1, *Pl.* 24.

Si on vouloit commencer la conſtruction par l'angle flanqué, on fait à l'extrêmité A du rayon l'angle CAH de 47 degrés ½, parce que la Table montre que l'angle flanqué de l'octogone eſt de 95 degrés, *Fig.* 2, *Pl.* 24. Enſuite on prendroit ſur la ligne AH la ligne de défenſe AE longue de 140 toiſes, & du point E on tireroit le côté intérieur DEC parallele à l'extérieur; après quoi le reſte s'acheveroit comme ci-deſſus.

Telle eſt cette méthode que M. de Vauban a copié en fortifiant Neuf-Briſach, ſi l'on en croit Sturmius, quoiqu'il n'y ait qu'à jetter les yeux ſur les conſtructions de ces deux Auteurs, pour y trouver une différence totale. On voit ici un double glacis & double chemin couvert, qui n'eſt certainement pas un trop bon ouvrage, tant à cauſe du grand nombre de ſoldats qu'il faut y employer pour le garder, qu'à cauſe de l'enfilade qu'on n'y évite pas facilement; une redoute ſur l'angle rentrant, aſſez grande pour donner priſe à la bombe, & trop petite pour une bonne défenſe; une fauſſe braie autour des contre-gardes qui, outre les inconvéniens ordinaires de ces ouvrages, donne encore à l'ennemi la facilité de monter à la breche; ſur la piece la plus importante de cette conſtruction, un baſtion intérieur qui ne ſemble montrer ſes deux faces que pour convier l'aſſiégeant à les détruire, & qui ne tire ſa défenſe intérieure que d'un foible redan, dont l'angle flanqué n'eſt que de ſoixante degrés; enfin des fauſſes braies autour de la place, d'autant plus dangereuſes, qu'elles ſeront dominées par l'ennemi, dès qu'il se fera rendu maître de la contre-garde. Quel rapport toutes ces pieces ont-elles donc avec celles de Neuf-Brifach ? une courtine rentrante qui fournit aux affiégés deux nouveaux flancs, & devant laquelle eft une bonne tenaille, peut-elle reffembler à une courtine qui fort jufqu'à former un baftion ? Peut-on fe méprendre aifément entre un redan & une tour baftionnée, entre une petite redoute & une triple demi-lune, enfin entre une fauffe braie qui fert, pour ainfi dire, de degrés pour monter fur l'ouvrage qui en eft environné, & un foffé fort profond, que M. de Vauban met devant fa contre-garde pour la rendre de plus difficile accès ? Il eft vrai qu'il y a ici, de part & d'autre, une grande contre-garde, & une place intérieure ; mais fi cela fuffit pour dire que l'une de ces fortifications eft la copie de l'autre, pourquoi Sturmius n'a-t'il pas plutôt fait tomber fa comparaifon fur le fyftême de M. de Pagan, dont la contre-garde a des flancs bas comme celle-ci, & dont la courtine brifée reffemble fi fort aux deux faces de ce baftion intérieur. Il connoiffoit certainement cet Auteur, puifqu'il en parle lui-même dans fon Livre ; & fi la gloire d'attaquer un ouvrage dont la réputation eft fort diminuée, eût été moindre que celle qu'il s'eft propofé en s'en prenant à M. de Vauban, du moins fon parallele en auroit été plus raifonnable. Suppofons cependant avec lui, que Monfieur de Vauban ait en effet pillé Scheitéer : que s'enfuivra-t'il ? finon que ce grand homme a trouvé le fecret de rendre bon ce qui étoit mauvais ; au lieu que Sturmius a défiguré & affoibli M. de Coëhorn, comme nous allons voir dans le deffein qu'il nous a donné fur la fin de fon Livre.

METHODE DE STURMIUS.

L'Auteur ne donne ni fa conftruction, ni fes profils, parce qu'il veut, dit-il, éprouver jufqu'à quel point on peut être fon juge, & j'aurois pu mettre ici fimplement fon deffein, fans entrer dans un plus grand détail, fi je n'avois cru faire plaifir à ceux de mes Lecteurs qui feront bien aife de connoître plus particuliérement chaque piece de cette fortification. Voici donc comme il conftruit, fuppofé que le plan qu'il donne dans fon Livre foit jufte, comme il doit l'être, puifqu'il veut que ce foit par-là qu'on en juge.

Son polygone eft un dodécagone dont le côté extérieur eft de

160 toises, c'est-à-dire égal à celui de la petite fortification de M. de Vauban, qu'il prétend renforcer par ce syftême, *Fig. 4, Pl. 24*. La perpendiculaire qu'il tire sur le milieu du côté extérieur, & par l'extrêmité de laquelle il fait passer ses deux lignes de défense, est de 34 toises; les lignes de défense en ont 126 chacune, & la courtine que ces lignes déterminent est de 76. Ses faces ont trente-cinq toises, & ses flancs droits en ont tout autant; après quoi il prend le tiers des flancs pour l'épaisseur de l'orillon, dont la retraite est alignée à l'angle du bastion opposé, & après avoir prolongé les faces d'environ dix toises, & donné quatre toises de saillie en dehors à la ligne de retraite, il décrit l'arrondissement de l'orillon à la maniere ordinaire, de même que celui des flancs.

Entre l'orillon & la tenaille est un petit fossé de trois ou quatre toises. Les faces de la tenaille sont sur l'alignement des lignes de défense, & ont dix toises. Les flancs se trouvent en mettant la pointe du compas sur l'angle flanqué, & décrivant avec l'autre un arc qui passe par l'extrêmité de la face de la tenaille, jusqu'à ce qu'il rencontre l'autre ligne de défense : ce qui détermine les flancs & la courtine.

Devant les faces du bastion est un fossé sec de sept toises de largeur, & ensuite une fausse braie beaucoup plus large à l'angle flanqué qu'à l'angle d'épaule. Pour la décrire, on prolonge la capitale du bastion en dehors, jusqu'à 37 toises, & l'on tire des lignes aux extrêmités des courtines opposées; après quoi on met la pointe du compas sur l'angle flanqué opposé, & on décrit un arc qui passe par l'angle d'épaule, & qui fixe la longueur des faces de la tenaille à l'endroit où elle coupe les lignes tirées à l'extrêmité des courtines : il y a deux caponnieres dans cette fausse braie, comme on peut le voir dans la Figure. Les faces de la fausse braie sont arrondies en dedans, & l'on met une tour maçonnée d'environ sept toises de diametre, vis-à-vis l'extrêmité de chaque face de la fausse braie, dont elle est séparée par un fossé d'environ trois ou quatre toises : il y a une communication de la tenaille au revers de l'orillon, & de l'orillon à la tour.

Le fossé est large de vingt toises; les demi-gorges de la demi-lune en ont trente chacune, & les faces trente-huit. Autour de ces faces est un fossé sec, large de sept toises, & ensuite un glacis plus large vers l'angle flanqué que vers l'extrêmité des faces. Pour le décrire, on prolonge les demi-gorges de la demi-lune, jufqu'à vingt toifes, & la capitale jufqu'à quarante-fix ou à cinquante. Le foffé, devant ce glacis, eft de dix ou douze toifes; le chemin couvert, les traverfes, & le grand glacis, s'achevent à la maniere ordinaire. L'Auteur ajoute dans le baftion un cavalier qui fe décrit en prenant fur la capitale quinze toifes, depuis le point où les demi-gorges fe rencontrent. De ce point on décrit un arc qui paffe par l'extrêmité de ces quinze toifes, & fur lequel on porte dix toifes de chaque côté; ce qui donne la face du cavalier: les flancs font paralleles aux flancs du baftion, & ont vingt toifes de longueur.

On découvre facilement, à travers le mafque de ce fyftême, les trois flancs de M. de Coëhorn, fon orillon ou tour de pierre, fes foffés fecs devant les faces, & fes caponnieres, pour prendre l'ennemi de revers; mais on y voit auffi que toutes ces parties ont perdu beaucoup de leur force en paffant par d'autres mains, & que M. de Coëhorn n'a pas été fi heureux en copifte que l'a été Scheitéer. Quelle différence en effet, entre cette petite tour incapable d'une grande défenfe, & le grand orillon que ce fameux Hollandois met dans fon premier fyftême; entre cette fauffe braie, qui, quoique garantie par le foin qu'il a pris d'en relever l'angle flanqué, n'eft cependant jamais qu'une fauffe braie qui donne du terrein à l'ennemi, & les faces baffes de M. de Coëhorn, où l'ennemi ne fçauroit fe loger; enfin entre un grand glacis mis mal à propos devant une demi-lune, pour faciliter à l'affiégeant le moyen de fe retrancher, & les chicanes ingénieufes que nous avons vues dans les ravelins de l'Auteur qu'il veut copier. On voit affez que Sturmius n'a pas mieux réuffi à renforcer la premiere méthode de M. de Vauban, qu'il n'avoit fait à renforcer Neuf-Brifach, comme nous avons déja vu, & qu'on pourroit lui dire à jufte titre: Pauvre Grenouille, ne t'enfles pas tant.

REMARQUE.

Nous venons de voir que de toutes les méthodes qui ont été rapportées dans ce chapitre, il n'en eft point qui approchent davantage du but de la fortification, que celle de Neuf-Brifach. La dépenfe n'en eft point exceffive, & il ne faudroit qu'une garnifon médiocre & bien conduite, pour en faire payer cher l'acquifition à une puiffante armée qui voudroit l'attaquer;

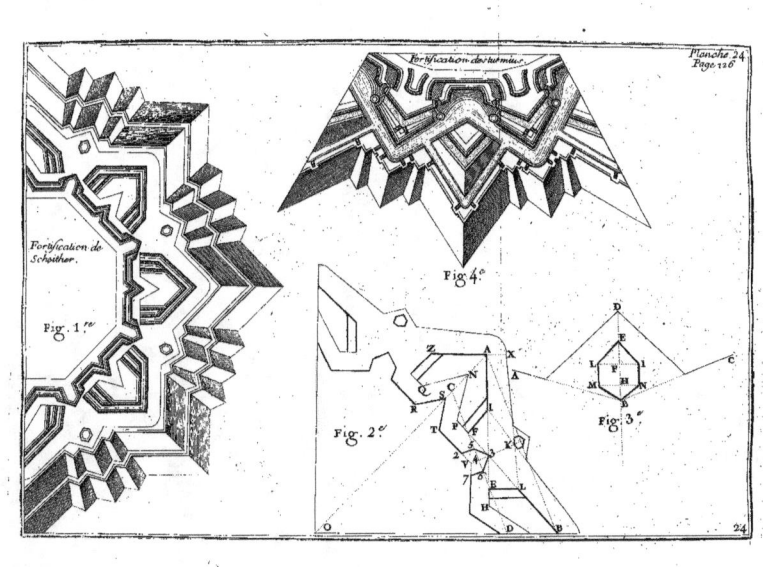

cependant comme l'usage, l'application & le travail font acquérir tous les jours de nouvelles lumieres, je ne doute point que M. de Vauban ne l'eût perfectionnée, si ses grandes occupations lui en eussent laissé le temps & le loisir. Ce n'est pas que je m'imagine qu'il y eût ajouté de nouvelles enceintes, ou de nouveaux dehors, l'un & l'autre auroient exigé une dépense plus grande, & une garnison plus nombreuse, & l'on voit bien que c'est ce qu'il vouloit éviter. Qu'il me soit donc permis de conjecturer ce qu'il auroit fait, ou ce qu'il auroit pu faire, s'il eût entrepris d'y mettre la derniere main. Il paroît, par la construction de Neuf-Brisach, que ce grand homme avoit deux objets principaux en vue, l'un d'empêcher que les batteries de l'ennemi ne détruisissent les défenses de la place, avant même qu'il fût parvenu sur le glacis, & l'autre d'avoir toujours des flancs considérables, capables de faire face aux batteries que l'assiégeant a coutume de leur opposer sur les angles saillans de la contrescarpe: or il est visible qu'il auroit mieux réussi, par rapport au premier, s'il avoit fait ensorte qu'on n'eût pu voir de la campagne que le sommet des parapets de la ville; & il est vrai qu'en agissant ainsi, les canons que l'on tire ordinairement par les embrasures, n'auroient pu empêcher l'ennemi d'approcher impunément jusqu'au glacis; mais on auroit pu y suppléer abondamment par des batteries à barbettes, établies sur toutes les défenses, & qu'on auroit pu aisément cacher à l'assiégeant à la faveur des gazons qui croissent ordinairement sur le sommet des parapets. Ces sortes de batteries qu'on peut transporter tantôt d'un côté, tantôt d'un autre, sans que l'ennemi s'en apperçoive, fatiguent extrêmement l'assiégeant, & ne sçauroient nuire à l'assiégé, puisqu'il n'a qu'à les transporter ailleurs, dès que l'ennemi dirige son feu de ce côté.

Quant au second chef, il me semble qu'il n'y avoit qu'à faire les flancs des contre-gardes beaucoup plus grands que M. de Vauban ne les a faits, & à ne donner aux fossés que la même largeur aux angles saillans, en alignant la contrescarpe aux angles d'épaule. Par-là, ce fossé seroit devenu beaucoup plus large vers l'angle rentrant que vers l'angle saillant, & par conséquent l'ennemi n'auroit pu opposer aux batteries du flanc, que des batteries qui leur auroient été beaucoup inférieures, à moins qu'il n'eût abattu des terreins immenses sur le glacis; ce qui n'est pas aisé à faire en présence d'une place qui subsiste encore toute entiere, & dont les défenses n'ont point été encore entamées. Ce que je dis des flancs des contre-gardes, je le dis à plus forte raison des flancs des tours baftionnées, & des courtines brisées ; car il eft bien évident que, puifqu'après la prife des contre-gardes, la ville refte encore dans fon entier, & que l'ennemi ne peut monter du canon fur ces contre-gardes qu'avec des travaux immenfes, on pourroit l'arrêter bien davantage, fi on lui oppofoit alors, non pas un canon ou deux, mais fept ou huit par chaque flanc. Au refte ce ne font ici que des conjectures, & je les foumets au jugement des perfonnes habiles, qui font chargées de ces fortes d'ouvrages.

CHAPITRE VIII.

De la Fortification irréguliere, & de la Conftruction des Citadelles & des Réduits.

Tout ce que nous avons dit jufqu'ici, regarde la fortification réguliere, que l'on ne peut employer que dans les nouvelles places où le terrein permet de s'étendre également, ou dans les anciennes, lorfque les environs donnant toute liberté, on n'eft pas obligé d'ailleurs d'entreprendre des dépenfes exceffives pour les rendre régulieres. Mais, comme on ne bâtit que rarement des nouvelles villes, que dans celles même qu'on bâtit felon les befoins d'un Etat, on ne trouve pas toujours une fituation heureufe, qui permette de faire tout ce qu'on veut, & qu'au contraire on eft prefque tous les jours obligé de fortifier des anciennes, dont la figure eft fouvent fi bifarre, qu'il faudroit s'engager dans des frais immenfes pour la corriger, il eft bon de fçavoir comment il faut fe comporter dans ces fortes d'occafions, & c'eft la fortification irréguliere qui en donne les regles.

Une place peut être irréguliere, ou feulement dans fa figure, dont les angles ne font pas tous également éloignés du centre, quoiqu'ils foient tous capables d'un bon baftion, & que les lignes foient d'une grandeur raifonnable, ou dans fa figure & fes angles, dont quelques-uns font trop aigus, & quelques autres rentrans,

ou

ou dans fa figure & fes côtés, qui font, les uns trop longs, & les autres trop courts ; ou enfin dans fa figure, fes côtés, & fes angles tout à la fois. Il fuffit de fçavoir corriger les trois premieres fortes d'irrégularité, pour n'être pas embarraffé dans la quatrieme qui n'en eft qu'une fuite. C'eft pourquoi nous ne parlerons que de celles-là ; & comme elles peuvent provenir, ou du voifinage d'une riviere, ou de l'entrée d'un port, ou de quelques rochers efcarpés, au-delà defquels on ne fçauroit s'avancer, nous expliquerons en détail les regles qu'il faut employer dans ces fortes de circonftances.

Il faut réduire, autant qu'on peut, les places irrégulieres dans la régularité, parce que leur force en devient égale partout : mais fi on ne le peut pas abfolument, il faut du moins obferver les maximes principales de la fortification réguliere, qui font que toutes les parties foient bien flanquées ; que les angles des baftions ne foient pas au deffous de 60 degrés ; que la défenfe foit proportionnée, autant qu'on peut, à la portée du moufquet, ou du moins qu'on remédie à ce défaut par quelques dehors ; & enfin qu'on diftribue la force partout également, autant que l'irrégularité peut le permettre. En quoi il faut pourtant prendre garde de ne pas faire comme quelques perfonnes qui, fous prétexte qu'un côté fe trouve plus foible, diminuent la force de tous les autres, pour les mettre au même degré de réfiftance ; ce qui s'appelle affoiblir tout le corps pour une petite partie, à laquelle on pourroit remédier facilement par quelques dehors.

Rendre réguliere une Place irréguliere, lorfqu'on le peut.

Suppofé que nous ayons à rendre régulier le pentagone irrégulier ABCDE, dont le plus grand côté CD eft de 200 toifes, *Fig.* 1, *Pl.* 25. Il faut d'abord faire paffer un cercle par les trois angles les plus éloignés les uns des autres, comme font ici les angles A, C, & D ; ce qui fe fait en joignant ces angles par des lignes droites AC, CD, fur le milieu defquels on éleve des perpendiculaires qu'on prolonge jufqu'à ce qu'elles fe coupent en un point M : après quoi, mettant une pointe du compas fur le point M pris pour centre, on mettra l'autre fur le point A, & l'on décrira un cercle qui paffera par les deux autres points C, D. Ce cercle étant ainfi trouvé, on fait une échelle fur le plus grand côté CD de la Figure donnée ; & après avoir divifé ce côté en autant de parties qu'il renferme de toises, c'est-à-dire en 200, on en prend, avec le compas, 180 que l'on porte sur la circonférence du cercle autant de fois qu'il peut y aller. S'il y entre précisément un certain nombre de fois sans reste, comme, par exemple, six ou sept fois, on aura un polygone régulier de six ou sept côtés, que l'on fortifiera à la maniere de M. de Vauban. Mais si, après avoir porté les 180 toises autant de fois qu'on a pu sur la circonférence, on trouvoit un petit reste, il faudroit, au lieu de 180, en prendre 185, & recommencer l'opération; & s'il restoit encore quelque chose, il faudroit augmenter jusqu'à ce qu'on ne trouvât plus de petit reste. C'est de cette maniere que nous avons décrit le pentagone régulier AILOP, dont les côtés ont 190 toises chacun.

Nota. Qu'au lieu de ce pentagone, on auroit pu, en diminuant les 180 toises, au lieu de les augmenter, avoir un hexagone ARSTVX, dont les côtés auroient eu 160 toises. Mais comme, pour avoir cet hexagone, il auroit fallu retrancher davantage de 180 toises, qui est la longueur du côté extérieur, selon M. de Vauban, qu'il n'a fallu ajouter pour avoir le côté du pentagone, nous avons choisi celui-ci préférablement à l'autre : ce que l'on doit toujours observer dans ces occasions, pour s'éloigner le moins qu'on peut de la regle.

Le Chevalier de S. Julien se sert d'une autre méthode que nous rapporterons ici, *Fig.* 2 *&* 3, *Pl.* 25. Il distingue deux sortes de places irrégulieres ; les unes qui peuvent être facilement enfermées dans un cercle, & les autres qu'on ne peut renfermer dans un cercle à cause de leur longueur.

Pour les premieres, il décrit sur leur figure ABCDEFG, un quarré HILM, *Fig.* 2, *Pl.* 25, par lequel il gagne à peu près autant de terrein qu'il en perd; & après avoir tiré les deux diagonales HL, MI, il pose une pointe du compas sur le point N, où elles se coupent, & décrit un cercle autour du quarré, & acheve le reste comme ci-dessus.

Pour les places longues, il décrit sur leur figure ABCDEFGHI un parallélogramme LMNO, observant toujours de gagner à peu près autant de terrein d'un côté, qu'il peut en perdre de l'autre, *Fig.* 3, *Pl.* 25, ensuite sur le long côté NL, il fait un triangle isoscele L8N à discrétion, & du sommet 8 il décrit l'arc NXVL, & fait la même chose sur l'autre long côté MO ; ce qui lui donne l'autre arc ORM. Après quoi il décrit sur le petit côté LM le triangle ifofcele L7M à difcrétion, & faifant la même chofe fur l'autre petit côté NO, il décrit du fommet de ces triangles les arcs LTM, NPO, qui, fe joignant avec les premiers, forment une ovale fur laquelle il acheve le refte, comme nous avons dit.

On peut fe fervir de fa méthode pour les places qui approchent du quarré; mais pour les ovales nous donnerons bientôt une maniere de les décrire, qui me paroît beaucoup plus jufte.

Trouver les côtés extérieurs d'une Place, dont on n'a que les côtés intérieurs.

Dans l'article précédent nous avons fuppofé que les côtés du pentagone irrégulier que nous avons rendu régulier, étoient les côtés extérieurs, en dedans defquels on pouvoit conftruire les baftions fans diminuer la grandeur de la place. Mais comme on n'a pas toujours ces côtés extérieurs, & que les plans des anciennes villes que l'on veut fortifier de nouveau, repréfentent leur enceinte fur laquelle il faut mettre les baftions en dehors, pour ne pas diminuer le terrain du dedans, on pourroit fe trouver fouvent embarraffé d'appliquer à ces places la méthode de M. de Vauban, qui commence toujours par le côté extérieur. C'eft pourquoi j'ai calculé une Table, par le moyen de laquelle ayant un côté intérieur quelconque, on peut trouver facilement le côté extérieur qui lui correfpond. Je fçais qu'il y a des perfonnes qui fortifient, dans ces occafions, du dedans en dehors, par le moyen des demi-gorges des flancs & de leurs angles, à qui ils donnent les mêmes dimenfions que M. de Vauban leur a données: mais cette maxime eft fujette à des défauts dont je me flatte que la mienne eft exempte, comme je le ferai voir en les appliquant toutes deux fur une même Figure.

LE PARFAIT

TABLE

POUR TROUVER LES CÔTÉS EXTÉRIEURS
D'UNE PLACE, DONT ON A LES CÔTÉS INTÉRIEURS.

POUR LE QUARRÉ.			POUR LE PENTAGONE.			POUR L'EXAGONE.		
Côté intérieur.	Distance des polygones.	Côté extérieur.	Côté intérieur.	Distance des polygones.	Côté extérieur.	Côté intérieur.	Distance des polygones.	Côté extérieur.
toises.								
129	38	200	140	40	200	145	48	200
124	36	192	135	39	193	140	46	193
119	35	184	130	37	186	135	45	186
114	33	176	125	36	179	130	43	179
109	32	168	120	35	172	125	41	173
104	31	160	115	34	164	120	40	165
			110	33	157	115	38	158
Angle du polygone.	90 degrés.		Angle du polygone.	108		Angle du polygone.	120	

POUR L'EPTAGONE.			POUR L'OCTOGONE.			POUR L'ENNEAGONE.		
Côté intérieur.	Distance des polygones.	Côté extérieur.	Côté intérieur.	Distance des polygones.	Côté extérieur.	Côté intérieur.	Distance des polygones.	Côté extérieur.
158	46	161	200	51	200	167	50	200
153	45	194	156	49	194	162	48	194
148	43	188	151	47	188	157	47	188
143	42	181	146	46	182	152	45	182
138	40	175	141	45	175	147	44	176
133	39	169	136	43	169	142	42	170
128	37	162	131	42	163	137	41	164
123	35	156	126	41	157	132	39	158
Angle du polygone.	129		Angle du polygone.	135		Angle du polygone.	140	

POUR LE DÉCAGONE.			POUR L'ONDÉCAGONE.			POUR LE DODÉCAGONE.		
Côté intérieur.	Distance des polygones.	Côté extérieur.	Côté intérieur.	Distance des polygones.	Côté extérieur.	Côté intérieur.	Distance des polygones.	Côté extérieur.
170	49	200	170	50	200	176	47	200
165	47	194	165	48	194	171	45	195
160	45	188	160	47	188	166	43	189
155	44	182	155	45	182	161	42	183
150	43	176	150	44	176	156	41	177
145	41	170	145	43	170	151	40	172
140	40	164	140	41	164	146	38	166
135	38	158	135	40	158	141	37	160
Angle du polygone.	144		Angle du polygone.	148		Angle du polygone.	150	

La premiere colonne de cette Table marque les différens côtés intérieurs que l'on peut avoir. La seconde, que j'appelle distance des polygones, marque la longueur d'une ligne perpendiculaire que l'on tireroit du milieu du côté intérieur sur le milieu de l'extérieur. Enfin la troisieme marque les côtés extérieurs correspondans aux intérieurs.

Comme les côtés extérieurs ne sont réguliers, selon la méthode de M. de Vauban, que depuis 200 jusqu'à 160 toises, je n'ai marqué dans cette Table que les côtés intérieurs qui leur sont proportionnés : mais si on vouloit trouver le côté extérieur qui correspondroit à un côté intérieur, plus grand ou plus petit que ceux qui sont dans la Table, on en viendroit facilement à bout en faisant une regle de trois en cette maniere. Supposé, par exemple, que l'on voulût le côté extérieur qui répond au côté intérieur 166 d'un octogone, on prendroit dans la Table le plus grand côté intérieur 161, & l'extérieur 200 qui lui répond, & l'on diroit si 161 demande 200, combien 166; & la regle donneroit 206 pour le côté extérieur. On feroit la même chose pour trouver la perpendiculaire, en disant si 161 demande 51, combien 166, & la regle donneroit environ 53.

Les côtés intérieurs se surpassent les uns & les autres de cinq toises, & l'on n'a par conséquent que les perpendiculaires & les côtés extérieurs qui leur répondent ; mais si on vouloit avoir la perpendiculaire & le côté extérieur qui répondent à un côté intérieur qui seroit, par exemple, pour l'octogone 158, entre 161 & 156, on feroit de même une regle de trois, en disant si 161 demandent 200, combien 158, &c. On pourroit même, si on vouloit, se passer de faire ces regles ; car le côté intérieur 158 étant entre 161 & 156, dont les côtés extérieurs sont 200 & 194, on pourroit prendre un nombre moyen entre ces deux derniers, plus près de 164 que de 200, parce que 158 est plus près de 156 que de 161, & ce nombre pourroit être 196. De même comme la perpendiculaire de 156 est 49, & celle de 161 est 51, on pourroit prendre la perpendiculaire de 158, 49 toises, & 4 ou 5 pieds. Ce que je dis ici pourroit aussi se pratiquer quand on voudra trouver un côté extérieur qui répond à un côté intérieur plus grand ou plus petit que ceux qui sont dans la Table. Car supposé, par exemple, que l'on voulût le côté extérieur qui répond au côté intérieur 171 d'un octogone, on examineroit dans la Table de combien augmentent les côtés extérieurs, à mesure que les intérieurs augmentent de 5, & ayant trouvé que ces côtés augmentent de six toises, on donneroit au côté extérieur de 171, douze toises de plus que n'a le côté extérieur de 161, qui est le plus grand qui soit dans la Table, parce que 171 surpasse 161 de 10, & qu'à mesure que les intérieurs augmentent de 5, les extérieurs augmentent de 6; ce qui donne 12 lorsqu'un intérieur est plus grand que l'autre de 10. On voit facilement, sans que je m'étende davantage, ce qu'il faudroit faire pour trouver les côtés extérieurs qui répondent aux côtés intérieurs plus petits que ceux qui sont marqués dans la Table, & de quelle maniere on pourroit trouver leur perpendiculaire. Il est vrai qu'en en usant ainsi, on ne trouveroit pas les côtés extérieurs & les perpendiculaires aussi justes qu'en faisant des regles de trois; mais il ne s'agit pas, dans les fortifications, d'une exactitude géométrique, & pourvu que chaque partie soit bien défendue, une, deux, ou trois toises de plus ou de moins ne doivent jamais nous arrêter. C'est pourquoi j'ai même négligé les fractions que j'ai trouvé en calculant cette Table, à laquelle je ne voudrois pas qu'on s'arrêtât si scrupuleusement, qu'on n'ajoutât, ni qu'on ne diminuât quelque chose toutes les fois que la défense pourroit en devenir meilleure. Mais venons à l'usage.

Supposons que nous ayons à fortifier une place dont on nous donne les côtés intérieurs AB, BC, CD, DE, EF, FG, GA, je commence par le plus grand côté AB qui est de 158 toises, *Fig. 4, Pl. 25*. J'examine les angles A & B, qu'il fait de côté & d'autre, & je trouve que le plus grand B est de 150 degrés, & par conséquent appartient au dodécagone, comme on peut le voir dans la Table précédente, où j'ai marqué les angles des polygones. Je prends donc dans cette Table, la grandeur de la perpendiculaire qui répond au côté intérieur 158 du dodécagone, & comme je n'y trouve que les côtés intérieurs 156 & 161, entre lesquels est 158, je prends les perpendiculaires de ces deux côtés, qui sont 40 & 41, & je donne quelque chose à la petite 40, ensorte que la perpendiculaire que j'aurai par cette augmentation, soit plus proche de 40 que de 41, comme 158 est plus proche de 156 que de 161. Je donne donc environ deux pieds, ce qui me donnera 40 toises 2 pieds pour ma perpendiculaire; j'éleve cette perpendiculaire sur le milieu, du côté intérieur AB, & je tire par son extrêmité une ligne indéfinie parallele au côté intérieur. Cela fait, je passe au côté BC, qui est de 153, & ayant trouvé que l'angle qu'il fait en C avec le côté CD, est de 129 degrés, qui est l'angle de l'eptagone ; je cherche dans la Table la perpendiculaire qui répond au côté intérieur 153 de l'eptagone : cette perpendiculaire est de 45 toises, c'est pourquoi je l'éleve sur le milieu du côté BC, ou même sans l'élever, je tire à la distance de 45 toises en dehors une ligne indéfinie, & parallele au côté intérieur. Je fais la même chose sur les autres côtés, & je trouve à la fin, que toutes ces lignes indéfinies se déterminent les unes & les autres par leur rencontre, en me donnant les côtés extérieurs.

Il faut observer de commencer par le plus grand côté, & de choisir le plus grand des deux angles qu'il fait avec les deux autres côtés, pour déterminer par-là sa perpendiculaire, comme nous avons fait ; après quoi il faut passer au côté qui fait l'angle, que vous avez choisi, & prendre toujours, pour déterminer sa perpendiculaire, l'angle qu'il fait avec le côté suivant, & non pas celui que vous avez déja pris pour le précédent : ce qu'il faut continuer jusqu'au bout, afin que chaque angle détermine une perpendiculaire.

L'opération étant ainsi faite, vous ne trouverez pas que les côtés extérieurs soient de la même grandeur que la Table les marque, par rapport aux côtés intérieurs ; ce qui arriveroit toujours si la figure étoit réguliere, parce que les côtés & les angles étant alors égaux, les perpendiculaires seroient aussi égales ; au lieu qu'ici les perpendiculaires étant inégales à cause de l'inégalité des côtés & des angles, il arrive nécessairement que les côtés extérieurs des plus courtes, anticipent sur ceux des plus grandes : mais c'est en cela même que consiste l'un des plus grands avantages de cette méthode, parce que les côtés extérieurs des petites perpendiculaires, anticipant sur ceux des grandes, les diminuent & s'agrandissent en même-temps ; ce qui fait que tous les côtés extérieurs deviennent à peu près égaux, & que la figure approche davantage de la réguliere. Il arrive même que des côtés intérieurs, qui sont naturellement irréguliers, tels que ceux de 90, de 80, ou de 70 toises, deviennent par-là réguliers, s'ils sont contigus à des grands côtés, parce que leur perpendiculaire étant fort petite, leurs côtés extérieurs anticipent beaucoup sur les autres ; & par la même raison, des côtés intérieurs plus grands qu'il ne faut, tels que sont ceux de 175, 180, &c. peuvent être corrigés, s'ils font contigus à des petits côtés, parce que leurs côtés extérieurs feront beaucoup diminués par l'anticipation de ceux des petits côtés. Nous parlerons des autres avantages de cette méthode, fur celle dont quelques Auteurs se servent, après que nous aurons fait voir de quelle maniere il faut fortifier les côtés extérieurs que nous venons de trouver.

Fortifier une Place irréguliere, dont les côtés & les angles font réguliers.

Suppofons qu'il nous faille fortifier la même place irréguliere ABCDEFG, *Fig.* 4, *Pl.* 25, dont tous les côtés & les angles font réguliers, le plus petit de ces angles étant de 108 degrés, qui est l'angle du pentagone. Nous chercherons les côtés extérieurs, comme nous venons de faire dans l'article précédent; après quoi la Figure ayant 7 côtés, nous la fortifierons comme un eptagone régulier, c'est-à-dire en élevant une perpendiculaire fur le milieu du côté extérieur en dedans, à laquelle nous donnerons la fixieme partie du côté extérieur; enfuite nous ferons paffer les lignes de défenfe par l'extrêmité de cette perpendiculaire, nous prendrons les faces égales aux deux feptiemes du côté extérieur, & nous déterminerons les flancs & les courtines, comme nous l'avons dit dans la premiere méthode de M. de Vauban.

Et si l'angle flanqué de quelqu'un des baftions devenoit trop aigu, comme il arriveroit ici au baftion G, à caufe que l'angle de la figure, dans cet endroit, n'eft que de 108 degrés; alors nous ne donnerions aux perpendiculaires des côtés extérieurs qui forment cet angle, que la feptieme partie, ou même la huitieme, comme nous avons fait : ce qui n'étoit pas abfolument néceffaire.

Par ce moyen, la figure fe trouveroit auffi bien fortifiée dans fon irrégularité qu'elle pourroit l'être; la capacité de la place en feroit même augmentée; les flancs, les faces & les courtines auroient leur jufte rapport, & les baftions y feroient toujours grands, & capables d'une bonne défenfe, parce que ceux dont la capitale diminue, comme il arrive aux angles obtus, ont auffi des gorges bien plus grandes que ceux dont la capitale ne diminue point. Il eft vrai qu'il fe trouve des baftions dont l'angle
flanqué

flanqué est fort obtus ; mais c'est un défaut qu'on ne sçauroit éviter dans la fortification irréguliere, non plus que dans les grands polygones, à moins de vouloir avoir des seconds flancs, dont les inconvéniens sont beaucoup plus considérables, comme nous l'avons dit ailleurs.

Quelques Auteurs fortifient ces places du dedans en dehors, sans chercher le côté extérieur en cette maniere, *Fig.* 5, *Pl.* 25. Ils donnent toujours aux demi-gorges la cinquieme partie du côté intérieur. Ensuite, si le côté intérieur a depuis 60 jusqu'à 80 toises, ils en donnent 15 à chaque flanc, à qui ils font toujours faire un angle de 100 degrés avec la courtine ; après quoi ils tirent les lignes de défense rasantes, qui, étant coupées par les lignes de défense des autres côtés, déterminent les faces. Le côté intérieur étant de 80 jusqu'à 100 toises, ils augmentent les flancs d'une toise, à mesure que le côté augmente de dix ; depuis 100 toises jusqu'à 140, ils augmentent les flancs d'une toise, à mesure que le côté intérieur augmente de cinq, c'est-à-dire que le côté intérieur étant de 105 toises, les flancs en ont 19, & s'il est de 110, les flancs en ont 20, & ainsi de suite. Enfin depuis 140 jusqu'à 160, les flancs augmentent d'une demi-toise, à mesure que les côtés intérieurs augmentent de cinq ; ce que l'on comprendra plus aisément par cette Table, où 140 & 145 ont la même grandeur pour le flanc.

Côté intérieur.	60	80	90	100	105	110	115	120	125	130	135	140	145	150	155	160
Flanc.	15	16	17	18	19	20	21	22	23	24	25	$25\frac{1}{2}$	$25\frac{1}{2}$	26	$26\frac{1}{2}$	27

Nous avons fortifié, selon cette méthode, *la Fig.* 5, *Pl.* 25, dont les côtés intérieurs & les angles sont les mêmes que ceux de la quatrieme, afin qu'on pût mieux voir les avantages de la maniere dont je me sers, & les défauts de celle-ci. 1°. Les côtés intérieurs restent chacun dans leur grandeur, & l'irrégularité de la place n'y est diminuée en aucune maniere. 2°. Les faces n'ont presque jamais les proportions qu'elles devroient avoir avec les flancs, à cause de l'irrégularité des angles qui font que les uns diminuent, tandis que les autres augmentent, & que souvent les plus petits flancs ont les plus grandes faces à défendre, comme on peut le voir dans les bastions G, A. 3°. Les faces d'un même front sont toujours inégales, à cause que les angles étant inégaux, il arrive que les lignes de défense des autres fronts agrandissent une face, tandis qu'ils diminuent l'autre; ce qui se voit surtout dans les bastions A, B, F, G: enfin les bastions F, B, qui sont sur des angles fort obtus, ont leurs capitales plus petites que les autres, quoique leurs gorges n'augmentent pas à proportion; ce qui les rend beaucoup moins capables d'une bonne défense.

Il arrive encore, selon cette méthode, que si un petit côté, par exemple, de 100 toises se trouve entre deux grands de 160 toises ou environ, les faces du petit côté deviennent d'une grandeur prodigieuse, & les flancs extrêmement petits, comme on peut le voir dans la *Fig. 6, Pl. 25*, où les traits noirs marquent la fortification de la place à la maniere de ces Auteurs, & les traits ponctués la marquent selon la mienne, par le moyen de laquelle le petit côté a été corrigé, & chaque partie s'est trouvée dans sa juste proportion, par rapport à chaque front; ce qui, ce me semble, ne doit jamais être négligé, afin que l'ennemi qui mene ordinairement son attaque sur un front, c'est-à-dire depuis la pointe d'un bastion à la pointe de l'autre, ne trouve pas un côté de ce front plus foible que l'autre ne l'est.

Les défauts que nous venons de voir dans cette méthode, & les avantages que je trouve dans la mienne, me paroissent des raisons assez fortes pour préférer celle-ci; cependant j'attendrai sur cela, comme sur tout le reste, la décision des habiles gens, & je me ferai toujours gloire de m'en tenir à ce qu'ils auront pensé.

Fortifier une Ovale.

L'ovale peut être employé lorsqu'on bâtit de nouvelles villes dans des terrains qui demandent qu'on s'étende en longueur, ou lorsqu'il s'agit de fortifier des places anciennes, dont la longueur excede la largeur.

On décrit l'ovale en cette maniere, *Fig. 1, Pl. 26*. Tirez une ligne droite AD d'une longueur déterminée, divisez-la en trois parties égales AB, BC, CD; du point C intervalle CD, décrivez le cercle DMEBFN, & portez sur ce cercle la longueur de son rayon de D en M, & de D en N. Du point B intervalle BA, décrivez le cercle ALECFI, & portez de même sur ce

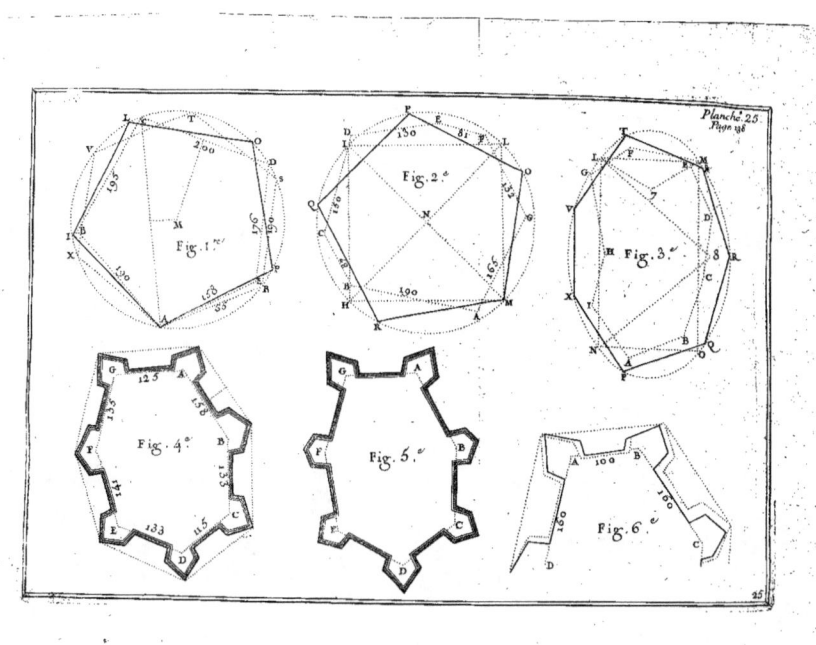

cercle la longueur de son rayon de A en L, & de A en I, ces deux cercles se couperont aux deux points F, E. Mettez une pointe du compas au point F, & portant l'autre sur le point M, décrivez l'arc MGL, qui se terminera au point L; portez de même la pointe du compas au point E, & mettant l'autre sur le point I, décrivez l'arc IHN, qui se terminera au point N, & qui achevera l'ovale HNDMGLAI.

Si vous faites passer une ligne par les points EF, jusqu'à ce qu'elle coupe la circonférence de l'ovale, cette ligne coupera perpendiculairement la premiere AD en deux parties égales au point O, qu'on nomme le centre de l'ovale. La ligne AD s'appelle le grand diametre, & la ligne GH le petit diametre, qui est les trois quarts du grand, & un tant soit peu plus.

A présent, si vous divisez la circonférence de l'ovale, par exemple, en six parties égales, & qu'après avoir tiré des lignes droites par tous les points de division, vous fortifiez ces lignes en dedans à l'ordinaire, vous aurez un exagone qui approchera assez du régulier, comme le montre la *Fig.* 2, *Pl.* 26.

Si vous donnez, par exemple, 180 toises au côté extérieur que vous ferez servir d'échelle, vous trouverez que le grand diametre DC est de 410 toises; que sa partie AB renfermée dans la place, & que j'appellerai longueur intérieure, est de 250 toises; que les parties BC, DA qui restent en dehors, ont chacune 80 toises, & qu'étant ajoutées ensemble, elles en ont 160 : ce que j'appellerai addition à la longueur intérieure. Vous trouverez aussi que la partie FE du petit diametre, qui est renfermée depuis le centre des demi-gorges d'un bastion, jusqu'au centre des demi-gorges de celui qui lui est opposé, a 210 toises, ce que j'appellerai largeur intérieure; que les deux parties GE, FH, qui sont, pour ainsi dire, en dehors, puisqu'elles servent de capitale, ont ensemble 100 toises, ce que j'appellerai addition à la largeur intérieure; & enfin que le petit diametre en a 310.

C'est de cette maniere que j'ai calculé une Table, par le moyen de laquelle ayant la longueur intérieure d'une place, on trouvera tout d'un coup, non-seulement ce qu'il faut ajouter à cette longueur, pour avoir le grand diametre sur lequel on décrira l'ovale, mais encore quelle sorte de polygone on pourra inscrire dans cette ovale, & de quelle longueur sera son côté extérieur; ce qui, ce me semble, sera d'une grande utilité dans la pratique, soit pour les nouvelles places, dont la longueur inté-

140   LE PARFAIT

rieure feroit déterminée, foit pour les anciennes, dont les plans qu'on leve, lorfqu'il s'agit de les fortifier de nouveau, ne repréfentent que cette longueur à laquelle on ne fçauroit toucher fans diminuer le corps de la place.

TABLE

Pour trouver le grand Diametre d'une ovale, le Polygone qui peut y être infcrit, & la longueur de fon côté extérieur, la longueur intérieure étant donnée.

POUR LE PENTAGONE.

Longueur intérieure.	Addition à la longueur.	Grand Diametre.	Côté extérieur.	Largeur intérieure.	Addition à la largeur.	Petit Diametre.
208 toif.	158	366	190	174	103	277
202 $\frac{1}{2}$	154	356 $\frac{1}{2}$	185	169 $\frac{1}{2}$	100	269 $\frac{1}{2}$
197	150	347	180	165	97	262
191 $\frac{1}{2}$	146	337 $\frac{1}{2}$	175	160 $\frac{1}{2}$	94 $\frac{1}{2}$	255
186	142	328	170	156	92	248
180 $\frac{1}{2}$	138 $\frac{1}{2}$	318	165	151	89 $\frac{1}{2}$	240 $\frac{1}{2}$
175	133 $\frac{1}{2}$	308 $\frac{1}{2}$	160	146 $\frac{1}{2}$	86 $\frac{1}{2}$	233

POUR L'EXAGONE.

Longueur intérieure.	Addition à la longueur.	Grand Diametre.	Côté extérieur.	Largeur intérieure.	Addition à la largeur.	Petit Diametre.
264	169	433	190	221 $\frac{1}{2}$	105 $\frac{1}{2}$	327
257	164 $\frac{1}{2}$	421 $\frac{1}{2}$	185	216	102 $\frac{1}{2}$	318 $\frac{1}{2}$
250	160	410	180	210	100	310
243	155 $\frac{1}{2}$	398 $\frac{1}{2}$	175	204	97	301
236	151	387	170	198	94 $\frac{1}{2}$	292 $\frac{1}{2}$
229	147	376	165	192 $\frac{1}{2}$	91 $\frac{1}{2}$	284
222	142 $\frac{1}{2}$	364 $\frac{1}{2}$	160	187	88 $\frac{1}{2}$	275 $\frac{1}{2}$

SUITE DE LA TABLE.

POUR L'EPTAGONE.

Longueur intérieure.	Addition à la longueur.	Grand diametre.	Côté extérieur.	Largeur intérieure.	Addition à la largeur.	Petit diametre.
340	156	496	190	274	101	375
331	152	483	185	267	98	365
322	148	470	180	260	95	355
313	144	457	175	253	$92\frac{1}{2}$	$345\frac{1}{2}$
304	140	444	170	$245\frac{1}{2}$	90	$335\frac{1}{2}$
295	136	431	165	238	88	326
286	132	418	160	231	85	316

POUR L'OCTOGONE.

Longueur intérieure.	Addition à la longueur.	Grand diametre.	Côté extérieur.	Largeur intérieure.	Addition à la largeur.	Petit diametre.
454	105	559	190	319	$103\frac{1}{2}$	$422\frac{1}{2}$
442	103	545	185	$310\frac{1}{2}$	$100\frac{1}{2}$	411
430	100	530	180	302	98	400
418	97	515	175	$293\frac{1}{2}$	96	$389\frac{1}{2}$
406	$94\frac{1}{2}$	$500\frac{1}{2}$	170	285	$93\frac{1}{2}$	$378\frac{1}{2}$
394	92	486	165	276	91	367
382	89	471	160	268	88	356

POUR L'ENNÉAGONE.

Longueur intérieure.	Addition à la longueur.	Grand diametre.	Côté extérieur.	Largeur intérieure.	Addition à la largeur.	Petit diametre.
$502\frac{1}{2}$	$126\frac{1}{2}$	629	190	380	$95\frac{1}{2}$	$475\frac{1}{2}$
489	$123\frac{1}{2}$	$612\frac{1}{2}$	185	370	93	463
476	120	596	180	360	90	450
463	116	579	175	350	$87\frac{1}{2}$	$437\frac{1}{2}$
$449\frac{1}{2}$	$113\frac{1}{2}$	563	170	340	$85\frac{1}{2}$	$425\frac{1}{2}$
436	111	547	165	330	$83\frac{1}{2}$	$413\frac{1}{2}$
423	108	531	160	320	$81\frac{1}{2}$	$401\frac{1}{2}$

LE PARFAIT

SUITE DE LA TABLE.

POUR LE DÉCAGONE.

Longueur intérieure.	Addition à la longueur.	Grand diametre.	Côté extérieur.	Largeur intérieure.	Addition à la largeur.	Petit diametre.
554	148	702	190	432	99	531
539$\frac{1}{2}$	144	683$\frac{1}{2}$	185	420$\frac{1}{2}$	96$\frac{1}{2}$	517
525	140	665	180	409	94	503
510$\frac{1}{2}$	136	646$\frac{1}{2}$	175	397$\frac{1}{2}$	91$\frac{1}{2}$	489
496	132	628	170	386	89	475
481	128	609$\frac{1}{2}$	165	375	86	461
466$\frac{1}{2}$	125	591$\frac{1}{2}$	160	363$\frac{1}{2}$	84	447$\frac{1}{2}$

POUR L'ONDÉCAGONE.

Longueur intérieure.	Addition à la longueur.	Grand diametre.	Côté extérieur.	Largeur intérieure.	Addition à la largeur.	Petit diametre.
642	118	760	190	484$\frac{1}{2}$	90$\frac{1}{2}$	575
625	115	740	185	472	87$\frac{1}{2}$	559$\frac{1}{2}$
608	112	720	180	459	85	544
591	109	700	175	446	83	529
774	106	680	170	433$\frac{1}{2}$	80$\frac{1}{2}$	514
557	103	660	165	321	78	499
540	100	640	160	408	76	484

POUR LE DODÉCAGONE.

Longueur intérieure.	Addition à la longueur.	Grand diametre.	Côté extérieur.	Largeur intérieure.	Addition à la largeur.	Petit diametre.
744	95	839	190	539$\frac{1}{2}$	94$\frac{1}{2}$	634
724$\frac{1}{2}$	92$\frac{1}{2}$	817	185	525	92	617$\frac{1}{2}$
705	90	795	180	511	90	601
685$\frac{1}{2}$	87$\frac{1}{2}$	773	175	497	87	584$\frac{1}{2}$
666	85	751	170	482$\frac{1}{2}$	85$\frac{1}{2}$	568
646	83	729	165	468$\frac{1}{2}$	82$\frac{1}{2}$	551
626$\frac{1}{2}$	80$\frac{1}{2}$	707	160	454	80$\frac{1}{2}$	534$\frac{1}{2}$

Nota 1°. Que j'ai calculé cette Table, en suppofant que l'on mettra toujours la pointe d'un baftion fur l'une des extrêmités du petit diametre; ce qui fera facile à faire, en commençant par cette extrêmité de porter le côté extérieur fur la circonférence de l'ovale. Je crois qu'il faut en ufer ainfi pour éviter le plus qu'on pourra, d'avoir des baftions fur les extrêmités du grand diametre, où l'angle eft plus aigu que partout ailleurs. De tous les polygones il n'y aura, felon cette pratique, que l'octogone & le dodécagone, qui auront des baftions en cet endroit, & dont la longueur intérieure fera par conféquent depuis le centre des demi-gorges d'un baftion, au centre des demi-gorges du baftion oppofé. J'aurois même pu faire autrement; mais je n'ai pas cru devoir m'éloigner de la regle générale, parce que de quelque maniere que l'on faffe, on aura toujours quelques baftions auffi aigus que ceux que l'on voudroit éviter. Dans tous les autres polygones, la longueur intérieure eft renfermée entre les courtines oppofées fur lefquelles elle tombe à plomb dans les polygones qui ont un nombre pair de baftions, & obliquement dans ceux qui ont un nombre impair. La largeur intérieure, dans tous les polygones pairs, eft depuis le centre des demi-gorges d'un baftion, jufqu'au centre des demi-gorges du baftion oppofé ; mais dans les impairs, elle eft depuis le centre des demi-gorges d'un baftion, jufqu'à la courtine oppofée à ce baftion.

Nota 2°. Que je n'ai mis dans cette Table que les longueurs intérieures qui répondent aux côtés extérieurs réguliers, qui font depuis 190 toifes jufqu'à 160. Mais fi on vouloit une longueur intérieure qui répondît à un côté plus grand ou plus petit, on la trouveroit facilement par une regle de trois en cette forte : Suppofé, par exemple, que l'on voulût la longueur intérieure qui répond au côté extérieur 210 du décagone, on prendroit le côté extérieur 190, & la longueur intérieure 554 qui lui répond, & l'on diroit : Si 190 demande 554, combien 210 ; & la regle donneroit 612 pour la longueur intérieure qui répond au côté 210. On pourroit même fe paffer de faire cette regle, en obfervant dans la Table de combien les longueurs intérieures du décagone augmentent, à mefure que les côtés extérieurs augmentent de 5 ; & ayant trouvé que l'augmentation des longueurs eft de 14 toifes & demie, on ajoûteroit quatre fois $14\frac{1}{2}$, c'eft-à-dire 58 à la longueur 554, parce que le côté 110 eft plus grand de quatre fois 5, c'eft-à-dire de 20, que le côté 100,

& l'on trouveroit de même 612 pour la longueur cherchée, puisque 554 & 58 font 612. On voit aisément comment il faudroit faire pour trouver une longueur intérieure qui répondît à un côté extérieur plus petit que 160, & pour trouver aussi l'addition à cette longueur, le grand diametre, le petit, la largeur intérieure, &c.

Nota. 3°. Que les côtés extérieurs de cette Table se surpassant les uns les autres de cinq toises, on n'y trouve par conséquent que les longueurs intérieures qui leur répondent. Mais si on vouloit avoir une longueur intérieure qui répondît à un côté intermédiaire, on le trouveroit de même par une regle de trois, ou bien en cette sorte : Supposé, par exemple, qu'on demandât la longueur intérieure qui répond au côté extérieur 188 de l'ondécagone, ce côté étant entre 190 & 185, on prendroit les longueurs intérieures 642 & 625, qui répondent à ces deux côtés. Et ayant trouvé que l'une surpasse l'autre de 17, à mesure qu'un côté est plus grand que l'autre de 5, on ajouteroit à la plus petite les trois cinquiemes de 17 ; ce qui est dix toises & un peu plus, parce que le côté 188 a trois de plus que 185, & que trois font les trois cinquiemes de 5 : ainsi la longueur intérieure deviendroit de 135, ce qu'on auroit trouvé de même par la regle de trois, & ainsi des autres.

Cette Table est d'une grande commodité dans la pratique, & épargne bien des calculs qu'il faudroit nécessairement faire, soit pour les nouvelles places dont la longueur intérieure seroit déterminée, soit pour les anciennes, à la longueur desquelles on ne sçauroit toucher sans en diminuer la capacité. Supposons, par exemple, que la longueur intérieure de la place à fortifier, fût de 574 toises, on trouveroit d'abord, dans la Table, que cette longueur appartient à un ondécagone, dont le côté extérieur est de 170 toises ; qu'il faut ajouter à cette longueur 106 toises pour avoir le grand diametre ; qui est par conséquent de 680 toises ; que la largeur intérieure est de 433 toises $\frac{1}{2}$; & qu'enfin ajoutant 80 toises $\frac{1}{2}$ à cette largeur, on auroit le petit diametre qui en a 514. C'est pourquoi, après avoir pris pour grand diametre une ligne divisée en 680 parties, on décriroit l'ovale de la maniere que nous avons dit ci-dessus, & l'on prendroit ensuite 170 parties de cette ligne, que l'on porteroit onze fois sur la circonférence de l'ovale : le polygone étant ainsi décrit, on le fortifieroit en dedans en la maniere ordinaire.

INGENIEUR FRANÇOIS. 145

Si la longueur donnée ne se trouvoit pas dans la Table, mais qu'elle fût intermédiaire, comme, par exemple, 549, qui est entre les longueurs 554 & 539 ½ du décagone, on trouveroit le côté extérieur qui répond à cette longueur, l'addition & le grand diametre, ou par une regle de trois, ou de la maniere que nous avons enseigné ci-dessus.

Si la longueur intérieure appartenoit à deux polygones, comme, par exemple, 436 qui appartient à un ennéagone, dont le côté extérieur est de 165 toises, & qui est aussi intermédiaire entre les longueurs 430 & 442 de l'octogone, dont les côtés extérieurs sont 185 & 180, alors on préféreroit le polygone qui donneroit un côté plus approchant de 180; & comme l'octogone donne 182 toises ½ pour le côté extérieur de la longueur intérieure 436, au lieu que l'ennéagone n'en donne que 165, on choisiroit l'octogone, & pour le décrire, on chercheroit par les voies enseignées ci-dessus, le grand diametre qui, dans l'octogone, répond à la longueur intérieure 436.

Ce que nous avons dit jusqu'ici, suppose qu'on n'est pas gêné par rapport à la largeur, & qu'on peut toujours décrire l'ovale de la maniere que nous l'avons enseigné; ensorte que le petit diametre soit au grand, comme 31 est à 41, & que le rayon du cercle qui passe par l'extrêmité du grand diametre, soit à la moitié du petit diametre, comme 13 ⅔ est à 15 ½, ou, pour éviter les fractions, comme 82 est à 93 ; mais si on étoit gêné pour la largeur, de même que pour la longueur, alors, ou la longueur & la largeur appartiendroient à un même côté d'un polygone, ou la longueur appartiendroit à un côté, & la largeur à un autre d'un même polygone ; ou enfin l'une appartenant à un côté d'un polygone, l'autre appartiendroit à un côté d'un autre : le premier cas, comme on voit, ne souffre aucune difficulté. Examinons les deux autres pour lesquels les trois dernieres colonnes de notre Table sont très-nécessaires.

Pour le second cas : supposons que la longueur intérieure soit 442, qui appartient au côté extérieur 185 de l'octogone, & que la largeur intérieure soit 276, qui appartient au côté extérieur 165 du même octogone, je donne à l'un & à l'autre l'addition que la Table me marque, c'est-à-dire 103 toises à la longueur, & 91 toises à la largeur ; ce qui me donne 545 toises pour le grand diametre, & 367 pour le petit.

Je tire donc sur le papier une ligne AB, que je divise en

T

545 parties pour le grand diametre, j'éleve sur le milieu de cette ligne une perpendiculaire CD, qui ait de chaque côté 183 toises & demie; ce qui fait 367 toises pour le petit diametre entier, *Fig.* 3, *Pl.* 26. Cela fait, sçachant que dans l'ovale ordinaire, la moitié du petit diametre est au rayon du cercle qui passe par l'extrêmité du grand diametre, comme 93 est à 82, je fais une regle de trois en disant, 93 est à 82, comme 183 & demi, qui est la moitié de mon petit diametre, est au nombre que je dois trouver; & ce nombre, la regle étant faite, se trouve 160, que je porte sur les extrêmités du grand diametre depuis A en E, & depuis B en F; ou bien, sans faire une regle de trois, je prends avec le compas ordinaire, la moitié du petit diametre, & j'ouvre le compas de proportion, de sorte que les deux pointes du compas ordinaire tombent sur les deux points 93 de part & d'autre de la ligne des parties égales; ensuite laissant le compas de proportion ainsi ouvert, je prends avec le compas ordinaire la distance de 82 à 82 sur la même ligne des parties égales, & je porte cette distance sur les extrêmités du grand diametre de A en E, & de B en F: ensuite des points E & F pris pour centre, je décris les cercles HAG, IBL, sur lesquels je porte de part & d'autre la grandeur du rayon EA de B en I, & de B en L, de A en G, & de A en H; après quoi je tire des points G, H, I, L, des lignes qui, passant par les centres E, F, donneront au point O, O de leur rencontre, les centres O, O, d'où je décrirai les arcs GDI, HCL, qui acheveront mon ovale. Nous dirons dans le troisieme cas, comment il faut faire lorsque le cercle décrit du centre O ne passe pas par l'extrêmité du petit diametre.

L'ovale étant ainsi décrite, j'examine dans la Table que le grand diametre appartient au côté 185 de l'octogone, & que le petit appartient au côté 165 du même octogone; c'est pourquoi je prends le milieu entre 185 & 165, c'est-à-dire 175 toises, & je porte ces 175 toises sur la circonférence de l'ovale qu'elles diviseront en huit parties égales, je joins tous les points de division par des lignes droites, qui feront les côtés extérieurs d'un octogone, que je fortifierai en dedans à la maniere ordinaire.

Si la longueur ou la largeur ne se trouvoit pas dans la Table, alors on chercheroit les deux longueurs ou les deux largeurs de la Table, entre lesquelles la longueur ou la largeur donnée se trouveroient, & l'on chercheroit les additions pour avoir le grand ou le petit diametre par une regle de trois, ou de la maniere que nous avons enseignée; ce qu'il faut observer dans toutes ces occasions: c'est pourquoi je n'en parlerai plus.

Pour le troisieme cas, c'est-à-dire lorsque la longueur intérieure appartenant à un polygone, la largeur intérieure appartient à un autre. Supposons que la longueur soit 340, qui appartient au côté extérieur 190 de l'eptagone, & que la largeur soit 268, qui appartient au côté extérieur 160 de l'octogone, j'examine d'abord si la longueur ne seroit point intermédiaire entre quelques-unes de celles de l'octogone, afin de pouvoir faire appartenir la longueur & la largeur à un même polygone; & comme je trouve qu'elle ne l'est pas, j'examine aussi si la largeur ne seroit point intermédiaire entre quelqu'une de celles de l'eptagone, & trouvant qu'elle est entre 267 & 274, je cherche par les regles ci-dessus, l'addition & le côté extérieur de l'eptagone qui lui convient; après quoi je donne les additions convenables à la longueur & à la largeur, je décris mon ovale, & j'acheve le reste, comme dans le cas précédent.

Mais si la longueur & la largeur ne peuvent pas se réduire à un même polygone, comme, par exemple, la longueur 454 qui appartient au côté 190 de l'octogone, & la largeur 198 qui appartient au côté extérieur 170 de l'exagone, alors je donne à la longueur l'addition 105 marquée dans la Table, ce qui fait 559 toises pour le grand diametre, & je donne aussi à la largeur l'addition 94 ½, comme la Table le marque, ce qui fait 292 ½ pour le petit diametre, *Fig.* 4, *Pl.* 26; ensuite je cherche le rayon AE du cercle qui doit passer par l'extrêmité du grand diametre de la même maniere que dans le cas précédent, & après avoir décrit les arcs LAI, GBH, je porte sur ces arcs, de part & d'autre, la grandeur du rayon de A en I, de A en L, de B en G, & de B en H; après quoi je tire les lignes IEO, GFO, & voyant que le cercle que je décrirois du point O de leur rencontre, passeroit à la vérité par les points I, G, mais ne passeroit pas par l'extrêmité du petit diametre, je cherche le véritable centre qui passe par ces trois points en cette maniere. Je tire des extrêmités du petit diametre des lignes droites aux points I, G. Je divise les lignes DI, DG en deux également aux points M N, & sur ces points M, N, j'éleve deux perpendiculaires en dedans, que je prolonge jusqu'à ce qu'elles se rencontrent; le point de leur rencontre n'eſt point marqué dans la planche, parce que je n'ai pas eu aſſez d'eſpace. Je prends ce point de rencontre pour centre, & de ce centre je décris l'arc IDG qui paſſe par les points IG, & par l'extrêmité du petit diametre. Je fais la même choſe de l'autre côté, pour avoir l'arc LCH, & mon ovale ſe trouve par-là achevée. On pourroit à la vérité la décrire plus géométriquement; mais il faudroit pour cela, diminuer le rayon AE, ce qui feroit que l'arc AL feroit plus petit, & que les baſtions faits ſur cet arc deviendroient trop aigus.

L'ovale étant ainſi décrite, le plus court moyen de trouver le polygone qui y convient, ſans entrer dans des calculs qui pourroient être trop embarraſſans, eſt de prendre, avec le compas, 180 toiſes, & de les porter autant de fois ſur la circonférence de l'ovale, qu'elles pourront y aller, ſi elles y vont préciſément un certain nombre de fois, comme ſept ou huit fois, le polygone ſera un eptagone ou un octogone. S'il reſtoit quelque choſe, on diminueroit ou l'on agrandiroit l'ouverture du compas, juſqu'à ce que le tour ſe trouvât juſte; obſervant cependant que ſi, par exemple, en diminuant de quinze toiſes on trouvoit un octogone, & en augmentant ſeulement de dix, on trouvoit un eptagone, il faudroit préférer celui-ci à l'autre, tant parce que les côtés de l'eptagone ayant 190 toiſes, s'éloigneroient moins de 180, que ceux de l'octogone qui n'en auroient que 165, que parce qu'on épargneroit par-là la dépenſe d'un baſtion.

Si les angles des baſtions, qui ſont vers l'extrêmité du grand diametre, devenoient trop aigus, on ne donneroit à la perpendiculaire, par l'extrêmité de laquelle on fait paſſer les lignes de défenſe, que la ſeptieme partie du côté extérieur, ou même la huitieme, s'il étoit néceſſaire.

Fortifier un long Côté.

Comme les longs côtés, malgré les baſtions plats qu'on peut y faire au milieu, ne permettent pas toujours que la ligne de défenſe ſoit à la portée du mouſquet, *Fig.* 2, & 3, *Pl.* 27, les anciens Auteurs, pour ſuppléer à ce défaut, mettoient entre les baſtions des redans compoſés d'un flanc DC, & d'une face CE, tels que la Figure 2 les repréſente. On les multiplioit quelquefois comme dans la troiſieme Figure, & alors cet ouvrage s'appelloit ouvrage à ſcie, parce qu'il reſſemble en effet aux dents

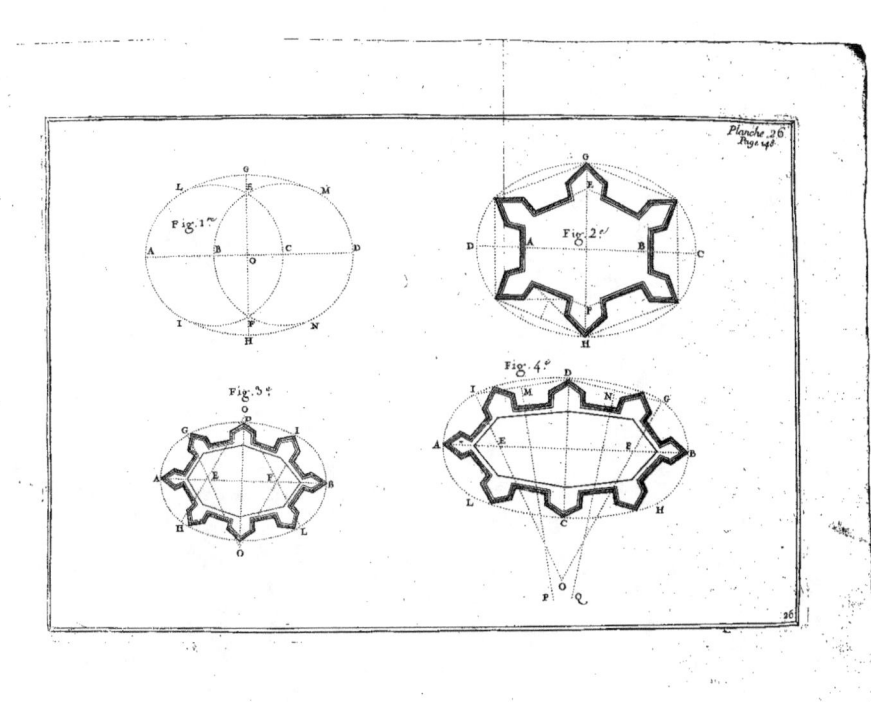

d'une scie. Mais ces sortes de pieces étoient extrêmement in- commodes par leur peu de capacité, & avoient d'ailleurs le dé- savantage de préfenter à l'ennemi un angle mort, c'eft-à-dire que l'affiégé ne pouvoit voir de nul endroit de la place, & où par conféquent le mineur pouvoit approcher en sûreté, tel qu'eft l'angle E, *Fig.* 2. C'eft pourquoi cette sorte de fortification eft aujourd'hui univerfellement rejettée ; & voici de quelle maniere on s'y prend dans ces occafions, fuivant les regles que M. de Vauban a lui-même pratiquées :

Un long côté peut avoir, ou depuis 200 toifes jufqu'à 240, ou même 250; ou depuis 250 jufqu'à 300, ou enfin depuis 300 juf- qu'à 400, 500, &c.

Dans le premier cas, c'eft-à-dire fi le long côté a depuis 200 toifes jufqu'à 240 ou 250, on le fortifie tel qu'il eft, furtout s'il eft fur une riviere ou un marais, dont l'accès ne foit pas facile; mais on obferve de ne donner à la perpendiculaire, par l'extré- mité de laquelle on fait paffer la ligne de défenfe, que la hui- tieme partie, ou même la neuvieme, la dixieme, &c. du côté ex- térieur, afin que les angles flanqués ne deviennent pas trop aigus. Et comme alors les flancs deviennent petits, & qu'outre cela la ligne de défenfe n'eft point à la portée du moufquet, on y fup- plée 1°. par une bonne batterie qu'on met fur le milieu de la cour- tine; 2°. par des dehors plus ou moins grands, felon la fituation. *La Figure* 1 *de la Pl.* 27, montre le plan d'Huningue que j'ai mis ici tout entier, parce qu'il me paroît un modele achevé dans ce genre.

Huningue eft une fortereffe fituée fur le Rhin, un peu au deffus de Bâle. Son long côté eft fur la riviere. M. de Vauban qui l'a fortifiée, n'a rien oublié pour la mettre à couvert de toute infulte. On y voit d'abord, fur l'autre bord du Rhin, un grand ouvrage à corne, avec une demi-lune devant la courtine, & une contre-garde à côté de chaque aîle : ces ouvrages font en- vironnés d'un bon foffé d'environ vingt toifes de longueur, qui communique avec le Rhin. Sur le milieu de la riviere, à-peu- près, eft un autre ouvrage à corne plus grand, qui enfile tous les foffés du premier. Sur le bord du Rhin, du côté de la forte- reffe, on trouve d'abord une efpece de chemin couvert plus long que le front de la place : il a un baftion fur le milieu, pour défendre le paffage du Rhin. De tous les côtés, & à chaque extrêmité, il y a deux digues ou éclufes pour retenir l'eau dans les fossés, afin qu'ils ne soient pas à sec, lorsque la riviere vient à baisser. Ce chemin couvert est séparé du corps de la place par un bon fossé, où l'on voit un double ravelin vis-à-vis le milieu de la courtine, & une tenaille double pour la mousqueterie ; le reste de la place, du côté de la terre, n'est pas fortifié avec moins de soin, comme le plan le fait voir. On y peut remarquer l'attention que l'Auteur a eu d'occuper les postes qui pouvoient l'incommoder, par des ouvrages à corne, d'y attirer l'eau du Rhin par un canal qui sert en même temps d'avant-fossé à la place, & à la tête duquel il a mis un pâté pour empêcher que l'ennemi ne tentât d'arrêter l'eau par une digue, & enfin de mettre une contre-garde devant le bastion où il n'y a point d'ouvrage à corne, afin de rendre par-là la force à peu près égale de tous les côtés.

Il est étonnant que M. de Coëhorn, à qui certainement on ne sçauroit refuser la gloire d'avoir été un très-habile homme, ait cependant méprisé cette fortification de la maniere dont il l'a fait dans son Livre. Cet Auteur, dans le chapitre où il parle de la maniere de fortifier les places situées sur une riviere, nous donne un mauvais plan qu'il appelle à la Françoise, & où le long côté n'est fortifié que par deux mauvais redans qu'il a raison de critiquer; mais il ajoute tout de suite, que ce plan ne differe guere de celui d'Huningue, qu'il a vu, dit-il, chez un curieux, excepté que celui-ci avoit une fausse braie, (c'est ce que nous appellons une tenaille) & un ouvrage à corne. Comment n'a-t-il donc pas vu que son exception ne renfermoit pas la moitié de ce qu'elle devoit renfermer, & qu'outre la tenaille & l'ouvrage à corne, il y avoit encore un bastion à chaque extrêmité du long côté, un double ravelin ou chemin couvert avec ses digues; un autre ouvrage à corne sur le milieu de la riviere, & des contre-gardes aux aîles de celui qui est sur le bord du Rhin. Il faut certainement, ou qu'on ne lui ait montré qu'un faux plan d'Huningue chez quelqu'un de ces mauvais curieux qui ramassent sans choix & sans discernement toutes les pieces qui se présentent à eux, ou que, s'il en a vu le véritable plan, sa préoccupation ordinaire contre tout ce qui venoit de M. de Vauban, lui ait, pour ainsi dire, fasciné les yeux ; ce qui me paroît d'autant plus vrai, qu'il a copié lui-même l'ouvrage de la digue en se faisant honneur de l'invention, sans s'appercevoir que tous ceux qui verroient Huningue ou son plan, penseroient d'abord qu'il l'a pris là, puisqu'il a vu cette fortification. Au reste son long côté, de la maniere dont il le fortifie, n'est pas à beaucoup près si fort que celui qu'il a critiqué. Il n'y a qu'un bastion détaché sur le milieu, entre la digue & le rempart, & à chaque côté de ce bastion, un demi-bastion à orillons, attaché au rempart, & dont les flancs sont tournés les uns vers le milieu du long côté, & les autres vers les extrêmités qui sont en ligne droite. La place, du côté de la terre, est fortifiée selon sa seconde méthode, dont nous avons parlé ci-dessus : je n'ai point mis ici le plan de son dessein, qu'on peut voir dans son Livre *, ne voulant point, sans nécessité, multiplier les planches de mon Ouvrage.

Si le long côté a depuis 240 toises jusqu'à 300, tel qu'est le côté AB, *Fig.* 5, *Pl.* 27, alors on prend 180 toises avec le compas, & portant l'une des pointes premiérement sur l'extrêmité A, & ensuite sur l'extrêmité B, on décrit deux arcs qui se coupent en C, & l'on tire les lignes AC, CB, que l'on fortifie à l'ordinaire : c'est ce qu'on appelle fortifier par les soutendantes.

On peut même se servir de cette méthode, quand le long côté n'ayant que 200, 210 toises, &c. a devant soi une plaine où l'on peut s'étendre.

Enfin quand le long côté a 300 toises & au-delà, tel qu'est le côté AB, *Fig.* 4, *Pl.* 27, on le divise en deux parties égales au point C, & l'on fortifie chacune de ces parties AC, CB, à la maniere ordinaire ; ce qui donne, sur le milieu, un bastion plat, qu'on nomme Moineau. Ce bastion est appelé plat, parce qu'il est fait sur une ligne droite, & non pas sur un angle.

Si le long côté étoit si long qu'il pût être divisé en trois, quatre parties, dont chacune auroit tout au moins 150 toises, on le diviseroit en ces parties que l'on fortifieroit, comme nous venons de dire ; ce qui donneroit deux, trois bastions plats, selon le plus ou le moins de longueur que le côté auroit.

Maniere de tracer une Place réguliere avec un long côté.

Il y a plusieurs nouvelles places bâties dans ce goût, telles que sont Huningue, Saar-Louis, Ath, &c. *Fig.* 1, *Pl.* 28. On trace d'abord un cercle dans lequel on inscrit le polygone que l'on veut, en faisant valoir chaque côté 180 toises, telle qu'est

---

* Il se vend à Paris chez le même Libraire qui a imprimé celui-ci.

le cercle ABCDEFGH où est inscrit un octogone. On retranche trois côtés de ce polygone par une ligne GD qu'on nomme la soutendante; il faut faire la même chose dans tous les autres polygones, quelque nombre de côtés qu'ils aient, c'est-à-dire, qu'il faut toujours retrancher trois côtés. On divise la soutendante en deux parties égales au point S, & si on veut donner, par exemple, 200 toises au grand côté, on en porte la moitié, c'est-à-dire 100 de chaque côté du point S, de S en M, & de S en N. On éleve sur les points M, N, deux perpendiculaires indéfinies MR, NQ; après quoi on prend 180 toises avec le compas, & mettant une pointe sur l'extrêmité D de la soutendante, on décrit avec l'autre un arc qui coupe la perpendiculaire NQ, au point Q, & on tire la ligne QD; on porte de même le compas sur l'autre extrêmité G de la soutendante, & avec la même ouverture de 180 toises, on décrit un arc qui coupe la perpendiculaire MR au point R, & l'on tire la ligne GR, qui sera un côté du polygone, de même que la ligne QD; enfin l'on tire la ligne RQ qui sera le long côté de 200 toises. On fortifie les autres côtés à la maniere ordinaire, & l'on ne donne, pour le long côté, que la huitieme, ou même la neuvieme, dixieme, &c. à la perpendiculaire, par l'extrêmité de laquelle doivent passer les lignes de défense.

Ceci suppose que l'on soit libre d'inscrire dans le cercle un polygone quel qu'il soit, & qu'on puisse aussi donner au grand côté la longueur qu'on voudra; ce qui peut arriver quand on bâtit de nouvelles places: mais s'il s'agissoit de fortifier une ancienne Place, dont le grand côté intérieur fût déterminé, & à la capacité de laquelle on ne pût toucher que peu ou point du tout, étant seulement maître de l'agrandir de tous les côtés, on pourroit alors se comporter de la maniere suivante.

Supposé, par exemple, qu'on nous donne à fortifier la place irréguliere ABCDEFGHILM, qu'on est maître d'agrandir, sans toucher cependant au grand côté IH, qui est sur le bord d'une riviere, *Fig. 2, Pl.* 28: je prends d'abord la largeur intérieure AF de cette place; je décris un cercle sur cette largeur, prise pour diametre; ensuite ayant divisé le diametre en autant de parties qu'il a de toises, je prends, dans la Table des côtés intérieurs & extérieurs, quelqu'un des côtés intérieurs qui répondent aux extérieurs de 180 toises, & qui puissent aller un certain nombre de fois dans mon cercle; & s'il n'y en a point, je choisis celui à qui il faut ajouter, ou de qui il faut retrancher le moins, afin que

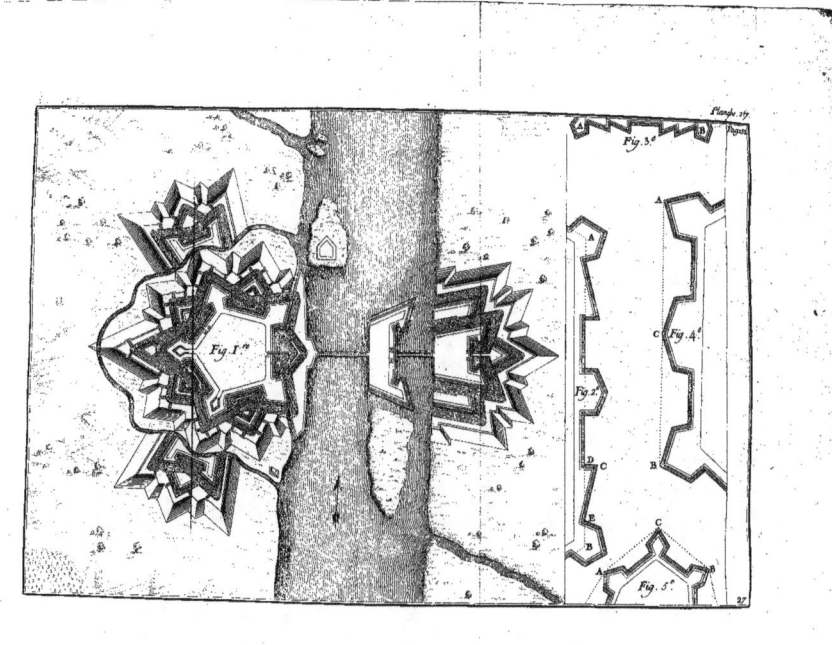

que tout aille juste. Le polygone intérieur étant ainsi trouvé, j'en cherche les côtés extérieurs par le moyen de la même Table, & je décris mon polygone extérieur. On trouvera plus facilement le polygone extérieur par la Table suivante, qui montre quel est le polygone extérieur qui appartient à un tel diametre intérieur, quelle est la grandeur de ses côtés & celle du diametre extérieur, comme je le ferai voir dans l'explication que j'en donnerai.

Après avoir donc trouvé le polygone extérieur de l'une ou de l'autre maniere, j'en retranche trois côtés par une soutendante que je divise en deux également. Je porte sur le milieu de la soutendante la moitié du grand côté de part & d'autre ; j'éleve deux perpendiculaires indéfinies, & j'acheve mon plan comme ci-dessus, en observant cependant de donner au grand côté, qui est ici extérieur, une grandeur convenable au grand côté intérieur de la Place que je dois fortifier ; ce que je trouve facilement par le moyen de la Table des côtés extérieurs & intérieurs.

Ce plan n'est pas celui de la Place que j'ai à fortifier ; mais il me sert de modele en cette sorte. Supposé, par exemple, que la *Fig.* 1 de la *Pl.* 28 soit ce plan ou modele que je viens d'achever. Du milieu de la courtine, du grand côté, je tire une ligne V T qui passe par le centre du cercle, & qui va couper la circonférence au point opposé T ; cette ligne est toujours perpendiculaire à la grande courtine ; quand le polygone est pair, elle coupe la courtine opposée en deux également, & quand il est impair, elle passe par le sommet d'un bastion. Cette préparation étant faite, je mets sur le papier où je veux décrire mon plan, le grand côté de la Place irréguliere, ou bien je travaille même sur le plan de cette Place, en coupant son grand côté intérieur I H en deux également au point P, *Fig.* 2, *Pl.* 28. J'éleve sur le point P une perpendiculaire indéfinie P X ; je prends sur le plan, qui me sert de modele, la partie V S de la perpendiculaire renfermée entre la grande courtine & la soutendante, & je porte cette partie sur mon plan, depuis P en Q, où je tire ma soutendante R Q T, parallele au grand côté. Je fais cette soutendante égale à celle du plan modele ; je prends aussi dans ce plan modele la partie S O de la perpendiculaire renfermée entre la soutendante & le centre du cercle, & ayant porté cette partie sur mon plan de Q en O, & fait la partie O X égale à la partie O T du modele, je décris du centre O le grand arc du cercle R X T, qui se termine de part & d'autre à la foutendante, & dans lesquels j'inscris les cinq côtés extérieurs qui y doivent être renfermés. Pour avoir les trois autres, je porte fur ma foutendante les divisions de celle du plan modele, j'éleve fur ces divisions des perpendiculaires, & j'acheve le reste comme ci-dessus.

Il pourra se faire quelquefois que le grand côté du plan sera trop près du centre de la Place ; de sorte qu'il faudroit s'étendre trop du côté de la campagne, opposé au grand côté, & couper en même tems du terrein de la Ville vers les côtés collatéraux qui aboutissent à la foutendante : mais en ce cas, au lieu d'un cercle, on feroit un ovale, dont le grand diametre seroit parallele au grand côté en cette forte.

Supposé que j'aie à fortifier la Place irréguliere ABCDEFGHILM, *Fig.* 5, *Pl.* 28, dont le côté AB est fur le bord d'une riviere, & dont la situation est de telle forte, que si je voulois la renfermer dans un cercle, il faudroit trop avancer vers la campagne d'un côté, & couper de l'autre l'enceinte de la Ville vers les points L, E ; je prends la longueur LE, qui est parallele au grand côté, & après l'avoir transportée sur un autre papier pour y tracer mon plan modele, *Fig.* 4, *Pl.* 28, je cherche dans la Table que j'ai donnée ci-dessus, en parlant de l'ovale, l'addition que je dois donner à cette longueur pour avoir le grand diametre. Cette addition étant faite, je décris mon ovale sur ce diametre, comme on la voit dans la figure 4. Je trouve par la même Table le polygone qui y convient, & la grandeur des côtés extérieurs. Mais comme il me faut retrancher trois de ces côtés par une foutendante, qui doit être parallele au grand côté, ce que je ne sçaurois faire, s'il y avoit une pointe de bastion à l'extrêmité du petit diametre où je dois placer le grand côté, je change la situation des côtés sur l'ovale, si le polygone est pair ; parce qu'il n'y a que ceux-là qui aient toujours la pointe d'un bastion sur chaque extrêmité du petit-diametre. La *Fig.* 3 de la *Pl.* 28 montre comment on peut faire ce changement. La ligne BO représente le petit diametre d'une ovale, les lignes AB, BD marquent deux côtés extérieurs d'un polygone pair inscrit à l'ovale, & l'on voit qu'en coupant les arcs AB, BD en deux parties égales aux points EC, la ligne EC feroit égale à un des côtés extérieurs, & qu'ainsi je n'aurois qu'à continuer de porter le côté extérieur fur la circonférence, depuis le point E ou le point C, pour changer la situation de ma figure ; enforte que les angles flanqués répondroient aux mêmes points auxquels répondoient auparavant le milieu des côtés, & que par conséquent le milieu des côtés répondroient aux points où répondoient les angles flanqués.

Mes côtés étant donc ainsi placés sur l'ovale, j'en retranche trois par une soutendante, que je divise en deux également, *Fig. 4, Pl.* 28. Ensuite après avoir cherché par la Table des côtés intérieurs & extérieurs, la grandeur qu'il faut donner à un côté extérieur, lorsque le côté intérieur est égal au grand côté A B de la Place que j'ai à fortifier, je porte la moitié de cette grandeur sur le milieu de la soutendante de part & d'autre, j'éleve les deux perpendiculaires, comme la figure le montre, & prenant avec le compas la grandeur d'un des côtés décrit sur l'ovale, je porte la pointe sur l'extrêmité de la soutendante, & avec l'autre je décris un arc qui coupe la perpendiculaire, & j'acheve le reste comme ci-dessus.

Mon plan modele étant achevé, je reviens à celui que je dois fortifier; je divise son grand côté A B en deux parties égales, & j'éleve sur le milieu une perpendiculaire indéfinie, *Fig.* 5, *Pl.* 28. Je prends dans le plan modele la distance depuis le milieu de la grande courtine jusqu'à l'extrêmité opposée du petit diametre, & je porte cette distance sur la perpendiculaire, j'y marque la distance de la courtine au grand diametre, & à la soutendante que je tire l'un & l'autre égaux à ceux du modele; je marque aussi sur le grand & le petit diametre les centres X Y, des petits cercles, & le centre du grand cercle; après quoi je décris la partie R T S de l'ovale, dans laquelle j'inscris les côtés qui doivent y être renfermés; enfin j'acheve les trois autres, en suivant toujours les dimensions du plan modele, & je fortifie ces côtés de la maniere que nous avons dit, comme on peut voir dans la Fig. 5. Tout ceci pourroit se pratiquer de même, si l'ovale avoit plus de longueur & moins de largeur.

Ce que je viens de dire du cercle & de l'ovale, se comprendra encore plus aisément par les exemples que je donnerai bientôt, où je déterminerai la grandeur du grand côté, & la longueur de la Place que je n'ai point déterminée ici; & pour ne laisser rien à désirer, j'enseignerai en même tems comment il faut faire quand le grand côté est si long, qu'il faut nécessairement mettre un bastion plat sur le milieu; mais il faut auparavant que je mette ici la Table que j'ai promise ci-dessus, & qui facilitera beaucoup cette pratique par rapport au cercle.

LE PARFAIT

TABLE

Pour trouver la grandeur & le nombre des côtés extérieurs, la longueur du grand rayon, & la capitale, le petit rayon étant donné.

| POUR LE QUARRÉ.				POUR LE PENTAGONE.				POUR L'EXAGONE.			
Petit rayon.	Capitale.	Grand rayon.	Côté extérieur.	Petit rayon.	Capitale.	Grand rayon.	Côté extérieur.	Petit rayon.	Capitale.	Grand rayon.	Côté extérieur.
90	51	141	200	119	51	170	200	$144\frac{1}{2}$	$55\frac{1}{2}$	200	200
88	$49\frac{1}{2}$	$137\frac{1}{2}$	195	116	50	166	195	141	54	195	195
$85\frac{1}{2}$	$48\frac{1}{2}$	134	190	113	$48\frac{1}{2}$	$161\frac{1}{2}$	190	137	53	190	190
83	$47\frac{1}{2}$	$130\frac{1}{2}$	185	110	47	157	185	$133\frac{1}{2}$	$51\frac{1}{2}$	185	185
81	46	127	180	107	46	153	180	130	50	180	180
79	$44\frac{1}{2}$	$123\frac{1}{2}$	175	104	45	149	175	$126\frac{1}{2}$	$48\frac{1}{2}$	175	175
$76\frac{1}{2}$	$43\frac{1}{2}$	120	170	101	$43\frac{1}{2}$	$144\frac{1}{2}$	170	123	47	170	170
74	$42\frac{1}{2}$	$116\frac{1}{2}$	165	98	42	140	165	119	46	165	165
72	41	113	160	95	95	136	160	$115\frac{1}{2}$	$44\frac{1}{2}$	160	160

POUR L'EPTAGONE.				POUR L'OCTOGONE.				POUR L'ENNÉAGONE.			
Petit rayon.	Capitale.	Grand rayon.	Côté extérieur.	Petit rayon.	Capitale.	Grand rayon.	Côté extérieur.	Petit rayon.	Capitale.	Grand rayon.	Côté extérieur.
178	52	230	200	210	51	261	200	242	50	292	200
$173\frac{1}{2}$	$50\frac{1}{2}$	224	195	205	$49\frac{1}{2}$	$254\frac{1}{2}$	195	236	49	285	195
169	$49\frac{1}{2}$	$218\frac{1}{2}$	190	$199\frac{1}{2}$	$48\frac{1}{2}$	248	190	230	48	278	190
$164\frac{1}{2}$	$48\frac{1}{2}$	213	185	194	$47\frac{1}{2}$	$241\frac{1}{2}$	185	224	$46\frac{1}{2}$	$270\frac{1}{2}$	185
160	47	207	180	189	46	235	180	218	45	263	180
$155\frac{1}{2}$	$45\frac{1}{2}$	201	175	184	$44\frac{1}{2}$	$228\frac{1}{2}$	175	212	44	256	175
151	$44\frac{1}{2}$	$195\frac{1}{2}$	170	$178\frac{1}{2}$	$43\frac{1}{2}$	222	170	206	$42\frac{1}{2}$	$248\frac{1}{2}$	170
$146\frac{1}{2}$	$43\frac{1}{2}$	190	165	173	$42\frac{1}{2}$	$215\frac{1}{2}$	165	200	41	241	165
142	42	184	160	168	41	209	160	194	40	234	160

POUR LE DÉCAGONE.				POUR L'ONDÉCAGONE.				POUR LE DODÉCAGONE.			
Petit rayon.	Capitale.	Grand rayon.	Côté extérieur.	Petit rayon.	Capitale.	Grand rayon.	Côté extérieur.	Petit rayon.	Capitale.	Grand rayon.	Côté extérieur.
$274\frac{1}{2}$	$48\frac{1}{2}$	323	200	$305\frac{1}{2}$	49	$354\frac{1}{2}$	200	357	49	386	200
268	47	315	195	293	$47\frac{1}{2}$	$345\frac{1}{2}$	195	329	$47\frac{1}{2}$	$376\frac{1}{2}$	195
261	46	307	190	$290\frac{1}{2}$	$46\frac{1}{2}$	337	190	$320\frac{1}{2}$	$46\frac{1}{2}$	367	190
254	45	299	185	$282\frac{1}{2}$	$45\frac{1}{2}$	328	185	312	45	357	185
247	44	291	180	275	44	319	180	$303\frac{1}{2}$	44	$347\frac{1}{2}$	180
240	43	283	175	$267\frac{1}{2}$	$42\frac{1}{2}$	310	175	295	43	338	175
233	42	275	170	$259\frac{1}{2}$	$41\frac{1}{2}$	301	170	$286\frac{1}{2}$	$41\frac{1}{2}$	328	170
$226\frac{1}{2}$	$40\frac{1}{2}$	267	165	252	$40\frac{1}{2}$	$292\frac{1}{2}$	165	278	$40\frac{1}{2}$	$318\frac{1}{2}$	165
$219\frac{1}{2}$	$39\frac{1}{2}$	259	160	$244\frac{1}{2}$	39	$283\frac{1}{2}$	160	270	$38\frac{1}{2}$	$308\frac{1}{2}$	160

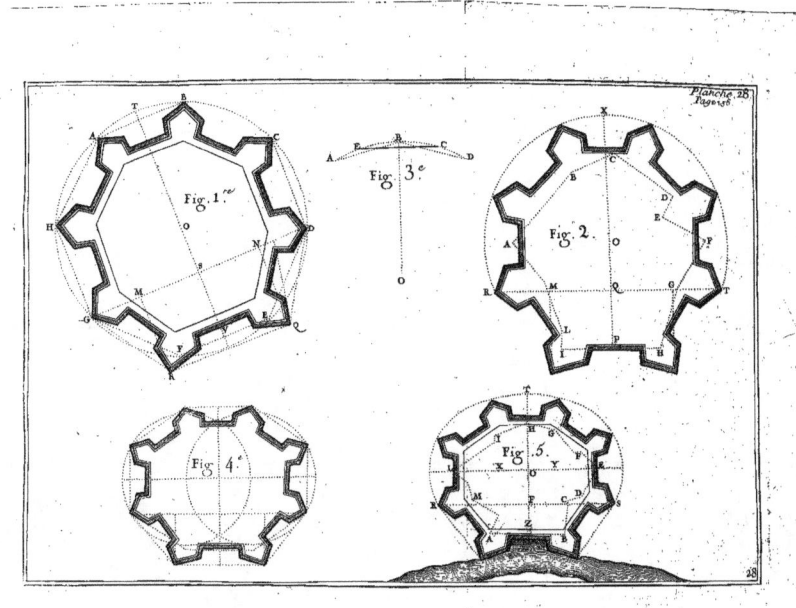

La premiere colonne de cette Table marque les petits rayons des polygones proportionnés aux différentes grandeurs que leurs côtés extérieurs peuvent avoir. La seconde marque les capitales; la troisieme les grands rayons, & la quatrieme enfin les côtés extérieurs: mais comme ces côtés ne sont que depuis 160 jusqu'à 200, & qu'ils se surpassent les uns les autres de 5 en 5, si on vouloit avoir ou les petits diametres, ou les capitales, ou enfin les grands diametres pour des côtés plus grands ou plus petits, ou intermédiaires à ceux de la Table, on se serviroit des moyens que j'ai enseigné pour les Tables précédentes, & que je ne répéterai point ici.

Cette Table peut être d'une grande utilité dans la pratique: car supposé qu'on voulût bâtir une nouvelle Place, dont on détermineroit le diametre intérieur, ou qu'il fallût rendre réguliere une ancienne Place sans toucher à son diametre, on diviseroit ce diametre en deux parties égales, & sa moitié étant le rayon intérieur, on verroit tout d'un coup dans la Table quelle sorte de polygone conviendroit à la Place, quelle seroit la grandeur de son diametre & celle de ses côtés: mais il faut observer que lorsque le petit rayon pourra appartenir à deux différens polygones, ce qui arrivera souvent, il faudra toujours choisir celui qui donne les côtés extérieurs plus approchans de 180; & si l'un donnoit des côtés aussi inférieurs à 180, que l'autre les donneroit supérieurs, par exemple, que l'un donnât des côtés de 170, & l'autre de 190, il faudroit prendre le plus grand préférablement au plus petit, parce qu'outre la dépense qu'on épargnera, on aura aussi des bastions plus grands & plus capables, à condition cependant qu'on ne donnera jamais 200, ou même 195 à tous les côtés, parce que la ligne de défense seroit un peu trop longue pour la portée du mousquet. Tout ceci s'éclaircira davantage par les exemples suivans, où je montrerai en même tems ce qu'il faut faire quand le grand côté est si long, qu'il faut nécessairement y faire un bastion plat au milieu.

Supposons donc qu'on me donne à fortifier la Place irréguliere ABCDEFGHI, que je puis rendre réguliere de tous les côtés, *Fig. 2, Pl. 29*, à condition cependant que je ne touche point au long côté AB, qui est sur le bord d'une riviere; je prends la plus grande largeur de la Ville, qui est à peu près de H en D, & trouvant que cette largeur est, par exemple, de 448 toises, j'en prends la moitié 224, que je regarde comme un rayon intérieur.

J'examine dans la Table à quel polygone ce rayon intérieur appartient; & cette Table me faisant connoître qu'on peut l'appliquer à un décagone, dont le côté extérieur est à peu près de 164 toises, & à un ennéagone, dont le côté extérieur en a 185; je choisis ce dernier, parce qu'il approche plus de 180; c'est pourquoi je donne au rayon 224 l'augmentation de 46 toises pour la capitale, comme la Table le montre, & j'ai 270 toises ½ pour mon grand rayon, que je transporte sur un autre papier pour faire mon plan modele, tel qu'est ici la *Fig.* 1 de la *Pl.* 29. Je décris donc un cercle sur ce grand rayon, & prenant 185 toises avec le compas, je le porte neuf fois sur la circonférence; ce qui me donne un ennéagone.

Ensuite je reviens au plan que je dois fortifier, & trouvant que son long côté AB, que je regarde comme intérieur, a environ 306 toises, j'en prends la moitié 153, & la Table des côtés intérieurs & extérieurs que j'ai donnée ci-dessus, me fait voir qu'un côté intérieur de 153, appliqué à un ennéagone, a pour côté extérieur 185, d'où je connois que mon long côté extérieur peut se diviser en deux, qui auront chacun 180 toises. C'est pourquoi revenant au plan modele, j'en retranche par une soutendante AB quatre de ses côtés, parce que mon long côté en doit valoir deux, qui joint avec les deux collatéraux AF, BH, me donneront les quatre que je retranche. Je divise cette soutendante en deux parties égales au point C; j'y porte de part & d'autre depuis C en E, & depuis C en D, la moitié de mon long côté extérieur, c'est-à-dire 185 toises, j'éleve les perpendiculaires DH, EF, & des extrêmités A, B de la soutendante, je décris des arcs qui coupent ces perpendiculaires à l'ouverture de 185 toises, parce que les autres côtés du polygone sont de cette grandeur. Ensuite je joins les points de section F, H par une ligne droite FH, que je divise en deux également, & que je fortifie comme deux côtés. La figure fait voir le reste.

Ce plan modele étant fait, *Fig.* 1, *Pl.* 29, je tire son long côté intérieur PQ, qui se trouve égal à celui de la Place que j'ai à fortifier, je le divise en deux également au point S, & j'éleve sur ce point S la perpendiculaire SR, qui passant par le centre, va couper la circonférence au point opposé R; après quoi je reviens au plan de ma Place, *Fig.* 2, *Pl.* 29, & ayant divisé son long côté intérieur AB au point M, & élevé la perpendiculaire MP indéfinie, je porte sur cette perpendiculaire les distances du centre, de la foutendante & de la circonférence, telles qu'elles font dans le plan modele. Enfuite ayant tiré ma foutendante TV, parallele au long côté, & égale à celle du plan modele, je décris le grand arc du cercle TPV, dans lequel j'infcris les cinq côtés extérieurs qui y doivent être renfermés. Enfin je trouve les quatre autres, en marquant les diftances NX, NY, égales à celles du modele, en élevant les perpendiculaires, &c.

Si les angles flanqués qui font à chaque extrêmité devenoient trop aigus, on diminueroit la grandeur de la perpendiculaire par l'extrêmité de laquelle paffent les lignes de défenfe, comme nous avons dit ailleurs, & l'on fuppléeroit à la petiteffe des flancs par quelques dehors. On voit affez, fans que j'en faffe une remarque particuliere, que les Places qui ont un long côté de cette nature, doivent être capables de huit, ou tout au moins de fept baftions.

A préfent fuppofons que la Place à fortifier foit plus longue que large, enforte qu'on ne puiffe la rendre réguliere que par le moyen d'une ovale, telle qu'eft la *Fig.* 4, *Pl.* 29, ABCDEFGH, dont le long côté AB eft d'environ 310 toifes. Je prends la plus grande longueur de cette Place, qui eft à peu près de H en C, cette longueur étant de 525 toifes, je trouve dans la Table des grands & petits diametres de l'ovale que j'ai donnée ci-deffus, qu'elle appartient à un décagone, dont le côté extérieur eft de 180 toifes, & que fon grand diametre doit en avoir 665 : c'eft pourquoi j'ajoute à la longueur 525, 140 toifes, comme la même Table me le montre, & je tranfporte cette ligne, qui fera de 665 toifes fur un autre papier, telle qu'eft ici la *Fig.* 3, *Pl.* 29, qui doit me fervir de modele. Je divife cette ligne en trois parties égales, je décris mon ovale à l'ordinaire, & j'y infcris un décagone, en prenant avec le compas 180 toifes, que je porte dix fois fur la circonférence de l'ovale. Il faut obferver ici qu'il y ait toujours un angle flanqué à l'extrêmité du petit rayon, afin que la foutendante, qui coupera les quatre côtés, foit parallele au grand côté que le plan doit avoir ; ce qui fera facile à faire, fi on commence toujours à infcrire le polygone par l'extrêmité du petit rayon, comme nous avons dit en expliquant la Table des ovales.

Le polygone étant infcrit, je reviens au plan que je dois fortifier ; & comme fon long côté AB, que je regarde comme intérieur, a 310 toifes, j'en prends la moitié 155, & je trouve dans la Table des côtés intérieurs & extérieurs, qu'elle appartient à un décagone, dont le côté extérieur est de 182 toises, d'où je connois que mon long côté extérieur en aura le double, & que je dois y faire un bastion plat sur le milieu ; c'est pourquoi revenant à mon modele, j'en retranche quatre côtés par une soutendante parallele au grand diametre. Je la divise en deux également au point C, j'y porte de part & d'autre de C en D, & de C en E 182 toises, qui est la moitié de mon long côté extérieur ; j'éleve des perpendiculaires, & j'acheve le reste comme la figure le montre, ayant soin de tirer le long côté intérieur H I, qui se trouvera égal à celui de la Place que je dois fortifier.

Après avoir ainsi fait mon modele, je divise le long côté A B en deux parties égales au point R; j'éleve sur ce point une perpendiculaire indéfinie, sur laquelle ayant porté les distances de l'extrêmité opposée du petit diametre, de la soutendante, & du grand diametre, je tire le grand diametre & la soutendante égaux à ceux du modele. Je marque aussi sur le grand & le petit diametre les centres P, Q des petits cercles, & le centre M du grand arc ; après quoi je décris la grande portion d'ovale X V Y, & je fais le reste comme ci-dessus.

Cette pratique peut s'appliquer facilement sur les ovales alongées, dont nous avons parlé ailleurs, sans qu'il soit besoin d'en donner des exemples. Mais comme il pourroit arriver qu'une Place qui auroit un long côté intérieur correspondant à un extérieur de 200 ou 240 toises, s'étendît vers le côté opposé, de sorte qu'il fallût l'enfermer dans une ovale, dont le long diametre seroit perpendiculaire au long côté, voici de quelle maniere il faudroit alors se comporter.

On prendroit la plus grande largeur de la Place, parallele au long côté, *Fig. 5, Pl. 29*, & l'on trouveroit dans la Table des ovales à quel polygone cette largeur intérieure appartient, quelle doit être la grandeur des côtés extérieurs, celle du petit & du grand diametre : c'est pourquoi après avoir donné à cette largeur l'addition que la même Table marque, on la diviseroit en deux également, & l'on feroit passer par le milieu une perpendiculaire égale au grand diametre, ensorte qu'elle fût divisée en deux également par le petit diametre. Cela fait, on diviseroit ce grand diametre, & l'on décriroit l'ovale à la maniere ordinaire. Ensuite si le polygone qui y conviendroit étoit impair, on commenceroit

à

à porter les côtés fur la circonférence par l'extrêmité du grand diametre oppofé au grand côté, s'il étoit hexagone ou décagone, on commenceroit par l'extrêmité du petit diametre; mais s'il étoit octogone ou dodécagone, on fe ferviroit de la maniere que nous avons dit, *Fig.* 3, *Pl.* 28, pour faire enforte que le grand diametre tombât toujours fur le milieu d'une courtine vers le grand côté, afin que la foutendante qui dans ce cas ne doit retrancher que trois côtés, fe trouvât toujours parallele au long côté que la place doit avoir.

Après avoir ainfi infcrit fon polygone, tel qu'eft l'octogone de la *Fig.* 5, *Pl.* 29, dont je fuppofe que les côtés ont 180 toifes, on en retrancheroit trois par une foutendante CD parallele au petit diametre. On diviferoit cette foutendante en deux également au point G, & l'on porteroit de part & d'autre la moitié du côté extérieur convenable au côté intérieur donné ; on éleveroit les deux perpendiculaires HE, LF, & l'on acheveroit à l'ordinaire le plan modele dont l'on fe ferviroit, comme nous avons dit ci-deffus.

Je me fuis étendu fur cet article & fur le précédent, parce qu'il me paroît qu'il n'y a guere de place irréguliere qu'on ne pût, avec peu de frais, & fouvent même en épargnant, réduire à quelqu'une des figures dont nous avons parlé, au lieu de s'attacher trop fcrupuleufement, comme on fait quelquefois, à une vieille enceinte, dont les angles aigus ou rentrans, ou les côtés trop grands ou trop petits, engagent fouvent à une plus grande dépenfe que celle qu'on veut éviter, & ne permettent jamais de les fortifier auffi-bien que par quelqu'une des manieres précédentes : cependant comme il peut arriver des cas où il faut néceffairement s'affujettir aux figures bizarres des places, nous allons voir dans les articles fuivans comment on peut les mettre en état d'une bonne défenfe.

Fortifier un côté trop court.

Ceux qui fortifient du dedans en dehors, diminuent les demi-gorges des côtés trop courts, enforte que la courtine ait tout au moins foixante toifes, & les retranchent même totalement, s'il eft néceffaire, comme lorfque le petit côté n'a que foixante toifes ; enfuite ils élevent à l'extrêmité de la courtine leurs flancs, & tirent les lignes de défenfe rafante, comme nous avons dit en expliquant la *Fig.* 5 de la *Pl.* 25. Après quoi ils prennent les gorges sur les côtés collatéraux sur lesquels ils elevent aussi leurs flancs, & déterminent les faces de part & d'autre par les lignes de défense qui coupent les premieres aux angles flanqués. Cela suppose que les côtés collatéraux soient assez grands pour recevoir la gorge entiere; mais s'ils ne l'étoient pas, ou que le petit fût au dessous de 60 toises, alors ils retranchent le petit côté, soit en prolongeant les côtés collatéraux jusqu'à leur rencontre, au cas qu'ils ne fassent pas un angle trop aigu, soit en retranchant même quelque chose de la capacité de la Place, s'ils ne peuvent pas faire autrement.

Cette maniere de fortifier est sujette à de grands inconvéniens, comme nous avons vu ailleurs; c'est pourquoi nous tâcherons de fortifier toujours du dehors en dedans dans tous les cas que nous allons expliquer ici en deux exemples, dont le premier sera pour les petits côtés & les angles rentrans, & le second pour les angles aigus.

Supposons donc qu'on me donne à fortifier la Place irréguliere ABCDEFGHILM, &c. dont les côtés AB, TS, GH sont trop courts, & les angles P, M, I, D sont rentrans, *Fig.* 1, *Pl.* 30; je dois nécessairement corriger les côtés trop courts, parce qu'autrement les courtines n'ayant pas assez de longueur, le canon & les mousquetaires de chaque flanc ne pourroient pas en découvrir la moitié, à cause de la hauteur du rempart & de l'épaisseur du parapet, à moins qu'on ne donnât une pente extraordinaire aux embrasures & au sommet du parapet; ce qui l'affoibliroit infiniment, outre que le canon ne plongeroit que très-difficilement à une si petite distance. Je dois aussi remédier aux angles rentrans, qui ne pouvant se défendre par eux-mêmes, ce qui les fait appeller angles morts, donneroient occasion au Mineur de s'en approcher sans être découvert : c'est pourquoi je cherche d'abord les côtés extérieurs de tous les côtés qui sont entre deux angles saillans par le moyen de la Table des côtés intérieurs & extérieurs que j'ai donnée ci-dessus; ou même, sans m'assujettir à chercher la valeur des angles, je mets les côtés extérieurs en dehors, à une distance plus ou moins grande, selon que les côtés intérieurs sont plus ou moins grands. Ainsi la Table me faisant voir que pour un côté intérieur de 160 toises, & au-dessus, je puis mettre 49, 50, ou 51 toises de distance pour le côté intérieur, je diminue cette distance à proportion que les

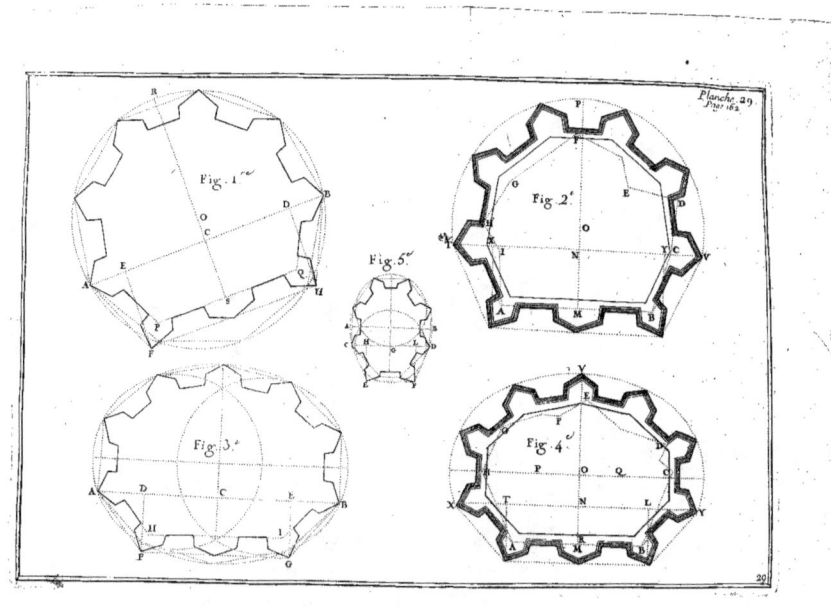

Ingenieur François.

côtés intérieurs diminuent ; quelques toises de plus ou de moins ne font rien, & je puis même les donner ou les retrancher, si je trouve par-là le moyen de rendre ma fortification meilleure. Mes côtés extérieurs étant trouvés, il en arrive, ou que ceux des petits côtés ayant anticipé sur les autres, se sont agrandis, sans gâter leurs voisins, ou qu'en s'agrandissant ils ont trop affoibli ceux qui étoient auprès.

Si le côté extérieur s'est agrandi sans rendre irréguliers ses deux voisins, alors je fortifie ces trois côtés à la maniere ordinaire, donnant à la perpendiculaire par où passent les lignes de défense, la six, la sept, ou la huitieme partie du côté extérieur, selon que l'angle est plus ou moins ouvert. C'est ainsi que j'ai fortifié les trois côtés VA, AB, BC, dont celui du milieu AB est devenu régulier, quoiqu'il fût auparavant trop court.

Si le côté extérieur ne peut s'agrandir qu'en gâtant ses deux voisins, alors il faut absolument le retrancher, & prolonger ses voisins jusqu'à ce qu'ils se rencontrent, ensorte que de trois côtés on n'en fera que deux, & c'est ainsi que j'ai fortifié les trois côtés VT, TS, SR, que j'ai réduits aux deux côtés ab, bc. J'ai fait la même chose pour le petit côté GH.

Mais si les deux côtés voisins ne pouvoient être prolongés sans devenir trop grands, alors il faudroit s'étendre du côté de la campagne, jusqu'à ce qu'on eût trois côtés qui fussent au moins de 160 toises chacun, ou se retirer un peu vers la Place, jusqu'à ce que les deux grands côtés fussent réduits à 90 toises chacun tout au plus.

Par rapport aux angles rentrans, tel qu'est l'angle P, je ne cherche point le côté extérieur ; mais je prends avec le compas 120 ou 125 toises, qui est la portée ordinaire du mousquet, & mettant une pointe sur l'extrêmité X du côté extérieur voisin, je décris avec l'autre un arc qui coupe le côté QP au point P, & je tire la ligne XP sur laquelle je prends 50 ou 52 toises pour la face Xm ; je tire ensuite le flanc mr sur le côté QP, lui donnant plus ou moins d'inclinaison, selon le besoin ; & comme la ligne XP aboutit au sommet de l'angle rentrant, tout se trouve en bonne défense de ce côté-là. J'aurois fait de même sur l'autre côté PO, s'il avoit été de la même longueur : mais cette longueur s'étant trouvée double, j'y ai mis un bastion plat au milieu par le moyen du côté extérieur sn, que j'ai tiré de l'extrêmité du côté extérieur voisin. Ainsi toutes les parties sont à la portée du mousquet, & l'angle rentrant se trouve très-bien fortifié.

Si le côté P étant trop long pour la portée du mousquet, ne l'étoit pas assez pour recevoir un bastion, je décrirois de l'extrêmité *n* un arc à l'ouverture de 120 ou 125 toises; & supposé qu'il coupât le côté PO au point *l*, j'éleverois sur le point un flanc *l h* à discrétion, après quoi je tirerois la ligne *h* P, comme on voit dans la figure.

Si les deux côtés de l'angle rentrant étoient trop longs pour la portée du mousquet, je ferois au sommet de l'angle un bastion plat, comme en M, ou bien une plate-forme comme en D, si le bastion plat prenoit trop sur la longueur.

Enfin si l'angle rentrant donnoit des angles saillans trop aigus, tel qu'est l'angle I, je renfermerois alors cet angle dans la Place, en fermant son ouverture par un côté intérieur H L, que je fortifierois de même que les autres.

Pour les angles aigus, c'est-à-dire qui sont au dessous de 90 degrés, je les fortifierois de la maniere suivante. Supposé, par exemple, qu'on me donne à fortifier la Place irréguliere ABCDEF, *Fig.* 2, *Pl.* 30, dont l'angle A est au dessous de 90 degrés, je chercherois d'abord les côtés extérieurs de tous les côtés de cette place, excepté de ceux qui forment l'angle aigu; ensuite j'agrandirois l'angle A tout au moins jusqu'à 90 degrés; ce qui se fait en donnant de chaque côté la moitié des degrés qui lui manquent. Ainsi supposé qu'il soit de 60 degrés, comme il est ici, je ferois l'angle BAH d'un côté, & FAL de l'autre, chacun de 15 degrés; ce qui feroit 30 pour les deux, qui ajoutés à 60, font 90. Je donnerois ensuite aux lignes AH, AL une longueur raisonnable pour un côté extérieur, c'est-à-dire 170 ou 180 toises; après quoi, ou ces lignes aboutiroient à l'extrêmité des autres côtés extérieurs, ou elles passeroient au-delà. Si elles y aboutissoient, comme la ligne AH, je les fortifierois en ne donnant que la huitieme partie à la perpendiculaire, à cause que l'angle n'est que de 90 degrés, & si ces lignes passoient au-delà des autres côtés extérieurs, comme la ligne AL, qui passe au-delà du côté extérieur OP, alors je mettrois ce côté extérieur de O en L, sans me mettre en peine qu'il ne fût pas parallele à l'intérieur, & je fortifierois ensuite ces côtés OL, LA à l'ordinaire, en ne donnant à la perpendiculaire, du côté AL, que la huitieme partie, afin que l'angle flanqué fût au moins de 60 degrés.

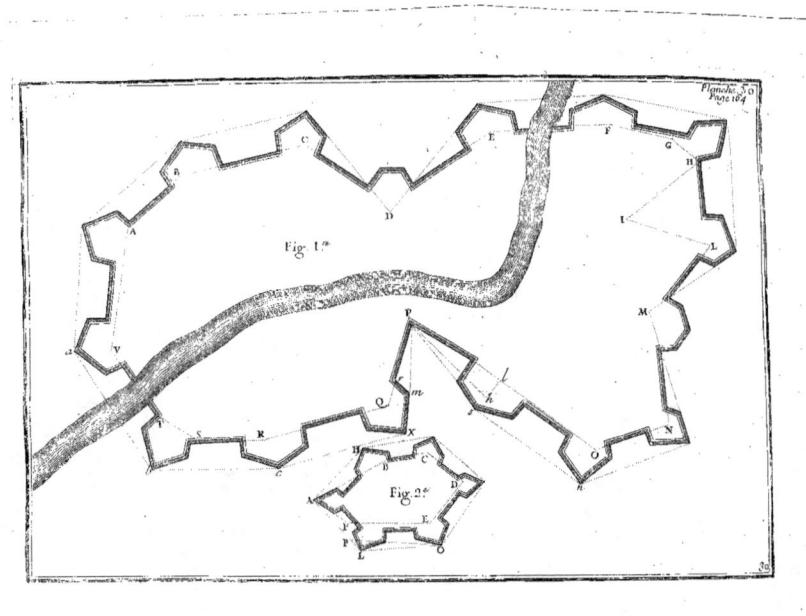

Si les côtés voisins devenoient par-là trop courts, on agrandiroit l'angle, & au lieu de le faire de 90 degrés, on le feroit de 100, de 110, &c. ce qui rendroit l'angle flanqué beaucoup meilleur.

Fortifier les Places situées sur une riviere, sur le bord de la mer, sur une hauteur, &c. & celles dont on veut conserver l'ancienne enceinte.

Ce que nous avons dit au sujet des longs côtés, ne regarde que les Places où les rivieres passent au pied des murailles sans y entrer. Nous allons parler à présent de celles qui en sont traversées, *Fig.* 1, *Pl.* 30.

Il faut observer d'abord de faire toujours l'entrée & la sortie d'une riviere sur le milieu d'une courtine, afin que les deux flancs en défendent le passage.

Si la riviere est étroite, on fait dans la courtine une arche qu'on ferme par une double grille de fer.

Si elle est de la grandeur de la courtine, on plante des pieux d'un bord à l'autre, laissant seulement un passage au milieu pour les bateaux, barques, ou vaisseaux. Ce passage se ferme pendant la nuit par une chaîne de fer; on met aussi de chaque côté du rivage des dehors qui rasent la riviere en croix, pour empêcher l'ennemi d'approcher.

On pourroit même bâtir la courtine toute entiere sur un pont, dont les petites arches qui serviroient pour le passage des bateaux, se fermeroient par des doubles grilles en tems de guerre, & la grande qui seroit pour les barques, se fermeroit avec des chaînes; & si la riviere portoit des vaisseaux, on se contenteroit alors de bâtir les petites arches avec la courtine pardessus, & l'on ne bâtiroit point la grande arche, afin que les vaisseaux pussent entrer librement avec leur mât.

Quand la riviere est plus large que ne doit être la courtine, ensorte que les deux bastions qui sont à chaque côté ne peuvent se défendre mutuellement avec le mousquet, on fait un Fort sur le milieu, & l'on pourroit même joindre les courtines, comme j'ai dit ci-dessus; ce qui feroit sur la riviere un long côté de trois bastions. Il seroit bon de fortifier en même-tems les côtés de la Ville qui sont sur la riviere, de maniere que les deux parties fussent comme deux différentes Villes, afin que si l'ennemi venoit à rompre les défenses qui sont à l'entrée ou à la sortie, il ne pût avancer sans se trouver entre deux feux.

Les Places maritimes se fortifient du côté de la terre à l'ordinaire; du côté de l'eau on fait des remparts, sur lesquels on met d'espace en espace des cavaliers, afin de tenir l'ennemi au large le plus qu'on peut; on met aussi des petits Forts sur tous les endroits de la côte, d'où l'on peut battre avantageusement la mer. L'entrée des Ports peut se fortifier comme celle des rivieres; mais il vaut beaucoup mieux la flanquer par une bonne citadelle de chaque côté, parce que l'ennemi peut se présenter sur la mer avec un plus grand nombre de vaisseaux, & sur un plus large front que sur une riviere.

Pour les Places qui sont sur des rochers hauts & escarpés, on les fortifie en suivant la figure de leur assiette, sans se mettre en peine s'il y a des côtés trop longs ou trop courts, des angles aigus ou rentrans, parce que le mineur ne sçauroit s'y attacher. On taille le rempart dans le roc, au dessus duquel on met un parapet de terre, observant de ne laisser rien qui puisse empêcher d'avoir la vue libre de tous les côtés. Le fossé n'est guere profond, à cause de la dépense excessive qu'il faudroit faire pour le creuser, mais on le fait fort large pour y pratiquer de bonnes défenses, & l'on ajoute tous les dehors qu'on juge nécessaires pour battre le pied de la montagne, en quoi il faut prendre garde qu'on puisse s'en retirer à couvert, quand on sera obligé de les abandonner, parce qu'il ne seroit pas possible à ceux qui remonteroient vers la Place, d'échapper aux coups de l'ennemi, qui les découvriroit depuis la tête jusqu'aux pieds.

Quand les Places sont sur le penchant d'une montagne, il faut absolument occuper tout ce qui est au dessus, ou en le renfermant dans l'enceinte, ou en y avançant des dehors, ou enfin en y construisant une bonne citadelle, pour éviter d'être commandé; & comme l'ennemi peut se rendre maître de ces postes, il faut y prévoir de bonne heure, en élevant les parapets, & mettre des traverses dans toutes les parties qui peuvent être incommodées, comme nous avons dit ailleurs. Le reste se fortifie à l'ordinaire, en avançant des dehors, comme nous venons de le dire, pour battre le pied de la montagne.

Les Places environnées de marais de tous côtés, ont à peu près les mêmes avantages que celles qui sont sur des rochers escarpés, c'est-à-dire que les côtés trop longs ou trop petits, les angles aigus ou rentrans, n'y sont pas des grands défauts, parce qu'on ne sçauroit en approcher; mais si on pouvoit saigner ou dessécher les marais, il faudroit alors y faire un peu plus d'attention, & surtout construire de bons forts dans les endroits où l'ennemi pourroit entreprendre la saignée.

Pour les places dont on veut conserver l'ancienne enceinte, on terrasse les murailles, si elles sont assez fortes pour soutenir un rempart, on corrige les endroits défectueux, on y ajoute des bons bastions, & s'il se rencontre des tours rondes ou quarrées aux courtines, on les remplit de terre, pour s'en servir comme de cavaliers; ensuite on approfondit le fossé, qui ordinairement est trop petit dans ces sortes de Places, & on y ajoute les dehors qu'on juge nécessaires. Mais si les murailles ne sont pas assez fortes pour soutenir un rempart, on fait de nouvelles fortifications dans lesquelles on enferme ces murailles qui peuvent servir de retranchemens dans le besoin, & si on n'avoit pas le tems de faire une nouvelle enceinte de fortifications, on se contenteroit d'agrandir les fossés de l'ancienne, & de la fortifier par de bons dehors.

REMARQUE.

La plûpart des choses que nous venons d'enseigner touchant la fortification irréguliere ont été si bien mises en usage dans la fortification de la ville de Luxembourg, que j'ai cru devoir en rapporter ici un plan exact, *Pl.* 31, afin qu'on puisse mieux juger de la maniere dont on doit faire l'application des maximes.

La ville de Luxembourg est divisée en deux parties, qu'on nomme haute & basse ville. Celle-ci est située dans un grand vallon, entre les côtés A I, I H de la ville haute, & les fortifications qu'on a faites sur les hauteurs du Paffendal, du Parc, du Château, & du Gront; la riviere d'Alsets la traverse, & environne en même tems la hauteur du Château.

Les trois côtés D G, H I, A I de la haute ville étant sur des rochers hauts & escarpés, on en a laissé subsister l'irrégularité, d'autant plus que ces côtés sont faits de telle façon, que toutes leurs parties se défendent mutuellement : on a donc fortifié ces trois côtés tout uniment, en faisant de grands escarpemens aux rochers; mais comme ces rochers ne sont pas d'égale hauteur partout, & qu'il se trouvoit des endroits où il falloit monter beaucoup pour atteindre le niveau de la haute ville, on a construit sur les pentes de ces endroits d'autres fortifications, qui font tout autant de places hautes qui multiplient extrêmement le feu.

Le côté DG est entouré d'un vallon qui lui sert de fossé, & dans lequel coule le ruisseau *Petrus* qui se jette dans l'Alsets. Sur le bord extérieur de ce vallon, on a construit trois bastions détachés avec un large fossé sec, & des demi-lunes avec leurs contre-gardes. Ces ouvrages dominent sur tout ce qui est en face d'eux, & empêchent l'accès du vallon.

Toutes les hauteurs où l'ennemi pourroit se poster pour inquieter la basse ville, sont occupés par le cornichon Q, & par le fort de Grondt, par le Château, le Paffendal, & par les ouvrages extérieurs & avancés de ces fortifications; tous ces ouvrages se communiquent par une enceinte qui commence à la pointe P du fort du S. Esprit, & qui finit sur le chemin couvert du bastion A.

Le terrein qui est au-delà de toutes les fortifications dont nous venons de parler, est si inégal & si exposé de tous côtés aux feux de ces ouvrages, qu'il est difficile, pour ne pas dire impossible, qu'on puisse attaquer la ville de ces côtés.

Les deux autres côtés AB, BD de la haute ville, regardent la plaine, & ont été fortifiés selon les bonnes maximes de la fortification moderne; & comme il y a une pente douce qui conduit à la plaine, on a profité de cet avantage en faisant deux chemins couverts & deux glacis, avec des redoutes à tous les angles saillans & rentrans; ce qui, joint aux demi-lunes & aux contre-gardes qui sont dans le grand fossé, forme une défense très-abondante en feux, & d'autant plus facile à surmonter, que tous les ouvrages sont contreminés, & que le corps de la place se trouve bâti sur un roc dur & ferme, auquel le mineur ne sçauroit s'attacher aisément.

Je n'entre point ici dans le détail de toutes les pieces qui composent les fortifications de cette place; la seule inspection du plan peut aisément en faire concevoir l'usage à ceux qui auront bien compris ce que nous avons enseigné dans ce premier Livre touchant la construction.

NOMS

NOMS DES PRINCIPALES PARTIES
DES FORTIFICATIONS DE LUXEMBOURG.

Planche 31.

A. Baftion de Barlemont.
B. Baftion de Sainte-Marie.
C. Baftion camus : ce baftion a été fait à caufe de la trop grande longuenr du côté D B.
D. Baftion de Saint-Joffe.
E. Baftion de Begue.
F. Baftion de Louvois.
G. Baftion du Saint-Efprit. Il eft aifé de voir par le plan que le fort du Saint-Efprit eft une citadelle.
H. Baftion du Grondt.
I, I. Baftions du Château.
K. Petit Arfenal, fur le fommet duquel on a élevé un cavalier.
L. Grand Arfenal, qui eft auffi furmonté par un cavalier conftruit fur fon faîte.
M. Cavalier du baftion camus, fous lequel eft l'Hôpital des bleffés en tems de fiege.
N. Cavalier avec des fouterreins qui fervent de magafins à vivres.
O. Front du Saint-Efprit, ou de la citadelle du côté de la place.
P,P. Cavaliers du Saint-Efprit, fous l'un defquels il y a un Arfenal.
Q. Cornichon de bonne voie.
R, R. Cafernes du fort de Grondt.
S. Demi-lune à la tête du fort de Grondt.
T. Le Château Billi fur un roc détaché, ayant à l'extrêmité de ce roc une grande Tour 15, qui domine fur le fond du Mansfeld.
V. Cornichon du Parc, avec des ouvrages avancés qui occupent toute la hauteur.
W. Ouvrage à couronne du Paffendal, au-devant duquel eft un ouvrage à corne 34, qui fert à écarter les approches de l'ennemi.

Y

1. Magasins à poudre dans la ville.
2. Casernes dans la ville.
3. Casernes du Saint-Esprit.
4. Casernes du Paffendal pour la cavalerie.
5. Grande communication des redoutes casematées X aux fortifications du Paffendal.
6. Porte de Treves.
7. Porte du Château.
8. Porte du Mansfeld.
9. Fausse porte des Bons-Malades, dans le fond d'un grand ravin, à l'usage des sorties & des petits secours.
10. Porte du Paffendal.
11. Porte des Bons-Malades.
12. Porte d'Elek.
13. Porte Neuve.
19. Fort Saint-Charles à l'épreuve de la bombe, avec l'ouvrage détaché 20 au-devant, qui domine sur les hauteurs.
22 & 23. Ouvrages nouveaux.
24. Batardeau fait en 1728, pour soutenir les eaux du ruisseau *Petrus*.
25. Grosse redoute quarrée au devant du cornichon de Bonne voie.
26. Batardeau pour retenir les eaux de la riviere d'Alsets, & les faire remonter jusqu'au batardeau 24.
29. Boulangeries dans la ville basse du Grondt avec douze fours.
30. Dix autres fours voûtés à l'epreuve de la bombe.
32. Logement du Commandant de la ville basse du Paffendal.

Je ne parle point des autres endroits marqués dans ce plan: leur seule figure en fait voir l'usage & le nom. Il seroit inutile aussi de m'étendre sur les éloges de cette fortification: pour peu qu'on connoisse ce que c'est qu'une ville fortifiée, on conviendra aisément qu'il n'en est point où toutes les bonnes maximes aient été mieux suivies.

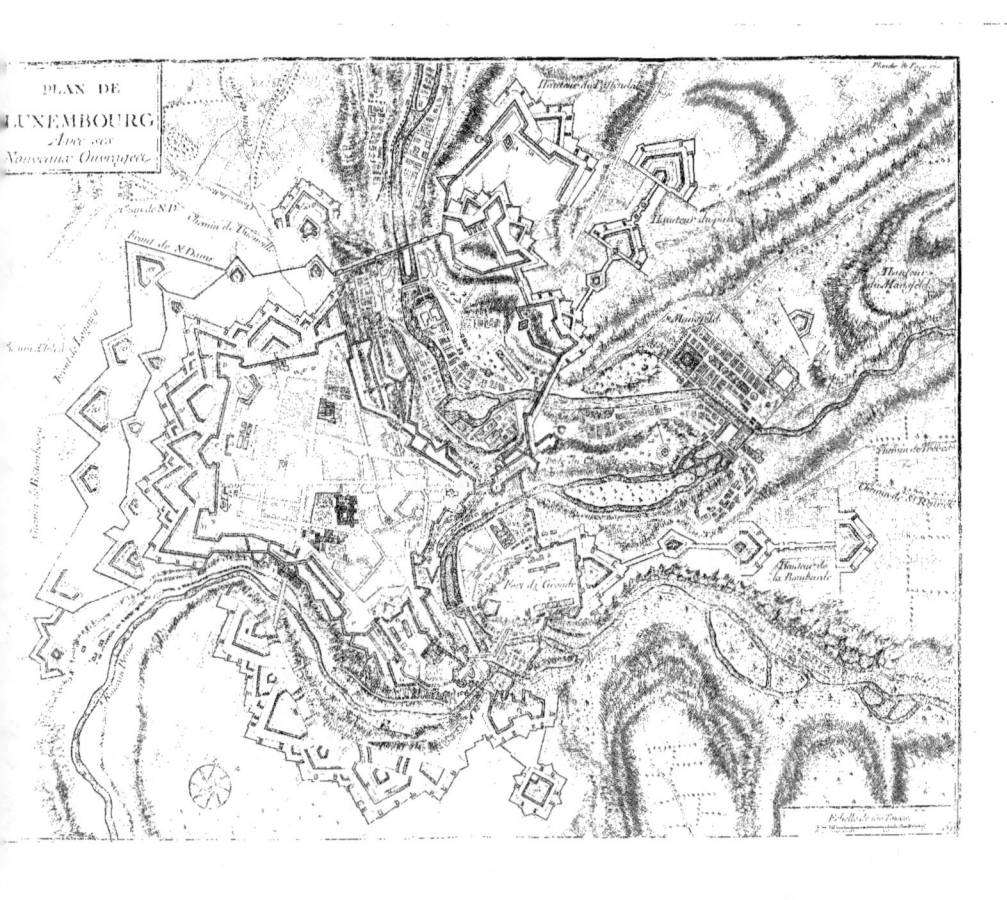

De la construction des Citadelles & des Réduits.

Les citadelles sont des petites fortifications que le Prince fait bâtir pour contenir les habitans d'une ville dont il a lieu de se défier, & pour les défendre contre l'ennemi, s'ils demeurent fideles.

On les fait régulieres le plus qu'on peut ; leur figure est ou quarrée ou pentagonale, ou exagonale ; mais la pentagonale leur convient beaucoup mieux, parce que l'exagonale occupe trop de terrein, & que le quarré ne présente pas à la campagne une assez bonne défense, n'y ayant de ce côté que deux bastions dont les angles sont même trop aigus.

Leur situation doit toujours être dans le lieu le plus élevé, afin qu'elles commandent au reste de la ville, dans laquelle on les fait entrer en partie. On les met aussi quelquefois entre la ville & le lieu de la campagne où l'ennemi pourroit asseoir son camp ; & comme elles n'entrent point alors dans la place, on fait ensorte qu'elles la commandent sans pouvoir en être incommodées, comme nous dirons bientôt.

La longueur qu'on peut donner au côté extérieur, est depuis 120 jusqu'à 150 toises ; mais il seroit à souhaiter qu'on pût toujours s'en tenir à 150, afin de ne pas donner tant de pente aux embrasures & aux parapets des flancs du devant au derriere, pour pouvoir découvrir jusqu'au milieu de la courtine.

Quand on veut faire entrer en partie la citadelle dans la ville, on retranche de la place un bastion avec les deux courtines voisines, & les deux flancs des bastions opposés, *Fig.* 1, *Pl.* 32 : on prolonge ensuite la capitale du bastion qu'on a retranché, & l'on y prend un point à discrétion, autour duquel on décrit un cercle dont le rayon soit proportionné à la grandeur qu'on veut donner au côté extérieur, ce que l'on trouvera facilement par la Table des côtés & des rayons que nous avons donnée ci-dessus. Ainsi supposé qu'on veuille donner 150 toises au côté extérieur, on cherchera dans cette Table le côté extérieur 150 pour le pentagone : mais comme il n'y a dans cette Table que le côté 160, & ceux qui sont au dessus, on y trouvera qu'à mesure que les côtés extérieurs augmentent ou diminuent de cinq toises, les grands rayons augmentent ou diminuent de quatre : c'est pourquoi comme 150 est plus petit que 160 de deux fois cinq, on diminuera le grand rayon du côté 160 de deux fois quatre, & l'on aura 126 pour le grand rayon du côté 150.

Le cercle étant ainsi tracé, on y inscrira le pentagone, de sorte qu'il y ait deux bastions tournés vers la place, & on le fortifiera à la maniere ordinaire, comme la figure le fait voir. On peut mettre une demi-lune devant la courtine qui tourne vers la place, & ajouter à sa contre-escarpe un chemin couvert & un glacis que je n'y ai point mis. On laisse toujours un grand espace vuide entre la ville & la partie de la citadelle qui y entre, afin de pouvoir découvrir de tous les côtés; c'est ce qu'on appelle l'esplanade.

Les faces des deux bastions, dont on a rompu les flancs, doivent être alignées, ou sur le milieu des faces de la citadelle, ou même sur le milieu des courtines, afin qu'elles en soient enfilées, & leur rempart doit aller en pente jusques sur la contre-escarpe de la citadelle.

Quand la citadelle n'entre point dans la ville, on pose son centre sur la perpendiculaire, tirée du milieu d'une courtine, *Fig.* 2, *Pl.* 32; mais on ôte les remparts de la place qui sont tournés de ce côté, & l'on n'y laisse qu'une petite muraille; on fait l'esplanade entre la ville & la citadelle, & l'on fait communiquer les fossés par deux autres petits fossés qu'on creuse vers la pointe des bastions, & dont la terre sert à faire un épaulement à l'esplanade de chaque côté. Si la citadelle n'est pas assez élevée par la situation du terrein, on en éleve les remparts du côté de la place, jusqu'à ce qu'ils la dominent.

Il n'y a ordinairement que deux portes dans une citadelle, l'une du côté de la place, & l'autre du côté de la campagne, qu'on n'ouvre que pour y faire entrer du secours & des vivres; ce qui l'a fait appeller porte de secours.

Les citadelles des Villes maritimes doivent commander la mer & la terre également, pour empêcher qu'aucun vaisseau ne puisse entrer dans la place sans passer sous son feu; ce qu'il faut faire aussi pour les villes situées sur des rivieres.

Quand on veut ménager la dépense, on retranche deux bastions avec la moitié des deux courtines collatérales, *Fig.* 3, *Pl.* 32, ensuite l'on prend sur la perpendiculaire qui coupe en deux également la courtine du milieu, un point plus ou moins éloigné de cette courtine, selon qu'on veut plus ou moins s'étendre dans la place, & de ce point on décrit une portion du cercle qui passe par l'extrêmité des deux moitiés de courtine qu'on a retranchées; après quoi on divise cet arc en trois également; ce qui donne trois côtés extérieurs, qu'on fortifie à l'ordinaire, & c'est ce qu'on appelle un réduit. Mais cette sorte de citadelle est toujours incommode, & à la ville où on la bâtit, parce qu'elle occupe plus de terrein en dedans que les autres, & à la garnison qu'on y met, qui s'y trouve extrêmement resserrée : c'est pourquoi je ne voudrois pas regarder de si près à la dépense, & je préférerois toujours une bonne citadelle, quoiqu'elle coutat un peu plus, à cette espece de fortification. Si cependant une place étoit médiocrement peuplée, & qu'on pût en contenir les habitans avec une petite garnison, ou si, après avoir fait une bonne citadelle, on jugeoit à propos de se rendre maître de quelques autres postes, on pourroit alors faire des réduits à la maniere de M. de Vauban en cette sorte, *Figure* 4, *Pl.* 32. On prolongeroit les flancs d'un bastion vers la ville plus ou moins, selon le plus ou moins d'espace qui seroit nécessaire, on feroit à chaque extrêmité un petit bastion que l'on joindroit l'un à l'autre par une courtine, comme l'on peut voir par la *Fig.* 4. On feroit aussi des orillons au grand bastion plus grands qu'à l'ordinaire, afin qu'ils pussent flanquer les faces des petits bastions qui sont tournés de ce côté-là; après quoi on sépareroit la place d'avec le réduit par un fossé, & l'on feroit une esplanade, comme nous avons dit ci-dessus. Il faut toujours observer dans ces réduits de faire une porte dans la retraite de l'orillon, pour pouvoir y faire entrer du secours en cas de besoin.

Si la place étoit fortifiée selon le second ou troisieme systême de M. de Vauban, c'est-à-dire avec des tours bastionnées, on abatteroit une tour bastionnée, & après avoir comblé le petit fossé entre la contre-garde & la place, on prolongeroit vers la ville les flancs de la contre-garde, & l'on acheveroit le reste comme je viens de dire; ce qui donneroit un réduit plus grand que le précédent.

Ces réduits occupent moins de place dans une ville, que ceux dont nous avons parlé, & ont cependant plus de capacité en dedans à proportion de leur grandeur; ce qu'on peut voir par le seul aspect des deux figures.

Les plus mauvaises de toutes les citadelles sont celles qui sont entiérement enfermées dans les villes, parce que les habitans peuvent leur couper toutes sortes de secours : c'est pourquoi s'il y avoit un lieu éminent dans une place, il faudroit toujours faire la citadelle à la maniere ordinaire, & occuper cette éminence par un petit fort. Il seroit bon qu'on pût faire communiquer la citadelle avec le fort par une communication souterreine, afin d'y pouvoir jetter du secours en cas de besoin; & si la distance étoit un peu trop grande, on pourroit faire d'espace en espace des petits postes ou redoutes dans l'entre-deux, qui se communiqueroient par des souterreins. Mais cette précaution n'est pas absolument nécessaire, parce que les habitans ne sont pas ordinairement gens assez résolus pour s'obstiner contre un fort qui peut renverser leurs maisons par le canon & la bombe, & ensevelir sous leurs ruines leurs femmes & leurs enfans.

Fin de la premiere Partie.

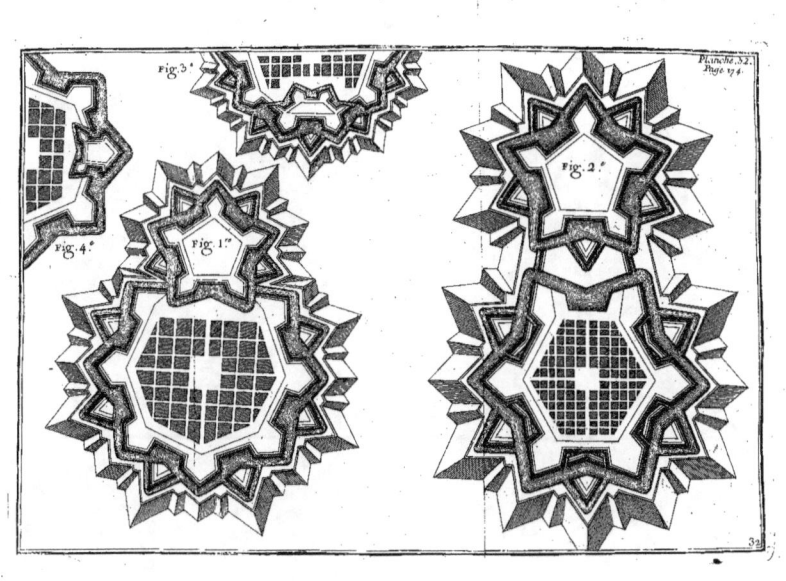

LE PARFAIT INGÉNIEUR FRANÇOIS.

SECONDE PARTIE.
De l'attaque & de la défense des Places.

CHAPITRE PREMIER.
De l'attaque des Places.

Il n'y a rien dans le métier de la guerre qui demande plus de capacité, de jugement & de prudence, que l'art d'attaquer ou de défendre les places. Le succès d'une bataille est souvent l'effet de la fortune & du hasard ; une premiere décharge, dont les coups auront mieux porté d'un côté que de l'autre, un poste un peu moins avantageux, une ou deux actions extraordinaires de valeur faite par quelque Officier ou soldat, un vent qui, s'élevant tout-à-coup, jette la poussiere aux yeux de toute une armée, une pluie, un orage, une terreur panique, ou enfin quelqu'autre accident peuvent faire pencher entiérement la victoire du côté même qui, selon toutes les apparences, devoit être battu.

Les histoires anciennes & modernes nous en fournissent tant d'exemples, qu'il ne seroit ni raisonnable, ni possible de vouloir en douter. Mais lorsqu'il s'agit d'attaquer un ennemi qui s'est renfermé dans une ville qu'il a fortifiée de tous côtés avec beaucoup d'art, de dépense & de loisir; ou qu'étant dans cette place on est obligé de la défendre contre une armée beaucoup plus nombreuse que la garnison, & qui trouve le secret de venir à couvert jusqu'aux pieds des murailles ou des remparts qu'il renverse entiérement par le moyen des mines, après en avoir auparavant détruit les défenses par le canon ou la bombe; c'est alors que la fortune & la valeur même sont forcées de céder au génie; & tel avec beaucoup de courage & grand nombre de soldats, n'a pu se rendre maître d'une place qu'il attaquoit, ou la conserver à son Prince lorsqu'il la défendoit, qui avec moins de bravoure & de troupes, auroit glorieusement réussi dans l'une & l'autre de ces entreprises, s'il avoit eu un peu plus de jugement & de sçavoir. Je ne dis pourtant pas que le courage soit inutile pour la guerre; je sçais au contraire que c'est un meuble absolument nécessaire à cette profession, & qu'il y auroit de la folie de vouloir s'en mêler, si on ne s'étoit pas auparavant bien tâté sur cet article, sans lequel on trembleroit au moindre danger, & l'on n'auroit jamais la tranquillité d'esprit qu'il faut avoir pour bien faire tout ce qu'on fait; mais je dis que ce courage, qui seul peut suffire à un soldat, ne fera jamais qu'un mauvais Général, s'il n'est accompagné de toutes les autres qualités que demande un poste si relevé. Supposons en effet qu'un Général plein de valeur, mais ignorant dans l'art d'attaquer ou de défendre une ville, entre dans le pays ennemi; qu'après y avoir fait quelque dégât, il rencontre l'armée de son adversaire, & que l'ayant engagé à accepter la bataille, il en remporte la victoire, voilà d'abord un grand avantage, qu'il n'est pas même si facile d'acquérir, puisque Annibal, qu'on a toujours regardé comme un des plus habiles Généraux, ne put cependant jamais en venir aux mains avec Fabius Maximus. Mais quel fruit en retirera-t-il? s'il avance dans le pays, en laissant derriere soi les places fortifiées

fiées, où l'ennemi se sera renfermé après la bataille, il court risque de se faire envelopper de tous côtés, & sa démarche, fût-elle favorisée de la fortune, ne sçauroit jamais lui faire honneur. S'il met le siege devant ces places, ignorant comme il est, il y fera périr la moitié ou les trois quarts de ses soldats, & sera enfin obligé de ramener honteusement les tristes débris d'une armée qui cependant aura été victorieuse. Les Ingénieurs, me dira-t-on, suppléeront alors à son défaut de capacité; ils lui fourniront les projets d'attaques, lui feront connoître le fort & le foible des places, & la maniere dont il faut s'y prendre, selon le temps, la situation & les lieux : ce sont-là dans le fonds leurs fonctions, c'est à eux à s'en bien acquitter. Mais il faudroit pour cela que ce général voulût se connoître tel qu'il est, qu'il mît un frein à sa fougue naturelle, qu'il se soumît entiérement aux lumieres des habiles gens qu'il auroit auprès de lui, & qu'il réglât toutes ses démarches sur leurs jugemens; ce qui est encore plus difficile de trouver dans un ignorant qui a de la valeur, que dans celui qui n'en a point. Comment veut-on en effet qu'un homme qui fait tout consister dans une bravoure peu réglée, ne choisisse point parmi les projets d'attaque que les Ingénieurs lui présenteront, ceux qui sont les plus conformes à son tempérament, quoiqu'ils soient les moins convenables & les plus meurtriers; qu'il puisse s'accommoder des longueurs & des précautions que l'on emploie pour ménager la vie de ses soldats; qu'il goûte certains petits délais qu'on ne lui proposera que pour mieux réussir; qu'il s'assujettisse à toutes les formalités qu'on observe dans les sieges avec tant de prudence, mais dont il ne connoît ni les tenans, ni les aboutissans, & qu'au contraire voulant tout donner à cette impétuosité de courage qui le domine, il ne traite de lâcheté & de manque de cœur les mesures nécessaires qu'on voudroit lui faire prendre, & ne fasse massacrer inutilement les trois quarts de son armée ? Ce sont-là des prodiges qu'on ne sçauroit attendre, pour peu qu'on connoisse le cœur humain, & il n'y a, dans ces occasions, que la science ou une humble piété qui puisse les opérer. Je dirai même qu'avec la piété seule on feroit encore bien des fautes, parce que Dieu ne s'est pas engagé de nous donner ordinairement les lumieres nécessaires pour des emplois dont nous nous chargeons mal à propos, à moins que nous ne tâchions de nous en rendre capables par les moyens naturels & humains.

Z

Suppofons à préfent que ce même général, au lieu d'aller attaquer l'ennemi, fe trouve lui-même attaqué, & qu'après une vigoureufe réfiftance, il foit contraint de céder & de fe retirer dans les places fortifiées. Comment pourra-t'il réparer ce premier échec, s'il ne fçait les défendre, & quelles reffources trouvera-t'il pour garantir tout un royaume du malheur qui le menace, s'il eft obligé de paffer de ville en ville, comme un oifeau de branche en branche, & de céder toujours à l'ennemi la derniere dans laquelle il fe fera retiré, après avoir fait périr, par une défenfe mal réglée, la plus grande partie de fa garnifon ? Ce ne fera point alors la perte de la bataille qu'on lui reprochera, c'eft un malheur qui arrive quelquefois aux plus habiles gens; mais ce qui le couvrira d'une honte éternelle, fera de n'avoir pas fçu profiter des fortifications où il s'étoit retiré, & d'avoir ou perdu, ou mis l'Etat à deux doigts de fa perte par fon incapacité. C'eft à quoi, ce me femble, on devroit faire un peu plus d'attention dans les foins que l'on prend pour élever les jeunes Seigneurs. Il eft bon qu'ils fçachent monter à cheval, & faire des armes ; l'un pour fe défendre dans les attaques particulieres, & l'autre pour acquérir de la grace & de la force en même-temps, & pour fçavoir fe tirer de quantité d'occafions dangereufes à la guerre, où l'on périroit fouvent fans néceffité, faute de cette adreffe; mais ce n'eft pas ce qui doit faire leur principale occupation. L'Etat fonde fur eux toutes fes efpérances, c'eft d'eux qu'il attend fa défenfe, fa confervation & fon agrandiffement : il faut donc qu'ils fe mettent en état de remplir ces hautes idées par une étude plus férieufe : c'eft pour leur faciliter cette étude que j'ai entrepris cet Ouvrage, où je tâcherai de ne rien omettre de tout ce qui peut être néceffaire pour leur inftruction. J'ai détaillé, dans la premiere Partie, ce qui regarde la conftruction des places, foit régulieres, foit irrégulieres, parce qu'on ne fçauroit bien attaquer une ville, fi on ne connoît auparavant fa fituation, le fort & le foible de fes défenfes, les parties dont elle eft compofée, & les dehors qu'on peut y avoir ajoutés. Je parlerai dans cette feconde Partie des différentes manieres dont on peut faire fes attaques, felon les différentes occafions, & nous verrons enfuite quelles défenfes il faut oppofer à toutes ces attaques.

Il y a trois manieres d'attaquer les places : par furprife, par force, par famine.

L'attaque par surprise se fait ou par escalade, ou par petard, ou par stratagême, ou par intelligence & trahison.

L'attaque par force se fait ou par canonnade & bombardement, ou d'emblée, ou brusquement, ou dans les formes sans siege, ou dans les formes avec siege.

Enfin l'attaque par famine se fait en environnant une place de tous côtés, afin que n'y pouvant entrer de vivres, elle soit contrainte de se rendre, quand elle aura consommé ses provisions. Entrons dans le détail de ces articles.

SURPRISE PAR ESCALADE.

Avant qu'on eut inventé les armes à feu, on se servoit de l'escalade presque dans tous les sieges, & c'est ce que les Anciens appelloient monter à l'assaut; mais depuis qu'on a mis en usage les armes foudroyantes, l'escalade est devenue inutile pour attaquer ouvertement, & l'on ne la pratique plus que lorsqu'on veut surprendre quelque place dans le temps qu'elle s'y attend le moins.

Les places qu'on peut surprendre par escalade, sont celles où il n'y a qu'une foible garnison composée de mauvaises troupes; celles qui n'ont point de fossés, ou dont le fossé est ou entièrement sec, ou très-facile à passer, y ayant très-peu d'eau; celles dont les murailles sont extrêmement basses, ou ont quelques parties qui ne sont ni vues, ni flanquées des autres; enfin celles qui n'ont point de garde dans les dehors, & où la garde des dedans se fait avec beaucoup de négligence.

Les villes qui ont de bons fossés pleins d'eau autour de leurs murailles, sont à l'abri de ces surprises, à moins que l'eau ne vînt à se geler jusqu'à pouvoir porter; mais si l'eau de ce fossé venoit d'une grande riviere avec qui il eût communication, on pourroit alors faire descendre des bateaux sur la riviere, & y mettre des échelles qu'on dresseroit quand on seroit arrivé au pied de la muraille. On escaladeroit de la même maniere les villes maritimes, dont les murailles sont basses, & où la mer bat au pied; comme aussi les places situées sur des lacs ou marais, pourvu qu'ils fussent navigables. Enfin s'il y avoit dans les fossés pleins d'eau quelque batardeau ou digue, on pourroit tenter la surprise de ce côté-là; car si le batardeau étoit de terre & traversé par des palissades, on les romproit, & s'il étoit de brique

Z ij

ou de pierre, sans tourelle au milieu, on mettroit un petit pont en cet endroit, & l'on iroit ensuite appliquer aux bouts deux ou trois échelles. Mais cette sorte d'escalade ne pourroit guere réussir, à moins que la garnison ne fût très-foible, ou qu'on n'eût assez de loisir pour faire monter beaucoup de monde avant qu'on eût donné l'allarme.

Quand on veut entreprendre une escalade, il faut s'informer auparavant & faire reconnoître avec beaucoup d'exactitude le nombre de la garnison; si elle est composée de vieilles ou de nouvelles troupes; si les habitans sont attachés à leur Prince, & gens résolus à se défendre, ou s'ils sont timides, & se mettent peu en peine d'obéir à un maître plutôt qu'à un autre; où sont les corps-de-garde; les lieux où sont les sentinelles, & combien il y en a; l'ordre des rondes & des patrouilles; l'endroit où l'on s'assemble en cas d'allarmes; les casernes, la Maison de Ville; celle du Commandant, & des autres officiers; où est l'arsenal, & tous les autres bâtimens où on pourroit tenir ferme; quelles sont les principales rues & places; où sont les endroits de la muraille ou du rempart, qu'on peut escalader; si les murailles sont basses, ou si elles sont extrêmement hautes, auquel cas il y auroit risque que les échelles étant chargées, ne cassassent à cause de leur longueur; s'il y a des fraises à la muraille, ou des palissades au pied; si l'endroit où l'on doit poser les échelles est éloigné des gardes & sentinelles; si on peut en dresser plusieurs ou peu à la fois; s'il y a un rempart avec une montée, ou s'il n'y a qu'une simple muraille où il faille des échelles pour descendre dans la place; si les avenues sont faciles ou difficiles; si on peut facilement entrer & sortir du fossé; s'il y a une lunette, auquel cas il faudroit y mettre des petits ponts, s'il y a peu ou beaucoup d'eau dans le fossé; si le fond en est solide, ou s'il est boueux; car alors il faudroit y jetter des claies pour passer sans s'enfoncer; de quelle maniere on peut poser les échelles, & surtout on doit bien remarquer l'endroit où on veut les dresser, parce que s'il falloit aller long-temps autour de la place, l'entreprise courroit grand risque d'échouer. Il faut aussi sçavoir s'il y a des munitions dans la place, pour pouvoir la défendre après qu'on l'aura prise, & quelle est la distance du lieu d'où l'on doit partir; car si l'on ne peut y aller en un jour, & une partie de la nuit, l'entreprise ne pourroit ni rester secrete, ni par conséquent réussir, à moins qu'on n'eût quelque ami près de la place, qui fît chez lui tous les préparatifs, & qui retirât les gens qu'on y enverroit peu à peu, & par divers chemins.

On peut être instruit de tous ces articles, en partie par un plan fidele & exact de la place, & en partie par quelques prisonniers ou déserteurs, par quelques mécontens de la ville, par quelqu'un des places voisines, ou de la campagne, qui entre dans la place & en sort ordinairement sans soupçon, ou enfin par quelque espion déguisé. Pour ce qui regarde les dehors, on peut envoyer un officier d'expérience pendant la nuit, dans un temps de pluie & obscur, afin qu'il puisse, à la faveur des ténèbres, s'avancer & reconnoître jusqu'au pied même des murailles. Mais il doit prendre garde de ne laisser aucune marque de son pied sur le bord du fossé, & d'entrer dans l'eau, s'il y en a, au commencement de la nuit, afin que l'eau ait le temps de s'éclaircir, & qu'on ne s'apperçoive point, quand le jour paroîtra, qu'il y soit entré quelqu'un.

Il faut surtout observer de n'envoyer, pour reconnoître les lieux, que des gens sûrs & fideles, s'assurer même de leurs personnes pendant l'exécution, pour éviter la trahison, & les obliger par-là de dire la vérité, dans la crainte d'être punis, si on découvroit qu'ils eussent eu dessein de tromper; & si l'on recevoit ces instructions de quelques mécontens qui demeurassent actuellement dans la place, il ne faudroit s'y fier qu'après s'être bien éclairci de leur caractere d'esprit, & du sujet de leurs mécontentemens, & les avoir intéressés à garder le secret; car autrement on risqueroit beaucoup, & le gouverneur pourroit bien se servir de pareilles gens pour vous engager dans une entreprise où il auroit ensuite bon marché de vos troupes.

Quand on est bien instruit de tout ce qu'on doit sçavoir, si on juge que l'escalade puisse réussir, & qu'on soit en état de garder la place après l'avoir prise, on fait provision d'armes, d'échelles grandes & petites, de machines & d'instrumens nécessaires pour ouvrir les portes & lever les obstacles qu'on peut rencontrer; on choisit le nombre de soldats & autres gens nécessaires, dont il ne faut ni trop, ni trop peu, l'un faisant manquer l'entreprise, & l'autre n'apportant que de la confusion: c'est pourquoi il suffit que l'infanterie soit le double, ou un peu plus, de celle qui est dans la place; on fait le dispositif de la marche & de l'exécution, donnant à chacun le commandement de ce qu'il doit faire, afin de ne pas perdre de temps quand on sera arrivé près de la place, & d'éviter les disputes ou jalousies sur l'honneur, qui pourroit alors survenir; & l'on détermine enfin le jour & l'heure du départ, après avoir mesuré la longueur du chemin, & le temps qu'il faut employer pour y arriver à point nommé, en quoi il faut prendre garde de se tromper, comme il n'arrive que trop souvent dans ces marches nocturnes, où les fréquentes haltes qu'il faut faire, soit pour attendre la queue, soit à cause des chemins fâcheux, ou des ruisseaux qu'on rencontre, ou des pluies & autres accidens qui peuvent survenir, occupent beaucoup plus de temps qu'on ne croyoit, à moins qu'on ne fasse une diligence extraordinaire.

Les petites échelles servent pour descendre dans le fossé, s'il est profond, & les grandes pour l'escalade. Leur largeur doit être pour y monter un seul homme de front, parce que si on les faisoit plus larges, il faudroit faire les échelons plus gros, de crainte qu'ils ne cassassent, & les autres pieces à proportion; ce qui les rendroit trop pesantes. Elles ne doivent être ni trop longues, ni trop courtes, celles-ci devenant inutiles, & les autres pouvant être vues par les sentinelles qui pourroient facilement les renverser. Pour avoir leur véritable hauteur, on ajoute le quarré de la hauteur de la muraille, au quarré du pied qu'on donne aux échelles, qui est ordinairement le quart de la hauteur, & l'on tire la racine quarrée de cette somme. Ainsi, supposé que la hauteur de la muraille fût de 32 pieds, dont le quarré est de 1024, le pied qu'on donneroit aux échelles devroit être de 8 pieds, dont le quarré est 64, & par conséquent ajoutant 1024 à 64, on auroit 1088, dont la racine quarrée est environ 33 pieds qu'il faudroit donner à la longueur des échelles; mais il faut prendre garde en cela, que la muraille a toujours un talus, & que les fossés vont un peu en pente vers le milieu: c'est pourquoi il faut nécessairement donner quelque chose de plus que ne marque l'extraction de cette racine.

Il y a plusieurs manieres de construire les échelles; mais les plus commodes sont celles dont parle le Chevalier de Ville, & dont je vais donner la Figure. Il en rapporte de deux sortes: les premieres sont composées de plusieurs petites échelles, dont la plus haute, *Fig.* 1, *Pl.* 33, doit avoir à chaque extrêmité supérieure une poulie bien graissée à l'aissieu, & couverte de feutre tout autour, afin qu'elle ne fasse point de bruit. Ses deux bouts inférieurs ont une entaillure couverte de fer blanc, pour pouvoir y enchâsser le premier échelon de l'échelle suivante. Ce premier échelon & ceux des suivantes, doivent être plus longs que les autres, comme les *Fig.* 2 & 3 le font voir. Toutes les échelles qu'on veut mettre entre la plus haute & la plus basse, doivent avoir de semblables entaillures aux deux bouts, & la plus basse, *Fig.* 3, doit avoir ses extrêmités inférieures armées de deux grosses pointes de fer qu'on enfonce en terre, pour les empêcher de reculer. Ces sortes d'échelles sont très-faciles à porter, & peuvent s'alonger ou se raccourcir selon le besoin. Quand on veut les appliquer, on leve contre la muraille la premiere échelle où sont les poulies, on y joint l'autre qui la pousse en haut, & à celle-ci une autre, & ainsi de suite, comme on voit dans la *Fig.* 4, où l'on peut remarquer que les échelles supérieures s'enchâssant dans les plus hauts échelons des inférieures, & celles-ci dans les plus bas échelons des supérieures, le tout ensemble est aussi ferme que si ce n'étoit qu'une échelle d'une seule piece. Je voudrois cependant qu'on arrêtât, par des chevilles, les échelons avec les pieds dans lesquels ils s'enchâssent, tant pour les rendre plus fermes, que pour pouvoir s'en servir à la descente des fossés, où on ne sçauroit les employer sans cette précaution.

La seconde espece d'échelle que rapporte le Chevalier de Ville, se fait ainsi : On prend plusieurs gros bâtons, on les aiguise par un bout, & on les perce par l'autre, *Fig.* 5, *Pl.* 32, ensorte qu'on puisse les enchâsser les uns dans les autres, à peu près comme une bougie dans un flambeau, on les lie ensemble avec des cordes par les deux bouts, on y met au haut un crochet qui puisse s'enchâsser dans le premier échelon; & comme il faut nécessairement laisser une distance un peu trop grande entre ces bâtons, pour pouvoir les enchâsser quand on veut, on fait dans l'entre-deux des échelons de corde, comme la *Fig.* 5 le montre. Lorsqu'on veut appliquer ces échelles, on enchâsse le crochet dans le plus haut échelon que l'on enchâsse dans le suivant, & ainsi des autres; de sorte que toutes les pieces unies ensemble, forment une espece de pique, comme on peut voir dans la *Fig.* 6, *Pl.* 32. On applique ensuite le crochet au haut de la muraille, & tirant le bout que l'on tient par la main, toutes les pieces se démanchent & forment une échelle à laquelle on peut donner le pied qu'on veut, en attachant ses deux bouts à deux piquets enfoncés bien avant dans la terre. Il faut observer de couvrir de feutre les extrêmités supérieures des piquets, pour pouvoir les enfoncer sans faire de bruit,

& que les échelons soient arrangés de telle sorte, que si l'un tourne le bout percé d'un côté, l'autre y tourne le bout aiguisé; car autrement on ne pourroit pas les enchâsser ensemble. Ces sortes d'échelles paroissent plus commodes que les précédentes, mais elles ne sont pas si fermes. De quelque maniere qu'on les fasse, il est bon de les peindre en gris, & d'habiller même de cette couleur, s'il se peut, tous ceux qui doivent exécuter l'entreprise, afin qu'ils soient moins apperçus pendant la nuit.

Tous les préparatifs étant faits, on envoie, la veille du départ, quelques personnes aux environs de la place, pour sçavoir s'il n'y entre point de nouvelles troupes survenues par hazard, ou à la demande du gouverneur qui soupçonneroit l'entreprise. On leur donne un rendez-vous sur le chemin qu'on doit tenir, & le lendemain on tient les portes fermées devant & après le départ, afin que personne ne puisse prendre les devans pour en aller avertir l'ennemi. L'ordre de la marche se fait ainsi : On fait sortir d'abord la cavalerie, dont les coureurs s'avancent assez loin pour arrêter tous ceux qu'ils rencontrent, & se saisir des ponts, s'il s'en trouve sur la route par où il faut passer. Après suivent cinquante fusiliers, ensuite les charrettes, chevaux & mulets qui portent les échelles dont il faut toujours avoir double équipage, afin que si quelqu'une vient à se rompre, on puisse y suppléer. Ces équipages sont suivis des soldats qui doivent dresser les échelles : on en met ordinairement dix pour une échelle entiere, parce qu'il n'est guere possible d'escalader une muraille qui demanderoit plus de 5 petites échelles ajoutées ensemble, & que chacune de ces petites a besoin de deux hommes pour les porter au pied de la muraille. Après ceux-ci on fait marcher ceux qui doivent monter après eux ; leur nombre est environ de cinquante par échelle, & on les divise en petites troupes de dix, qui ont un chef à la tête & à la queue, pour prendre garde qu'on monte sans perdre de temps, & sans surcharger aussi les échelles. Chacun doit sçavoir par quelle échelle il doit monter, & en quel rang, pour éviter la confusion. Enfin la marche se termine par le corps de troupes qui doit demeurer en bataille dehors pendant l'exécution, tant pour soutenir les premiers, s'ils étoient repoussés, que pour s'opposer aux secours qui pourroient s'avancer vers la place.

Si on vouloit former plusieurs attaques, on se diviseroit en plusieurs bandes, qui chacune marcheroit dans le même ordre, & s'avanceroit vers l'endroit qu'elle devroit attaquer.

Il faut soigneusement observer que personne ne s'écarte ni à la tête, ni à la queue; car on ne sçauroit trop prendre garde à la trahison dans ces sortes d'occasions, & si l'on a besoin de guides que l'on ne connoisse pas, il faut les mener liés, de peur qu'ils n'échappent ou par crainte, ou par espoir des récompenses.

Quand on est arrivé à une certaine distance de la place, d'où l'on ne peut entendre les hennissemens des mulets & des chevaux, on envoie dix hommes pour reconnoître si l'ennemi n'auroit pas été averti; & cependant ceux qui doivent porter les équipages, déchargent les mulets & les chevaux qu'on laisse en cet endroit. Après avoir pris chacun ce qu'ils doivent porter, on les fait défiler dans leur rang avec beaucoup de diligence, & dès qu'on est arrivé au lieu de l'escalade, on dresse promptement les échelles sur lesquelles on fait monter les troupes. Il ne faut commencer l'escalade qu'après qu'une ronde sera passée, & l'heure qu'il faut choisir, doit être entre minuit & le point du jour, qui est le temps où la garnison dort le plus profondément. Ceux qui seront montés les premiers, se rangeront en bataille, & resteront, sans faire aucun bruit, jusqu'à ce que la moitié de ceux qui doivent entrer par-là, soient montés. On leur fera ensuite mettre un signal blanc au chapeau, & l'on en détachera une partie pour aller à la plus prochaine porte, où ils tueront tous ceux qui y seront de garde, & ouvriront la porte avec des haches, massues, coins, & autres outils, pour introduire le corps de troupes qui doit entrer par-là. Il faut alors prendre garde que personne ne s'écarte, soit pour poursuivre l'ennemi, soit pour piller, ce qui exposeroit à être repoussés; mais on doit marcher en bon ordre, les uns pour forcer ce à quoi ils sont ordonnés, les autres pour s'emparer des places & des endroits où l'on pourroit tenir ferme, tandis qu'on enverra quelques détachemens aux logis du Gouverneur, du Lieutenant-de-roi, & des autres officiers, pour les prendre, afin que la garnison restant sans chef, ne soit plus en état de rien faire de considérable. S'il y avoit une citadelle ou un château dans la ville, il faudroit la surprendre en même-temps que la place; autrement la garnison pouvant faire entrer du secours par la porte du dehors, pourroit bien aussi vous contraindre à sortir de la place, après vous en être rendu entièrement le maître; & si la citadelle ou le château étoient renfermés dans l'enceinte, ensorte qu'il n'y pût point entrer du secours, il faudroit en ce cas avoir assez de monde, pour empêcher les sorties que la garnison pourroit faire, & les obliger peu à peu à se rendre, en quoi cependant on courroit grand risque; car si cette garnison tenoit ferme, & qu'il arrivât un prompt secours, il seroit bien difficile de pouvoir s'en tirer sans avoir du dessous.

Quand on est maître de la place, le corps de troupes qui étoit resté en dehors, se distribue aux portes pour les garder, on désarme la garnison, on fait prêter serment de fidélité aux habitans, on nomme de nouveaux magistrats, & l'on fait enfin venir des munitions que l'on doit avoir fait préparer auparavant, si la place n'en avoit point.

Si l'entreprise ne réussissoit pas, & qu'on fût repoussé, le corps de troupes du dehors se tiendroit en bataille, jusqu'à ce qu'on eût rassemblé tous ceux qui étoient entrés, & s'opposeroit aux sorties que la garnison pourroit faire, tandis qu'on feroit défiler les autres.

L'escalade, le pétard, & la plûpart des autres surprises dont nous allons parler, ne sont plus d'usage aujourd'hui : la maniere dont les places sont fortifiées, rendent ces entreprises trop difficiles. Cependant il est bon de ne pas les ignorer, & de s'observer toujours, comme si on les pratiquoit, parce qu'un ennemi fin & rusé, pourroit bien s'en servir avec d'autant plus d'avantage, qu'on s'y feroit moins préparé.

Des Surprises par le Petard.

Le pétard est un instrument à feu, inventé en France, & dont les autres nations se sont ensuite servi pour rompre les portes, pont-levis, herses, grilles, & tout ce qui tient lieu de portes, pour abattre des murailles simples & non terrassées, & pour éventer des mines, pourvu qu'il n'y ait pas beaucoup de terre entre deux.

On peut lui donner plusieurs figures, dont la meilleure est celle qui ressemble à une cloche, comme on voit ici dans la *Fig.* 8, *Pl.* 33, qui représente le petard tel qu'il paroît au dehors. Les *Fig.* 9 & 10 le représentent tel qu'on le verroit en dedans, si on le coupoit par le milieu du haut en bas. On y met des anses par lesquelles on l'attache fortement au madrier sur lequel on le met, comme nous dirons bientôt. On peut aussi se servir des anses seulement pour le porter, & y faire un bord bien fort avec quatre trous, par où on le clouera sur le madrier, *Fig.* 8. La lumiere se met au deſſus de la culaſſe, & l'on y fait entrer la fuſée juſque dans le milieu, *Fig.* 9; ou, ſi l'on veut, on fera un canal dans l'épaiſ-ſeur de la culaſſe, juſqu'au milieu où ce canal ſe détournera pour entrer dans le pétard, *Fig.* 10.

La matiere dont on les fait ordinairement, eſt d'alliage ou de bronze : en cas de beſoin on les fait de fer, de plomb, d'étain, & même de bois; mais ils crevent tous, & leur effet n'en eſt par conſéquent pas ſi fort : le tuyau de la fuſée doit être de même métal, & tenir bien au pétard.

La partie oppoſée à la culaſſe s'appelle la bouche du pétard; quand on veut le charger, on l'aſſied ſur ſa culaſſe, tel qu'il eſt dans les *Fig.* 9, 10, & on le remplit de poudre bien fine, que l'on bat ſans la dégraîner, enſorte qu'il y entre une fois & demie autant de poudre que le pétard en contiendroit ſans être battue. Il eſt bon d'y mettre un bâton perpendiculaire ſur le milieu de la culaſſe, de l'épaiſſeur d'un pouce ou un peu plus, ſelon la groſſeur du pétard. On met tout autour de ce bâton la poudre fine & bien battue; & après que le pétard eſt chargé on retire le bâton, & l'on remplit l'eſpace qu'il occupoit, de poudre fine qu'on ne bat point; enſuite, pour l'amorcer, on fait un trou à la charge par la lumiere juſques ſur le milieu de la culaſſe, & l'on remplit encore ce vuide de poudre bien battue; ce qui augmente l'effet du pétard, à cauſe que cette poudre du milieu prend beaucoup mieux.

Quand le pétard eſt chargé juſqu'environ deux doigts près de la bouche, on met ſur la poudre un tranchoir de bois, ou plu-ſieurs cartons bien forts, & l'on acheve de le remplir avec de la cire jaune, de la poix grecque & de la térébenthine. Le bord du pétard doit avoir un petit rebord en dedans, afin que le ciment tienne mieux. Enfin on couvre le tout d'une toile cirée qu'on lie tout autour, afin que la pluie n'y entre point, & l'on obſerve de le porter toujours la culaſſe en bas, pour éviter que la charge ne tombe. La fuſée doit être d'une compoſition qui faſſe ſon effet un peu lentement, afin que le pétardier ait le temps de ſe retirer quand il y aura mis le feu.

Lorſqu'on veut ſe ſervir du pétard, on l'attache à une groſſe piece de bois qu'on met devant ſa bouche, & auquel on le lie par les anſes, s'il n'a point de rebord, *Fig.* 7, *Pl.* 32, ou avec quatre gros clous plantés dans le rebord, s'il en a un qui ſoit percé, ou avec des clous à crochet, s'il ne l'est pas. Cette piece de bois qu'on appelle madrier, doit être ferrée avec de bonnes lames de fer, mises en croix pardessus, *Fig.* 11, *Pl.* 33, afin qu'elle ne se brise pas. On y fait au milieu un creux rond, un peu enfoncé, sur lequel on met le pétard; & on y ajoute à un bout une anse ou un crochet, pour l'attacher contre l'endroit qu'on veut pétarder.

Si on peut approcher de la porte qu'on veut faire sauter, on y attache le madrier, avec un ou deux tire-fonds, *Figure* 12, le joignant, autant qu'on peut, à la porte, afin qu'il fasse plus d'effet.

Si la porte étoit ferrée, & qu'on n'y pût pas planter des tire-fonds, on y mettroit une fourchette qui soutiendroit le madrier, comme on peut voir par la *Fig.* 13. Quelquefois même on en met une à chaque côté du pétard, pour le soutenir mieux, & c'est ainsi qu'on l'applique contre les herses & les barrieres.

Quand on ne peut pas approcher, *Fig.* 14, on attache le pétard au bout d'un pont-volant, qui est armé au bout de deux pointes de fer, & l'on pousse le pont avec rapidité, afin que les pointes entrant bien avant dans la porte, le pétard s'y trouve joint le plus près qu'il se peut.

Les fleches dont on se sert dans ces sortes d'occasions, valent beaucoup mieux que les ponts, *Fig.* 15. Ce sont des pieces de bois, attachées les unes aux autres par des anneaux de fer; la derniere sur laquelle on met le pétard, est armée d'une ou de plusieurs pointes. On met le tout sur deux roues que l'on pousse de même que les ponts. Cette machine est plus légere & plus facile à construire, & l'on épargne par-là les ponts dont l'on se sert pour entrer dans la place lorsque l'ouverture est faite, au lieu que le pétard les brise & les rend inutiles quand on les emploie pour l'attacher à la porte.

Si le fossé étoit trop large, on pourroit se servir d'une machine que le Chevalier de Ville nomme Escale, *Fig.* 16, & qui se construit ainsi : On fait un brancard composé de deux pieces de bois, écartées l'une de l'autre un peu moins que le madrier du pétard n'a de largeur; leur longueur est égale à la largeur du fossé, & leur force doit être proportionnée au poids du pétard. Elles ont des traverses à quelque distance de leur extrêmité ; on les perce au milieu, pour y joindre, avec des chevilles de fer, deux autres pieces; ensorte cependant que le brancard puisse tourner sur les chevilles. On donne à ces deux nouvelles pieces, depuis l'endroit où elles se joignent au brancard, jusqu'à leur extrêmité inférieure, une longueur égale à la profondeur du fossé ; ensuite on les plante dans le milieu du fossé, en observant de tenir toujours relevée l'extrêmité du brancard où le pétard est attaché ; & quand on veut s'en servir, on laisse tomber le brancard qu'on tenoit élevé. Je voudrois, pour plus de précautions, qu'on mît aux deux pieces qui sont plantées dans le fossé, deux autres chevilles tournées du côté du pétard, pour retenir le brancard, en cas que le seuil de la porte ne le retînt point ; car quoique le pétard ne fît pas alors tout l'effet qu'il auroit dû faire, il en feroit beaucoup plus que si le brancard tomboit dans le fossé.

Dans les trois cas dont nous venons de parler, on met le feu au pétard avant de pousser la machine contre la porte ; mais l'on observe de faire une fusée extrêmement lente, afin qu'il ne fasse pas son effet plutôt qu'il ne faut ; ou, pour plus de sûreté, on attache le long de la machine une meche de bonne composition, qui répond à la fusée, & l'on y met le feu après qu'on a avancé la machine.

La grandeur des pétards doit être proportionnée à la force des portes qu'on veut rompre ; car un petit pétard ne feroit presque rien contre une porte double & bien barrée, & un gros pétard ne feroit qu'un trou, de même qu'un boulet de canon dans une porte foible. C'est pourquoi il faut en avoir de différentes grandeurs, & si l'on n'avoit qu'un grand pétard pour appliquer contre une porte foible, il faudroit alors faire le madrier beaucoup plus grand qu'à l'ordinaire, afin qu'il aide à briser la porte. On observera la même chose à l'égard des pétards qu'on met aux barrieres, pour emporter plus de pieux à la fois.

Quand on veut surprendre une ville par le pétard, il faut auparavant s'informer non seulement de ce qui regarde l'intérieur de la place, la force de la garnison, les avenues & les lieux circonvoisins, comme nous avons dit au sujet de l'escalade, mais il faut outre cela faire reconnoître, & sçavoir au juste de quelle maniere sont faites les portes ; s'il y a quelque demi-lune au devant, avec, ou sans fossé ; si le fossé est sec ou plein d'eau, & quelle en est la largeur ; s'il y a des barrieres basses ou hautes, fortes ou foibles ; quelles sentinelles on y met ; combien de portes il faut passer, & quelle est leur distance ; si elles sont de bois ou de fer ; vis-à-vis, ou en détournant ; en quel endroit sont les corps-de-gardes, & combien il en faut passer avant d'arriver à la place, & comment ils font fitués; s'il y a des canons, pierriers ou autres machines; combien on doit paffer de pont-levis; s'ils font à fleches, à bafcules, ou fimplement de planches, qu'on ôte & qu'on met quand on veut; quelle eft leur largeur; s'il y a des herfes ou des orgues; comment elles font foutenues, par où elles tombent, & qui eft celui qui eft chargé de les abattre; où font les ferrures, gonds, chaînes & autres chofes qui ferment la porte, parce que c'eft là où il faut attacher le pétard, afin qu'il ouvre tout d'un coup; s'il y a des meurtrieres ou mâchicoulis en dehors, ou en dedans, entre deux corps-de-gardes; quelles chofes on y tient pour jetter fur ceux qui voudroient entreprendre fur la place; enfin l'on doit s'inftruire à fonds de tout ce qui peut empêcher ou aider le fuccès de l'entreprife.

Après avoir pris toutes les informations néceffaires, on fait fes préparatifs, & l'on fe met enfuite en marche, obfervant ce que nous avons dit en parlant de l'efcalade. On doit avoir double équipage de pétards, de ponts-volans, de fleches, des crics, haches, tenailles, pieds-de-chevre, marteaux, & autres inftrumens, pour rompre & brifer tout ce qui pourroit faire obftacle. Il faut dix hommes pour bien fervir chaque pétard, outre le pétardier & un chef: fçavoir, un qui porte le madrier, trois pour le pétard, c'eft-à-dire deux pour le porter, & un pour les aider en cas de befoin, & tous les quatre pour le porter alternativement de deux en deux, s'il eft attaché au madrier; les deux qui fe repofent portent chacun un marteau de maréchal. Après ceux-ci viennent deux autres, qui ont chacun une grande hache, enfuite un autre avec un pied-de-chevre, un autre avec une lanterne fourde, un autre avec des bouts de meche allumés, & un dixieme qui porte un tire-fonds avec de bons clous & une maffe. Il faut auffi obferver d'avoir plus d'un pétardier pour chaque pétard, à caufe du grand danger où ils font expofés.

Si la barriere que l'on trouve en approchant de la place n'eft faite que pour arrêter les chevaux & les charrettes, on la paffe fans rien rompre; mais s'il y a une paliffade, on en fciera quelques pieux, ou on les rompra avec des haches ou autres inftrumens, tel qu'eft, par exemple, celui de la *Fig.* 17, *Pl.* 33, compofé d'une piece de fer, faite à peu près comme une S, à laquelle on met un levier plus ou moins long, felon l'effort que l'on veut faire. On accroche, avec cette machine, deux pieux, l'un en dedans & l'autre en dehors, & pouffant enfuite le levier, on caſſe néceſſairement l'un ou l'autre. Il faut tâcher de faire le moins de bruit que l'on peut, afin de ne pas donner ſitôt l'allarme à la place.

Si, après avoir paſſé la barriere, on rencontre des ponts-levis, on fera paſſer quelques ſoldats à ſec ou à la nage, ſelon que le foſſé eſt ſec ou plein d'eau, pour défaire les anneaux de la chaîne, qui ne ſont point braſés, tels que ſont ordinairement les derniers d'en bas, & pendant ce temps-là on ſoutiendra le pont avec des hallebardes, pour le laiſſer aller doucement. Mais s'il n'y avoit point d'anneaux qui fuſſent ouverts, on les caſſera avec quelque inſtrument qui faſſe ſon effet promptement & ſans bruit. Le Chevalier de Ville en rapporte pluſieurs de ſa façon, entre leſquels j'ai choiſi celui-ci qui m'a paru le meilleur. Il eſt compoſé d'une vis de fer, qui, étant tournée par une manivelle, pouſſe en bas une platine ſous laquelle eſt un tranchant de bon acier trempé; on met l'anneau de la chaîne entre ce tranchant & une autre platine qui eſt pardeſſous, & l'on tourne la vis juſqu'à ce que l'anneau ſoit caſſé, *Fig.* 18, *Pl.* 33.

Quand on eſt arrivé auprès de la porte de la place, on y attache le pétard de quelqu'une des manieres que nous avons rapportées ci-deſſus, ſelon qu'il en eſt beſoin, & dès que la porte eſt à bas, on fait entrer promptement le plus de monde que l'on peut, avant que la garniſon ait le temps de ſe reconnoître; on détache quelqu'un qui arrête ou tue celui qui eſt chargé d'abattre la herſe, & pendant ce temps-là on met des potences aux couliſſes de la porte, ou des chevalets pardeſſous, pour l'empêcher de tomber. S'il y avoit des orgues, on mettroit à chaque côté de la porte deux tréteaux un peu hauts, & on les couvriroit de fortes planches qui, traverſant la largeur de la porte, empêcheroit les orgues de s'abattre, & donneroit un libre paſſage pardeſſous. Il faudroit avoir préparé cette machine auparavant, afin de la mettre dans l'inſtant que la porte feroit à bas. Mais ſi les orgues ou la herſe ſe baiſſoient avant qu'on eût le temps de les empêcher, il faudroit alors y appliquer un autre pétard.

Dès qu'on eſt maître de l'entrée, on acheve l'exécution, de même que nous avons dit au ſujet de l'eſcalade, obſervant toujours qu'on marche en bon ordre, & que perſonne ne s'écarte, ou ſe mette à piller, de peur que la garniſon venant à ſe rallier dans cette confuſion, ne repouſſe vos troupes.

Quand il faut néceſſairement pétarder pluſieurs barrieres ou portes, avant d'arriver à celle de la place, l'entreprise est très-difficile, à cause que l'ennemi a le temps de se reconnoître, & l'on ne peut guere se flatter de réussir, à moins qu'on ne fasse plusieurs attaques en différens endroits, pour faire diversion. Il seroit même bon, dans ces occasions, d'appliquer en même-temps des échelles à quelque endroit du rempart éloigné des attaques, ou de se servir de quelqu'un des stratagêmes dont nous allons parler, pour surprendre la garnison qui ne pense qu'à se défendre du côté où elle voit les attaques.

DES SURPRISES PAR STRATAGEME.

On comprend sous le nom de stratagêmes, les différentes manieres dont on peut surprendre une place, soit en y faisant entrer des soldats déguisés, soit en embarrassant les portes, soit en se glissant par quelque lieu mal gardé, par des aqueducs & des souterreins abandonnés, par des embrasures trop basses, par des lieux qui paroissent inaccessibles, par quelque porte masquée d'une simple muraille qu'on peut abattre facilement, par quelque sortie ou entrée de riviere, ou enfin en se servant de quelque autre détour ou ruse, selon que l'occasion s'en présente.

De quelque maniere qu'on projette ces sortes d'entreprises, il faut auparavant avoir bien reconnu le dehors & le dedans de la place, les endroits par où on veut s'y glisser, la force ou la foiblesse de la garnison; en un mot tout ce qui peut nuire à la surprise, ou la favoriser, de peur d'envoyer à la boucherie ses meilleurs soldats : car ce sont ordinairement ceux-là qu'on choisit pour de pareils desseins. Il faut surtout être bien assuré que la garnison ne fasse pas son devoir; que les corps-de-gardes soient mal garnis; que les soldats s'en absentent pour aller jouer ou boire; que les chefs soient négligens à faire observer l'ordre des gardes & des rondes; que les portes soient mal gardées, ou qu'il y ait des lieux entiérement négligés, n'étant pas possible de surprendre une place où les regles sont exactement observées.

Si l'on ne peut surprendre une place que par une porte, on fera entrer auparavant & en divers temps, des soldats déguisés en femmes ou en moines, ensuite on fera marcher quelques charrettes chargées de foin, de paille, ou de quelqu'autre marchandise, & l'on embarrassera la porte en démontant une roue ou en tirant une cheville, par le moyen de laquelle l'aissieu vienne

à

à se briser, ou enfin de quelqu'autre maniere que ce soit. Alors les soldats déguisés, se joignant aux conducteurs des charrettes, & à ceux qu'on peut avoir caché dans le foin ou la paille, se jetteront sur le corps-de-garde, tandis que les troupes qu'on aura mises en embuscade autour de la ville, s'avanceront promptement, & tâcheront de se rendre maîtres de la place avant qu'on ait le loisir de leur faire tête. Les villes où il y a grand abord, soit à cause de quelque église célebre, & fréquentée par les peuples des environs, soit à cause de quelque réjouissance, de quelque grande foire ou marché, & celles qui ont dans leur territoire quelque pélerinage où les femmes vont ordinairement, sont très-sujettes à ces sortes de surprises, étant alors facile de faire entrer dans la foule des soldats déguisés.

Si c'est par l'entrée ou la sortie d'une riviere, qu'on veut surprendre la place, on enverra, pendant une nuit obscure, quelques personnes qui scieront quelques-uns des pieux qui la traversent, à deux pieds sous l'eau, sans les achever tout-à-fait; & la nuit du lendemain, on chargera de soldats plusieurs bateaux qui, venant à choquer ces pieux, les abattront, & donneront par-là entrée dans la place. S'il y avoit une chaîne, & qu'elle fût bien longue, on couperoit alors les pieux qui la soutiennent sur le milieu, ou l'on couleroit à fond les bateaux sur lesquels elle seroit appuyée, & la chaîne venant à baisser, on feroit aisément passer pardessus les bateaux chargés de soldats. Que si la chaîne n'étoit pas longue, on la limeroit avec une lime sourde, ou on la romproit avec des eaux fortes; mais comme l'eau forte ordinaire agit trop lentement, le Chevalier de Ville nous en donne une autre composition qu'il prétend être merveilleuse, & que je vais rapporter ici: On prend des lézards à grosse tête, gris, & comme transparens, qu'on nomme Tarentes. Au défaut de ceux-là, qu'on ne trouve guere que dans les villes maritimes de Provence, on se sert de lézards noirs & jaunes, qui viennent dans les pluies d'automne, & qu'on nomme Salamandres ou Mourons. On les met dans un alembic avec les autres ingrédiens nécessaires pour faire l'eau forte; on fait distiller le tout à feu lent, & quand on veut se servir de cette eau, on y trempe un linge, duquel on environne le fer qu'on veut rompre, on l'y laisse quelque temps, & après l'avoir changé deux ou trois fois, le fer casse comme du verre.

On pourroit se servir de cette eau pour casser les grilles qu'on trouveroit dans les aqueducs, lieux souterreins ou autres endroits par lesquels on pourroit entrer dans la place.

On peut aussi faire entrer, pendant le jour, des soldats cachés dans des bateaux chargés de paille, de foin, ou autres marchandises; mais il faut pour cela, que les conducteurs de ces bateaux soient connus de la place, & s'être bien assuré qu'ils ne vous trahiront pas.

Quand il y a dans la place quelque lieu négligé, parce qu'on le croit inaccessible, il faut être bien sûr qu'il n'y a point de sentinelle, que les corps-de-gardes en sont éloignés, & que la garnison est foible; car il faut beaucoup de temps pour faire monter un nombre considérable par ces endroits, & si on venoit à s'en appercevoir, ceux qui seroient montés seroient perdus sans ressource, à cause de la difficulté du retour, à moins qu'ils ne pussent résister à ceux qui les attaqueroient.

On peut encore surprendre une place en envoyant quelque bateleur qui amuse les habitans & les soldats; & pendant ce temps-là on fera entrer du monde par quelque porte mal gardée. On peut mettre le feu à quelque bois ou à quelque maison des environs, pour attirer dehors une partie de la garnison & des habitans, & se rendre maître de la place à moitié dégarnie. Des déserteurs supposés peuvent mettre le feu en plusieurs endroits différens de la ville, afin que tandis qu'on sera occupé à l'éteindre, ceux qui entreprennent la surprise, puissent monter sur les murailles sans être apperçus, ou se rendre plus facilement maîtres des portes. Enfin il y a une infinité d'autres moyens que l'on pourroit employer selon le temps, la situation, le lieu, & les autres circonstances, comme on peut voir par une infinité d'exemples qui sont rapportés dans les Histoires.

DES SURPRISES PAR INTELLIGENCE ET PAR TRAHISON.

Il y a deux sortes de surprises par intelligence: l'une où celui à qui on livre la ville, n'est point obligé de joindre ses forces à ceux qui la lui livrent; l'autre où il faut qu'il l'attaque par quelqu'une des manieres dont nous avons parlé ci-dessus.

On peut avoir la premiere sorte d'intelligence avec un gouverneur qui peut disposer de sa garnison; avec une garnison mécontente du gouverneur & des officiers; avec les habitans qui gardent eux-mêmes la place, s'il n'y a point de garnison;

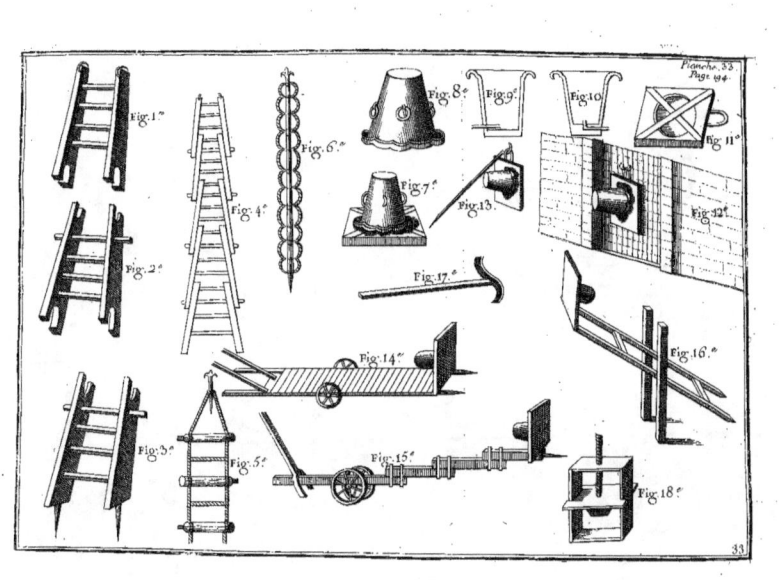

enfin avec le parti le plus fort dans une ville libre où il y a deux partis.

L'autre espece d'intelligence peut se former avec un gouverneur qui ne peut ou n'ose pas tenter la fidélité de la garnison; avec quelques officiers, sergens ou soldats; avec les habitans ou quelques-uns d'entr'eux, &c.

Il faut être extrêmement sur ses gardes dans les intelligences, de quelque espece qu'elles soient, de peur d'en être la dupe : souvent c'est une ruse du gouverneur qui veut vous engager dans une mauvaise entreprise; souvent ceux qui les proposent ne cherchent qu'à lier une négociation d'où ils puissent tirer de l'argent, & manquer ensuite de parole sous mille prétextes. Après tout, qui est capable d'une trahison, peut bien en faire deux; & quelle que soit l'intention de celui qui en a fait l'ouverture, on fait toujours très-sagement de prendre toutes sortes de précautions avec lui.

Comme la trahison est infiniment odieuse, je ne voudrois pas qu'on y engageât personne, ni qu'on fît par conséquent les premieres démarches dans ces sortes de négociations, ne fût-ce même que pour éviter les reproches que le traître pourroit vous en faire dans la suite; mais si, sans y avoir trempé en aucune maniere, la trahison se trouve toute formée dans le cœur de ceux qui viennent la proposer, un général peut alors se servir de leur mauvaise disposition, pour épargner le sang de ses soldats, & pour l'intérêt de son Roi, d'autant mieux que c'est au Prince ennemi à se tenir sur ses gardes, & qu'il doit sçavoir qu'on s'embarrasse fort peu si c'est par valeur ou par ruse qu'on a le dessus à la guerre : il faut cependant éviter qu'on ne fasse rien, dans ces occasions, qui soit contre l'humanité & le droit de la guerre, tel que seroit l'assassinat, le poison, le manque de parole dans les saufs-conduits, &c.

Lors donc qu'on vient faire ces sortes de propositions, il faut examiner soigneusement quel est le caractere des personnes envoyées, & de celles qui les envoient; si ce sont des esprits fermes dans leurs résolutions, ou qui changent facilement; quel est le sujet qui les engage à faire une semblable entreprise; si leur mécontentement vient de loin, ou s'il ne fait que de commencer, auquel cas il faut prendre garde que leur dessein ne vienne d'un premier mouvement de colere dont ils pourroient se repentir dès qu'ils seroient en état d'y faire un peu plus de réflexion; quels sont leurs biens, leurs parens, leurs amis, leurs complices, & quel pouvoir ils ont. Il faut aussi les interroger sur le détail de la place, sur le nombre de la garnison & des habitans, & envoyer en même temps des espions secrets qui s'informent exactement des mêmes choses, pour être assuré qu'on ne vous trompe pas. Il faut enfin examiner le temps, le lieu, & les moyens qu'ils proposent pour exécuter leurs entreprises, & quelles assurances ils peuvent en donner. Par ces sortes d'interrogations faites plusieurs fois, & en divers temps, un général qui a de la prudence pourra comprendre si on parle de bonne foi ou non, & s'il y a moyen de réussir.

Dans les intelligences de la premiere espece, un gouverneur pourra gagner sa garnison, en exagérant les sujets de mécontentement qu'on a, le peu de récompense qu'ils doivent espérer en restant fideles à leur Prince, & en leur faisant de grandes promesses de la part de celui dont il veut embrasser le parti. S'il y a quelques officiers ou soldats dont il ne croie pas être bien reçu, il pourra les envoyer dehors sous divers prétextes. S'il ne croit pas pouvoir gagner sa garnison, & qu'elle soit foible, ensorte qu'elle ne puisse résister aux habitans, il fera courir plusieurs faux bruits, les uns aux désavantages de son Prince, les autres à l'avantage de l'ennemi. Il répandra dans la ville, qu'on doit bientôt les assiéger avec une puissante armée, contre laquelle sa garnison ne sçauroit tenir, & que cependant le Prince ne veut point lui envoyer du secours, sous prétexte que les habitans sont assez forts pour se défendre, mais dans le fonds, à cause du peu d'affection qu'il a pour eux; que les désordres d'un pareil siege les ruineront sans ressource, au lieu qu'ils peuvent tout espérer de la libéralité du Prince qui vient les attaquer, s'ils se donnent volontairement à lui. Ces discours & une infinité d'autres semblables, qui ne coûtent rien à un scélérat qui trahit sa conscience & son Roi, ne manqueront pas de faire de grandes impressions sur l'esprit des habitans qui craignent ordinairement beaucoup la perte de leurs biens; & la garnison qui en sera elle-même ébranlée, sera bientôt contrainte de se rendre à leur volonté.

Une garnison mécontente peut facilement obliger son gouverneur à céder, & si on craignoit quelque chose de la part des habitans, les soldats peuvent auparavant les gagner tous ou en partie, par des faux bruits, comme nous venons de dire. De même les habitans peuvent peu à peu gagner une garnison, en caressant les soldats, & les intéressant dans leur dessein, par les promesses qu'ils leur feront de la part du Prince à qui on veut se livrer; enfin, dans une ville libre, le parti le plus fort peut vous ouvrir les portes, sans que l'autre soit en état d'y résister.

Après avoir bien pris ses mesures dans ces sortes de cas, il faut faire avancer ses troupes le jour assigné, & se rendre maître de la place, où il faut être plus fort que ceux qui l'ont livrée, de peur qu'il ne leur prît envie de vous en chasser. Il est bon même d'en faire sortir, le plutôt que l'on peut, la garnison, sous prétexte de l'envoyer au Prince qui doit la récompenser; & si ce sont les habitans qui l'ont livrée, ou le parti le plus fort dans une ville libre, il faut y entretenir des troupes qui soient en état de résister à leurs mouvemens, sous prétexte de vouloir les défendre contre les entreprises du Prince dont ils ont abandonné le parti, ou de ceux qui en voudroient à leur liberté; & pour les en mieux convaincre, on fera réparer leurs fortifications, en ajoutant même des nouvelles aux endroits trop foibles: mais en même temps on y construira une forte citadelle, pour y renfermer un nombre de troupes capables de les contenir dans leur devoir.

Dans les intelligences de la seconde espece, un gouverneur tâchera de gagner le plus de monde qu'il pourra de sa garnison, & après avoir pris jour avec l'ennemi, il mettra aux portes des gardes à sa dévotion, qui laisseront entrer des soldats déguisés, jusqu'à ce qu'ils soient en assez grand nombre pour pouvoir forcer un corps-de-garde. Il pourra de même mettre des sentinelles sur le rempart, pour favoriser l'escalade, ou l'entrée par la riviere, &c.

Un officier ou un sergent, d'accord avec son caporal, peuvent favoriser de même ces entreprises par les moyens des sentinelles de leur faction, qu'ils mettront aux endroits qu'on veut surprendre.

Un major peut convenir avec l'ennemi, qu'on lui enverra un certain jour une troupe de cent ou de deux cens hommes, dont le chef se dira envoyé pour renforcer la garnison, & lui présentera son ordre supposé; le major l'ayant pris, fera retirer cette troupe, & ordonnera qu'on ferme les barrieres & les portes, jusqu'à ce qu'il ait parlé au gouverneur chez qui il ira effectivement, sans cependant lui en parler; à son retour, il ordonnera d'ouvrir de la part du gouverneur, & fera entrer la troupe qui se rendra maîtresse du corps-de-garde, tandis que ceux qu'on aura mis en embuscade, s'avanceront pour entrer & s'emparer de la place. Il peut aussi faire entrer un certain nombre de gens déguisés dans la place, & le soir, lorsqu'il portera les clefs chez le gouverneur, il aura sous son manteau un sac semblable à celui où on les renferme, & remettra adroitement celui-ci dans la caisse, à la place du véritable que le soldat lui donnera. Ensuite, pendant la nuit, il fera armer les soldats qui sont entrés déguisés pendant le jour, &, s'avançant avec cette troupe vers la porte, il dira qu'il a ordre du gouverneur de la faire sortir, & ouvrira les portes & les barrieres par où ceux qui sont en embuscade entreront en mêmetemps. Il peut aussi, de même que les autres officiers, favoriser une surprise par escalade, par pétard, par quelques charrettes chargées de soldats cachés qu'on laissera embarrasser l'entrée de la porte, &c.

Un simple soldat peut faire un signal pendant la nuit, pour faire connoître le lieu où il est en faction ; mais il faut que le signal ne soit point apperçu de ceux de la ville, tel que seroit, par exemple, une meche allumée, qu'il tourneroit du côté de l'ennemi, & que le lieu d'où l'on doit partir, soit assez près pour pouvoir achever l'exécution avant le jour. Il peut aussi vous faire entrer par le démasquement d'une fausse porte, par une embrasure basse qu'il ouvrira, ou par quelque grille de fer qui seroit en des lieux négligés.

Les habitans, s'ils sont armés, peuvent se soulever pendant la nuit, vers quelque côté de la place, afin qu'on puisse plus facilement attacher le pétard, ou dresser les échelles, & s'introduire dans la place ; s'ils ne sont pas armés, ils peuvent retirer chez eux, en divers temps, des gens qui entreront déguisés, & qui forceront ensuite quelques corps-de-gardes, tandis qu'on attachera le pétard, ou qu'on montera par escalade. Un seul habitant peut favoriser l'entreprise par le même moyen, ou en découvrant quelque aqueduc, quelque lieu souterrein négligé ; & enfin la trahison peut s'exécuter, selon les différentes circonstances, d'une infinité d'autres manieres dont il est inutile de parler davantage.

L'exécution de ces sortes d'entreprises, doit se faire avec beaucoup de secret & de promptitude, tant pour n'être pas découvert, que pour ne pas donner le temps aux traîtres de changer de dessein. Il seroit à propos de retenir avec soi celui qui a fait la négociation, afin que la crainte d'être puni, l'empêchât de vous trahir, s'il en avoit envie ; & si on ne peut pas le retenir, il faut du moins en avoir retiré toutes les assurances qu'on peut avoir dans ces sortes d'occasions : le reste s'achevera de la même maniere que nous avons dit en parlant de l'escalade & du pétard.

Des Attaques par Canonnade et Bombardement.

On attaque par canonnade & bombardement les places maritimes, où l'on ne peut faire une descente pour les attaquer en même temps par terre; & celles qu'on croit pouvoir soumettre par ce moyen, sans être obligé d'y employer un siege. Il faut, pour ces sortes d'entreprises, avoir bonne provision de canons, de mortiers, de munitions, tirer nuit & jour sans relâche, pour abattre ou ruiner les défenses & les maisons, & obliger par-là la garnison & les habitans à demander merci. Mais on doit en même temps se tenir extrêmement sur ses gardes contre les brûlots que l'ennemi peut envoyer pour mettre le feu à la flotte, ou contre les sorties qu'il peut faire pour enclouer les canons & les mortiers, lorsqu'on l'attaque par terre. On peut éviter le premier par le moyen des bâtimens légers qu'on tient un peu avancés sur les côtés, & qui, allant au devant des brûlots, les accrocheront pour les tirer au large; & le second, par une cavalerie assez forte pour repousser l'ennemi, & l'empêcher d'avancer jusqu'aux batteries.

Des Attaques d'Emblée.

Les attaques d'emblée se font en se jettant tout-à-coup sur le chemin couvert & sur les dehors, où l'on presse vivement l'ennemi qui ne s'y attendoit pas, l'obligeant de se retirer en confusion dans la place, où l'on tâche d'entrer en même temps que lui, & de s'en rendre le maître : il faut pour cela partir de loin, marcher à grandes journées, & le plus secrétement qu'on peut, étonner l'ennemi, l'attaquer chaudement & de tous côtés, & ne lui donner aucun relâche, jusqu'à ce qu'on soit venu à bout de son dessein. Ces sortes d'entreprises ne sçauroient guere réussir, à moins que la garnison ne soit extrêmement foible, que le bon ordre n'y soit point observé, & qu'on n'ait quelque intelligence dans la place.

Des Attaques par Forme.

Les attaques par forme sont celles où l'on commence la tranchée par la queue, avançant peu à peu les travaux, jusqu'à ce qu'on soit arrivé au pied des fortifications: elles se font ou avec siege, ou sans siege.

On attaque par forme & avec siege, lorsqu'on environne la place, ensorte qu'il n'y puisse entrer aucun secours.

On attaque par forme sans siege, lorsqu'on n'entoure point la place, se contentant de camper du côté où on fait ses travaux.

Il y a deux sortes de sieges, le simple & le royal; le simple est celui où l'on campe autour, sans faire des lignes pour couvrir l'armée, soit du côté du dehors, soit du côté du dedans; & le royal est celui où l'on fait des lignes pour se garantir des attaques d'une armée qui pourroit venir au secours de la place, ou de celles de la garnison, lorsqu'elle est extrêmement forte. Il suffira de détailler ici un siege royal, pour faire comprendre ce qui regarde les autres attaques par forme, après quoi nous parlerons des attaques brusques, & des attaques par famine.

On ne doit jamais entreprendre un siege, qu'on ne soit auparavant bien instruit du nombre, & de la qualité de la garnison qui est dans la place; de la capacité du gouverneur & des autres officiers; de l'intelligence ou mésintelligence qui peut être entre la garnison & les habitans; de la qualité & de la force des fortifications; des munitions de guerre ou de bouche, dont la place est pourvue; de la facilité ou difficulté des avenues, & des secours que la garnison peut recevoir. On doit aussi considérer si on peut avoir les hommes, les munitions, les instrumens, les outils & l'argent nécessaires pour un siege; quelle en peut être la durée, afin que la rigueur de l'hyver ne vous surprenne point dans les lignes; si on peut faire des magasins pour les munitions & les vivres, commodes & à la portée du camp; de quelle utilité peut être la prise de la place; si on pourra la conserver après l'avoir prise; si l'ennemi ne peut pas s'opposer à votre dessein, ou s'il peut, tandis qu'on sera occupé à ce siege, aller attaquer & se rendre maître de quelque place considérable, ou faire de grands dégâts dans le pays.

Il seroit bon aussi d'avoir à sa disposition deux armées, dont l'une l'une se renfermeroit dans les lignes, & formeroit les attaques, tandis que l'autre que Monsieur de Vauban appelle Armée d'observation, se tiendroit hors des lignes pour la sûreté des convois, & empêcheroit l'ennemi d'approcher, se tenant toujours entre les lignes & lui.

Après toutes ces considérations, si le Général juge qu'il doive entreprendre le siege, il en fait les préparatifs avec beaucoup de secret, afin que l'ennemi ne puisse sçavoir dans quelle place il doit jetter plus de monde. Il peut semer le bruit dans son armée qu'il en veut à quelqu'autre ville, pour amuser par-là les esprits. Il peut faire marcher ses troupes vers quelque poste, d'où il donne jalousie à plusieurs places tout à la fois, & s'avancer même assez près de quelqu'une d'entr'elles, pour tâcher d'attirer à son secours une partie de la garnison qui est dans celle qu'il veut attaquer, & ensuite rebrousser chemin tout à coup, & se rendre au plutôt devant la place qu'il doit auparavant avoir fait investir de la maniere dont nous dirons bientôt.

Un autre moyen de diminuer la garnison, seroit de mettre un gros de troupe en embuscade, & d'en envoyer le lendemain matin, à l'ouverture des portes, un petit nombre pour enlever les bestiaux des environs ; ce qui pourroit engager le gouverneur à faire sortir une partie de ses soldats qui, en poursuivant les fuyards, donneroient dans l'embuscade.

Si la place venoit d'être prise par l'ennemi, il faudroit l'attaquer le plutôt qu'on pourroit, afin qu'on n'eût pas le temps d'en réparer les fortifications, & de la munir de tout ce qui est nécessaire pour sa défense. Venons à l'investiture.

De l'Investiture d'une Place.

Quelques jours avant que l'armée arrive devant la place qu'on veut assiéger, on envoie un détachement de cavalerie, composé de quatre ou cinq mille chevaux, plus ou moins, selon la force de la garnison, & commandé par un lieutenant-général, & deux ou trois maréchaux de camp, pour s'emparer des avenues, & empêcher qu'il n'entre aucun secours dans la place : c'est ce qu'on appelle investir.

Ce détachement marche nuit & jour, jusqu'à ce qu'on soit arrivé à une lieue ou deux de la place, où le lieutenant-général regle les détachemens particuliers, assignant à chacun le poste qu'il doit occuper, & dispose les choses de maniere qu'on puisse arriver tous à la même heure. Tandis qu'on s'empare des avenues, on détache de petits corps qui s'avancent fort près des fortifications, enlevent tout ce qu'ils rencontrent, & tâchent de faire des prisonniers de qui on puisse s'informer de tout ce qui se passe dans la place. Le gros des troupes se tient pendant le jour hors de la portée du canon, toujours en état de s'entresecourir les uns les autres, & l'on envoie des partis à la guerre, pour s'informer des démarches de l'ennemi. Mais, pendant la nuit, on s'approche de la place à la portée du mousquet, & l'on dispose des petites gardes devant & derriere, pour éviter d'être surpris. Le matin on se retire au camp, où l'on ne laisse jamais reposer que la moitié des troupes, tandis que l'autre fait la garde, les uns du côté de la place, les autres vers la campagne.

Lorsqu'on sçait que l'ennemi envoie du secours, on y va au-devant, & l'on tâche de le combattre le plus loin que l'on peut, afin que les fuyards ne se retirent pas vers la place, ou qu'ils puissent être arrêtés par ceux qu'on laisse à la garde du camp.

Tout le temps que dure l'investiture, les principaux ingénieurs qui doivent avoir suivi le lieutenant-général, tâchent de reconnoître la place le plus exactement qu'ils peuvent, en approchant souvent pendant la nuit, & de bien près. Ils sont ordinairement bien accompagnés, pour être en état de défense en cas de surprise; & quelquefois ils vont avec peu de monde à la faveur de petites gardes avancées derriere eux, & soutenues par d'autres un peu plus reculées; s'il y a des chemins creux, ou des haies auprès des fortifications, ils s'en servent, pendant le jour, pour mieux s'assurer de ce qu'ils ont vu pendant la nuit. On ne doit rien oublier, s'il se peut, dans ces observations. Il faut examiner avec soin, quelle est la nature de la place; si elle est réguliere ou irréguliere; si les remparts sont revêtus ou gazonnés; s'il y a des dehors, & de quelle qualité ils sont, quels sont les côtés où il y en a le moins, & de moins forts; si le fossé est sec ou plein d'eau, revêtu ou non; s'il est creusé dans le roc ou dans le terrein; si l'eau est dormante, ou si elle court; si le fossé étant sec, on peut l'inonder; s'il y a quelque riviere ou ruisseau qui passe au pied de la ville, ou qui traverse; si les chemins couverts sont bien ou mal palissadés; s'il y a des endroits marécageux autour des fortifications, & d'autres secs; quelle est la nature du terrein où l'on doit conduire les attaques; s'il est aisé à remuer, ou dur

& mêlé de cailloux; ou enfin si c'est un fossé sec qu'on ne sçauroit creuser, & où il faudroit porter les terres & les autres matériaux nécessaires pour se couvrir; s'il n'y a point quelque commandement dont on peut aisément s'emparer, ou quelque rideau, ou chemin creux qui puisse favoriser les approches. Il faut en même temps sçavoir, par quelque déserteur ou prisonnier, ou par des espions secrets, quels sont les endroits de la place, qui sont contreminés, & combien il y en a.

Toutes ces observations étant faites, les ingénieurs en font un petit recueil pour présenter au général, avec un plan où ils marquent sur les capitales prolongées, & à côté, tout ce qui se trouve entre la place & l'endroit où doivent être les lignes. A ce plan ils en ajoutent un autre qu'ils font de concert avec le lieutenant-général & les maréchaux de camp, où ils marquent de quelle maniere on pourroit ordonner le campement & les lignes, & même de quel côté on pourroit faire plus facilement les attaques.

Cependant l'intendant de l'armée fait partir en diligence les munitions de guerre & de bouche, les charriots, & les paysans qui doivent servir aux travaux, & l'armée s'avance à grandes journées vers la place, où elle arrive ordinairement quatre ou cinq jours après l'investiture. Le lieutenant-général, accompagné des maréchaux de camp & des ingénieurs, va au devant du général à une demi-lieue ou environ, & lui présente les plans sur lesquels il fait sa premiere disposition du campement de l'armée lorsqu'il est arrivé, remettant au lendemain à le rectifier, s'il est nécessaire.

Du Campement de l'armée, & des lignes de Circonvallation & de Contrevallation.

Le lendemain de son arrivée, le général, accompagné des officiers généraux, fait le tour de la place, qu'il tâche de bien reconnoître; & après avoir demandé à chacun son sentiment, il prend sa résolution, ou assemble son conseil de guerre, pour y résoudre des quartiers qu'on doit prendre, de la quantité de troupes qu'on y mettra, & des officiers généraux qui doivent y commander. On appelle Quartier une partie de l'armée composée d'une ou plusieurs brigades campées sous le commandement d'un lieutenant-général, ou d'un maréchal de camp. Il faut qu'il y ait dans chacun, tout au moins autant de troupes qu'il y en a dans la place, pour les empêcher d'être enlevés. On observe de placer les principaux aux endroits par où l'ennemi peut venir plus facilement au secours de la place, & à ceux qui sont les plus proches des attaques. Ces lieux doivent toujours être hors de la portée du canon de la ville, à moins qu'il n'y eût quelques rideaux ou enfoncemens qui missent les troupes à couvert.

Le général ayant déterminé l'ordre des quartiers, selon le circuit que les lignes doivent avoir, les distribue aux officiers généraux, & les troupes s'arrangent, selon leur quartier, en campant le dos tourné contre la place. Le quartier du Roi, celui des vivres, & le parc d'artillerie, doivent être le plus près qu'il se peut des attaques. On appelle Parc d'artillerie, un quartier retranché où l'artillerie loge avec ses équipages; c'est-là où est le magasin à poudre, où sont les munitions de guerre, où l'on monte les pieces sur leurs affuts, & enfin où l'on tient & prépare tous les instrumens nécessaires.

Quand les quartiers sont séparés par des rivieres, on y fait plusieurs ponts de communication à chaque passage. Ils ont quatre ou cinq toises de largeur, & sont éloignés tout au plus de soixante toises les uns des autres, & jamais moins de vingt toises, afin que les corps qui pourroient être obligés d'y passer, si l'ennemi donnoit dans les lignes, ne s'embarrassent pas mutuellement. Leur avenue doit être fortifiée, & l'on doit y tenir des gardes pour s'en mieux assurer, & pour empêcher, en cas que les lignes soient attaquées, que l'ennemi ne s'en saisisse. On doit faire ces ponts sur de bons chevalets, parce que ceux qu'on fait sur des bateaux se rompent ou se disloquent aisément par le renflement ou la diminution des eaux, & le bois que l'on emploie pour leur construction, doit être assez fort pour supporter les canons & les autres grands fardeaux qui doivent y passer journellement. Il faut observer aussi de choisir les lieux les plus étroits des rivieres, & les endroits où le terrein sera le plus ferme. Que s'il y a des prairies basses qui puissent s'inonder, on tâchera de prévenir le renflement des eaux par des chaussées.

Cependant on met des petites gardes d'infanterie, avancées jusqu'à la portée du mousquet, & couvertes de quelques rideaux, chemins creux, cavins, ou de quelque couvert qu'on fait exprès. Elles sont soutenues par les gardes ordinaires de cavalerie, qui se tiennent un peu plus loin dans des endroits cachés. Par-là on empêche l'ennemi de profiter du fourrage, & de donner la main aux secours, les espions ne se glissent pas si facilement dans le camp, & les communications des quartiers deviennent plus sûres.

S'il n'y a point d'armée d'observation, on avance aussi, du côté de la campagne, des gardes qui s'emparent des lieux avantageux, des passages de riviere, des gués ou défilés par où les secours peuvent passer, des hauteurs, tours ou maisons qui sont à quelque distance du camp, & l'on y fait même des fortifications, si on le trouve à propos, pour arrêter d'avantage l'ennemi.

Pendant la nuit, la plus grande partie de l'armée s'approche jusqu'à la portée du mousquet, faisant autour de la place un cercle de bataillons & d'escadrons, si près les uns des autres, qu'on ne sçauroit passer entre-deux sans être découvert : c'est ce qu'on appelle le Bivouac. On observe toujours d'avoir des gardes du côté de la place & de la campagne, pour éviter les surprises : mais quand les lignes sont une fois construites, ce bivouac cesse, parce que les secours se trouvent arrêtés par ces lignes.

Tandis que les troupes travaillent à leur campement, les ingénieurs tracent les lignes qu'on tient éloignées du camp de cent toises ou environ du côté de la campagne. On les appelle lignes de circonvallation, *Planche* 34, parce qu'elles environnent l'armée qu'elles renferment entr'elles & la place. Leurs ouvrages consistent en un fossé, dont la terre forme un parapet du côté des troupes; on y fait, de 120 en 120 toises, des redans, dont la capitale a vingt toises, la gorge trente, & les faces vingt-cinq chacune; & l'on met des bastions aux angles, dont les demi-gorges ont chacune quinze toises. Autrefois on attachoit aux lignes des redoutes & des forts, les uns quarrés, les autres triangulaires, les autres à étoiles, &c. Mais ces sortes d'ouvrages qui d'ailleurs n'étoient, pour la plûpart, que des colifichets plus mauvais sur le terrein, qu'ils ne paroissoient beaux sur le papier, étoient extrêmement dangereux, parce que l'ennemi s'en étant emparé, battoit les lignes de revers, & qu'il n'étoit pas facile de l'en chasser, à cause de l'avantage & de la hauteur du terrein où on les construisoit : c'est pourquoi l'on ne fait aujourd'hui des redoutes qu'aux endroits éloignés de la ligne que l'on veut occuper; & s'ils sont assez grands pour y construire des forts, on les fait toujours selon les regles d'une bonne fortification, leur donnant une figure ou quarrée, ou pentagonale, ou exagonale, à proportion de la grandeur du terrein, mais avec des dimensions plus petites que celles des grandes fortifications, comme on peut voir par la Table que j'en ai donné en parlant de la premiere méthode de M. de Vauban.

Le fossé des lignes peut avoir 15, 16 ou 18 pieds de largeur par le haut, sur 6 ou 7½ de profondeur, taluant de côté & d'autre du tiers de la largeur, ou d'un talus égal à la hauteur, *Pl.* 35. Les portes ou sorties se font sur le milieu des courtines. Leur largeur est d'environ vingt-deux pieds : elles sont fermées par une barriere tournante, & couverte par un redan détaché en forme de demi-lune, dont la gorge a vingt-deux toises, & les faces dix-huit. On fait ces sorties de deux en deux courtines.

Les lignes doivent être ordinairement paralleles au camp; mais si la disposition du terrein demande qu'on s'en approche, ou qu'on s'en écarte en quelques endroits, il ne faut pas s'en mettre en peine, & l'on ne doit alors penser qu'à tourner de son côté tous les avantages, en s'emparant des hauteurs ou commandement, s'ils sont à portée, ou y faisant des redoutes, s'ils ne le sont pas, & en ne laissant aux environs aucun endroit bas & enfoncé où le mousquet ne puisse plonger.

Les lignes étant tracées, on en distribue le travail aux paysans, si l'on peut en avoir, ou, si l'on n'en a point, aux soldats & cavaliers de l'armée, à qui l'on fait suivre exactement les profils, leur faisant fasciner les parapets avec de la fougere, des feuilles, des grandes herbes & menus branchages, afin que les talus intérieurs ne soient pas si grands : on leur fait faire aussi une ou deux banquettes, & les épaulemens, s'il en est besoin. Ces épaulemens sont des parapets élevés de huit à neuf pieds, épais de douze, & longs de vingt-cinq à trente toises, que la cavalerie & l'infanterie fait à la tête de ses camps, pour se garantir du canon ennemi lorsqu'on attaque les lignes.

Si l'on ne craint que des petits secours qui ne sont pas assez forts pour forcer les lignes ni un quartier, on fait les redans plus petits, & l'on se contente de faire un simple fossé moins large, dont on jette la terre en dedans.

On met autour des lignes des petits corps-de-gardes de distance en distance, & assez près, pour que les sentinelles puissent s'entre-parler. On les augmente ou on les diminue, selon que l'ennemi s'approche ou s'éloigne de quelque côté. On met aussi des semblables gardes à la tête du camp, chez les officiers généraux, aux vivres & au canon. S'il n'y a point d'armée d'observation, on détache des corps de cavalerie de deux ou trois cens chevaux, plus ou moins, qui fortent hors des lignes, prennent des postes sur des hauteurs avantageuses, pour découvrir de loin, & y restent tant que dure le siege : c'est ce qu'on appelle les grandes gardes. Ceux-ci détachent d'autres petites gardes qui s'avancent de tous les côtés dans la campagne, pour prévenir les surprises : les cavaliers de ces gardes s'appellent vedettes. Par-là les fourrageurs de l'armée sont plus en sûreté, les partis ennemis n'approchent pas si facilement des lignes pour les reconnoître, & l'armée a le temps de se mettre sous les armes, lorsqu'on vient les attaquer.

Pendant la nuit la plus grande partie de l'armée s'approche des lignes, & y fait le bivouac, comme elle faisoit auparavant du côté de la place, détachant les batteurs d'estrades, dont les uns demeurent fixes en certains endroits, tandis que les autres rodent dans la campagne jusqu'au grand jour, où chacun se retire dans son camp, ne laissant aux lignes que la garde ordinaire.

Quand la garnison de la place est forte, on fait des redoutes entre la place & le camp, pour empêcher l'effet des sorties, & pour servir de retraites aux fourrageurs, & à ceux qui vont d'un quartier à l'autre, *Pl.* 34; mais si la garnison étoit en état d'enlever un quartier, ou de se saisir de quelque endroit de la ligne, pour faire entrer un secours, on feroit alors, du côté de la place & à la portée du canon, des lignes qu'on nomme de contrevallation, & qui renferment le camp entr'elles & celles de circonvallation.

Elles doivent être éloignées du camp d'environ deux cens toises ; leur fossé peut avoir dix pieds de largeur par le haut, & trois par le bas, sur cinq pieds de profondeur ; les terres qu'on en tire forment le parapet qui est tourné du côté du camp. On y fait des redans un peu plus petits, avec des portes & des barrieres de même qu'aux autres lignes, observant de profiter de tous les avantages du terrein, & de mettre des redoutes sur les hauteurs où l'on ne peut faire passer la contrevallation.

Des préparatifs pour l'Attaque; de l'ouverture de la Tranchée, & de son avancement à la Fascine.

Tandis qu'on acheve les lignes on fait en même temps les préparatifs pour l'attaque, & le général ayant examiné tous les projets que les ingénieurs lui ont donné, choisit celui qui lui paroît le meilleur, y ajoutant ou retranchant ce qu'il juge à propos.

Les attaques se font par le moyen des tranchées, qui sont des chemins creusés dans la terre, à la faveur desquels on s'avance, à couvert, jusqu'au glacis. On les commence ordinairement hors de la portée du petit canon de la place, & l'on observe de ne rien négliger dans leur conduite, parce que c'est de-là que dépend presqu'entiérement le bon ou le mauvais succès d'un siege.

Une tranchée, pour être bonne, ne doit être ni vue, ni enfilée d'aucun endroit de la place: elle doit éviter les détours trop fréquens, & conduire aux fortifications par le chemin le plus court qu'elle peut tenir; sa profondeur doit mettre à couvert les officiers & les soldats, & sa largeur doit être suffisante non-seulement pour le maniement des troupes, mais encore pour les voitures des matériaux.

Il faut pousser son travail vivement & sans relâche, pour ne pas perdre du temps, & l'on doit toujours sçavoir à quelle distance l'on est du glacis: ses parties qui font face à la place, & qu'on nomme aujourd'hui les paralleles ou les places d'armes, doivent tout au moins embrasser le front de l'attaque, afin que les troupes qu'on y met pour la garde, puissent mieux résister aux sorties de l'ennemi. Il faut qu'elles soient plus larges que le reste de la tranchée, & à portée de s'entre-secourir les unes & les autres, de même que les redoutes, si on en fait. Il doit y avoir des épaulemens à droite & à gauche, pour la cavalerie; les batteries de canons & de mortiers doivent être placées dans les endroits qui leur conviennent le mieux; enfin tout doit être conduit avec tant d'art & de prudence, qu'on puisse dans peu de temps, & sans beaucoup d'obstacles, se trouver vis-à-vis de l'ennemi sur le glacis. C'est en quoi M. de Vauban a si heureusement réussi, que depuis qu'on sçait sa méthode, on se trouve quelquefois, au bout de sept ou huit jours, prêt à chasser l'ennemi

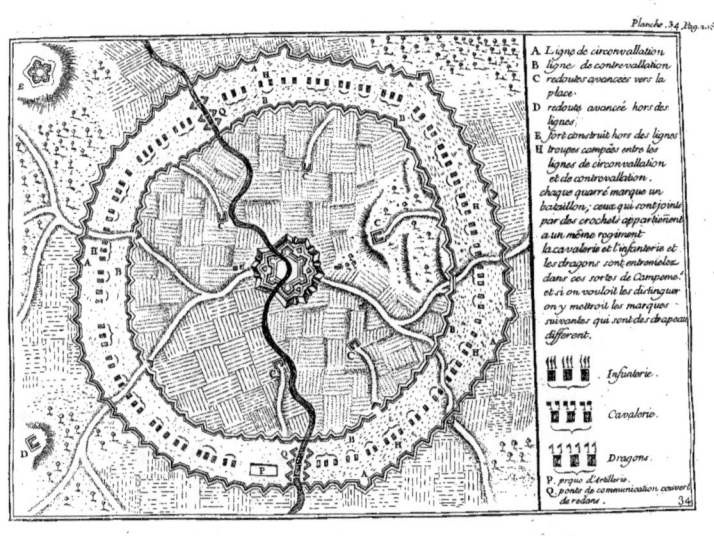

du chemin couvert, sans avoir presque perdu personne; au lieu qu'avant lui il arrivoit souvent qu'on n'approchoit qu'au bout de deux ou trois mois, & l'armée se trouvoit si affoiblie par les pertes qu'elle avoit faites, qu'elle n'étoit plus en état de continuer une entreprise.

Comme il importe beaucoup de sçavoir à quelle distance on commence l'ouverture de la tranchée, & que l'ennemi n'est jamais d'humeur de vous laisser approcher du glacis, pour mesurer cette distance au cordeau, je rapporterai ici un moyen géométrique, & cependant très-facile, dont M. de Vauban s'est avisé pour la trouver.

Il faut d'abord prolonger les capitales des ouvrages, *Pl.* 35; ce qui se fait par le moyen de deux ou trois piquets ou longs bâtons, qu'on plante en terre les uns derriere les autres, à quelque distance, les alignant en même temps à la pointe d'un bastion & à celle du glacis qui lui répond. Supposons donc que la ligne AB, soit une de ces capitales prolongées, & qu'on veuille sçavoir quelle est la distance du point B où l'on voudroit commencer la tranchée au point A, qui est la pointe du glacis. Elevez sur le point B la perpendiculaire CB, à qui vous donnerez 80 ou 100 toises, & divisez-la en autant de parties que vous voudrez, par exemple, en quatre; sur l'extrêmité C élevez une autre perpendiculaire indéfinie CD; ensuite mettez un piquet sur l'un des points de division de la ligne CB, par exemple, en E; alignez ce piquet à la pointe A du glacis, & reculez sur ce même alignement, jusqu'à ce que vous rencontriez la ligne CD au point H; cela fait, vous aurez deux triangles ECH, EBA, que les Géometres appellent semblables, & dont la propriété est d'avoir leurs côtés proportionnels, c'est-à-dire que si le petit côté de l'un n'est que la moitié, le tiers ou le quart du petit côté de l'autre, son grand côté ne sera aussi que la moitié, le tiers ou le quart du grand côté de l'autre. Ainsi, dans cet exemple, le petit côté CE n'étant que le tiers du petit côté EB, son grand côté CH ne sera que le tiers du grand côté AB; & par conséquent il n'y aura qu'à mesurer le côté CH, & tripler ensuite sa valeur pour avoir la distance AB que l'on cherche. Si on ne pouvoit pas faire la ligne CB perpendiculaire à la ligne BA, on lui feroit faire tel angle qu'on voudroit, pourvu que la ligne CD fît aussi le même angle sur la ligne CB.

La distance BA étant ainsi trouvée, si on trouve qu'elle est trop grande pour y commencer la tranchée, on en retranche ce qu'on juge à propos, & l'on y ajoute, si on trouve qu'elle est trop petite.

On fait autant d'ouvertures de tranchée que l'on a projetté d'attaques. Quand le front attaqué se trouve fort étroit, on n'en fait qu'une ; mais hors delà, il faut toujours en faire deux qu'on ne doit point séparer, parce qu'elles sont plus difficiles à servir, au lieu qu'étant liées ensemble, elles s'entre-secourent l'une & l'autre, & font cependant diversion des forces de l'ennemi.

Les matériaux qu'on doit préparer sont les fascines, piquets, gabions, barriques, tonneaux, fagots de sappe, masses, maillets, fourches, crochets, panniers, corbeilles, sacs à terre & à laine, blindes, claies, mantelets, madriers, &c. *Pl.* 35.

Les outils sont les beches, pelles de fer & de bois, ferrées, pioches, pics à hoyaux, pics à roc, feuilles de sauge, lochets de Flandre, serpes, haches, scies, tariers, & tous les autres instrumens nécessaires aux charrons, charpentiers, serruriers, &c.

Ceux qui creusent la tranchée se nomment Travailleurs ; il y en a pour la nuit, & d'autres pour le jour : on les prend de divers régimens. M. de Vauban s'étant apperçu qu'en général les travailleurs avoient toujours grande envie de s'en retourner, & s'embarrassoient peu si l'ouvrage étoit parfait, avoit imaginé d'envoyer, après les travailleurs de jour, d'autres soldats qu'on nommoit Terrassiers, & qui donnoient la derniere main à la perfection de la tranchée. Ils relevoient les travailleurs de jour vers le midi, & travailloient jusqu'à ce que tout fût en état ; mais aujourd'hui ce sont les travailleurs de jour qu'on oblige à achever leur ouvrage.

Les sappeurs sont des soldats qu'on tire des bataillons d'artillerie ; les canonniers, les bombardiers, & ceux qui construisent les batteries, sont aussi des soldats d'artillerie : mais comme il est rare qu'ils puissent suffire, & à la construction de ces batteries, & au service du canon & du mortier, on leur joint des détachemens tirés de divers régimens.

Les mineurs sont des compagnies qui sont à la suite de l'artillerie, & qui, autrefois, étoient incorporés aux bataillons de Royal-Artillerie.

Les charpentiers, les charrons & les forgeurs, sont compris sous le nom général d'ouvriers : ils forment plusieurs compagnies, dont les unes se nomment compagnies d'ouvriers armés, parce qu'ils portent des armes, & les autres, compagnies d'ouvriers désarmés, ou d'ouvriers d'état, & ceux-ci n'ont point d'armes; ils travaillent dans le grand & le petit parc, d'où on les envoie aux batteries & à la construction des ponts, quand le cas le requiert. Les compagnies d'ouvriers armés & désarmés sont à la suite de l'artillerie, & leurs départemens, en temps de paix, sont dans les arsenaux du royaume.

L'infanterie, de même que la cavalerie, est obligée de faire les fascines sans en être payée, & c'est à la cavalerie à les porter dès que la tranchée est ouverte; les gabions, fagots de sappe, paniers, corbeilles & claies, sont faits par des soldats entendus que l'on paie: les outils sont distribués par l'artillerie. Les fagots de sappe ne sont presque plus d'usage aujourd'hui; les sacs à terre qu'on a substitué à leur place valent infiniment mieux, à cause qu'un boulet de canon y fait beaucoup moins d'effet qu'il n'en faisoit sur les fagots dont les éclats étoient toujours dangereux.

Dans le dispositif des attaques, on marque les lieux où l'on doit placer les petits parcs, les petits hôpitaux, & le champ de bataille où s'assemblent les troupes pour la garde de la tranchée, & les postes de la cavalerie.

Le petit parc doit être, en quelque lieu, couvert à l'ouverture ou queue de la tranchée de chaque attaque. On y met une certaine quantité de poudres, de munitions, de matériaux & d'outils, pour être plus à portée dans le besoin, & l'on y fait camper les ouvriers. On place à son voisinage, & dans un endroit couvert, le petit hôpital où se tiennent les aumôniers & les chirurgiens, avec des remedes pour le premier appareil des blessures; mais le champ de bataille où l'on assemble les troupes étant trop grand pour pouvoir être à couvert, se fait hors de la portée du canon. Les gardes de cavalerie se postent sur la droite & la gauche des attaques, toujours hors de la portée du canon, ou dans des lieux couverts, & l'on fait des épaulemens à quatre ou cinq cens toises de la place, pour les gardes avancées.

Après ces dispositions, on regle le nombre des travailleurs & des ouvriers, selon le besoin qu'on a, & l'état des gardes de la tranchée, observant que l'infanterie soit au moins égale aux trois quarts de la garnison, & que la cavalerie surpasse celle de la place d'un tiers. Chaque garde doit avoir quatre ou cinq jours de relâche pour se reposer.

Les ingénieurs se divisent en brigades de six ou sept chacune, qui se relevent, ensorte qu'il y en ait toujours à la tranchée;

chaque brigade a un brigadier & un sous-brigadier, qui distribuent aux autres le travail, & tous obéissent au directeur général des attaques, à qui le major général, le maréchal général des logis de la cavalerie, & l'officier qui commande au petit parc, fournissent tout ce qu'il demande pour les besoins de la tranchée.

Le plan ou projet d'attaque étant déterminé, le directeur général donne des copies du plan & des profils aux brigadiers & sous-brigadiers, qui doivent les faire exécuter soigneusement, & observer que personne n'y change rien sans la permission expresse du général.

Quand le jour de l'ouverture est venu, les troupes s'assemblent, les aumôniers font les prieres accoutumées avec une petite exhortation, à la fin de laquelle ils donnent l'absolution générale, & les soldats jettent leurs chapeaux en l'air, criant: Vive le Roi. Quand la nuit approche, les grenadiers & les fusiliers détachés, marchent à la tête, suivis des bataillons qui doivent soutenir les travailleurs; & après eux viennent les travailleurs nécessaires pour la nuit, divisés par troupes de cinquante hommes, qui ont chacune un capitaine, un lieutenant & deux sergens, pour veiller sur leur travail, & empêcher que personne ne s'écarte. Chaque soldat porte une fascine; mais les travailleurs doivent outre cela porter des piquets, avec une hache & une pioche chacun. Quand on fait deux attaques, le premier régiment a la droite, & le second la gauche, & l'on observe que le travail commence à la même heure, & qu'on ne l'avance pas plus d'un côté que de l'autre.

En même temps on fait porter en diligence les munitions, les matériaux & outils nécessaires au petit parc, accompagnés des ouvriers qui doivent s'y établir dès l'ouverture de la tranchée; & la cavalerie va occuper les postes qui lui ont été assignés. Toute cette marche se doit faire le plus secrétement que l'on peut, sans tombour ni trompette, afin que l'ennemi ne s'en apperçoive pas.

Dès que les troupes sont arrivées, le brigadier-ingénieur du jour, fait avancer les grenadiers & fusiliers par où l'on doit conduire la tranchée, & les bataillons se rangent à droite & à gauche de l'ouverture où ils déchargent leurs fascines, & se tiennent sur leurs armes, toujours en état d'exécuter ce qu'on leur commandera. Si l'on veut tracer l'ouvrage au cordeau, le brigadier donne le premier coup, & faisant ensuite continuer par le sous-brigadier, il range les premiers travailleurs qui posent leurs fascines bout à bout le long du cordeau; après quoi il donne ordre au premier ingénieur de ranger les autres, & va observer le tracé. On ne se sert plus guere aujourd'hui de cette méthode, mais on trace tout d'un coup à la fascine que les ingénieurs arrangent eux-mêmes en suivant les points qu'ils ont observé. De quelque maniere qu'on le fasse, il faut bien prendre garde de ne pas s'enfiler, ni de s'écarter trop, de faire à tous les retours un petit prolongement de deux ou trois toises en arriere, tant pour les mieux couvrir, que pour dégager la tranchée; de suivre les capitales prolongées qu'il faut toujours croiser; d'en renouveller souvent les piquets, pour ne les point perdre de vue, & être toujours en état de sçavoir à quelle distance on est de la place; enfin de faire ensorte que l'on soit parvenu à la premiere parallele avant la fin de la nuit, quand même il faudroit augmenter le nombre des travailleurs.

Chaque travailleur arrête sa fascine avec deux piquets, dès que l'ingénieur l'a posé, & se couche auprès ventre à terre, attendant en silence le signal qu'on leur donne, après qu'on a marqué tout l'ouvrage qu'on s'est proposé pour cette nuit. Alors ils se relevent à genoux, & commencent à piocher, jettant toujours les terres du côté de la place, & faisant le plus de diligence qu'ils peuvent jusqu'au grand jour. Les officiers & ingénieurs observent pendant ce temps-là, que personne ne s'écarte; que chacun fasse exactement ce qui lui est marqué; que le travail se fasse également partout, & que les travailleurs ne s'entassent point les uns sur les autres.

Quand le jour est venu, on fait entrer les détachemens dans ce qu'il y a de fait de la premiere place d'armes, & dans le premier retour de la tête de la tranchée, leur ordonnant de se coucher ventre à terre, parce que le travail n'est pas encore en état de les couvrir entiérement. Ensuite on fait défiler les travailleurs de nuit par la queue, tandis que les travailleurs de jour entrant aussi par la queue, viennent se rendre à la tête par où on commence à les ranger, à la différence de ceux de la nuit. On continue pendant le jour l'ouvrage commencé, jusqu'à ce qu'il ait la profondeur & la largeur telle que les profils le marquent, & dont nous parlerons dans la suite; après quoi on donne la derniere main aux alignemens de la tranchée, & on la pare de tous côtés. C'est aux travailleurs à tenir la tranchée nette pendant tout le siege, & à couvrir de temps en temps les latrines, pour éviter l'infection.

Si les ennemis, pendant les ouvrages de la nuit, jettent des balles d'artifices qui éclairent, & par le moyen desquelles ils découvrent les travailleurs & ceux qui les soutiennent, il faudra remédier à cela, comme dit M. Goulon dans ses Mémoires, soit en couvrant ces balles avec des sceaux, soit en apostant des gens qui les éteignent à force d'y jetter de la terre.

A l'entrée de la nuit suivante, on fait avancer la seconde garde tambour battant; ce qu'on continue tout le reste du siege, parce qu'il n'est plus possible de cacher son dessein à l'ennemi. Cette nuit & le jour suivant sont employés à perfectionner la premiere parallele, & à s'avancer jusques à une certaine distance de la seconde, traçant toujours à la fascine; mais dès qu'on est venu à cette distance, c'est-à-dire la troisieme nuit, le feu de la place commence à être plus dangereux, & l'on n'avance plus que par la sappe dont nous parlerons, après avoir expliqué les profils de la tranchée, ceux de la place d'armes, leur grandeur & leur éloignement les uns des autres.

Du profil de la Tranchée, des grandes & petites Places, de leur profil & de leur distance entr'elles.

La tranchée doit avoir douze pieds de largeur sur trois de profondeur, les terres qu'on en tire forment un parapet de trois pieds de hauteur, & son épaisseur doit être à l'épreuve du canon, *Pl. 35 & 37.* Mais ses parties qui font face à la place, & qu'on appelle paralleles ou places d'armes, doivent être plus larges pour donner plus d'aisance aux bataillons qu'elles doivent contenir. La premiere est éloignée des angles saillans du glacis d'environ 300 toises: elle embrasse, par son circuit, le front des attaques, & s'étend au-delà de côté & d'autre plus ou moins, selon les circonstances. La seconde est plus avancée vers la place de 120, 140 ou 145 toises, & son étendue est un peu moins grande. La troisieme est éloignée de celle-ci de 140 ou 145 toises, de sorte qu'elle n'est qu'à 15 ou 20 toises des angles saillans du chemin couvert: elle est moins étendue & moins circulaire que les autres, pour éviter l'enfilade, mais elle doit toujours embrasser le front d'attaque. Si la garnison étoit forte & entreprenante, & qu'on ne pût pas se servir de batteries à ricochets, pour nettoyer le chemin couvert, ou si le glacis étoit si roide, qu'on n'y pût plonger par le moyen des cavaliers dont nous parlerons dans la suite, il faudroit alors approcher la derniere parallele à la portée de la grenade, c'est-à-dire à 13 ou 14 toises, ou en faire une quatrieme, afin de n'avoir pas un si long trajet à parcourir pour joindre l'ennemi.

Les deux premieres doivent avoir quinze pieds de largeur sur trois de profondeur; mais la troisieme doit être large de dix-huit pieds, pour contenir tout le monde dont on a besoin pour l'attaque du chemin couvert: on fait des banquettes à toutes les trois, afin que les détachemens & les bataillons puissent sortir en bon ordre.

Quand la garnison est nombreuse & forte, on fait entre les paralleles des demi-places d'armes de quarante ou cinquante toises de long, où l'on met des détachemens pour soutenir le travail: leur largeur & profondeur est la même que celle des deux premieres paralleles.

Si l'humidité ou la dureté du terrein ne permettent pas de s'enfoncer de trois pieds, on fait la tranchée & les places d'armes plus larges pour avoir les terres nécessaires aux parapets.

Les deux premieres lignes servent à défendre la tranchée qui doit toujours avancer, à la dégager des gardes, à contenir les bataillons, à garder les premieres batteries, à communiquer les attaques, à resserrer l'ennemi, & à opposer un grand front de troupes aux sorties qu'il peut faire; & la troisieme sert, outre cela, à contenir sur son revers tous les matériaux nécessaires pour les logemens du glacis & du chemin couvert, comme nous dirons dans la suite, & à couvrir ceux qui doivent attaquer.

On ne fait entrer les bataillons dans les lignes que lorsqu'elles sont dans leur perfection, & alors les détachemens s'avancent dans les demi-places d'armes, ou dans ce qu'il y a de fait des lignes plus proches de la place, ou dans les premiers retours de la tête de la tranchée.

Quand les bataillons passent de la premiere à la seconde ligne, le corps de réserve, qui est environ le tiers de la garde, se place dans la premiere, & quand ils passent de la seconde à la troisieme, le corps de réserve s'avance dans la seconde, & la premiere sert alors de couvert au petit parc & au petit hôpital. C'est-là aussi où la cavalerie va décharger ses fascines, & où l'on fait tenir les renforts extraordinaires de la garde & des travailleurs dont on prévoit qu'on aura besoin pour l'attaque du chemin couvert ou des dehors.

Pendant le travail de la tranchée & des lignes, l'ennemi fait souvent des sorties, soit du côté du camp, soit du côté des attaques, pour les détruire ou en retarder le progrès, & pour attirer les assiégeans sous le feu de la place, qui est alors préparé de tous côtés. Ces sorties sont quelquefois petites, & quelquefois grandes, & ne vont guere au-delà de 300 toises loin de la place du côté des attaques, de peur d'être enveloppées par les gardes & par la cavalerie : c'est pourquoi M. de Vauban a fixé la premiere parallele à cette distance.

Les précautions que l'on doit prendre du côté de la tranchée, si on craint quelque grande sortie, sont de mettre les bataillons dans les lignes, quoiqu'elles ne soient pas achevées, d'en garnir les aîles par des grenadiers, d'en mettre aussi à la queue des travailleurs les plus avancés, avec quelques détachemens pour les soutenir, & des sentinelles à la tête du travail ; de faire retirer les travailleurs dans les places d'armes, dès que la sortie paroît ; d'ordonner aux gens armés de ne pas tenir ferme dans les ouvrages imparfaits, mais de se retirer dans les paralleles ; de faire tout le feu possible des places d'armes, tant que l'ennemi avancera ; de ne pas se presser d'aller à lui, quoiqu'il gâte quelque chose des ouvrages ; de le laisser bien approcher, & de faire ensuite signal à la cavalerie qui tâchera de le couper, tandis que les grenadiers sortans des places d'armes, l'attaqueront par la tête. Si la sortie est soutenue par la cavalerie de la place, il faudra en même temps la faire charger par quelques escadrons, & dès qu'on aura rompu & repoussé l'ennemi jusqu'au chemin couvert, il faudra faire retirer au plutôt l'infanterie dans la tranchée, & la cavalerie dans ses postes, pour ne pas essuyer long-temps le feu de la place, qui est alors très-vigoureux.

Quant aux petites sorties que l'assiégé emploie pendant la nuit, pour intimider les travailleurs, qui de leur côté ne cherchent qu'à quitter le travail à la moindre allarme, & à ne point revenir, elles se font par huit ou dix hommes, gens choisis, qui, se coulant sur le ventre, font grand bruit, en criant : Tue, tue, & se retirent ensuite après avoir jetté quelques grenades. Le meilleur moyen pour prévenir l'interruption des ouvrages qu'elles causent ordinairement, & pour ôter aux travailleurs le prétexte qu'ils en prennent pour se retirer au plutôt, c'est de faire avancer quelques soldats qui se couchent ventre à terre, éloignés les uns des autres

d'environ

d'environ quarante pas, avec ordre de tirer dès qu'ils s'appercevront de ces sorties; ce qui les obligera de se retirer, ou donnera le temps aux détachemens & aux bataillons de les bien recevoir, si la sortie étoit grande comme l'assiégé fait quelquefois, quand il s'apperçoit qu'on est rassuré contre les petites.

Enfin on arrête les sorties du côté du camp par les redoutes, les gardes avancées, & les lignes de contrevallation.

Le général, sans l'ordre duquel on ne doit rien faire, visite de temps en temps les travaux, suivi de peu de personnes, & après s'être fait rendre compte de tout, & avoir pris l'avis du directeur général, il ordonne ce qu'il juge à propos. Quand il s'est retiré, le lieutenant-général de jour a le commandement de la tranchée: si les attaques sont séparées, il choisit celle qu'il lui plaît, & si elles sont liées, il commande à toutes les deux, occupant le milieu un peu éloigné de la tête des attaques, pour n'être pas trop éloigné du gros des troupes; mais en même-temps il visite quelquefois la tête des ouvrages; s'il y a quelque entreprise à faire, c'est lui qui en ordonne l'exécution par l'avis du directeur général, à qui il doit aussi faire fournir les directeurs extraordinaires, quand il lui en demande, subordonnant toujours ce qu'il entreprend aux ordres du général.

Le plus ancien maréchal de camp se met à la droite, & l'autre à la gauche, où ils reçoivent les ordres du lieutenant-général, qu'ils rendent aux brigadiers, & ceux-ci aux colonels, qui les font exécuter à leurs régimens: les brigadiers se tiennent à la queue des détachemens les plus avancés.

Avancement de la Tranchée par sappe.

La principale attention d'un général doit être d'épargner le sang de ses soldats. Il y auroit de la cruauté d'exposer leur vie sans nécessité; d'ailleurs c'est un si grand avantage d'avoir des vieilles troupes bien aguerries, qu'il ne faut rien négliger pour se le procurer. C'est pourquoi, quand la tranchée est parvenue à une certaine distance où le feu de la place commence à devenir dangereux, il ne faut plus permettre qu'on continue le travail à découvert, comme on faisoit autrefois, au grand préjudice des troupes, & l'on ne doit plus avancer que par la sappe qui va tout aussi vîte, sans exposer cependant le soldat.

On distingue cinq sortes de sappes: la sappe entiere, la demi-sappe, la sappe volante, la double sappe, & la sappe couverte.

La sappe entiere se faisoit anciennement par un seul homme, qui, après avoir fait un trou de trois pieds de profondeur sur trois de largeur, où il se trouvoit à couvert, continuoit ensuite sur l'alignement qu'on lui prescrivoit, en jettant toujours les terres du côté de la place : ce travail étoit extrêmement long, & je ne serois point surpris qu'on employât des années entieres pour un siege, si l'on vouloit s'en servir. Aujourd'hui la sappe entiere se fait par des sappeurs qui posent à couvert des gabions dont ils ferment les entre-deux avec des sacs à terre ou des fagots de sappe, & qu'ils remplissent de terre à mesure qu'ils les ont posés, faisant une tranchée de trois pieds de profondeur sur autant de largeur que les travailleurs viennent ensuite agrandir.

La demi-sappe est lorsqu'on pose à découvert une certaine quantité de gabions sur un alignement donné, & qu'après en avoir fermé les entre-deux avec des sacs à terre, ou des fagots de sappe, on travaille à les remplir.

Ces deux sortes de sappe sont à présent les plus usitées. La premiere, lorsque le feu de la place est violent ; la seconde, lorsqu'on peut éteindre ce feu par le moyen des batteries qui ruinent les défenses de l'ennemi, & l'empêchent d'incommoder les travailleurs. Lorsqu'on est près de la place, on fait remplir les gabions de bois & de branchages, avant de les poser, pour mettre les sappeurs plus à l'abri.

La sappe volante est lorsqu'on trace tout l'ouvrage qu'on veut faire avec des gabions, & que sans y avoir mis auparavant les sappeurs pour les remplir, on y fait aller les travailleurs qui approfondissent & forment la tranchée de la grandeur dont elle doit être : cette maniere ne peut guere se pratiquer que la nuit, & lorsqu'on est encore loin de la place.

La double sappe est lorsqu'on est obligé de se couvrir des deux côtés, pour éviter d'être vu de l'ennemi.

La sappe couverte est un chemin qu'on fait sous terre pour mettre les sappeurs à couvert des grenades à l'approche des ouvrages qu'on veut attaquer. On ne laisse pardessus que deux pieds de terre, qu'on soutient, s'il en est besoin, & qu'on fait tomber quand on veut. Cette sappe qu'on ne met guere en pratique, peut être très-utile dans certaines occasions, pour cacher son dessein à l'ennemi.

Les sappeurs sont ordinairement divisés en brigades de six ou huit personnes. Le premier qu'on appelle chef-de-sappe, fait rouler devant soi un mantelet dont il se couvre, & pose à son côté un gabion qu'il remplit en même-temps de terre, en creusant un pied & demi de profondeur sur autant de largeur, *Pl.* 35. Ce gabion rempli, il en avance un autre sur l'alignement marqué, & le remplit en continuant toujours de la même maniere. Au lieu du mantelet on se sert aujourd'hui d'un gros gabion farci, que le premier sappeur pousse devant lui avec sa fourche; ce qui vaut beaucoup mieux, à cause que le mantelet étoit plus embarrassant, & mettoit le sappeur moins à couvert.

Le second sappeur pose trois fascines sur les gabions, remplit & approfondit l'ouvrage du premier d'un demi-pied, l'élargissant de même. Les entre-deux des gabions, comme nous avons dit, doivent être fermés par des fagots de sappe, ou par des sacs à terre.

Le troisieme agrandit l'ouvrage du second d'un demi-pied de largeur, & d'autant de profondeur, & le quatrieme fait la même chose par rapport à l'ouvrage du troisieme; ce qui met le travail à trois pieds de profondeur & trois de largeur.

Les deux ou quatre sappeurs restans, portent pendant ce temps-là les gabions, les fascines, les sacs à terre ou les fagots de sappe à ceux qui travaillent, & se tiennent toujours en état de prendre la place de ceux qui peuvent être tués ou blessés.

Lorsque les brigades ne sont que de six sappeurs, il faut en mettre deux à chaque sappe, pour se relever alternativement; mais lorsqu'elles sont de huit, une seule suffit, parce que les quatre derniers qui ne travaillent point, peuvent prendre la place des premiers, lorsqu'ils se trouvent fatigués.

Chaque sappeur doit devenir à son tour chef-de-sappe, pour partager également le danger, *Pl.* 35. Les outils de sappe que chacun doit avoir, sont une fourche de sappe pour placer le gabion sans se trop découvrir, un crochet pour l'arranger, une masse pour battre les piquets du gabion, & les mieux faire tenir, une pioche pour creuser la terre, une pelle pour la jetter, & une jauge de sappe pour mesurer l'excavation qu'il fait. On se sert maintenant d'un crochet différent de celui dont on voit la figure dans la planche 35. Ce nouveau crochet est un grand cercle de fer avec un long manche, par le moyen duquel le sappeur accroche aisément le gabion, & l'arrange à son gré.

On donne aux sappeurs quarante sols par toise, depuis la seconde parallele où la sappe commence ordinairement, jusqu'à la troisieme; cinquante sols depuis la troisieme jusqu'au glacis; trois livres pour les ouvrages faits sur le glacis; trois livres dix sols sur le chemin couvert; cinq livres pour les passages des fossés secs, & dix livres pour ceux qui sont pleins d'eau. On paie double si la sappe est double. Celle qu'on fait aux breches s'estime selon le plus ou moins de danger qu'il y a.

La sappe va nuit & jour, & ne discontinue jamais: on peut même en faire plusieurs à la fois, pour avancer l'ouvrage. Ainsi, supposé qu'on veuille presser la derniere parallele, ce qu'il est important de faire, on marque l'alignement qu'on veut lui donner, & l'on met ensuite sur cet alignement trois ou quatre sappes détachées, qui, poussant leurs travaux, viennent à se rejoindre. On fait la même chose pour chaque retour de la tranchée.

A mesure que les sappeurs ont fini quelque partie de leurs ouvrages, on y envoie les travailleurs qui lui donnent douze toises de largeur, si c'est la tranchée, quinze si c'est la seconde parallele, & 18 si c'est la troisieme. On met sur le parapet de celle-ci & de tous les ouvrages qui sont près de la place, des sacs à terre, qui laissent entr'eux une petite ouverture à pouvoir faire passer le fusil, & on les couvre pardessus d'autres sacs, afin de tirer sur l'ennemi sans être vu. *Planche* 35.

Des Batteries à Canon.

On emploie les batteries de canon, dans un siege, à deux usages. Les unes sont destinées à rompre les défenses de l'ennemi, à abattre les parapets dont il se couvre, à démonter son canon, & à éteindre le feu de la place, pour avancer plus facilement les travaux. Les autres servent à ruiner les flancs que l'on ne sçauroit découvrir de loin, à battre une breche, ou à faire un trou pour le mineur qui fait ensuite lui-même la breche par le moyen de la mine. Celles-ci ne peuvent être placées que sur le chemin couvert, parce que ce n'est ordinairement que delà qu'on découvre le pied de la muraille ou du rempart; mais il faut se servir des premieres, dès qu'on est arrivé à une certaine distance où elles peuvent faire leur effet.

Il y a des personnes qui voudroient qu'on tirât le canon dès l'ouverture de la tranchée; mais elles ne prennent pas garde qu'à

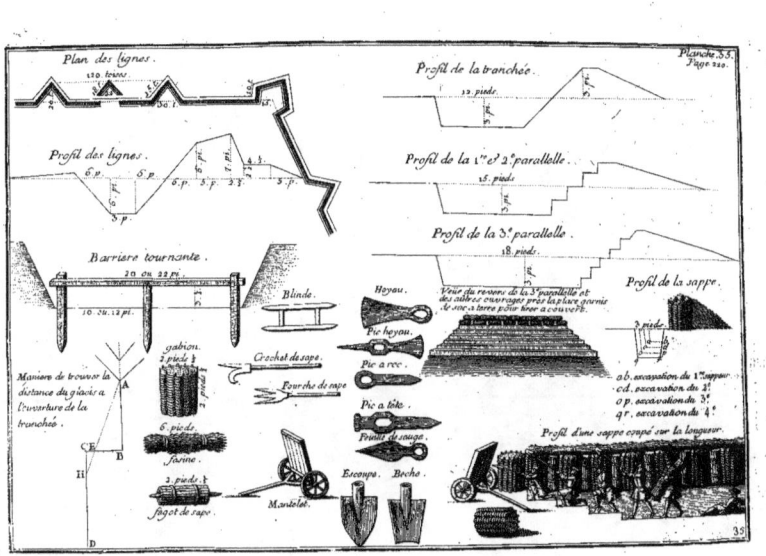

cet éloignement les coups ne portent que par hazard, à cause de la difficulté de pointer le canon; que ceux qui portent n'endommagent les parapets que très-foiblement, & que les batteries ne servent presque alors qu'à faire du bruit, & à consumer inutilement des munitions.

La véritable distance qu'elles doivent avoir pour faire l'effet qu'on en attend, est d'environ 150 ou 160 toises loin du glacis, & c'est là où se trouve ordinairement la seconde parallele, à moins que quelque rideau ou quelque chemin creux n'ait permis d'ouvrir la tranchée plus près, & d'avancer la premiere place d'armes, *Pl.* 37. On doit les poser hors de la parallele du côté de la place, & pour leur donner une situation convenable, & qui n'oblige pas à les changer, il faut auparavant prolonger les faces des ouvrages qu'on attaque, jusqu'à ce qu'elles coupent la parallele; & les endroits où elles la couperont, seront ceux où il faudra poser les batteries. Ainsi, supposé qu'on veuille battre la face droite d'un bastion, on prolongera la face gauche de ce même bastion jusqu'à ce qu'elle rencontre la place d'armes, & après avoir marqué ce point de rencontre, on disposera à côté le terrein de la batterie, ensorte qu'elle voie directement la face dont on veut ruiner les défenses.

Quand on a déterminé la situation des batteries, on fait avancer des bouts de tranchée pour leur communication, & l'on partage ensuite les travailleurs moitié sur le devant, moitié sur le derriere, pour commencer le parapet, qu'on appelle épaulement, *Pl.* 36. Ceux qui sont sur le derriere, c'est-à-dire en dedans, vont chercher la terre de loin, pour ne pas s'enfoncer, & ceux qui sont sur le devant, c'est-à-dire en dehors, font un fossé dont ils se couvrent, jettant en même-temps la terre en dedans. Cet ouvrage se fait pendant la nuit; mais quand le jour vient, on fait retirer ceux du derriere, qui seroient trop exposés au feu de la place, & on les fait passer dans le fossé, pour continuer avec les autres à jetter de la terre, & à fasciner le devant & les côtés, jusqu'à ce que l'ouvrage soit entiérement fini.

Le parapet doit avoir dix-huit pieds d'épaisseur sur $7\frac{1}{2}$ de hauteur. L'ouverture des embrasures commence à trois pieds au dessus du niveau; leur largeur en dedans est de deux pieds, & de neuf en dehors: la distance du milieu de l'une au milieu de l'autre est de 18 pieds.

On travaille en même-temps à faire un grand magasin à poudre, éloigné du parapet d'environ 100 pas, & deux autres petits beaucoup plus proches, qui communiquent avec le grand par des boyaux. On met aussi au pied des embrasures des plate-formes de dix-huit pieds de long sur dix-huit de large parderriere, & neuf sur le devant : elles sont composées chacune de cinq à six gîtes de bois quarré de cinq à six pouces sur dix-huit à vingt pieds de longueur : on assemble ces gîtes à égale distance avec une piece de bois de six à sept pouces quarrés, & de neuf pieds de longueur nommée Heurtoir, parce qu'elle empêche que les roues de l'affût ne heurtent contre l'épaulement : on bat & on applanit la terre sur laquelle on met les gîtes qu'on arrête par des piquets ; ensuite on remplit les entre-deux avec la même terre bien battue, & l'on couvre le tout avec des madriers ou pieces de bois d'un pied de largeur, & de deux ou trois pouces d'épaisseur. Les plates-formes doivent avoir un peu de pente du côté de l'embrasure, afin que le recul du canon ne soit pas si grand. Le parapet ou épaulement se fait avec la terre prise sur le devant de la batterie, foulée de lit en lit, de fascines en boutisse, & parement, bien reliées & piquetées : le tout doit faire liaison avec les lits posés en boutisse, afin que le parement se soutienne & ne surplombe pas.

Quand le terrein est ou trop dur, ou marécageux, on fait le parapet avec des gabions farcis de terre & de fascines, ou avec des sacs à laine de dix-sept pieds de longueur sur sept d'épaisseur ; on en met trois l'un devant l'autre ; ce qui forme un épaulement de vingt-un pieds d'épaisseur : on laisse une ouverture d'environ trois pieds en dedans, & neuf en dehors pour l'embrasure ; ce qui se fait en raccourcissant les sacs qui sont sur le devant, & l'on couvre le dessus avec d'autres sacs, dont l'épaisseur jointe à celle des premiers, donne quatorze pieds de hauteur au parapet. On lie ces sacs avec des cordages, les arrêtant en même-temps avec des piquets, afin que le canon de la place ne puisse pas les déranger ; & comme le feu peut y prendre facilement, on a soin d'avoir des tonneaux pleins d'eau pour l'éteindre.

Quand le terrein est trop humide, on met au pied des embrasures un lit de fascines avec des claies pardessus, sur lesquelles on jette de la terre ; & l'on met ensuite les madriers, afin que le canon puisse tirer plus solidement.

L'ouvrage étant achevé, ce qui n'arrive ordinairement qu'après deux nuits & un jour de travail pour les grandes batteries qu'on appelle Royales, on fait venir le canon qu'on appointe contre les parapets, jufqu'à ce qu'on ait démonté les batteries à barbette & les canons des embrafures, après quoi l'on tire à ricochets pour inquiéter la moufqueterie de l'ennemi, qui tire à la faveur de fes défenfes à demi-ruinées.

L'invention du ricochet eft dûe à M. de Vauban, qui s'en eft fervi très-avantageufement dans plufieurs fieges, & furtout à celui d'Ath, où les affiégés s'en trouverent fi mal, qu'ils n'ofoient prefque plus approcher de leurs défenfes. On met le canon fur la femelle, c'eft-à-dire à toute volée, & après l'avoir chargé moins qu'à l'ordinaire, on tire de maniere que le boulet paffant pardeffus le fommet du parapet, enfile le terre-plein fur lequel il fait plufieurs bonds, renverfant tout ce qui fe trouve fur fon paffage. On s'en fert auffi pour nettoyer le chemin couvert. Pendant qu'on tire, le Commandant, ou quelque autre officier d'artillerie, examine la portée du boulet, pour remédier au défaut qu'il peut y reconnoître; ce qu'on pratique de même par rapport aux autres batteries.

Les avantages du ricochet font d'épargner confidérablement les munitions, à caufe qu'on charge très-peu, de ne point incommoder les ouvrages de la tranchée, qui font plus avancés, parce que fes coups s'élevent; d'éloigner l'ennemi de fes défenfes, où il ne fçauroit tenir fans en être extrêmement inquiété, & de favorifer par-là les affauts, en tirant pendant une heure ou deux avant l'action; ce que les autres batteries ne font pas: car quoiqu'elles renverfent les parapets, & qu'elles ruinent tout ce qui leur eft oppofé, en quoi elles paroiffent avoir un grand avantage fur le ricochet, il eft cependant bien difficile de rafer fi parfaitement les défenfes que la moufqueterie de l'affiégé ne puiffe plus s'en fervir.

Les batteries doivent être fournies de canon le plus qu'on peut, pour être fupérieures au feu de l'affiégé, & l'éteindre plus promptement; car c'eft l'unique moyen d'avancer les travaux, & d'abréger de beaucoup la durée d'un fiege. Il faut qu'elles tirent nuit & jour, en fe fervant, pendant la nuit, des balles d'artifices, qui éclairent à une grande diftance, & par le moyen defquelles on peut pointer le canon de même qu'en plein jour.

Des Batteries à Bombes, & des Pierriers.

Les bombes servent aussi beaucoup à ruiner les défenses & à chasser l'ennemi de ses ouvrages, pourvu qu'on s'accoutume à y tirer toujours, sans s'amuser, comme on faisoit autrefois, à abattre les clochers & les maisons; ce qui n'avance pas la prise de la ville, & tourne toujours au dommage de celui qui la prend, par les libéralités qu'il est obligé de faire aux habitans qui en ont souffert. *Pl.* 36.

On place les batteries à bombes auprès des batteries à ricochets: leur épaulement a les mêmes dimensions que celui des canons, excepté qu'on n'y fait point d'embrasure; ce qui fait qu'on peut enfoncer leurs plates-formes de deux ou trois pieds, au lieu que celles du canon doivent être tout au moins au niveau, & seroient encore meilleures si on les élevoit de quelques pieds, parce que les pieces découvriroient mieux ce qu'elles doivent battre, & incommoderoient moins les travaux de la tranchée, qui sont plus avancés.

Les plates-formes des mortiers, se mettent à cinq ou six pieds de distance de l'épaulement: elles ont neuf pieds de long sur six de large, & sont éloignées les unes des autres de huit ou neuf pieds. Il faut auparavant bien battre & applanir la terre sur laquelle on met ensuite des poutrelles de neuf pieds de longueur, remplissant les entre-deux de terre bien battue, & mettant pardessus des madriers de trois ou quatre pouces d'épaisseur, qu'on arrête tout autour avec des piquets, de même que les poutrelles. On a soin aussi de faire un grand magasin à poudre un peu éloigné, & deux autres petits plus près, avec une grande place où l'on tient la provision des bombes.

Les pierriers sont de gros mortiers qu'on charge d'une grande quantité de pierres au lieu de bombes; ils sont d'une grande utilité pour inquiéter l'ennemi dans ses ouvrages, & l'en chasser entiérement, parce qu'il ne sçauroit se mettre à couvert de leur effet: mais il faut observer de les mettre beaucoup plus près de la place, que les mortiers à bombe, à cause que les pierres ne portent pas si loin.

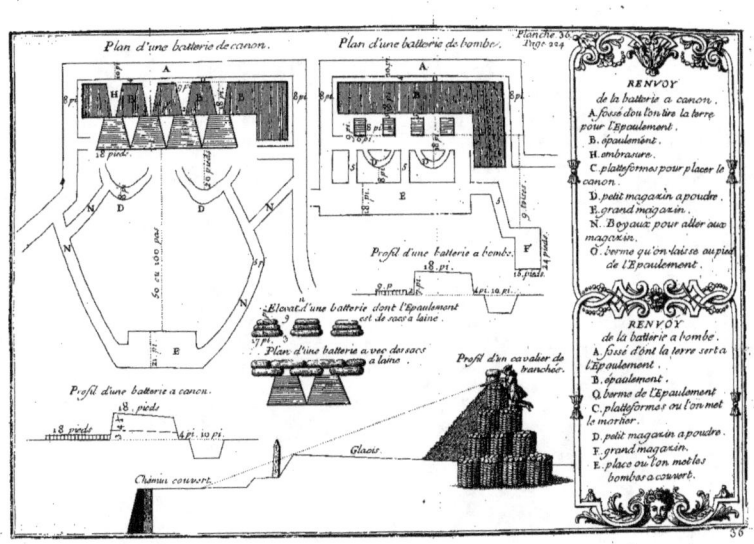

De la prise du Chemin couvert, & des Logemens sur le glacis & la contrescarpe.

Tandis que les travailleurs achevent la derniere parallele, on met sur son revers de grands amas de matériaux & d'outils vis-à-vis les endroits où l'on a projetté de faire les logemens, & l'on commande en même-temps le nombre des travailleurs qu'on juge nécessaire, & les troupes qui doivent s'emparer du chemin couvert.

Les logemens sont des retranchemens que l'on fait pour se placer dans les postes que l'ennemi a été contraint d'abandonner, & l'empêcher d'y revenir. On les commence sur les angles saillans du chemin couvert, observant de les faire tous à la fois, afin de partager davantage le feu de l'assiégé, & de lui rendre plus difficile le retour sur la contrescarpe, s'il vouloit le tenter.

Quand il y a une demi-lune devant la courtine, on doit avoir ouvert & poussé une tranchée sur sa capitale, dès la seconde parallele, & même dès la premiere; ce qui vaudroit beaucoup mieux, non-seulement pour faire venir plutôt du secours, dans le besoin, du corps de réserve qui se tient dans la seconde parallele, lorsqu'on attaque le chemin couvert, mais encore pour être plus à portée du petit parc qui est alors dans la premiere place d'armes, & en tirer plus vîte les matériaux dont on pourroit manquer. Ajoutez à cela que ceux qui seront blessés à l'attaque de la demi-lune, n'auront pas un si long trajet à faire pour se rendre au petit hôpital qui se place aussi dans la premiere parallele.

Si la contrescarpe & le glacis sont contreminés, ce qu'on doit tâcher de sçavoir dès le commencement du siege, par quelque espion, prisonnier ou déserteur, il ne faut rien entreprendre qu'on ne se soit auparavant rendu maître du dessous, en faisant des puits de 20 pieds de profondeur, s'il se peut, sans rencontrer l'eau; & poussant ensuite vers les palissades des galeries, pour rencontrer celles des ennemis, si on se trouve dessous, il faut les faire sauter; & si on est au dessus, ce qu'on peut connoître par le moyen d'une aiguille de fer qu'on enfonce en terre jusqu'à ce qu'on ne trouve plus de résistance, on les enfoncera & l'on y jettera des bombes; mais si on ne rencontre point les galeries, on poussera de côté & d'autre des rameaux, au bout desquels on fera jouer des fourneaux qui, à force d'être multipliés, ruineront enfin les contremines des assiégés. Il faut prendre ces précautions avant même de commencer la derniere place d'armes, si elle doit être sur le glacis; ce qui arrive, comme nous avons déja dit, lorsqu'on doit emporter le chemin couvert de vive force. Nous parlerons ailleurs plus amplement des mines & des contre-mines.

Lors donc qu'il n'y a plus rien à craindre de ce côté, on se dispose à attaquer la contrescarpe de vive force, ou en prenant peu à peu la supériorité, selon que la situation le permet. C'est à l'ingénieur général à juger de ce qu'il faut faire, & à régler le détail des attaques, parce qu'ayant lui-même projetté & conduit les travaux, il doit aussi en connoître les suites mieux que qui que ce soit, & c'est au lieutenant-général à en conduire l'exécution, supposé cependant toujours que le général l'approuve. On attaque le chemin couvert de vive force, lorsque les batteries à ricochet ne sçauroient l'enfiler, soit à cause de sa hauteur, soit à cause des environs qui, étant ou marécageux, ou coupés de rivieres, ne permettent point de donner à ces batteries la situation qui leur conviendroit, & lorsqu'en même temps les glacis sont si roides qu'on ne peut plonger dans le chemin couvert par le moyen des cavaliers élevés à mi-glacis. On l'attaque en prenant peu à peu la supériorité, lorsqu'on peut l'enfiler par les ricochets & par les cavaliers. Détaillons ici ces deux manieres.

Le jour marqué pour l'attaque de vive force étant venu, on fait avancer les travailleurs dans la derniere parallele, partagés en autant de corps qu'il y a d'angles saillans sur lesquels on veut se loger; chacun de ces corps est divisé en trois parties, dont l'une est pour le logement, l'autre pour les épaulemens, & la derniere pour les communications; & dans chaque partie les uns sont destinés à remplir les gabions, les autres à transporter & fournir les matériaux. Il faut à chaque logement deux ingénieurs pour en diriger le travail, avec deux officiers & deux sergens qui se tiennent les uns à la tête, & les autres à la queue, pour prendre garde que chacun fasse son devoir. On fait marcher en même temps les grenadiers & fusiliers destinés pour l'attaque, que l'on divise en deux ou trois détachemens, & un corps de réserve pour chaque angle saillant; ceux des premiers détachemens se rangent sur la plus haute banquette de la parallele, vis-à-vis des endroits qu'ils doivent attaquer; ceux des seconds se placent après eux, & ainsi de suite, tenant tous leurs armes prêtes pour partir dès qu'on aura donné le signal, qui consiste en quelques coups de canon tirés par intervalle. Les travailleurs se mettent derriere les détachemens chargés de matériaux & outils dont ils doivent se servir. On range aussi vis-à-vis les angles rentrans des petites troupes qui doivent donner de ce côté dans le même temps qu'on attaque les autres, pour tâcher de couper l'ennemi, & empêcher sa retraite dans la demi-lune ; mais comme, pendant cette attaque, l'assiégé pourroit faire des sorties sur la droite & sur la gauche, pour prendre les détachemens en flanc, on a soin de prévenir le désordre que feroient ces sorties, en faisant avancer sur les aîles des attaques, la garde de cavalerie, & quelques troupes d'infanterie.

Pendant qu'on fait cette disposition, toutes les batteries tirent : les unes sur le glacis, pour en labourer la terre, & les autres sur toutes les défenses, pour tâcher d'en éloigner l'ennemi. Il est bon aussi d'avoir posé des batteries à ricochet contre les faces des demi-lunes collatérales qui ont vue sur la droite & sur la gauche, parce qu'elles incommodent beaucoup par leur mousqueterie & leur canon.

Demi-heure avant l'attaque, qui se fait ordinairement à l'entrée de la nuit, afin de n'être pas si exposé au feu de la place, que l'obscurité rend moins sûr, on cesse de tirer pour laisser reposer les pieces ; mais dès que le signal est donné, on recommence le feu des canons, mortiers & pierriers, non plus sur le glacis, mais contre toutes les défenses ; & les détachemens sortent en même temps de la parallele, franchissant au plus vîte l'espace qui se trouve entr'elles & les palissades : car c'est le moment le plus dangereux de l'action, à cause du feu auquel on est en butte, & se jettant brusquement sur le chemin couvert, où ils se mêlent avec l'ennemi le plutôt qu'ils peuvent, ils tâchent de le repousser jusques dans sa derniere retraite. Si les premier, second ou troisieme détachemens, trouvent trop de résistance, le corps de réserve s'avance pour les soutenir ; mais si les détachemens suffisent, il se tient dans la derniere parallele, d'où il tire continuellement contre les parapets de la place.

Tandis qu'on chasse l'ennemi du chemin couvert, il faut envoyer des gens adroits qui cherchent les fougasses, & en coupent les saucissons avant que l'ennemi ait le temps d'y mettre le feu ; & s'il en fait sauter quelqu'une, on doit se loger aussitôt sur son effet, afin de prévenir la frayeur des troupes qui ont donné; car l'assiégé profiteroit de cette occasion pour revenir sur la contrescarpe.

Dès qu'on est maître de la contrescarpe, les troupes se retirent derriere les traverses où elles se tiennent à couvert, & s'il n'y en a point, les unes se couchent ventre à terre sur le bord du fossé où le feu de la place a moins de prise, & les autres sur le glacis, où le corps de réserve a soin de leur envoyer des fascines doubles ou des petits gabions dont ils se couvrent le mieux qu'ils peuvent, en attendant nouvel ordre, *Pl.* 38.

Cependant les ingénieurs, officiers & sergens, ayant fait sortir les travailleurs qu'ils commandent, leur font commencer les logemens qu'ils poussent à droite & à gauche des angles, toujours parallélement au parapet du chemin couvert, & à dix ou quinze pieds de distance. Ceux qui sont chargés des épaulemens pour couvrir les troupes, roulent devant eux de gros gabions remplis de fascines, & les posent l'un après l'autre sur les lieux qu'on leur a marqués, les remplissant de terre, & les couronnant de fascines pour les rendre plus hauts. Enfin ceux qui doivent travailler aux communications de la parallele aux logemens, ouvrent une tranchée qu'ils conduisent sur l'arête du glacis, en jettant les terres de côté & d'autre, pour éviter d'être vu de l'ennemi. Ces travaux doivent être poussés vivement, & être en état de contenir des troupes avant que la nuit finisse. Il ne faut point oublier d'y mettre des traverses directes, doubles ou tournantes, selon que la situation le demande, *Pl.* 38.

Quand le jour approche, on fait retirer les troupes dans la derniere parallele, laissant quelques petits détachemens pour soutenir les travailleurs & sappeurs qui viennent relever ceux de la nuit, & qui, après avoir perfectionné ce qu'il y a de fait, continuent les ouvrages, en avançant toujours parallélement au parapet. Si l'ennemi fait pendant ce temps-là quelque sortie, il ne faut ni aller au devant de lui, ni s'opiniâtrer à garder les logemens, mais se retirer par les communications, & laisser agir le feu de la place d'armes, qui le contraindra bientôt de déloger, après quoi quelques grenadiers acheveront de le mettre en fuite, & l'on reprendra le travail. Venons à présent à la seconde maniere de prendre le chemin couvert.

Supposé donc que les ricochets puissent enfiler la contrescarpe, & que les cavaliers qu'on élevera à mi-glacis, soient en état d'y plonger ; alors la derniere parallele étant achevée à quinze ou vingt toises de l'extrêmité du glacis, on pousse la tranchée en y faisant quantité de petits retours pour éviter l'enfilade, jusqu'à ce qu'on soit arrivé sur l'arête de l'angle saillant du glacis ; on peut même, sans faire tant de retours, embrasser cet angle saillant par une tranchée qui fasse un arc recourbé, comme on peut voir dans les *Planches* 37 & 38. Delà on s'enfile le long de l'arête de l'angle par une sappe qui jette la terre des deux côtés, couvrant sa tête avec des mantelets ou des gros gabions pleins de fascines & de sacs à terre, que le premier sappeur fait rouler devant lui, & quand on est arrivé à treize ou quatorze toises du chemin couvert ; ce qu'on connoît en jettant à la main des grenades qui ne vont pas plus loin : on s'étend alors à droite & à gauche, parallélement à la contrescarpe, & à huit ou neuf toises de chaque côté, se couvrant, contre les enfilades, par des grosses traverses.

Cela fait, on met dans les parties de cette tranchée, qui sont paralleles à la contrescarpe, un lit de gabions qu'on remplit & qu'on couronne de fascines, sur lesquelles on jette de la terre pour y asseoir un second lit à qui on donne un pied & demi de retraite, & qu'on remplit de la même maniere ; sur ce second on en met un troisieme, puis un quatrieme, & ainsi de suite en donnant la même retraite à chaque lit, jusqu'à ce qu'on soit assez élevé pour plonger dans le chemin couvert : alors on couronne ces derniers gabions comme ceux des autres lits, avec des fascines & de la terre, & l'on y fait un parapet avec des sacs à terre, par l'entre-deux desquels on peut tirer, & mettant d'autres sacs pardessus, comme nous avons dit ailleurs, il faut en même temps élever les traverses, & leur donner la largeur & la hauteur nécessaire pour couvrir entiérement ces cavaliers. Dès que l'ouvrage est fini, on y fait monter des grenadiers qui plongent continuellement, & qui, aidés par les ricochets qui tirent toujours, obligent bientôt l'ennemi de se retirer.

Cependant on continue la sappe double sur l'arête du glacis, jusqu'à ce qu'étant à dix ou quinze pieds de l'extrêmité du parapet, on s'étende à droite & à gauche parallélement à la contrescarpe. A mesure que ce logement se perfectionne, on y envoie des détachemens pour soutenir les travailleurs qui doivent toujours avancer, avec ordre cependant de ne pas trop s'opiniâtrer en cas de sortie, parce que les ricochets & les cavaliers éloigneront l'ennemi plus facilement, & avec moins de perte, *Pl.* 38.

Quand on est parvenu aux traverses des angles saillans, on perce le parapet du glacis, vis-à-vis le milieu de ces traverses pour s'en couvrir, & l'on se glisse tout le long du côté de la place d'armes, en bordant l'arc de cercle que la contrescarpe forme en cet endroit, & laissant un parapet à l'épreuve du canon. Ces logemens servent à battre de plus près sur la breche, & l'on y peut mettre des pierriers; mais il faut les tenir enfoncés, afin qu'ils n'empêchent pas ceux qui doivent être parderriere.

Tandis qu'on fait & perfectionne ces ouvrages, on continue le logement du glacis parallele jusqu'aux places d'armes des angles rentrans, ou, après avoir détaché des grenadiers pour en chasser l'ennemi, s'il y est encore posté, on perce vis-à-vis les traverses, & l'on embrasse la gorge de ces places d'armes par des logemens semblables à ceux dont nous venons de parler.

De la descente du fossé, & de la prise de la demi-lune.

Dès qu'on est maître du chemin couvert, on y dresse des batteries au plutôt, les unes pour ruiner les flancs de la place, & les autres pour battre en breche : on les fait de la même maniere que celles de la tranchée, & tout ce qu'on y doit observer, est de les disposer à propos, ensorte qu'elles battent le plus directement qu'il se pourra, de bien ouvrir leurs embrasures pour pouvoir agrandir les breches sans les changer de place, & de leur donner la pente nécessaire, afin qu'elles plongent jusqu'au bas du revêtement.

La descente du fossé se fait par une sappe ou couverte, ou découverte, selon que la situation le demande, *Pl.* 38. Quand le fossé est sec & profond, on commence la descente sur le glacis passant en galerie de mineur sous les logemens du chemin couvert, pour sortir au fond du fossé. La pente qu'il faut donner à cette galerie, se trouve en prenant la hauteur du fossé, & la distance de l'endroit où on veut le commencer. Ainsi, supposé que la hauteur soit de 18 pieds, & la distance de 72, qui contient quatre fois 18, on verra qu'à mesure qu'on avancera de quatre pieds, il faudra s'abaisser d'un pied qui est le quart de 4. Cette galerie doit avoir tout au moins six pieds de largeur, & cinq ou six de hauteur. Si on craint l'affaissement des terres, il faut les soutenir avec des blindes ou chassis de bois bien forts, que

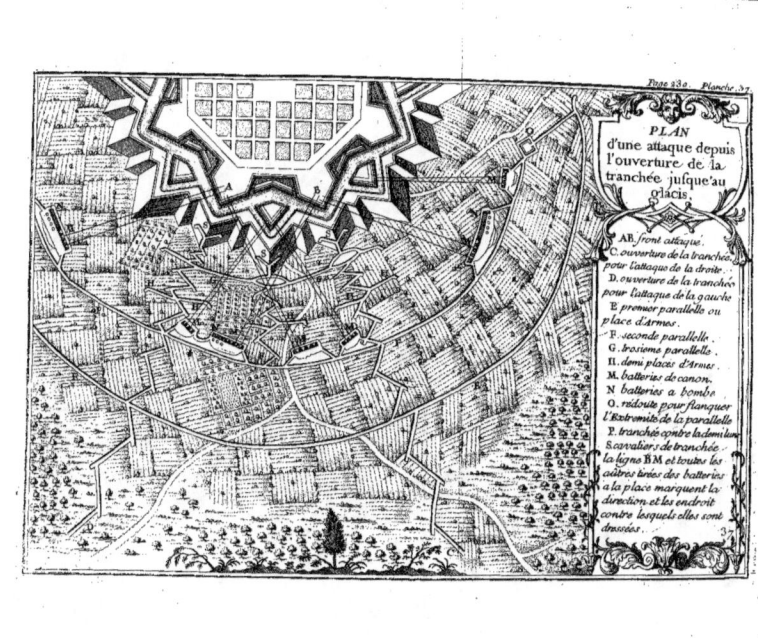

l'on met en travers comme des solives. Quand le fossé n'a que douze ou quinze pieds de profondeur, on fait la descente par une sappe découverte dont on jette la terre des deux côtés, & que l'on couvre de blindes sur lesquelles on jette des fascines, de la terre & du fumier, pour se mettre à couvert des pierres & des grenades. Dès qu'on est arrivé au revêtement de la contrescarpe, on le perce, & l'on étend de côté & d'autre des logemens couverts, pour résister aux sorties que l'ennemi pourroit faire ; ce qui s'entend des fossés secs. Quand le fossé n'est point revêtu, & a un grand talus, on peut pousser des tranchées sur ce talus en descendant, observant de les couvrir, comme nous venons de dire. S'il est nécessaire de faire des dégrés à cette descente qui se fait ordinairement en rampe douce, il faut couvrir les degrés avec des planches bien arrêtées, pour empêcher l'éboulement des terres. Il seroit à propos de faire deux ou trois descentes à la fois, pour faciliter le transport des matériaux nécessaires au passage du fossé, & pour ne pas perdre du temps ; ce qui ne manqueroit pas d'arriver n'en faisant qu'une, si la bombe venoit à la ruiner. Il faut enfin éviter soigneusement de ne pas faire leur ouverture dans le fossé en vue des deux flancs, pour n'être pas obligé de se couvrir des deux côtés.

Les batteries tirent cependant continuellement, soit contre les flancs, soit pour faire la breche ; on tâche de démonter les canons cachés derriere les orillons, s'il y en a, à force d'y jetter des bombes, & l'on attaque les dehors dont il faut toujours s'être rendu maître avant de marcher contre le corps de la place, parce que leurs gorges & leurs côtés battent de revers le passage du fossé, & les breches faites aux faces des bastions.

Les dehors sont ordinairement ou des ouvrages à corne, ou des ouvrages à couronne, ou des demi-lunes. L'attaque des ouvrages à corne & à couronne, se fait de même que celle du corps de la place, dont nous parlerons bientôt : c'est pourquoi nous ne mettrons ici que celle de la demi-lune, qui peut servir pour les autres dehors, tels que les lunettes & les ouvrages à tenaille.

Les logemens du chemin couvert étant achevés, on y place une batterie à chaque côté de l'angle de la demi-lune, & l'on bat sa pointe en breche, en tirant vers l'épaule. Les coups doivent porter à trois ou quatre pieds au dessus du fond du fossé ; il faut les ramasser ensemble, & ne jamais quitter l'endroit auquel on s'est attaché, qu'on ne voie tomber la terre que le revêtement foutenoit ; si les contreforts subsistent après la ruine de la muraille, il faut les battre en biaisant les batteries qui serviront ensuite à battre les parties des faces de la place, qui ont vue dans le fossé de la demi-lune. La breche doit avoir au moins dix ou douze toises de largeur.

Les ricochets, les mortiers & les pierriers, tirent pendant ce temps-là le plus qu'on peut, pour inquiéter l'ennemi, & l'empêcher de se retrancher, s'il ne l'a déja fait. Les logemens des angles rentrans de la contrescarpe, & les batteries dressées contre le flanc, tâchent de rompre le pont & les communications de la place, & les travailleurs font la descente du fossé de la maniere que nous avons dit, & ferment le passage vers la breche, en faisant un épaulement de terre & de fascines, si le fossé est sec, ou un pont de fascines, de gabions & de terre, s'il est plein d'eau, se couvrant toujours du côté de la face du bastion qui a vue dans ce fossé.

Il faut cependant faire un grand amas d'outils & de matériaux pour les logemens, & ne point se presser d'aller à la breche, qu'elle ne soit bien ouverte & éboulée ; que la descente ne soit dégagée & parfaite, & le passage du fossé bien épaulé. Si la demi-lune est contre-minée, il faut auparavant y envoyer le mineur qui, à force de pousser des rameaux & de faire sauter des fourneaux, détruira enfin les galeries des assiégés, ou les obligera à faire jouer leurs mines, de peur de sauter eux-mêmes. Il faut user de cette précaution pour les logemens qu'on fait dans les fossés secs, sur la breche des bastions, & partout ailleurs, pour ne pas exposer ses meilleures troupes à être ensevelies sous les débris des mines.

Tous ces préparatifs étant faits, on commande les grenadiers pour monter la tranchée, si on veut attaquer de vive force, & les travailleurs qui doivent faire les logemens. Il est à propos de commencer cette attaque pendant la nuit, pour être moins exposé au feu de la place, auquel la demi-lune est en butte, ou du moins pour le rendre moins sûr, l'assiégé ne pouvant rien découvrir en tirant dans l'obscurité de haut en bas ; ce qui fait que les coups ne portent qu'au hazard, au lieu que l'assiégeant tirant de bas en haut, découvre toujours, à la lueur du ciel, l'extrêmité du parapet, & peut faire le même feu de ses logemens, qu'il feroit pendant le jour.

L'heure

L'heure de l'attaque étant venue, on fait feu de tous côtés contre les défenses de la place, & contre ses communications avec la demi-lune, tandis que ceux qui doivent donner, montent des deux côtés le plus vîte qu'ils peuvent, & viennent aux mains avec l'ennemi qu'ils repoussent jusques dans le retranchement, dont ils tâchent même de se rendre maître, s'ils n'y trouvent pas une vigoureuse résistance. Mais s'il n'y a pas apparence de pouvoir l'emporter du premier coup, on fait retirer les troupes sur les revers de la breche, jusqu'à ce que les travailleurs aient achevé le premier logement qu'ils font en portion de cercle, qui occupe le terre-plein de l'angle flanqué.

Si l'on ne veut point attaquer de vive force, on donne un signal à toutes les batteries & aux logemens qui ont vue sur la demi-lune, pour tirer quand il en sera temps, & l'on fait avancer pendant le jour deux ou trois sappeurs de chaque côté, qui, se mettant à couvert à l'extrêmité du revêtement qui est resté sur pied, ouvrent une sappe, avec ordre de revenir quand l'ennemi se mettra en devoir de les en chasser. S'il avance effectivement sur la breche, on fait le signal, & le feu qui recommence de tous côtés, l'ayant bientôt mis en fuite, on baisse le signal pour faire cesser, & les sappeurs vont reprendre leur travail. Toutes les fois que l'assiégé fait mine de revenir, on recommence de même, jusqu'à ce que le logement s'avançant peu à peu, se trouve en état recevoir des détachemens qui l'empêchent de reparoître.

Tandis que ce premier logement s'acheve, on en fait d'autres le long des faces, jusqu'au retranchement dont on se rend maître ou par les sappes, ou par la mine, ou même par le canon, s'il est nécessaire; après quoi on continue à se loger sur la gorge. Si elle n'est pas revêtue, & que le fossé soit sec, on y éleve un bon parapet, pour empêcher l'ennemi de venir l'attaquer.

Quand la demi-lune n'est point revêtue, on brise à coups de canon la fraise & les palissades dont elle est bordée, & après avoir bien tiré sur ses talus extérieurs, pour les rendre plus doux, on continue le reste comme ci-dessus.

Si la demi-lune & sa contrescarpe ne sont point revêtues, & que son fond soit sec & facile à passer, on peut, après en avoir brisé quelque fraise, tenter de s'en emparer brusquement, & en même-temps qu'on attaque le chemin couvert: mais il faut pour cela, que la garnison soit foible, ou qu'on ait auparavant rompu

Gg

la communication avec la place, & que l'affiégé n'y trouve pas un accès facile; car autrement il pourroit revenir avant que les logemens fuffent finis, & contraindre l'affiégeant à fe retirer.

Quand la demi-lune eft petite, on peut, à force de bombes & de pierres, obliger l'ennemi à l'abandonner.

Du Paffage du foffé, & de l'Attaque du baftion.

La defcente du foffé étant achevée, & la demi-lune prife, on travaille au paffage du grand foffé, tandis que les batteries achevent de faire breche aux faces du baftion, fuppofé qu'on veuille les faire à coups de canon. Nous parlerons ailleurs de celles qui fe font par la mine.

L'ennemi peut s'oppofer au paffage du foffé, non-feulement par le canon du flanc, contre lequel on doit avoir dreffé des batteries, comme nous avons déja dit, mais encore par les forties & les logemens du foffé, s'il eft fec, par le feu de la tenaille & de la courtine, dont il biaife les embrafures, enforte qu'il puiffe battre en écharpe le chemin couvert, par les mines, & enfin par les feux qu'il jette du haut du rempart, pour brûler les matériaux dont l'affiégeant fe fert pour fon paffage.

On fe précautionne contre les forties en faifant bien plonger les logemens du chemin couvert dans le foffé, & en en établiffant d'autres fur les côtés du débouchement des defcentes, qui puiffent contenir chacun vingt-cinq ou trente grenadiers: on peut auffi, dans ces occafions, charger les canons dreffés contre le flanc avec des gargouches pleines de balles de moufquet, & tirer fur la fortie, qui fera bientôt contrainte de rentrer.

On s'empare des logemens du foffé en marchant brufquement contre l'ennemi qu'il faut joindre le plutôt que l'on peut, pour n'avoir pas long-temps à effuyer le feu des défenfes; & quand on l'en a chaffé, on s'y met à couvert par le moyen des gros madriers qu'on met pardeffus, & que l'on charge de terre ou de fumier, pour les garantir du feu.

On éteint le feu de la tenaille par des batteries qu'on met fur les deux angles rentrans de la contrefcarpe, & fur l'angle flanqué de la demi-lune, pour rompre fes parapets, & enfiler la poterne de la courtine qui lui fert de communication, & l'on place auffi fur la gorge de la demi-lune des mortiers à pierres, qui inquiétent & chaffent ceux qui font à fa défenfe.

On démonte les batteries biaisées de la courtine, par d'autres batteries qu'on met sur l'angle saillant de la contrescarpe, & par une grande quantité de pierres & de bombes qu'on tire en même-temps.

On évite l'effet des mines par d'autres mines & fourneaux qu'on pousse de tous côtés, comme nous avons déja dit, & dont nous parlerons dans la suite plus au long.

Enfin on se défend contre les feux que l'ennemi jette dans le fossé, pour brûler les matériaux qui servent au passage, en faisant agir continuellement les ricochets, les pierres & les bombes contre les pieces d'où vient le feu, pour tâcher d'éloigner l'ennemi, & en tenant, s'il se peut, des gens tout-prêts, qui, avec de grands crocs, éloignent les feux à mesure qu'ils tombent dessus ou auprès des matériaux.

Le passage du fossé se fait de différentes manieres, selon qu'il est sec ou plein d'eau, & selon que l'on craint plus ou moins du côté de la place.

Si le fossé est sec, on peut mettre deux rangées de tonneaux éloignées l'une de l'autre de sept ou huit pieds, remplissant les tonneaux & les entre-deux de sacs à terre, & mettant pardessus des madriers couverts de fer-blanc, sur lesquels on jette de la terre & du fumier; ce qui forme une galerie couverte & à l'épreuve des pierres & des grenades. On peut aussi faire un épaulement contre le flanc opposé, soit avec des fascines couvertes de terre, soit par le moyen d'une tranchée, dont les terres servent à former un parapet; & si le fracas des ricochets, bombes & pierres qu'on tire contre l'assiégé, ne l'empêchent point d'approcher de ses défenses, & d'inquiéter les travailleurs, on les couvrira avec des blindes ou des claies, sur lesquelles on mettra des fascines couvertes de terre & du fumier : les blindes ou les claies porteront d'un côté sur l'épaulement, & de l'autre sur des pieces de bois que l'on plantera en terre, pour les soutenir.

Quand le fossé est plein d'eau, on le saigne, s'il est possible, pour le passer, comme nous venons de dire : mais si cela ne se peut, on le comble en y faisant un pont, ou une digue de terre & de fascines, avec un épaulement contre le flanc opposé. Il faut auparavant avoir fait de grands amas de fascines, de sacs à terre, de pierres, & de tous les autres matériaux nécessaires, le plus près qu'il se pourra de l'endroit où commence la descente, observant dans ceci, comme dans tous les autres ouvrages qu'on fait pendant le siege, de prendre si bien ses mesures que rien ne vienne à manquer dès que le travail est commencé, & qu'on ne soit point obligé de l'interrompre, ou de le traîner en longueur, pour attendre les matériaux. Dès que tout est prêt, on met les travailleurs en file, qui se font passer de l'un à l'autre les fascines le long de la descente; celui qui est à la tête, c'est-à-dire au débouchement dans le fossé, les jette & arrange devant soi, & sur le côté où doit être l'épaulement, jusqu'à ce qu'elles soient assez hautes pour le mettre à couvert du flanc opposé, & de la face du bastion. Alors il s'avance & plante des piquets de haut en bas sur les fascines du passage, les enfonçant dans l'eau quand elles sont à la hauteur de la superficie; il pose d'autres lits en travers avec de la terre qu'il fait jetter dans l'entre-deux & pardessus, s'élevant de trois ou quatre pieds au dessus de l'eau, sur quinze à seize de largeur. Cependant on fortifie l'épaulement, & l'on continue à jetter les fascines en avant & à côté, jusqu'à ce qu'on arrive enfin au pied du rempart.

Si le feu de la face est à craindre, on pousse toujours devant soi une montagne de fascines, & l'on se couvre pardessus avec des blindes ou des claies, comme nous avons déja dit; ce qui retarde beaucoup l'ouvrage, par la difficulté qu'il y a de jetter les fascines en avant dans le fossé, pardessus ce grand tas qu'on doit toujours avoir sur le front du travail.

La difficulté devient encore plus grande, lorsque l'eau du fossé est courante & rapide, soit à cause de quelque riviere qui la fournit, ou de quelque écluse qui la distribue au gré des assiégés; car alors il faut nécessairement donner une grande largeur à la digue, pour la mettre en état de résister au courant: ce qui, joint au blindage qu'on est obligé de faire pour se couvrir, & à ce grand tas de fascines qu'il faut mener devant soi, demande un temps & des peines infinies. On peut, dans ces occasions, jetter des tonneaux & des gros gabions pleins de pierres, afin que le passage que laissent les entre-deux, diminue un peu la force du courant.

Dès que le pont est achevé, si les breches ne sont pas assez éboulées, on continue à y tirer, ou l'on y attache le mineur qui, s'enfonçant plus avant, en rend la pente plus douce par l'effet de ses mines. Après quoi l'on travaille à faire les premiers logemens sur le haut, de vive force ou peu à peu, comme nous

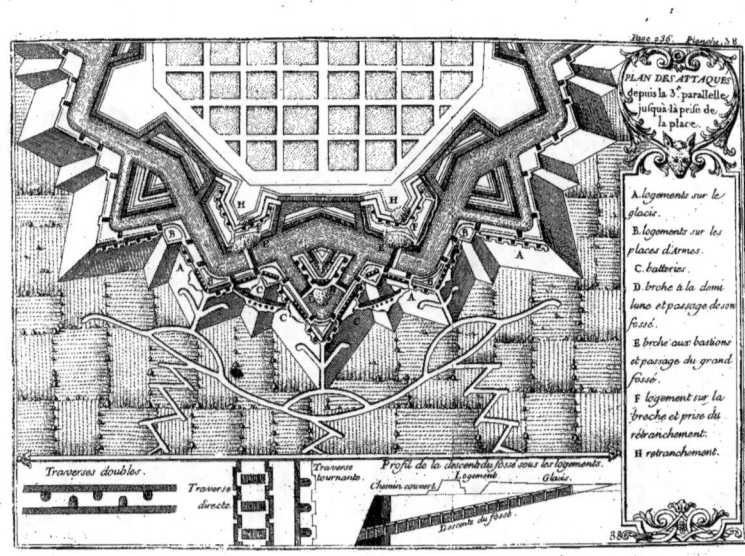

avons dit dans la prife de la demi-lune. Si l'ennemi jette fur la breche des chevaux de frife, des chauffes-trappes & des herfillons, pour en empêcher le paffage, il faut à coups de canons les faire tomber dans le foffé.

On appelle cheval de frife une longue piece de bois taillée ordinairement à fix pans, & percée de plufieurs trous difpofés en croix, dans lefquels on paffe des piquets pointus & ferrés par les bouts, qui préfentent leurs pointes de tous côtés.

Les chauffes-trappes font des clous à quatre ou cinq pointes, dont il y en a toujours une en l'air, & les herfillons font des planches remplies de pointes de clous.

Les premiers logemens étant faits fur le haut de la breche, on en pouffe d'autres dans l'épaiffeur des parapets, jufqu'à ce qu'on foit arrivé au pied du retranchement ou de fon foffé, dont on tâche de fe rendre maître par l'effet des mines, ou même par le canon qu'on fait monter fur la breche, s'il eft néceffaire.

Il arrive quelquefois qu'en donnant de vive force, ce qu'on appelle monter à l'affaut, la valeur des affiégeans va plus loin qu'on ne croyoit, & que les affiégés fe trouvent forcés dans tous leurs poftes; ce qui met la ville dans la derniere défolation, tout fe réglant alors par la fureur des armes: c'eft pourquoi il eft de la prudence d'un général d'employer toute la févérité de la difcipline pour retenir fes foldats dans ces occafions, & même de faire fommer auparavant les affiégés de fe rendre; car outre que la piété & la religion demandent qu'on prévienne les défordres affreux qui fe commettent dans le fac d'une ville, on évite auffi par cette fage prévoyance, que le foldat devenu riche, ne fe relâche dans fon devoir, comme il arrive ordinairement.

Il y a deux fortes d'affauts, le particulier & le général. L'affaut particulier fe fait en faifant monter fur la breche quelques détachemens qui, chaffant l'ennemi, donne moyen aux travailleurs de faire des logemens; & l'affaut général en faifant donner par ordre toutes les troupes qu'on juge néceffaires, non-feulement pour chaffer l'ennemi de la breche, mais encore pour le forcer dans fes retranchemens, & emporter la place de force. Comme le fuccès de ce dernier eft très-douteux, & qu'on y perd toujours bien du monde, on ne l'entreprend guere que lorfqu'on manque de vivres, que la mauvaife faifon approche, ou que l'on craint qu'il n'arrive un puiffant fecours à la place. Si l'ennemi a des retranchemens dans fes baftions, qu'on juge difficiles à forcer, alors, pour faire diverfion, outre les breches des faces, on en fait d'autres aux courtines vers lefquelles on jette des ponts, fi le foffé eft plein d'eau. Ce qu'on doit obferver dans les affauts, foit généraux, foit particuliers, eft de faire donner en même-temps fur toutes les breches, afin de partager davantage les forces de l'affiégé.

Des Mines & Contre-mines.

On appelle mines les ouvrages fouterreins que fait l'affié-geant, foit pour ouvrir la breche par le moyen de la poudre, foit pour faire fauter l'ennemi dans quelque pofte dont on veut s'emparer; & les ouvrages que fait l'affiégé, tant pour fe garantir des mines, que pour faire fauter l'affiégeant, s'appellent des contre-mines. Commençons par celles-ci, pour mieux entendre ce que nous devons dire des autres.

Les contre-mines font des galeries qu'on creufe fous terre pa-rallélement aux faces des baftions, & des autres ouvrages joi-gnans le revêtement, ou à quelque diftance fous le rempart, avec des rameaux pouffés d'efpace en efpace, jufqu'à la muraille, *Pl. 39*. On en fait auffi fous le chemin couvert ou fous le glacis, & l'on pouffe de plufieurs côtés des rameaux, au bout defquels on fait des chambres nommées fourneaux, où l'on met la quan-tité de poudre qu'on juge néceffaire pour faire fauter le terrein qui eft pardeffus. La galerie fert à découvrir le mineur enne-mi, & à aller au devant de lui, lorfque le bruit fourd qu'il fait en travaillant, fait juger qu'il eft proche. On la tient enfoncée le plus qu'on peut, afin que l'ennemi ne gagne pas le deffous qui eft le plus avantageux en fait de mines, la poudre faifant toujours fon effet du côté le plus foible, qui eft ordinairement le deffus dans ces occafions.

La hauteur de la galerie eft de fix pieds, & fa largeur de 4 & $\frac{1}{2}$. On y fait d'efpace en efpace des puits ou foupiraux, pour y donner de l'air, & pour pouvoir en même temps y jetter des grenades & des feux, lorfque l'ennemi s'en eft emparé, & l'on y conftruit des fermetures à quelques diftances les unes des autres, afin de pouvoir couper chemin à l'affiégeant, s'il fe rend maître de quelqu'une de fes parties, foit par la mine, foit par la breche. Quand le foffé de la place eft fec, on fait com-

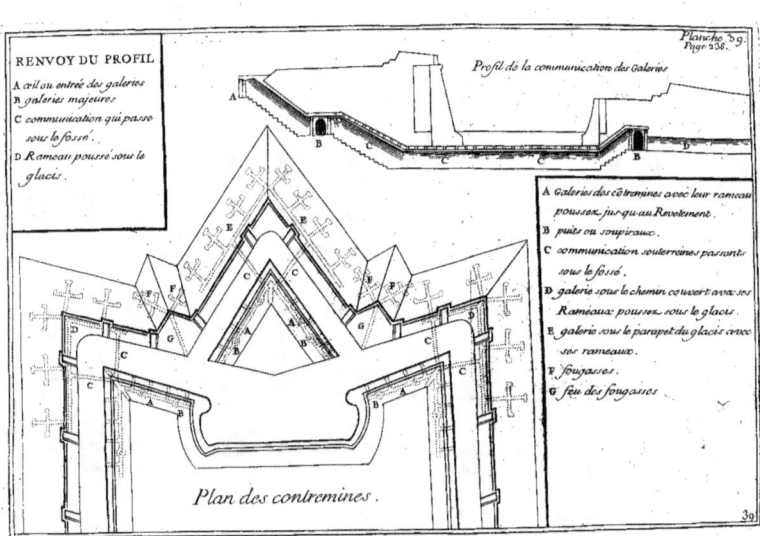

muniquer les galeries des bastions & des dehors, avec celle du chemin couvert, par d'autres galeries qu'on creuse sous le fossé.

Outre ces galeries, les assiégés se servent encore de fougasses & de caissons. Les fougasses sont des petites galeries enfoncées seulement de sept ou huit pieds sous le glacis, où elles s'étendent de côté & d'autre par plusieurs rameaux, & les caissons sont des petits coffres de deux ou trois pieds de long, & d'un & demi de large, qu'on enterre de deux en deux toises sous le chemin couvert, à six ou sept pieds de profondeur, après les avoir rempli de poudre, à laquelle on met le feu quand on veut, par le moyen des saucissons ou meches à poudre, qu'on conduit avec des auges : on y enferme aussi quelquefois des bombes.

Pour éviter que les caissons & les fougasses ne fassent sauter les grenadiers qui attaquent le chemin couvert, & les travailleurs qui font les logemens, on détache, pendant l'attaque, des gens adroits qui vont en couper les saucissons, avant que l'assiégé ait le temps d'y mettre le feu.

La mine dont se sert l'assiégeant, se fait de même par le moyen d'une galerie souterreine, à l'extrêmité de laquelle on met une chambre pour la poudre, ou qu'on sépare de côté & d'autre en plusieurs rameaux, qui chacun ont la leur, *Pl.* 40. On appelle mine directe, celle qui n'a qu'une galerie & une chambre ; mine double ou en T, celle qui se sépare en deux rameaux ; mine triple ou tréflée, celle qui en a trois ; enfin mine quadruple, quintuple, &c. celle qui en a quatre, cinq, &c.

On a observé, touchant les mines, 1°. Que la poudre fait toujours son effet du côté où elle trouve moins de résistance, c'est-à-dire que si le dessus de la chambre a moins de solidité que les côtés & le dessous, la poudre enlevera le dessus, & si quelqu'un des côtés est plus foible que le dessus, le dessous, & les autres côtés, elle enlevera ce côté.

2°. Qu'il faut, pour faire sauter une toise cube de terrein, douze, quinze ou dix-huit livres de poudre, plus ou moins, selon que les terres sont plus ou moins fortes ; qu'il en faut vingt pour une toise cube de maçonnerie, & quarante, si la chambre se fait sous la fondation.

3°. Que pour remplir l'espace d'un pied cubique, il faut 80 livres de poudre ; d'où il suit que s'il falloit, par exemple, 960 livres de poudre pour une mine, il n'y auroit qu'à diviser les 960 livres par les 80 qui rempliſſent un pied cubique, & le quotient 12 marqueroit que la poudre de cette mine occuperoit 12 pieds cubiques d'eſpace.

4°. Enfin que les terres enlevées par la mine, laiſſent un creux ou excavation, qu'on avoit regardé juſqu'ici ou comme un cône tronqué, dont la hauteur étoit égale à la moitié du diametre de la baſe, ou comme un cône rectangle; mais qui, ayant été mieux examiné par les ſoins de Monſieur de Valiere, lieutenant-général des armées du Roi, & inſpecteur général des écoles d'artillerie, s'eſt trouvé un paraboloïde, dont la diſtance du foyer à la ſuperficie du terrain qu'on veut enlever, eſt égale au demi-diametre de cette ſuperficie.

Ces remarques ſont fondées ſur une longue pratique, & l'on en tire facilement des regles juſtes & exactes, pour faire produire à la mine l'effet qu'on s'eſt propoſé. Mais avant d'aller plus loin, il eſt bon d'expliquer ici les termes & les principes de Géométrie d'où ces regles dépendent, en faveur de ceux qui n'entendent point cette ſcience.

Une toiſe quarrée eſt une ſurface de quatre côtés, dont la hauteur & la largeur ont chacune une toiſe, *Pl.* 41, *Fig.* 1.

Pour ſçavoir combien une ſurface, ou parfaitement quarrée, ou en quarré-long, contient de toiſes quarrées, on multiplie la largeur par la hauteur, & le produit donne ce qu'on demande, *Pl.* 41, *Fig.* 2. Ainſi, ſuppoſé que le quarré-long ABCD eut ſix toiſes de largeur, & huit de hauteur, multipliant 8 par 6, on auroit 48 toiſes quarrées qui ſeroient le contenu de cette ſuperficie; ce qu'on voit facilement en élevant ſur tous les points de diviſion de la hauteur & de la largeur, des lignes perpendiculaires, comme la Figure le montre.

Cette regle ne ſert que pour les ſurfaces dont les côtés ſont perpendiculaires les uns aux autres. Mais ſi l'on avoit à meſurer une ſurface de quatre côtés, dont les oppoſés fuſſent paralleles entr'eux, mais qui ne fiſſent pas des angles droits les uns ſur les autres, *Fig.* 3, on éleveroit une perpendiculaire BC ſur la largeur AB, juſqu'à ce qu'elle rencontrât le côté oppoſé, & l'on multiplieroit la largeur par cette perpendiculaire.

La toiſe cube eſt un corps ou ſolide, fait comme un dez à jouer, dont la hauteur, la largeur & la profondeur ont chacun une toiſe, *Fig.* 4. Si l'on mettoit pluſieurs de ces toiſes l'une ſur l'autre, on formeroit un corps dont la hauteur ſeroit plus grande

que

que la largeur ou la profondeur, & qu'on nomme parallélepipede, *Fig.* 5, *Pl.* 41.

Pour sçavoir combien de toises cubiques contient un cube ou un parallélepipede, on multiplie la largeur par la profondeur; ce qui donne un produit qu'on multiplie par la hauteur, & ce second produit donne ce qu'on demande. Ainsi, supposé que le parallélepipede ABCDEFG, eût 3 toises de largeur, 4 de profondeur, & 6 de hauteur, on multiplieroit 3 par 4, ce qui donneroit 12 qui, multipliés par 6, donneroient 72 toises cubiques, qui seroient le contenu du parallélepipede : ce contenu s'appelle la solidité. On verroit facilement la preuve de cette regle, en élevant sur chaque division de la hauteur, de la largeur & de la profondeur des perpendiculaires qui, s'entrecoupant les uns les autres, formeroient en effet 72 petits cubes d'une toise cubique chacun.

Mais si les largeur, hauteur & profondeur n'étoient pas perpendiculaires les unes sur les autres, *Fig.* 6, il faudroit alors 1°. Elever une perpendiculaire BC sur la largeur AE, jusqu'à ce qu'elle coupât le côté opposé, & multiplier la largeur par cette perpendiculaire; ce qui donneroit la base du parallélepipede. 2°. Elever une perpendiculaire AD sur la même largeur, jusqu'à la surface supérieure, & multiplier le premier produit ou la base, par cette perpendiculaire; ce qui donneroit le contenu ou la solidité du parallélepipede.

Le cône est un corps pyramidal, fait en pain de sucre, dont la base est un cercle, *Fig.* 7. La mesure de sa solidité dépend de celle du cylindre dont nous parlerons bientôt.

Si l'on coupe un cône en deux également, depuis le sommet jusqu'à la base, le dedans de chacune de ces parties représentera un triangle, dont la base sera le diametre du cercle qui sert de base au cône, *Fig.* 8. La ligne tirée perpendiculairement du sommet sur le milieu de cette base, s'appelle l'axe du cône. Lorsque l'angle du sommet est droit, le cône se nomme cône rectangle, & l'axe n'est alors que la moitié du sommet.

Le cône tronqué est un cône qu'on coupe parallélement à sa base, *Fig.* 9. La partie coupée est un petit cône, & le dessus du cône tronqué devient alors un cercle.

Le cylindre est un corps long & rond, qui a pour base un cercle égal & parallele à celui de la superficie supérieure, *Fig.* 10.

Pour mesurer la solidité d'un cylindre, on multiplie la circonférence du cercle de sa base par le quart de son diametre ; ce qui donne un produit qui, multiplié par la hauteur, donne la solidité du cylindre. Ainsi, supposé qu'un cylindre ABCD eût pour base un cercle dont le diametre fût 4 toises, la circonférence 12, & la hauteur 8, on multiplieroit 12 par 1, qui est le quart de 4, & le produit 12 par 8 ; ce qui donneroit 96 toises pour la solidité du cylindre.

Mais si la hauteur du cylindre n'étoit pas perpendiculaire sur la base, il faudroit auparavant élever une perpendiculaire sur le diametre, jusqu'à ce qu'elle coupât le diametre de la superficie supérieure, *Fig.* 11, & après avoir multiplié la circonférence de la base par le quart du diametre, il faudroit multiplier ce produit par la perpendiculaire ; & si la perpendiculaire ne pouvoit pas rencontrer le diametre de la superficie supérieure, on prolongeroit ce diametre jusqu'à la rencontre de la perpendiculaire ; ce qu'il faut observer de même dans ce que nous avons dit par rapport aux quarrés & aux cubes.

La solidité du cône est égale au tiers d'un cylindre de même base & de même hauteur que le cône. Ainsi, supposant un cône de même base & de même hauteur que le cylindre ABCD, dont la solidité est 96, celle du cône sera 32, qui est le tiers de 96.

On n'a pas encore découvert le véritable rapport ou la véritable grandeur de la circonférence d'un cercle par rapport à son diametre ; ce qui résoudroit le fameux problême de la quadrature du cercle, qui occupe depuis si long-temps les esprits. Mais Archimede ayant trouvé, par approximation, que la circonférence est au diametre à peu près comme 22 est à 7, c'està-dire qu'elle est un peu plus du triple, on se sert de cette proportion dans la pratique, ou en triplant le diametre & y ajoutant un septieme, pour avoir la circonférence, ou en faisant une regle de trois, dont les deux premiers termes sont 7 & 22, le troisieme est le diametre donné, & le résultat de la regle est la circonférence cherchée. Ainsi, supposant un diametre de 8 toises, on dit, si 7 donnent 22, combien donneront 8, & la regle donnera $25\frac{1}{2}$.

Si l'on coupe un cône sur un de ses côtés, & parallélement à l'autre, chacune des parties coupées regardées en dedans, représentera une surface plane que les Géometres nomment parabole, & la ligne courbe qui l'environne se nomme ligne parabolique, *Fig.* 12.

Les propriétés de la parabole sont, 1°. Que si, après avoir tiré à quelque point que ce soit de la ligne parabolique, une tangente, c'est-à-dire une ligne qui la touche extérieurement sans la couper, on en tire en dedans plusieurs autres paralleles à la tangente, également éloignées entr'elles, & qui aillent aboutir de part & d'autre à la ligne parabolique, les quarrés de ces paralleles seront entr'eux comme les nombres naturels 1, 2, 3, 4, &c. c'est-à-dire que le premier quarré valant une toise quarrée, le second en vaudra deux, le troisieme en vaudra trois, &c. La ligne droite, menée du point d'attouchement de la tangente par le milieu de chaque parallele, se nomme diametre de la parabole; & lorsqu'elle est perpendiculaire sur les paralleles, comme dans cette Figure, elle se nomme axe. Il ne peut y avoir qu'un axe; mais il peut y avoir une infinité de diametre, parce que la ligne parabolique a une infinité de points par lesquels on peut tirer des tangentes. Les lignes paralleles tirées dans la parabole, se nomment ordonnées à la parabole; mais ordinairement on n'entend par le mot d'ordonnée que la moitié de chaque parallele, & c'est dans ce sens que nous l'entendons ici.

2°. Il y a un point dans l'axe, qu'on nomme foyer de la parabole, & dont la propriété est que l'ordonnée tirée de ce point, est double de la partie de l'axe renfermée entre ce point, & la ligne parabolique. Le point où l'axe coupe la parabole, se nomme sommet de la parabole. Chaque diametre a aussi son sommet. La partie de l'axe renfermée entre le sommet & une ordonnée quelle qu'elle soit, se nomme abscisse, & par conséquent chaque ordonnée a son abscisse correspondante. On nomme parametre une ligne quadruple de la partie de l'axe renfermée entre le sommet & le foyer.

3°. Le quarré d'une ordonnée quelconque est égal à son abscisse correspondante, multipliée par le parametre.

4°. Si du foyer de la parabole on tire une ligne droite au point où une ordonnée quelconque coupe la parabole, & qu'on transporte ensuite cette ligne sur l'axe depuis le sommet, elle sera plus grande que l'abscisse de l'ordonnée du quart du parametre, c'est-à-dire que son excès sur l'abscisse sera égal à la partie de l'axe renfermée entre le sommet & le foyer. Les Géometres rapportent plusieurs autres propriétés de la parabole, dont il est inutile de parler ici.

Pour mesurer une surface plane parabolique, il faut faire un rectangle, c'est-à-dire une figure de quatre côtés à angles droits, dont la largeur soit égale à la base de la parabole, & la hauteur à la hauteur, & ensuite multiplier la hauteur par la base, & en prendre les deux tiers qui feront le contenu de la surface parabolique.

Si l'axe restant immobile, la surface parabolique tourne comme une girouette sur cet axe, elle parcourra un espace qui, étant rempli, formeroit un solide qui auroit la figure d'une parabole, & qu'on nomme paraboloïde, ou conoïde paraboloïque. Ce solide a toujours un cercle pour base, & son contenu est égal à la moitié d'un cylindre de même base & de même hauteur, c'est-à-dire que pour avoir sa solidité, il faut multiplier sa base par sa hauteur, & prendre la moitié de ce produit.

On ne peut donner des regles certaines touchant l'effet des mines, qu'après de longues expériences faites sur leurs excavations, puisque ce n'est que par-là qu'on peut connoître la solidité des terres qu'il faut enlever, à proportion de l'ouverture qu'on veut faire, & la quantité de poudre qu'il faut y employer; c'est sur de semblables expériences, mais qui avoient été faites avec trop peu de circonspection, que l'on avoit cru jusqu'aujourd'hui que l'excavation des mines étoit ou un cône rectangle, ou un cône tronqué, dont la hauteur étoit égale à la moitié du diametre de la base, & dont le diametre du cercle supérieur étoit égal à la hauteur. D'où s'ensuivoit que pour avoir la solidité des terres enlevées, il falloit, dans la premiere supposition, prendre le tiers d'un cylindre de même hauteur & de même base que le cône rectangle; & dans la seconde on multiplioit la base du cône tronqué par le cercle supérieur: on tiroit la racine quarrée du produit, on y ajoutoit la valeur de la base & du cercle supérieur, & multipliant le tout par le tiers de la hauteur, le produit donnoit la solidité cherchée. Sur cela on avoit calculé des Tables pour la pratique, avec beaucoup d'exactitude & de précision; mais comme elles étoient fondées sur un faux principe, les mines chargées, selon ces calculs, ne produisoient jamais tout l'effet qu'on en attendoit, quelque soin que l'on y prît, & l'on avoit enfin pris le parti d'ajouter toujours à la charge un sixieme des poudres marquées par les Tables, attribuant ce défaut ou à l'humidité des poudres, ou à celles des chambres, ou enfin à quelque corps pesant entremêlé dans les terres ou les revêtemens qu'on vouloit faire sauter.

INGENIEUR FRANÇOIS. 245

Cette espece de combat continuel & uniforme, qui ne manquoit jamais de se trouver entre la théorie & la pratique, a fait conjecturer à M. de Valiere, qu'il falloit nécessairement qu'on se fût trompé dans le principe, & qu'on eût attribué à l'excavation des mines une figure qu'elle n'avoit pas. C'est pourquoi, après avoir fait jouer plusieurs fourneaux dans de bonnes terres non remuées, que les mineurs nomment vierges, il a fait tirer de leur excavation toutes les terres qui étoient retombées, & celles qui étoient dans le fond du fourneau, jusques à celles qui, n'étant point remuées, se trouvent cependant noirâtres & brûlées par l'effet de la poudre. Cette préparation faite, il a examiné soigneusement la figure de ces excavations, & a enfin trouvé qu'elles formoient un paraboloïde, dont la base étoit la surface supérieure du terrein enlevé; que le centre de la chambre en étoit le foyer; que l'axe étoit toujours perpendiculaire à la base, & que la distance de la base au foyer étoit égale au demi-diametre de la même base.

Ce qui doit confirmer la vérité de ces expériences est, 1°. Que le contenu de ce paraboloïde est plus grand que celui du cône rectangle, ou du cône tronqué, qui se sont toujours trouvé trop petits. 2°. Que le paraboloïde est égal à la moitié d'un cylindre de même base & de même hauteur; ce qui convient assez avec le sixieme de poudre qu'on étoit obligé d'ajouter au calcul du cône : car le cône étant le tiers d'un cylindre de même hauteur & de même base, & le sixieme de poudre répondant à un sixieme de solidité, le tiers & le sixieme ajoutés ensemble, faisoit effectivement une moitié; en quoi cependant il se trouvoit encore du moins, parce que la hauteur du paraboloïde est plus grande que celle du cône rectangle, ou du cône tronqué, de toute la partie de l'axe qui se trouve entre le foyer & le sommet.

Selon ce principe, la largeur de l'ouverture qu'on voudra faire par la mine, sera le diametre de la base dont on trouvera facilement la circonférence, comme nous avons dit ci-dessus; le demi-diametre sera la distance de la base au foyer, & toute la difficulté ne consistera plus qu'à trouver la partie de l'axe, renfermée entre le foyer & le sommet, afin qu'ayant par-là la hauteur entiere du paraboloïde, on puisse en trouver la solidité.

Nous avons déja dit, en parlant des propriétés de la parabole, que la ligne AE, *Fig.* 12, tirée du foyer A à l'extrêmité E d'une ordonnée quelconque EF, étoit égale à l'abscisse correspondante

BF, plus au quart du parametre, ou, ce qui est la même chose, plus BA, c'est-à-dire que si on prolongeoit l'abscisse au-delà de B, jusqu'à ce que le prolongement fût égal à BA, cette abscisse ainsi prolongée, seroit égale à la ligne AE : or il est démontré en Géométrie, que dans tout triangle rectangle AFE, le quarré du côté AE opposé à l'angle droit, est égal à la somme des quarrés des deux autres côtés. Donc si, après avoir mesuré les deux côtés, on ajoute leurs quarrés ensemble, & qu'on tire la racine de leur somme, on aura la valeur de la ligne AE, de laquelle retranchant la valeur de la ligne AF qui est connue, le reste sera le double de BA, & par conséquent la moitié de ce reste sera la valeur de BA qu'on cherchoit.

Mais si on veut se dispenser de faire ce calcul, on fera une échelle sur le papier, qui aura quelques pieds de plus que la hauteur AF n'en contient; on tirera une ligne droite AF égale à cette hauteur, & à son extrêmité une perpendiculaire EF égale au demi-diametre de l'excavation; & après avoir tiré la base EA, on en retranchera la hauteur AF, & l'on prendra la moitié du reste pour la grandeur cherchée.

Venons à la pratique. Supposé donc que la largeur de l'ouverture qu'on veut faire par la mine soit de 12 toises, AF en a donc 6, & EF aussi; les quarrés de ces lignes sont 36, qui, étant ajoutées ensemble, font 72, dont la racine quarrée est 8 toises 2 pieds 10 pouces 10 lignes $\frac{1}{2}$, & c'est-là la valeur de AE. J'en retranche 6 qui est la valeur de AF, & prenant la moitié du reste, j'ai 1 toise 1 pied 5 pouces 5 lignes $\frac{1}{4}$, pour la valeur de BA, & par conséquent l'axe entier BF vaut 7 toises 1 pied 5 pouces 5 lignes $\frac{1}{2}$.

L'axe entier étant ainsi trouvé, je cherche la circonférence de la base, en disant : Si 7 de diametre donnent 22, combien 12, & la regle me donne 37 toises 4 pieds 1 pouce 8 lignes $\frac{4}{7}$. Je mets 38 toises pour éviter les fractions, & je les multiplie par 3, qui est le quart du diametre; ce qui me donne 114 toises pour la base : je multiplie cette base par l'axe entier 7 toises 1 pied 5 pouces 5 lignes $\frac{1}{2}$; ce qui me donne 825 toises 6 pieds cubiques, & quelques pouces que je néglige. Ce produit est la solidité du cylindre de même hauteur & même base que le paraboloïde : c'est pourquoi en prenant la moitié, j'ai pour le contenu de mon excavation 412 toises, 111 pieds cubiques, ce que je mets à 413 pour éviter la fraction.

Ingénieur François.

A préfent s'il faut 18 livres de poudre pour enlever une toife cubique de mon excavation, je multiplie 413 par 18., & le produit 7434 marque la quantité de poudre que je dois y employer. Enfin divifant 7434 par 80, qui eft la quantité de livres de poudre qu'il faut pour occuper un pied cubique, le quotient 93 marque que cette poudre occupera 93 pieds cubiques; ce qui eft à peu près une demi-toife cubique.

J'ai négligé les fractions dans cet exemple, pour le rendre plus intelligible & moins embrouillé; mais il eft bon d'y faire attention dans la pratique, afin d'approcher de la précifion le plus qu'on peut.

On voit par tout ce que je viens de dire, qu'il feroit fort facile de calculer des Tables, en fe fervant du paraboloïde, de même qu'on en a calculé en fe fervant du cône.

Les galeries des mines n'étant point maçonnées, comme le font ordinairement celles des contre-mines, n'ont que quatre pieds de hauteur fur trois de largeur. On les étaie avec des planches à mefure que le mineur travaille, & l'on y fait trois ou quatre coudes ou retours à angles droits, qui vont aboutir à la chambre, & auxquels on donne moins de hauteur & de largeur, de même qu'aux rameaux, fi l'on en fait, afin de pouvoir boucher plus facilement l'entrée du fourneau, après qu'on l'a chargé.

Ce fourneau ou chambre fe fait plus ou moins grand, felon le plus ou moins de poudre qu'on doit y mettre, *Pl.* 40 : on le creufe deux pieds plus bas que la galerie, & fa figure eft ordinairement ronde ou quarrée.

On chargeoit autrefois la mine avec des barriques pleines de poudre, qu'on arrangeoit dans les chambres, en rompant quelques douves, & répandant de la poudre entre-deux ; mais comme cette maniere étoit fort incommode, & ne donnoit pas affez de facilité au prompt embrafement des poudres, fi néceffaire cependant pour faire produire à la mine un grand effet, on s'avifa de charger avec des facs pleins de poudre, que le mineur fendoit avec un couteau pour les ouvrir, jettant en même-temps de la poudre entre-deux. Quoique cette méthode fût moins incommode, & valût beaucoup mieux que la précédente, on en a cependant imaginé aujourd'hui une troifieme qui doit fans doute lui être préférée par l'union plus ferrée des poudres qu'elle produit ; ce qui les met en état de faire un plus grand effet. On met dans le bas de la chambre un plancher de madriers fur lefquels on jette un lit de paille d'un pouce d'épais, qu'on couvre de facs à terre vuides, de peur que les poudres ne prennent l'humidité. On jette fur ces facs la poudre deftinée à la charge, dont on ne fait qu'un feul tas, & pour empêcher qu'elle ne touche aux côtés de la chambre, on les garnit tout autour de paille & de facs à terre. La chambre a un plafond de madriers appuyés fur des folives qui portent fur quatre poteaux, derriere lefquels on met des planches pour couvrir les côtés, & empêcher la terre de s'ébouler. Quand on a mis les poudres fuffifantes, l'officier, fergent ou caporal qui a le foin de la charge, y enfonce la fauciffe bien avant dans le milieu, & l'arrête par une cheville plantée à terre, pour empêcher qu'on ne l'arrache en la tirant par l'autre bout, ou que la violence du feu de la poudre ne la dérange. La fauciffe eft un boudin d'un pouce de diametre, fait d'une bonne toile coufue en double fur toute la longueur qui doit s'étendre le long de la galerie, jufqu'à l'endroit où le mineur doit mettre le feu. On la charge avec un entonnoir, & l'on compte ordinairement fept onces de poudre pour un pied de longueur; quand on l'a attachée dans la chambre, on conduit le refte dans un auget ou canal de bois d'environ trois pouces de diametre, obfervant de lui faire tenir le milieu tant qu'on peut dans fa route. Cela fait, on couvre les poudres avec des madriers, & l'on remplit l'efpace qui refte entre ceux-ci & ceux du plafond, avec une maçonnerie de fumier, après quoi on ferme l'entrée avec des gros madriers joints enfemble & bien contrebuttés, maçonnant les vuides avec des moilons, du bois & du fumier qui tient lieu de mortier. On traverfe en plufieurs endroits la galerie de femblables madriers bien foutenus, rempliffant toujours les vuides de la maniere que nous venons de dire. Quand on eft arrivé au premier coude ou retour, on le ferme avec le même foin, & l'on continue ainfi jufqu'au troifieme ou quatrieme, prenant garde qu'on ne dérange jamais l'auget; que la fauciffe foit toujours tenue bien feche, & qu'il y ait plus loin du centre de la chambre à la derniere fermeture, que de ce même centre à la furface du terrein qu'on veut enlever; car autrement la poudre faifant toujours fon effet du côté le plus foible, ne manqueroit pas de fe jetter du côté de la galerie.

Autrefois on n'employoit, pour faire la breche, qu'un feul fourneau, que l'on pouffoit dans les terres derriere le revêtement ou dans le revêtement même, felon que les différentes occafions le demandoient.

demandoient. Mais outre que ce fourneau demandoit beaucoup plus de poudre que quatre de ceux qu'on fait aujourd'hui, il en arrivoit encore qu'on ne faifoit qu'une breche rapide de peu d'étendue, très-difficile à pratiquer, facile à défendre, & dont les éclats tuoient cependant beaucoup de monde. C'eft pourquoi l'on ne travaille guere aujourd'hui à faire breche fans multiplier les fourneaux, de maniere que s'entr'aidans les uns les autres, ils faffent une grande ouverture, fans cependant faire de grands éclats.

Lorfqu'il n'y a point de contre-mines, les uns font avancer la galerie du mineur à travers le revêtement, jufqu'aux terres qui font derriere, où ils lui font faire un rameau de chaque côté d'environ neuf pieds de longueur, au bout duquel ils en ouvrent deux autres, l'un dans le revêtement, & l'autre dans les terres, pour y placer les fourneaux. Les autres, après l'avoir fait avancer jufqu'aux terres, font pouffer des rameaux jufqu'à la racine des deux contre-forts, où ils placent les fourneaux pour les faire fauter en même-temps que le revêtement; après quoi on en pouffe un troifieme dans les terres, où on creufe un fourneau plus grand que les deux premiers. Ces fourneaux avancés dans les terres, fervent à pouffer dans le foffé tout ce qui pourroit refter de mur ou de terre après l'effet des autres, & à applanir la breche par le grand éboulement qu'ils font.

De quelque maniere qu'on place les fourneaux, il faut foigneufement obferver de faire répondre toutes les fauciffes à un même point qu'on nomme le foyer, de leur donner à toutes une égale longueur le plus précifément que l'on peut, faifant aller en zigzague dans la galerie celles dont les fourneaux font moins éloignés que les autres, afin que ces fourneaux jouent tous à la fois, & enfin de compaffer fi bien les chambres, qu'elles puiffent s'entr'aider dans leurs effets; ce qui fe fait en donnant à la diftance d'un fourneau à l'autre un peu plus de grandeur que celle des fourneaux à la furface du revêtement qu'on veut faire fauter. Si on vouloit mettre en breche toute la face d'un baftion, on y attacheroit en même-temps plufieurs mineurs qui feroient chacun de leur côté trois ou quatre fourneaux que l'on feroit enfuite jouer tout à la fois.

Quoiqu'on foit affuré que l'ouvrage que l'on mine ne foit point contre-miné, le mineur ne doit pas pour cela négliger de fe tenir fur fes gardes, étant indubitable que l'affiégé ne manquera pas de faire travailler de son côté, pour le surprendre & le faire périr; c'est pourquoi il doit de temps en temps prêter l'oreille, & s'il entend quelque bruit sourd qui lui fasse juger que l'ennemi n'est pas loin, il doit se détourner d'un autre côté, s'il le peut; & s'il ne le peut pas, il attendra qu'il ait enfoncé sa sonde pour mettre un pistolet dans le trou, qu'il tirera dès que la sonde sera retirée. Ce coup doit être suivi de trois ou quatre autres; après quoi il y enfoncera une lance à feu puant, & fermera bien le trou de son côté, afin que la fumée n'y vienne point; si le mineur ennemi n'est pas assez sur ses gardes, il sera infailliblement tué du premier coup; & s'il l'évite, on l'obligera du moins de déserter pour quelque temps: car la fumée qui s'enferme dans les terres en empoisonne tellement l'air, qu'il est impossible d'en approcher pendant deux ou trois jours, & l'on a été souvent obligé de retirer par les pieds les mineurs qui ont voulu s'y obstiner. Cela fait, il crevera sa galerie par quelque petit fourneau, pour la rendre inutile, & pouvoir continuer son travail avec plus de sûreté.

Si l'ouvrage est contre-miné derriere le revêtement, on tâchera de gagner le dessous, sinon on crevera la galerie en deux ou trois endroits pour en chasser l'ennemi, & faire ensuite ses fourneaux. Mais si la galerie étoit dans l'épaisseur du revêtement, on pourroit alors agir de la maniere dont M. Goulon parle dans ses Mémoires, qui est de crever la galerie en plusieurs endroits, faisant ensorte que l'effet se fasse du côté du fossé, afin de ne pas la combler. Après quoi on enverra dix ou douze grenadiers commandés par deux sergens, portant avec eux quelques bombes, les unes bien chargées, & les autres avec une simple fusée. Ils donneront dans la galerie le pistolet & l'épée à la main, & si l'assiégé leur fait résistance, ils leur jetteront deux ou trois bombes bien chargées, se retirant en même-temps du côté où ils sont entrés. Quand ces bombes auront fait leur effet, ils rentreront; si l'ennemi revient, ils lui jetteront des fausses bombes qui le mettront en fuite, de peur d'en être écrasé, & pendant ce tems-là ils profiteront de sa peur, & feront des bonnes & fortes traverses bien crenelées, qui ôteront à l'assiégé toute espérance de regagner leur galerie; & comme on pourroit jetter des feux par les puits ou soupiraux des contre-mines, on les bouchera avec trois ou quatre madriers mis l'un sur l'autre, & garnis de fer-blanc. Les choses étant en cet état, on travaillera aux fourneaux pour faire breche, comme nous avons dit ci-dessus.

Anciennement on mettoit au pied du mur où l'on vouloit faire breche, des gros madriers sous lesquels le mineur se mettoit à couvert pour faire son trou. Quand le fossé étoit sec, après avoir démonté le canon du flanc par les batteries de la contrescarpe, on faisoit la descente du fossé, & sans attendre que le passage fût fini, on envoyoit attacher au pied du revêtement cinq ou six gros madriers couverts de fer-blanc, ou de peaux de bœufs fraîchement tués, & mis en talus, afin que les feux que l'assiégé jettoit d'enhaut, n'y eussent point de prise, & glissassent pardessus; on les armoit au bout d'une pointe de fer que l'on plantoit en terre pour les mieux arrêter, & l'on y faisoit un épaulement contre le flanc opposé, avec les débris que le canon avoit fait en tirant aux défenses. Mais quand le fossé étoit plein d'eau, il falloit nécessairement, ou avoir achevé entiérement le passage qui se faisoit alors par un pont de fascines, de terre, de gabions, sur lesquels on mettoit une galerie de charpente, couverte à côté & par le haut, à l'épreuve du mousquet, ce qui étoit infiniment long, ou envoyer le mineur secrétement & pendant la nuit dans un bateau, ou à la nage, tenant en main une corde dont il tiroit les madriers & les outils qui lui étoient nécessaires.

Cette maniere étoit très-longue & infiniment dangereuse pour le mineur qui, outre le danger des sorties dérobées qu'on faisoit contre lui dans les fossés secs, se trouvoit la plûpart du temps écrasé sous ses madriers qui ne pouvoient pas toujours résister aux bombes & aux quartiers de pierres que l'on jettoit du haut du rempart. C'est pourquoi l'on ne l'emploie aujourd'hui que lorsque les batteries de la contrescarpe ne peuvent point découvrir le pied du revêtement, & hors de ces cas qui sont très-rares, on fait toujours, à coups de canon, une ouverture ou un trou dans lequel le mineur s'étant glissé, peut facilement éloigner avec une fourche tous les feux qu'on jette d'enhaut. Quand le fossé est sec, on y fait des logemens pour s'opposer aux sorties, & quand il est plein d'eau, on continue le passage jusqu'à une certaine distance d'où l'on envoie le mineur sur un radeau ou à la nage, comme nous avons dit. Dès qu'il est arrivé, il travaille à vuider les décombres du trou, & lorsque la place est capable de contenir deux ou trois de ses compagnons, on les y fait passer de la même maniere pour l'aider dans le travail de la galerie.

Outre les outils qui servent à l'excavation des terres, & dont nous avons parlé dans l'article des sappes, le mineur doit encore avoir une sonde pour enfoncer dans les terres, & découvrir les galeries de l'assiégé, *Pl.* 40, une sonde à tariere pour agrandir le trou lorsqu'on veut crever ces galeries par quelque bombe ou gargouche chargée, ce qui se fait en l'enfonçant dans ces trous, & maçonnant ensuite l'ouverture de même qu'aux fourneaux; des ciseaux pour faire sauter les terres des côtés sans faire de bruit, en y frappant pardessus avec la main; une équerre pour faire ses retours à angles droits; une boussole pour se diriger dans son travail, & une brouette pour y mettre les terres. Cette brouette est montée sur quatre roues, & l'on y attache deux cordes, l'une devant, & l'autre derriere, qui servent à la tirer jusqu'à l'entrée de la galerie pour la vuider, & à la retirer ensuite pour la remplir. Outre les deux hommes qui servent à vuider ou remplir la brouette, il faut aussi deux ou trois charpentiers, l'un pour étayer les terres, & les autres pour préparer les bois nécessaires, tant pour les étaiemens, que pour former les fourneaux. Le mineur & ceux qui sont avec lui, sont relevés de deux en deux heures, & l'on a soin de les faire travailler avec toute la diligence possible, pour donner à l'ennemi le moins de temps qu'on peut.

Tandis que le travail de la mine s'avance, on fait de grands amas de matériaux & d'outils dans les places d'armes prochaines; on dispose toutes les batteries de canon, de bombes & de pierres; on regle les détachemens qui doivent monter à l'assaut, le nombre des travailleurs qu'on destine à faire les logemens sur la breche, & ceux qui doivent réparer les désordres qu'elle aura fait dans les tranchées les plus avancées; & quand la mine est prête, on fait retirer toutes les troupes peu à peu, sans bruit, hors la portée des éclats, jusques à ce que le mineur à qui on donne ordre d'y mettre le feu, l'ait fait jouer. On doit observer avec soin de regler le lieu du foyer des saucisses, & la composition de la poudre qu'on y met; de sorte que le mineur & les quatre ou cinq fusiliers qu'on lui donne pour l'escorter, aient le temps de se retirer en lieu sûr, avant que la mine fasse son effet.

La breche étant faite, les travailleurs se rendent chacun dans les postes qui leur ont été ordonnés auparavant, pour raccommoder ce qu'il peut y avoir de gâté, les officiers d'artillerie rentrent dans leurs batteries, & les troupes dans les logemens où on se

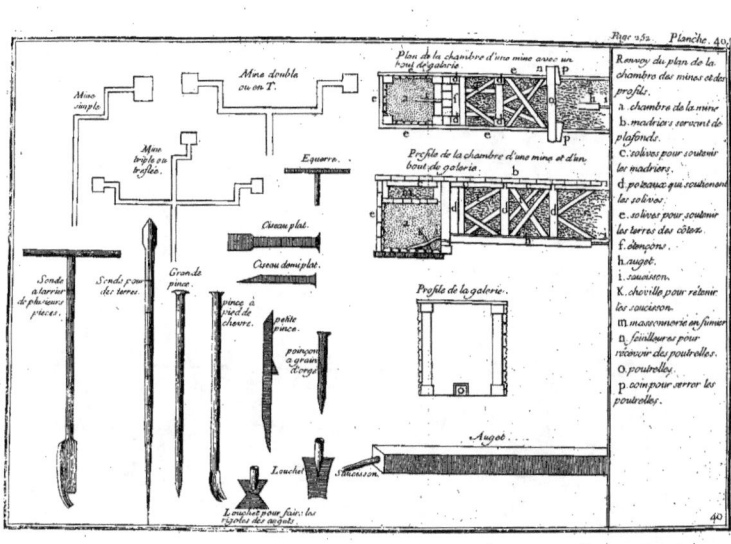

tient tout prêt à faire feu, & l'on fait enfuite avancer les détachemens & les travailleurs, pour fe rendre maîtres de la breche, ou de vive force, ou peu à peu, comme nous avons dit ci-deſſus.

Avant que je finiſſe ce qui regarde les mines & les contremines, on ne fera pas fâché que je rapporte ici un moyen facile de faire fauter pluſieurs fois un même terrein, tel que je l'ai trouvé dans un petit écrit imprimé à la fin du troifieme Livre de Polybe du Chevalier Folard, & qui eſt de l'invention de M. de Valiere. Suppofons donc qu'on veuille placer ces fourneaux fous le glacis à 13 ou 14 pieds du fommet du parapet, pour enlever pluſieurs fois les logemens que l'aſſiégeant a coutume d'y faire, *Pl.* 41, *Fig.* 14 & 15. Imaginons-nous d'abord un plan ou furface plane ABCD, qui coupe la furface du glacis par un angle de 45 degrés, & qui foit éloigné du fommet du parapet de 13 ou 14 pieds, afin que le feu des fourneaux ne l'incommode point. Figurons-nous auſſi un profil *abcd*, dont la ligne *ad* marque la pente du glacis, la ligne *bc* marque le plan coupant, & l'angle *cbd* eſt l'angle de 45 degrés. Cela fait, fi le terrein me permet de faire les premiers fourneaux à 8, 9 ou 10 pieds de profondeur, je porte le double de ces 8, 9 ou 10 pieds fur la furface du glacis depuis *b* juſqu'en *e*, & du milieu *f* je tire une perpendiculaire *fg* fur la furface du glacis, juſqu'à ce qu'elle coupe la ligne *bc* du plan coupant au point *f*; ce qui me donnera le triangle *bfg*. Il eſt démontré en Géométrie, 1°. Que les trois angles d'un triangle quelconque, pris enſemble, ne valent jamais que deux angles droits, ou deux fois 90 degrés. 2°. Que dans tout triangle qui a deux angles égaux, les côtés oppofés à ces angles font auſſi égaux, & lorfque cela arrive, le triangle s'appelle ifofcele. 3°. Enfin que dans tout triangle rectangle le quarré de la bafe, c'eſt-à-dire du côté oppofé à l'angle droit, eſt toujours égal aux quarrés du grand côté & du petit côté, d'où s'enfuit que le quarré du grand côté eſt égal au quarré de la bafe moins le quarré du petit côté, & de même que le quarré du petit côté eſt égal au quarré de la bafe moins le quarré du grand côté. Or dans le triangle *bfg*, l'angle *bfg* eſt droit, puifque *fg* eſt perpendiculaire à *bf*, & l'angle *fbg* eſt de 45 degrés; donc l'angle *fbg* doit être auſſi de 45 degrés qui, étant ajoutés aux autres 45, feront enſemble 90, qui eſt la valeur d'un angle droit, & par conféquent le triangle eſt ifofcele, & le côté *bf* eſt égal au côté *fg*. Ainsi, supposant que le côté *bf* vaille 10 pieds, le côté *fg* en vaudra aussi 10. A présent, pour connoître la valeur de *bg* qui est la base du triangle *bfg* rectangle, je fais le quarré du côté *bf*, & le quarré du côté *fg*, & après les avoir ajouté ensemble, j'en tire la racine quarrée qui est la valeur de *bg*. Par les principes supposés ci-dessus, *fg* étant égal à *bf*, le point *g* sera la place du fourneau, & *be* sera le diametre de la base de son excavation; c'est pourquoi je prends la ligne *bg*, & je la porte sur le plan coupant depuis B jusqu'en F ; du point F je tire FH parallele à AB, & je range sur FH mes premiers fourneaux éloignés entre eux de la distance *bf*, ou *fg*. Cela fait, je prends avec le compas la grandeur *fg*, & mettant une pointe sur le premier fourneau, je décris un arc avec l'autre, ensuite transportant la pointe sur le second fourneau, je décris un autre arc qui coupe le premier ; ce qui me donne un triangle isoscele. Je laisse l'espace renfermé entre le second & troisieme fourneau, & je fais un autre triangle isoscele sur l'espace renfermé entre le troisieme & quatrieme. Je laisse de même l'espace renfermé entre le quatrieme & cinquieme, & je fais un triangle isoscele sur le cinquieme & sixieme, & ainsi de suite, comme la Figure le montre. Par le sommet de ces triangles, je tire une ligne IL qui sera parallele à AB, & du sommet N du premier triangle, je tire NM perpendiculaire sur sa base ; ce qui me donne un triangle rectangle NMO, dont le quarré de NM est égal au quarré de NO moins le quarré de MO : or comme je connois MO & NO, je connoîtrai facilement NM, qui, étant ajoutés à BF, me donneront toute la distance BL. Je porte donc la distance BL sur le profil de *b* en *l*, & du point *l* je tire *lp* perpendiculaire à la surface du glacis ; ce qui me donne un triangle isoscele rectangle *blp*, dans lequel le quarré de *bl* est égal aux quarrés de *bp* & de *pl*. C'est pourquoi faisant le quarré de *bl*, & prenant la moitié de ce quarré, j'en tire la racine quarrée qui sera la valeur de *lp* : or *bp* étant égal à *pl*, je n'ai qu'à faire *po* égal à *bp*, & j'aurai *l* qui sera la place de mes seconds fourneaux, & *bo* qui sera le diametre de la base de leur excavation. C'est pourquoi les sommets des triangles isosceles marqueront, dans le plan coupant, la place des seconds fourneaux. Cela fait, je prends *lp* avec le compas, & portant une des pointes sur le premier des seconds fourneaux, je décris un arc de cercle avec l'autre, transportant ensuite la pointe sur le second fourneau, je décris un autre arc qui, coupant le premier, me donne un triangle ifofcele; je laiffe l'efpace renfermé entre le fecond & troifieme, & je fais un autre triangle ifofcele fur la diftance du troifieme au quatrieme, continuant ainfi de fuite, comme la Figure le fait voir. Par le fommet de ces triangles, je tire une ligne CD parallele à AB, & du fommet de l'un de ces triangles, je tire une ligne TV perpendiculaire à fa bafe ; ce qui me donne un triangle rectangle, dont la bafe TN & le petit côté NV, me font facilement connoître le côté TV : c'eft pourquoi ajoutant TV à BL, je connoîtrai toute la longueur BC. Je porte donc cette longueur BC fur le profil de b en c, & du point c je tire cr perpendiculaire au glacis ; ce qui me donne un triangle ifofcele dont je connoîtrai facilement le côté cr. Enfin faifant rd égal à br, je trouverai que c eft la place de mes troifiemes fourneaux, & bd le diametre de la bafe de leur excavation. La place de ces troifiemes fourneaux eft marquée dans le plan fur la ligne CD dans tous les points où le fommet des triangles ifofceles aboutiffent. Les lignes gf, lp, cr, font appellées par l'Auteur lignes de moindre réfiftance, parce qu'elles font les plus courtes qu'on puiffe tirer du centre du fourneau à la furface du glacis. Si l'on vouloit placer des quatriemes fourneaux, on prendroit la ligne de moindre réfiftance des troifiemes, & l'on feroit dans le plan des triangles ifofceles, achevant le refte comme ci-deffus ; fi l'on en vouloit des cinquiemes, on prendroit la ligne de moindre réfiftance des quatriemes, pour faire ces triangles, & ainfi de fuite.

Je n'ai point mis le calcul en chiffres pour rendre le difcours plus intelligible. Ceux qui voudront fe donner la peine de le faire, trouveront qu'en plaçant les premiers fourneaux à dix pieds de profondeur, il faut environ vingt-quatre pieds pour la profondeur des troifiemes ; ce qui peut fe faire très-facilement dans des terreins un peu fecs, au grand dommage des affiégeans qui acheteront bien chers leurs logemens fur le glacis.

Ce qu'on doit faire pour empêcher les fecours qu'on peut donner à la Place attaquée.

Quelque foin que l'on prenne à bien projetter & conduire fes attaques, il feroit cependant impoffible de contraindre une place à fe rendre, fi l'on n'avoit le grand nombre & la force de fon côté. Pour peu que la défense soit raisonnable, l'assiégeant perd toujours beaucoup plus de monde que l'assiégé, tant à cause de la multitude des travaux qu'il faut faire sous le feu de la place, & de la difficulté des logemens, dont la plûpart se font sur des débris très-incommodes, qu'à cause de l'avantage du terrein que les fortifications donnent à l'ennemi; & si celui-ci pouvoit à la fin se trouver en nombre égal, ou presque égal, ce seroit vouloir faire massacrer inutilement ses soldats, que d'entreprendre de le forcer. C'est pourquoi, comme la garnison d'une place est toujours bien inférieure à l'armée assaillante, un général ne doit rien oublier pour empêcher qu'on n'y fasse entrer du secours, & qu'on ne le prive par-là de la gloire que la conduite de ses attaques devoit lui procurer.

L'ennemi peut secourir une place assiégée en quatre manieres : 1°. Par des petits secours qui entrent à la dérobée. 2°. En attirant l'assiégeant hors des lignes sous prétexte d'une bataille, & détachant en même-temps d'un autre côté des troupes qui se font jour à travers les endroits des lignes les plus dégarnis. 3°. En mettant le siege devant une autre place aussi considérable que celle qu'on attaque, pour faire diversion. 4°. Enfin en attaquant les lignes de circonvallation.

On empêche les petits secours par la circonvallation, & les gardes avancées dont nous avons parlé ailleurs. On prévient les seconds en ne sortant jamais des lignes, à moins qu'on ne soit en état de laisser dans la tranchée un nombre de troupes suffisant pour s'opposer aux sorties de l'assiégé, qu'on ne soit assuré que l'ennemi ne peut secourir la place que par l'endroit où on va l'attaquer, ou qu'on ne puisse mettre des troupes dans les autres endroits par où il pourroit envoyer des détachemens, & que l'armée qu'on fait marcher contre lui, ne soit aussi nombreuse que la sienne. On remédie à la diversion en pressant vivement le siege qu'on a commencé, pour être en état, après la ville prise, d'aller secourir celle que l'ennemi attaque, avant qu'il l'ait contrainte à se rendre. Enfin on se met facilement à l'abri de l'attaque des lignes, par une armée d'observation, qui, prenant toujours ses postes entre la circonvallation & l'ennemi, l'empêche d'approcher.

Mais lorsqu'on n'est pas en état d'avoir deux armées pour le siege d'une place, ce qui arrive quelquefois, l'attaque des lignes est alors extrêmement à craindre, à cause de la trop grande
étendue

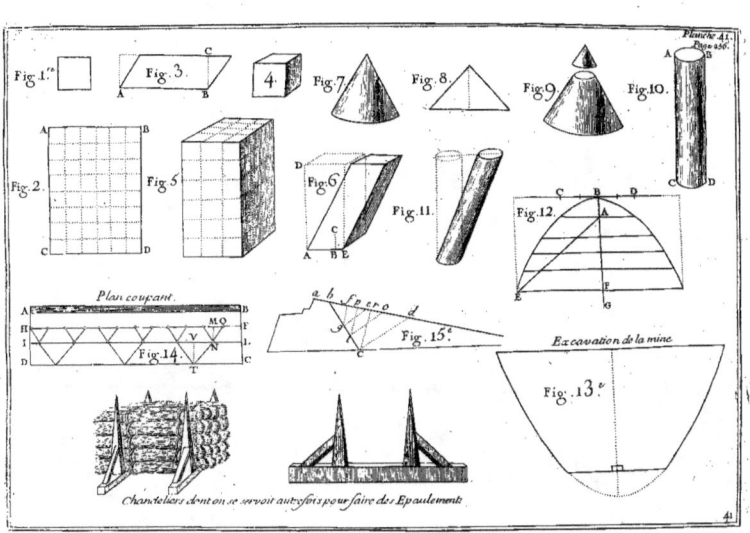

étendue de la circonvallation, qui demanderoit une armée prodigieuse pour la mettre en bonne défense dans toutes ses parties, & si l'on n'y met tous ses soins, on court risque de les voir forcer; ce qui entraîne toujours après soi la levée du siege.

Il faut donc, dans ces occasions, 1°. Faire construire les lignes le plus solidement que l'on peut, en faire les parapets à l'épreuve du canon, les faire bien fasciner à mesure qu'on les éleve, y mettre des fraises, en élargir le fossé jusqu'à dix-huit pieds pour le moins, & mettre des palissades sur le bord de sa contrescarpe; ensorte cependant que leur élévation n'empêche pas le feu des lignes. Il seroit encore mieux de mettre ces palissades à 14 ou 15 toises loin du bord, où on les planteroit en les faisant pencher vers la campagne d'un angle de 45 degrés, & tenant leur tête élevée de 3 pieds. Dans cette situation elles arrêteroient tout court l'ennemi qui ne pourroit les arracher, & qui auroit cependant beaucoup à souffrir du feu de la ligne; on auroit encore l'avantage de l'incommoder par les grenades, dont les éclats passeroient à travers les entre-deux des palissades, au lieu que celles qu'il jetteroit, ne pouvant, à cette distance, s'élever jusqu'au dessus du parapet, retomberoient dans le fossé. Comme il est rare que la circonvallation soit également accessible de tous côtés, & qu'il se trouve souvent des rivieres, étangs, marais, & des ravins ou des escarpemens qui en fortifient une bonne partie. Ce moyen ne seroit pas si difficile qu'il le paroît d'abord, puisqu'il n'y auroit qu'à planter ces palissades dans les endroits les plus foibles, & l'on en tireroit cependant une grande utilité.

2°. On doit faire des épaulemens entre la ligne & les bataillons, pour couvrir la cavalerie & les troupes qui ne donnent point contre les plongées du canon & du mousquet.

3°. Il faut tâcher de découvrir le dessein de l'ennemi sur le temps & le lieu de son attaque, soit par les prisonniers qu'on fait, soit par les espions dont il faut avoir grand nombre pour en sçavoir des nouvelles, s'il se peut, deux ou trois fois par jour. Comme l'armée ennemie campe ordinairement à quelque distance des lignes, pour avoir le temps de les mieux reconnoître & de s'emparer de tous les postes qui lui paroîtront nécessaires on ne doit pas s'en tenir précisément à son premier campement pour juger de son dessein, parce qu'il pourroit fort bien faire mine de vouloir attaquer de ce côté, pour vous obliger à dégarnir les autres, sur lesquels il tomberoit ensuite plus facilement : mais on doit encore observer quels sont les endroits de la circonvallation qu'il tâche de reconnoître le plus ; quels sont les postes dont il s'empare, & s'ils peuvent lui servir effectivement à son dessein ou non, auquel cas il le feroit pour vous faire prendre le change ; si y ayant une riviere, il y fait construire plusieurs ponts pour y faire passer plusieurs colonnes à la fois ; s'il envoie des corps de troupes de côté & d'autre, & de quel côté il les envoie ; & enfin s'il peut faire son attaque de jour ou de nuit, ce que l'on estime par la distance où il se trouve des lignes.

4°. Il faut tenir des gardes avancées de cavalerie, & en augmenter le nombre pour s'opposer à celles que l'ennemi envoie à la découverte des lignes : ces gardes doivent en envoyer d'autres petites pendant la nuit, qui battent l'estrade de tous côtés à la portée du canon. On détachera aussi des partis qui s'avanceront un peu plus avant du côté de l'ennemi, & lorsqu'ils le verront avancer, ils se retireront, de même que les petites gardes, vers la grande garde avancée, qui rentrera en même-temps dans les lignes, pour avertir les troupes de sa venue.

5°. Dès qu'on est assuré du dessein de l'ennemi, il faut placer du canon dans l'endroit de la ligne qui doit être insulté, border ses parapets, le plus qu'on peut, de grenadiers & de mousquetaires, en mettre d'autres derriere ceux-ci, à quelque distance, pour les soutenir, & ranger ensuite la cavalerie, observant toujours de laisser du côté de la place des gardes avancées qui soient en état de repousser les sorties de l'assiégé.

6°. Enfin si l'ennemi doit former son attaque pendant la nuit, on fera préparer des grands buchers de bois sec, à 40 ou 50 pas hors de la ligne, vis-à-vis les angles flanqués, & le milieu des courtines. Ces buchers seront gardés chacun par trois ou quatre soldats qui y mettront le feu quand l'ennemi sera à la portée du canon ; ce qui fera une clarté d'autant plus dangereuse à l'ennemi, qu'on tire bien plus droit à la lueur du feu, pendant la nuit, que pendant le jour. Cependant comme il pourroit à la faveur des ténebres, détacher des troupes pour tomber sur quelqu'autre côté de la ligne, il faut avoir disposé des piquets & des corps de réserve dans les autres quartiers, & tenir des gardes avancées de côté & d'autre, pour observer les démarches de l'ennemi.

En prenant ces précautions, il est presque impossible que l'ennemi force les lignes, au lieu que si on s'avisoit de les border également de tous côtés, par l'incertitude où l'on est de ses démarches, il ne manqueroit pas de repousser ceux qui défendroient les endroits attaqués, à cause de leur petit nombre, & s'en rendroit entiérement maître avant que le corps de réserve pût y apporter du secours, comme il est arrivé plusieurs fois.

De l'Attaque des Places irrégulieres.

Sans parler de l'irrégularité que peut produire, par rapport à l'attaque, la diversité des terreins qui environnent les places, on en trouve très-peu qui soient entiérement régulieres en elles-mêmes, la plûpart des villes ayant été bâties avant l'usage de la fortification moderne. On s'est presque toujours assujetti en tout ou en partie à la bisarrerie de leurs figures, soit pour épargner la dépense excessive qu'il auroit fallu faire pour les corriger entiérement, soit pour profiter de ce que leur vieille enceinte avoit de bon; mais comme on a dû, dans leur correction, s'éloigner le moins qu'il a été possible, des maximes générales de la fortification réguliere, il faut aussi, dans leurs attaques, observer le plus qu'on peut, les principales regles de l'attaque réguliere dont nous avons parlé jusqu'ici, & dont nous allons faire une espece de récapitulation.

1°. Les lignes de circonvallation doivent être faites avec beaucoup de soin, surtout si l'on craint quelques grands secours. On doit profiter, dans leur construction, de tous les avantages du terrein, les faisant sur tous les commandemens qui se trouvent, ou y faisant des forts s'ils sont trop loin, & plaçant les rivieres, ruisseaux, marais, cavins ou chemins creux, entr'elles & l'ennemi, ensorte qu'on soit en état d'y plonger. Les pointes des redans ne doivent être éloignées que de 120 toises, un peu plus ou un peu moins. Le circuit des lignes ne doit être ni trop grand, ni trop petit. Il doit toujours y avoir 100 ou 120 toises entr'elles & le camp qui doit être hors de la portée du canon de la place. S'il y a des lignes de contrevallation, le camp en doit être éloigné d'environ 200 toises, & le canon ne doit point porter dans ces lignes.

2°. On doit avoir bien pris ses mesures avant de former ses attaques, & s'être bien informé de la force de la garnison; il faut choisir les lieux les moins serrés & les plus secs, licr les attaques, parce qu'elles demandent moins de monde que lorsqu'elles sont séparées, & les faire toujours du côté le plus foible de la place, excepté certains cas où l'on trouve plus de facilité pour le transport des munitions & des fascines, & où l'on est mieux en état de resserrer l'assiégé, & de s'opposer aux secours en attaquant d'un autre côté. Enfin l'on doit choisir les lieux par où on peut parvenir plutôt au corps de la place.

3°. L'ouverture de la tranchée doit se faire hors de la portée du canon, à moins que quelque rideau ou chemin creux n'en facilite. On doit attendre, pour la commencer, que les lignes soient presque achevées, & qu'on ait préparé toutes les munitions & les matériaux nécessaires. Il ne doit y avoir aucun endroit qui soit enfilé de la place. La largeur doit être suffisante pour le passage libre des troupes, & le transport des matériaux, & sa hauteur doit mettre le soldat à couvert. Il faut y faire tout au moins trois grandes places d'armes, dont la premiere excede de côté & d'autre le front des attaques, & la derniere l'embrasse totalement. Ces places d'armes ou paralleles doivent être plus larges que la tranchée, pour contenir les bataillons & les matériaux dont la tranchée doit toujours être débarrassée. On y doit faire des banquettes pour pouvoir sortir en front de bataille en cas de besoin: il ne faut jamais avancer un ouvrage vers la place, que celui qui doit le soutenir ne soit en état de le faire.

4°. Il faut employer la sappe dès que le feu de la place devient dangereux, pour ne pas faire périr inutilement dans les travaux quantité de bons soldats, dont le nombre sera certainement bien diminué dans les attaques.

5°. Il faut donner aux batteries la situation la plus convenable; ce qui se fait en prolongeant les faces de l'ouvrage attaqué, jusqu'à ce qu'elles coupent la parallele hors de laquelle on doit les mettre. Ainsi, supposé qu'on veuille battre la face droite d'un bastion, on prolongera la face gauche jusqu'à ce qu'elle coupe la parallele à un point qui marque la situation de la batterie. L'éloignement n'en doit être qu'à 160 toises tout au plus de la place, pour faire un bon effet. On ne doit tirer ni aux maisons, ni aux autres bâtimens, mais aux défenses, pour démonter le canon de l'ennemi, après quoi il faut tirer à ricochets pour l'éloigner le plus qu'on peut de ces défenses.

6°. Il faut être extrêmement sur ses gardes dans les approches contre les contre-mines, & ne pas manquer de se rendre maître du dessous, si l'on peut, avant d'attaquer le dessus.

7°. Il ne faut pas, dans les sorties de l'assiégé, s'obstiner à défendre les ouvrages imparfaits, mais se retirer dans les autres, & laisser avancer l'ennemi, le plus qu'on peut, avant de le charger, pour n'avoir pas à essuyer le feu de la place en voulant le prévenir.

8°. Pour les attaques du chemin couvert des dehors & du corps de la place, il faut préférer celles qu'on fait peu à peu à celles qui se font de vive force, c'est-à-dire qu'il faut dresser des cavaliers sur le glacis contre le chemin couvert, & faire ses logemens sur les breches, à la faveur des batteries toujours prêtes, qui chassent l'ennemi lorsqu'il avance pour empêcher le travail.

9°. Il ne faut rien presser pendant tout le siege; mais tout doit être fait dans son temps, afin que rien ne languisse ou ne souffre. Ainsi l'on ne doit commencer les travaux que lorsque tous les matériaux sont prêts; on ne doit les avancer qu'à mesure qu'ils peuvent être soutenus; les attaques des dehors ne doivent se faire qu'après les logemens du chemin couvert, & l'on ne doit monter sur les breches que lorsqu'elles sont applanies, & les passages entiérement achevés. L'arrangement & la disposition de toutes ces choses se doit faire quelque temps avant l'exécution, & l'on doit même prévoir tout ce qui peut arriver.

10°. Enfin on ne doit entreprendre un siege en hyver que le moins que l'on peut, à cause de la rigueur de la saison, qui fait beaucoup souffrir les troupes, & les places environnées de marais doivent être attaquées dans les temps les plus secs, pour être moins incommodé des eaux.

La plûpart de ces maximes ne peuvent être observées à la rigueur dans l'attaque des places irrégulieres, mais il faut toujours tâcher de ne s'en éloigner que très-peu, & lorsqu'on ne sçauroit faire autrement. On peut facilement, par leur moyen, connoître le fort ou le foible d'une place; car s'il y a des endroits qu'on ne puisse attaquer sans altérer beaucoup ces maximes en tout ou en partie, ce seront les endroits forts de la place, & ceux qu'on pourra attaquer en suivant les regles, ou en ne s'en écartant pas beaucoup, seront les endroits foibles. Ainsi, par exemple, on connoîtra que les côtés au devant desquels il se trouve des marais, où l'on ne sçauroit aborder que par des chaussées étroites & enfilées, où il n'y a point de terrein à droite & à gauche pour s'étendre; que ceux qui sont inaccessibles, ou vers lesquels on ne sçauroit approcher que par des rampes roides, sur lesquelles l'assiégé peut faire rouler des bombes, des barrils foudroyans, des pierres, des chevaux de frise, &c. que ceux qui n'ont devant eux que des rochers dans lesquels on ne sçauroit creuser; ceux qui ont plus de dehors devant eux que les autres, & ceux qui ont un ouvrage à corne sur la pointe d'un bastion, sont les côtés les plus forts; les premiers, parce que les tranchées ne sçauroient embrasser le front de l'attaque, & qu'on ne pourroit y faire des places d'armes, ni éviter les enfilades; les seconds, parce que l'ennemi détruiroit à tous momens les travaux, & feroit périr une infinité de monde; les troisiemes, parce que n'y ayant point de terrain sur les lieux, il faudroit l'apporter de bien loin, ce qui demanderoit trop de temps; les quatriemes, parce que chaque ouvrage demande une attaque particuliere; & les cinquiemes enfin, parce qu'il faut nécessairement emporter l'ouvrage à corne & les deux demi-lunes collatérales, ce qui ne se fait pas sans y employer bien du temps & de la peine, & l'on se trouve après cela n'être en état que d'attaquer la pointe d'un bastion à la vue des deux flancs opposés. Il y a une infinité d'autres circonstances qui peuvent faire varier le fort ou le foible d'une place, & qu'il est inutile de rapporter ici. Le point principal est de bien reconnoître les places, le plus souvent que l'on peut, jusqu'à ce qu'on en ait fait un plan exact, & de combiner si bien les avantages & les désavantages que chaque côté peut avoir avec ceux du terrain, qu'on choisisse enfin celui qui est véritablement le plus foible.

Dans l'attaque des places situées sur des hauteurs, on s'empare de celles qui peuvent les dominer, s'il s'en trouve à quelque distance d'où on puisse les incommoder; on choisit, pour conduire la tranchée, les endroits où la terre est plus facile à remuer, & ceux qui sont plus accessibles & moins roides, afin d'être moins incommodés des feux & des artifices que l'ennemi fait rouler d'enhaut; on y fait des places d'armes de côté & d'autre, plus ou moins étendues, selon que le terrain s'étend plus ou moins. Ces paralleles, quoiqu'elles ne puissent embrasser le front des attaques, servent cependant beaucoup à soutenir les batteries & les travaux de la tranchée, qu'elles dégagent en même-temps des troupes. Quand on est arrivé sur le glacis, s'il y en a, on y fait une derniere place d'armes, large & étendue le plus qu'on peut, pour servir à l'attaque du chemin couvert, qui se fait ici presque toujours de vive force, parce qu'il arrive rarement qu'on puisse y plonger par le moyen des cavaliers. La descente & le passage du fossé se font à l'ordinaire, si ce n'est qu'il faut quelquefois employer la mine lorsqu'on ne trouve que des rochers. Par rapport à la breche, si le roc monte jusqu'à la demi-hauteur du rempart, & qu'il soit trop difficile d'y attacher le mineur, à cause de sa trop grande dureté, on bat le haut du rempart jusqu'à ce que les débris surpassent ou égalent la hauteur du roc, & l'on détache ensuite secrétement le mineur qui, se glissant entre le roc & la terre, y établit ses fourneaux, travaillant sans faire de bruit pour surprendre l'ennemi, qui ordinairement se croit en sûreté de ce côté-là. Mais si le roc a des veines & des défauts qui puissent favoriser la mine, on peut y faire un trou avec le canon à la maniere accoutumée, & y faire passer le mineur. On fait aussi, dans ces sortes de sieges, grand usage des batteries à bombes & à pierres, parce que les lieux où sont situées ces places, étant ordinairement serrés, pierreux & pleins de roc, sont sujets à beaucoup d'éclat.

Les places environnées de marais, sont plus difficiles à attaquer que celles-ci, tant à cause du peu de terrein que l'on trouve pour faire ses approches, qu'à cause de la circonvallation qu'il faut faire avec beaucoup d'exactitude pour empêcher les secours dérobés, n'y ayant presque point de marais que l'on ne puisse passer sur quelque bateau ou planche, ou même à guai, au lieu que les places élevées sur des rochers n'ont ordinairement que peu d'avenues, dont il suffit de se rendre maître pour leur ôter toutes sortes de communications. Quand le marais peut être desseché, ou qu'on peut détourner quelque ruisseau ou riviere qui le cause, on commence toujours par-là, après quoi on fait ses attaques à l'ordinaire, donnant plus de largeur aux ouvrages de la tranchée, pour ne pas rencontrer l'eau en s'enfonçant. Mais lorsque le marais ne peut être desseché, il faut examiner si les chauffées sont assez hautes pour pouvoir s'enfoncer, si elles ont assez de largeur pour pouvoir aller en zigzague, & éviter l'enfilade, & s'il se trouve de temps en temps quelque terrein à droite & à gauche, de même nature où l'on puisse faire des places d'armes, & dresser des batteries. Dans ce cas-là on peut former ses attaques en poussant les travaux sur les chauffées jusqu'au glacis, où l'on fait une grande place d'armes, achevant le reste à l'ordinaire; mais si la chauffée n'est au dessus de l'eau qu'autant qu'il en faut pour y marcher à pied sec, si elle est étroite, &

qu'on n'y trouve pas moyen de s'étendre de côté & d'autre, il est presque impossible d'approcher ses attaques vers ces sortes de places, à moins qu'on ne veuille se faire un chemin à force de pierres, de fascines & de terre; ce qui ne peut se faire qu'avec beaucoup de temps & de travail. *Voyez la Planche* 42, dont voici l'explication.

EXPLICATION

Des Attaques d'une Place située dans un marais, qui ne peut être approchée que par des Digues ou des Chauffées, Planche 42.

A. Tours qui flanquent & forment le front de l'attaque.
B, C, D. Dehors qui couvrent les tours.
E. Avant-fossé.
F. Chauffées ou chemins élevés, qu'on suppose être les seuls abords de la place.
G. Tranchées conduites sur la largeur des chauffées.
H. Batteries à ricochet des faces & du chemin couvert de la piece B.
I. Batteries à ricochet des faces & du chemin couvert de la piece C.
K. Batteries à ricochet des faces & du chemin couvert de la piece D.
L. Batteries à bombes.
M. Tranchées qui occupent tout le bord de l'avant-fossé.
N. Passages de l'avant-fossé.
O. Cavaliers de tranchée, qui enfilent le chemin couvert.
P. Batteries de pierriers.
Q. Tranchées qui occupent la crête du glacis.
R. Batteries en breche des pieces B, C, D.
S. Batteries contre les défenses de ces trois pieces.
T. Passages du fossé de ces pieces.
U. Logemens sur les mêmes.
W. Batteries en breche des tours A.
X. Batteries contre les courtines.
Y. Passage du fossé des tours.
Z. Logement sur lesdites tours.

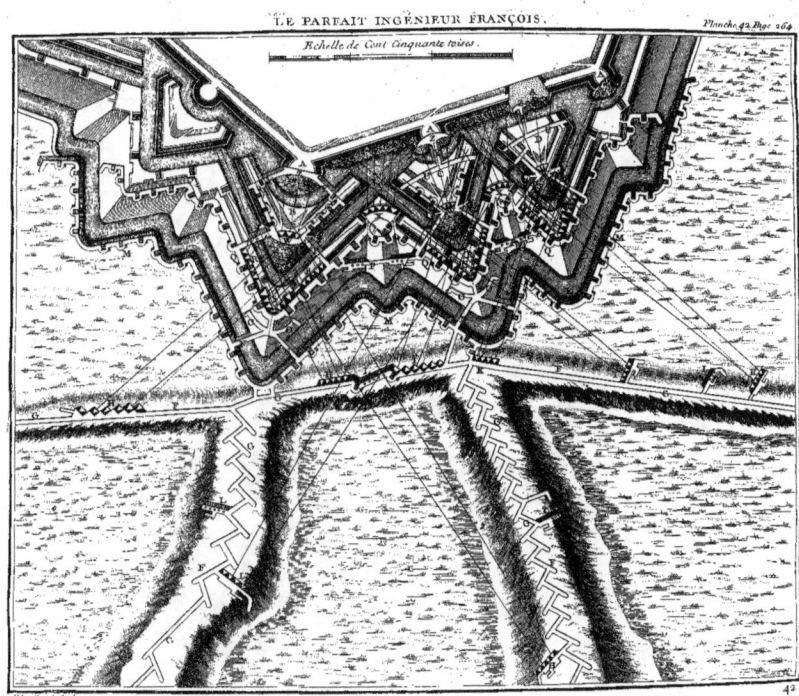

Il est à remarquer que le terrein ne permettant point de sortie, l'on ne fait point de places d'armes.

Pour les places situées dans les isles, ou elles occupent entiérement tout le terrein, ou elles n'en occupent qu'une partie. Dans le premier cas on y fait breche, ou par le mineur à qui on fait son logement à coups de canon, ou par le moyen de plusieurs radeaux à qui on fait un parapet à l'épreuve du canon, & sur lesquels on met des batteries pour battre en breche à une certaine distance où on les arrête avec des ancres. On pourroit aussi se servir pour cela de gros bâtimens dont l'on renforceroit le parapet, & que l'on chargeroit de terres en leur faisant toucher le fond de l'eau, pour les mettre à l'épreuve de la bombe. Au siege de Toulon, les assiégés se servirent de cet expédient pour incommoder le camp du Duc de Savoye. Quand la breche est faite, on va à l'assaut avec des chaloupes & des bâtimens légers. Dans le second cas on fait une descente, & l'on forme ses attaques à l'ordinaire.

On attaque les places maritimes qui tiennent au continent, de même que celles qui sont dans des isles qu'elles n'occupent pas entiérement. La difficulté, dans ces sieges, consiste à empêcher les secours qui peuvent venir par mer, le temps ne permettant pas toujours à une armée navale de faire une espece de circonvallation hors de la portée du canon; c'est pourquoi s'il y a des langues de terre qui avancent dans la mer, il faut s'en emparer, & y dresser des batteries pour tirer sur les bâtimens qui se présenteront au passage, & les couler à fond; & si le passage n'est pas extrêmement large, le moyen le plus assuré seroit d'y faire une bonne digue pour la boucher entiérement, comme Louis XIII fit faire au siege de la Rochelle. Car autrement il est bien difficile, quand le temps ne permet pas aux vaisseaux de faire leur blocus, qu'il ne se glisse de temps en temps quelque bâtiment à la faveur de l'obscurité de la nuit.

Dans l'attaque des places situées auprès d'une riviere, il faut soigneusement observer, par rapport à la circonvallation, de faire plusieurs ponts de communication pour les quartiers qui sont de côté & d'autre de la riviere, afin qu'ils puissent s'entre-secourir facilement & sans confusion, en cas que l'ennemi attaquât les lignes. Ces ponts se font de bois fort & épais; on les fortifie avec des redans aux extrêmités où l'on met une bonne garde pour empêcher que l'ennemi ne s'en saisisse, ou ne les brise.

Quand la riviere traverse la ville, on place ses attaques de telle maniere qu'on puisse prolonger les paralleles jusques sur le bord ; ce qui barre l'ennemi de ce côté. Après quoi, supposé que ce côté soit celui de l'attaque droite, on met toute la cavalerie à côté de l'attaque gauche, pour résister avec plus de force aux sorties de l'ennemi qui ne peut plus en faire que par-là. Mais quand la riviere passe seulement au pied d'un des côtés de la ville, on attaque par les côtés qui sont attenans celui-là, ou en dessus ou en dessous de l'eau, appuyant la gauche ou la droite sur le bord de la riviere, & l'on fait sur l'autre bord une petite attaque contre l'ouvrage qui est ordinairement de ce côté, pour fortifier & défendre le pont. La grande & la petite attaque doivent alors commencer par briser le pont, & ôter toute communication de la place à l'ouvrage dont il n'est pas ensuite difficile de se rendre maître. Que s'il falloit nécessairement faire ses grandes attaques de ce côté-là, on s'attacheroit d'abord à cet ouvrage en l'attaquant à la maniere ordinaire, après quoi on y dresseroit des batteries pour faire breche au corps de la place, & dès qu'elle seroit faite, soit par la mine, soit par le canon, on y avanceroit avec des bateaux. *Voyez les Planches* 43 *&* 44, dont voici l'explication.

EXPLICATION

Des premieres Attaques d'une Place située sur une grande riviere, Planche 43.

A. Chemin couvert de l'ouvrage à corne attaqué.
B. Demi-lune de l'ouvrage à corne.
C. L'ouvrage à corne.
D. Traverses dans l'ouvrage à corne.
E. Demi-lune du corps de la place.
F. Bastions du front de l'attaque.
G. Demi-bastions de l'ouvrage à corne.
H. Demi-lune collatérale.
I. Demi-lune qui couvre la tête du pont.
K. Prolongement de la capitale de la demi-lune de l'ouvrage à corne.

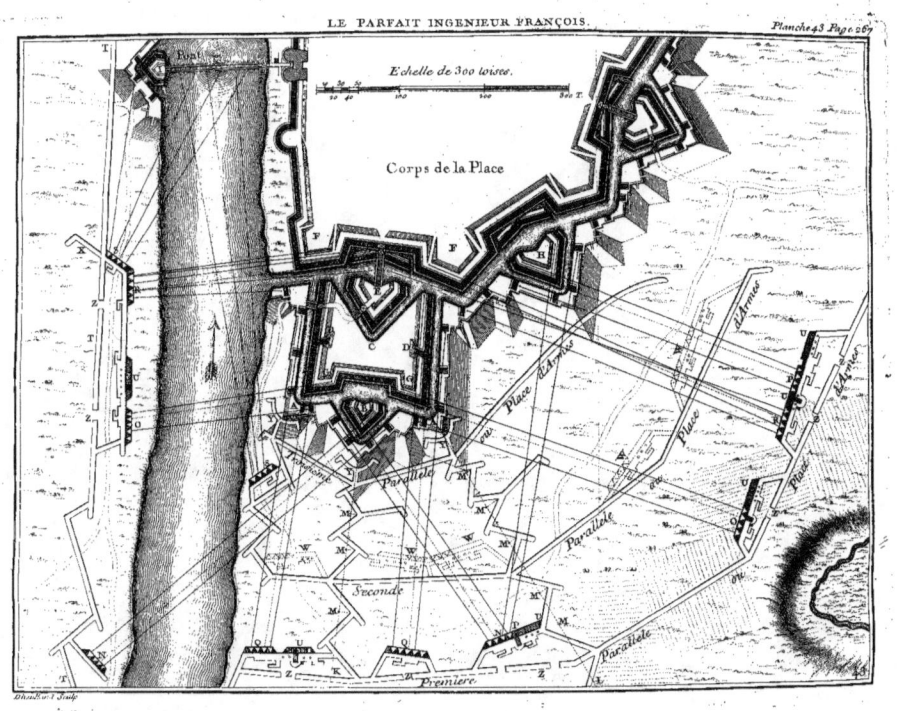

L. Prolongement de la capitale d'un demi-baſtion de l'ouvrage à corne.
M. Piquets garnis de paille ou de meche allumée, pour ſervir à la conduite des attaques.
N. Batteries à ricochet des deux faces & du chemin couvert de la demi-lune de l'ouvrage à corne.
O. Batteries à ricochet des deux faces & du chemin couvert des deux demi-baſtions de l'ouvrage à corne.
P. Batteries à ricochet de la demi-lune collatérale H, & de ſon chemin couvert.
Q. Batteries à ricochet des deux côtés & des deux traverſes de l'ouvrage à corne.
R. Batteries à ricochet des baſtions F, & contre la communication de la demi-lune du corps de la place.
S. Batteries de côté & d'autre de la riviere, pour rompre le pont, & battre de revers la demi-lune I qui le couvre.
T. Tranchée qui va chercher la tête du pont.
U. Batteries à bombes.
W. Places ſur la ſeconde ligne, où l'on pourroit mettre les batteries à ricochet & à bombes, s'il étoit néceſſaire de les changer.
X. Demi-places d'armes.
Y. Cavaliers de tranchée, qui enfilent le chemin couvert.
Z. Paſſages de faſcines pour mener le canon & les mortiers à leurs batteries.

EXPLICATION

De la ſuite des Attaques d'une Place ſituée ſur une riviere,
Planche 44.

A. Cavaliers de tranchée.
B. Batteries de pierriers.
C. Batteries en breche de la demi-lune de l'ouvrage à corne.
D. Batteries contre les défenſes de cette demi-lune.
E. Paſſages du foſſé de la demi-lune.
F. Logemens ſur la demi-lune.

G. Batteries contre les flancs des demi-bastions de l'ouvrage à corne.
H. Batteries en breche de ces demi-bastions.
I. Batteries contre la courtine de l'ouvrage à corne.
K. Passages du fossé des deux demi-bastions.
L. Logemens sur les demi-bastions, & dans l'ouvrage à corne.
M. Batteries en breche de la demi-lune du corps de la place.
N. Batteries contre les défenses de cette demi-lune.
O. Passages du fossé de la même demi-lune.
P. Logemens dans cette demi-lune.
Q. Batteries contre la courtine du corps de la place.
R. Batteries contre les défenses des bastions du corps de la place.
S. Batteries en breche de ces bastions.
T. Passage du fossé des bastions.
U. Logemens sur les mêmes bastions.
W. Chemins pour mener le canon & les mortiers à leurs batteries.
X. Passages de fascines pour mener le canon & les mortiers aux batteries.
Y. Demi-places d'armes.
Z. Batteries de côté, qui traversent la riviere.

Enfin, quand les places ont une citadelle, c'est par-là qu'il faut commencer, à moins qu'on n'ait quelque grande raison de se comporter autrement, parce que la citadelle étant prise, la ville ne peut plus guere tenir, au lieu que si on commençoit par la ville, il faudroit ensuite former un second siege pour la citadelle.

De l'Attaque brusque d'une Place.

On attaque brusquement une place, lorsqu'au lieu d'ouvrir la tranchée de loin, on commence par insulter les dehors, ou se loger sur la contrescarpe, travaillant après en arriere jusqu'à ce qu'on ait fini par la queue. Ces sortes d'entreprises ne peuvent réussir que lorsque la garnison est très-foible, que les défenses de la place sont en mauvais état ; que le front attaqué est fort étroit ; que les dehors, s'il y en a, sont à fossés secs ; qu'il s'en trouve qui sont commencés, & non encore achevés ; que les glacis ne sont pas rasés du corps de la place ; qu'il n'y a point de palissades, ou qu'elle est mal plantée ; enfin qu'il y a au-delà du glacis quelque

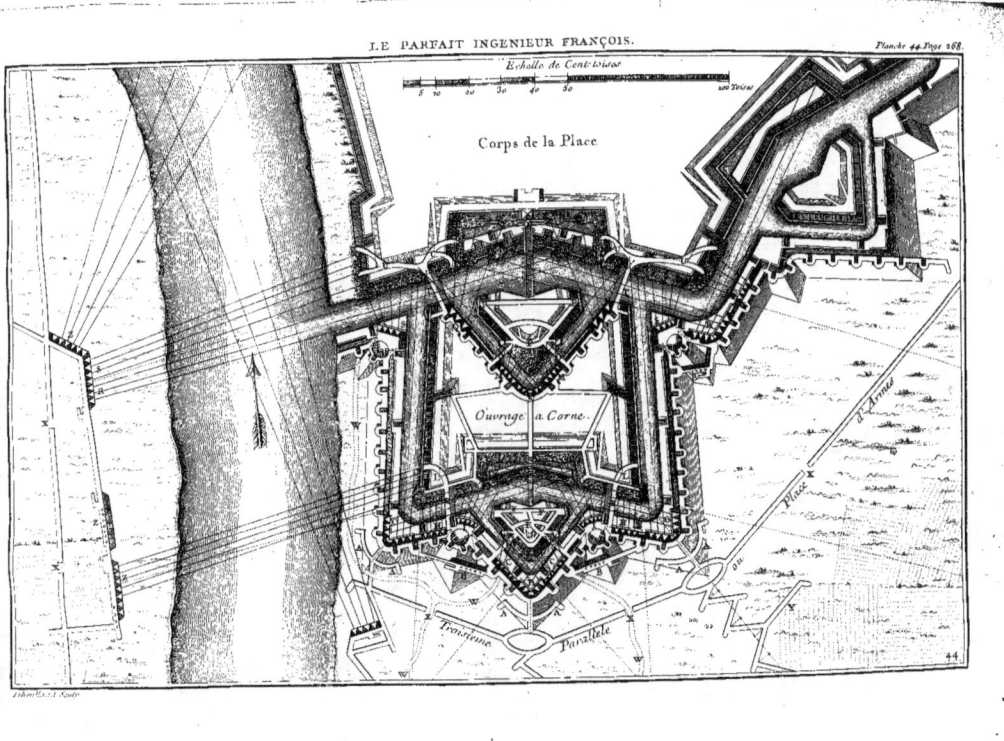

haie, rideau, cavin, enfoncement, maisons, jardin, clos, fossés, &c. qui puissent faciliter les travaux & les communications aux logemens du glacis.

Après avoir donc reconnu ces défauts, ou tous ou en partie, dans une place, si l'on juge à propos de l'attaquer brusquement, on fait de grands amas d'outils & de matériaux, parmi lesquels on met grand nombre de fagots d'un pied de diametre, & de quatre de hauteur, ayant chacun un bout de piquet aux deux extrêmités pour pouvoir les planter à terre facilement, & en couvrir les troupes qui auront donné, jusqu'à ce que les logemens soient faits. On fait aussi provision d'échelles pour passer pardessus les fraises des ouvrages que l'on veut insulter. En même-temps on regle le nombre des travailleurs, tant pour les logemens des ouvrages & ceux du glacis, que pour la parallele & les communications, celui des troupes, dont les unes sont destinées à attaquer le chemin couvert & les dehors, & les autres à soutenir les travailleurs dont elles doivent occuper les ouvrages dès qu'ils seront faits, & celui de la cavalerie, soit pour porter les fascines au lieu marqué pour la parallele, soit pour se tenir sur la gauche & sur la droite, & arrêter les sorties de l'ennemi.

Tous ces préparatifs étant faits, dès que la nuit approche, & que l'ennemi ne peut découvrir les démarches de l'assiégeant, on fait avancer les troupes & les travailleurs, faisant halte de temps en temps pour ne pas les fatiguer, jusqu'à ce qu'on soit arrivé environ à cent toises du glacis, où l'on fait halte pour la derniere fois. Peu après on donne le signal par un battement de main, où un coup de sifflet, & chaque corps s'avance vers l'endroit qu'il doit insulter, le plus vîte & avec le moins de bruit qu'il peut, observant de tomber tout à la fois sur les angles saillans du chemin couvert, d'où on chasse l'ennemi qu'on poursuit jusqu'aux angles rentrans, pour tâcher de le couper, & l'empêcher de rentrer dans la place. S'il y a quelque demi-lune, ouvrage à corne, ou autre dehors de simple terre ou de gazon, qu'on veuille attaquer, il faut dans le même temps y planter les échelles, & tâcher d'y entrer aussi par la gorge, pour s'en rendre maître plutôt, & y faire ses logemens avec beaucoup de promptitude.

Cependant les ingénieurs font avancer les travailleurs chacun dans leur poste, & leur distribuent le travail qu'on doit faire avec beaucoup de diligence. Les troupes qui doivent les soutenir se couchent ventre à terre auprès d'eux, & celles qui ont chassé l'ennemi, se mettent à couvert des traverses, s'il y en a, ou se retirent derriere la palissade, se faisant une espece de parapet avec les fagots dont nous avons parlé. Ils doivent faire feu le reste de la nuit contre les défenses de l'assiégé, pour l'empêcher d'y paroître & de tirer sur les travailleurs; en quoi l'on a de l'avantage sur lui, parce que la lueur du ciel fait découvrir facilement le sommet des parapets, au lieu que l'ennemi tirant du haut en bas & dans l'obscurité, ne peut le faire qu'à coups perdus. En même-temps qu'on travaille aux logemens, à la parallele, & aux communications, il faut aussi faire pousser vers la campagne un ou deux bouts de tranchée, pour communiquer au camp avec moins de danger. Tous ces ouvrages doivent être en état de défense au commencement du jour; ce qui peut se faire aisément, le front de l'attaque n'étant pas ordinairement fort large dans ces occasions, & se trouvant toujours quelque couvert, chemin creux, haies, & qui facilitent les travaux. Dès que le jour paroît, on fait retirer les troupes dans les logemens & la place d'armes que l'on perfectionne le jour & la nuit suivante, tandis qu'on amene en même-temps du canon pour placer les batteries sur le chemin couvert, & achever le reste du siege à l'ordinaire.

Ces sortes d'entreprises doivent se faire avec beaucoup d'ordre & de diligence; & les troupes qu'on y envoie, doivent être plus nombreuses que la garnison, pour être en état de la repousser facilement toutes les fois qu'elle s'avisera de faire des sorties, sans qu'elle puisse endommager les travaux.

De l'Attaque d'une Place par famine.

On attaque une place par famine, lorsqu'on l'environne de tous côtés, pour empêcher qu'il n'y entre ni secours, ni provision, attendant ensuite tranquillement que la consommation des vivres & la faim, la contraignent à se rendre. Ces attaques s'appellent des blocus qui se terminent en sieges, lorsqu'après avoir attendu que l'ennemi soit affamé, on fait des attaques dans les formes, pour en venir plutôt à bout.

Il faut, pour réussir dans ces entreprises, que l'assiégé n'ait pas de grandes provisions qui obligent de camper des années entieres autour d'une place; que l'ennemi du dehors ne puisse pas lui-même vous affamer, & qu'on soit toujours en état de faire venir ses convois & ses vivres sans manquer de rien; que le temps où on environne la place, soit celui où il y a le plus de monde, & le moins de provisions; qu'il n'y ait point aux environs des torrens ou des rivieres qui débordent facilement, & inondent les campagnes, ce qui vous obligeroit à décamper peut-être dans le moment que vous feriez fur le point de réussir; qu'il ne s'y trouve pas non plus de grands marais qui contraignent à faire une grande circonvallation où il faudroit trop de monde; qu'on puisse bloquer entiérement la place sans qu'il y ait le moindre petit jour par où les secours dérobés puissent entrer; qu'on ne soit pas trop avant dans le pays ennemi, où il y auroit à craindre de grands secours; enfin que l'ennemi ne soit pas en état de venir forcer les lignes, ou d'attaquer pendant ce temps-là d'autres places.

Quand toutes ces circonstances se rencontrent, si l'on juge pouvoir mieux réussir par-là que par un siege dans les formes, on fait une bonne circonvallation autour de la place, & l'on prévoit à la sûreté de ses convois par des forts & redoutes qu'on fait dans les endroits dont les ennemis pourroient s'emparer, pour leur couper le passage, & par des ponts sur les rivieres, s'il s'en trouve, après quoi il ne s'agit plus que d'avoir patience jusqu'au bout, ou d'attaquer à la fin un ennemi qui périt plutôt faute de nourriture, que par les coups qu'on peut lui porter.

Ces sortes de blocus étoient autrefois fort en usage, soit à cause de la situation des places qui étoient bâties, pour la plûpart, sur des montagnes, soit à cause du peu d'adresse qu'on avoit à faire les sieges, dont la durée étoit fort longue, & où l'on perdoit ordinairement beaucoup de monde, sans être cependant trop sûr de réussir; mais aujourd'hui qu'on a trouvé l'art de vaincre, pour ainsi dire, la nature, & d'emporter en peu de temps & à moins de perte, par le canon, la mine & les bombes, ce que l'on ne gagnoit autrefois que par des longueurs & des dommages infinis, on ne s'assujettit plus à ces formalités, & l'on trouve mieux son compte d'attaquer son ennemi par un siege réglé, quelque situation que sa place puisse avoir.

De la Reddition d'une Place.

Quand l'assiégé ne voit plus d'apparence de pouvoir résister dans les retranchemens qui lui restent, il fait battre la chamade par des tambours sur toutes les attaques, pour avertir l'assiégeant qu'il veut se rendre, & dès-lors on cesse tous actes d'hostilités de part & d'autre, & l'on discontinue même les travaux. Les articles de la capitulation doivent être plus ou moins favorables à l'assiégé, selon qu'il est plus ou moins en état de faire encore résistance. Ainsi on leur permet quelquefois de sortir tambour battant, meche allumée, drapeaux déployés, & avec un certain nombre de charriots couverts, où ils emmenent les déserteurs de l'assiégeant, quelquefois sans battre le tambour, ni déployer les étendards, & sans charriots. D'autrefois on les fait prisonniers de guerre, & quelquefois aussi on les contraint de se rendre à discrétion; ce que l'on ne pratique qu'à l'égard des places rebelles, qui ne se soumettent que par impossibilité de faire autrement. C'est au gouverneur de la place à envoyer les demandes ou articles de capitulation par deux ou trois officiers les plus qualifiés, qui servent d'ôtage jusqu'à la reddition de la ville, & c'est au général à y ajouter ou retrancher ce qu'il trouve à propos, & à leur tenir ensuite exactement sa parole. Ce qu'on ajoute ordinairement aux demandes du gouverneur, est que les assiégés ne feront, en se retirant, aucun dommage ou insulte aux habitans; qu'ils seront obligés de livrer de bonne foi leurs magasins de munitions de guerre entre les mains des commissaires nommés pour cela; qu'ils délivreront de même tous les vivres des magasins sans rien distraire ou détériorer; qu'ils montreront aux officiers mineurs toutes leurs mines & fougasses, & qu'ils donneront des sûretés à ceux de la ville, pour les dettes légitimement dûes par des officiers, malades, blessés, ou autrement.

Les articles étant signés de part & d'autre, le général commande les deux premiers régimens d'infanterie avec un lieutenant-général, pour aller prendre possession de la place, & y établir des corps-de-gardes partout où il est nécessaire d'en mettre. Si la garnison doit être prisonniere de guerre, on la désarme & on l'enferme en lieu sûr; mais si elle doit sortir, le général, après avoir fait mettre ses troupes sur les armes, se rend à la place où elle est assemblée, & après avoir reçu le salut des armes des officiers, il la fait escorter par quelques escadrons jusqu'à l'endroit qui leur a été accordé.

Cela fait, le général pourvoit la ville d'un gouverneur & d'une garnison suffisante pour la garder, & après avoir donné ordre de combler & d'abattre tous les ouvrages des attaques, de réparer les fortifications de la place, & d'en faire même des nouvelles,

nouvelles, s'il le faut, il fait retirer son armée dans quelques postes avantageux, à quelque distance delà, où elle puisse se rafraîchir, & être en état de défendre la ville, jusqu'à ce que les réparations soient achevées.

De la levée d'un Siege.

Quelque espérance que l'on conçoive des attaques qu'on forme devant une place, le succès n'y répond pas toujours, & quelquefois, après bien des peines & des travaux, on se voit obligé de lever le siege, soit à cause des maladies qui se mettent dans le camp, soit faute de vivres & de munitions, soit parce qu'on souffre extrêmement des mauvais temps & de la situation du terrein, soit à cause que l'ennemi attaque une autre ville plus considérable, qui demande un prompt secours, soit enfin par quelque autre circonstance fâcheuse que le général aura trop négligé, ou qu'il n'aura pas pu prévoir, & qui rompt entièrement toutes les mesures qu'on a prises. Le plus sûr, dans ces occasions, est de ne point s'obstiner à rester inutilement devant la place, & de remettre à gagner dans un autre temps ce que l'on perd dans celui-ci, ou par un revers de fortune, ou par sa propre imprudence. Si l'armée n'est point affoiblie, on leve le siege en plein jour, tambour battant, & dans l'ordre que tient une armée lorsqu'elle n'a rien à craindre dans sa marche. Mais si l'on n'est pas en état de soutenir les poursuites de l'ennemi, on lui cache son dessein le mieux qu'on peut, faisant partir quelques jours auparavant tous les bagages, les munitions, la plûpart du canon, & surtout les plus grosses pieces, avec les femmes, les vivandiers & les blessés. Cependant on fait changer souvent de place aux petits canons qui restent, les faisant tirer tantôt d'un côté, tantôt d'un autre, afin que l'ennemi ne s'apperçoive point que les batteries sont dégarnies, & quand on croit que les équipages sont arrivés en lieu de sûreté, on allume des feux dans le camp & aux corps-de-gardes pendant la nuit, comme on a coutume de faire pendant la durée du siege, & l'on décampe sans bruit, laissant la cavalerie à l'arriere-garde, si c'est un pays de plaine, ou une partie de l'infanterie, si c'est un pays de montagne.

Des anciennes Attaques.

Les Anciens n'avoient point, à proprement parler, de systême réglé pour les attaques: ils les formoient tantôt d'une maniere, tantôt d'une autre, & presque toujours selon l'idée & le génie de celui qui les conduisoit. Mon dessein n'est pas d'entrer dans le détail de ces différentes manieres, ce qui me meneroit trop loin, & ne serviroit à rien; mais simplement de faire voir par les trois attaques suivantes, qu'Ozanam rapporte comme les meilleures de ce temps-là, combien elles sont inférieures aux modernes, dont nous sommes redevables à M. de Vauban qui les a mises sur le pied où elles sont aujourd'hui. Après tout ce que nous avons dit ci-dessus, il n'y a qu'à jetter les yeux sur les Figures de la *Pl*. 45, pour voir facilement que la premiere n'ayant point de parallele pour faire front à la place, donne un grand avantage aux sorties de l'ennemi, contre lesquelles elle doit toujours se trouver extrêmement foible; que la premiere place d'armes de la seconde n'a pas assez d'étendue; que les demi-places sont trop petites, & que ses logemens sur le glacis laissent toujours à l'assiégé l'usage libre des places d'armes des angles rentrans; enfin, que la troisieme qu'on employoit lorsqu'on attaquoit des longs côtés, multiplie trop les paralleles, & alonge inutilement le travail. Que si, à ces défauts, on joint la mauvaise construction des lignes où l'on mettoit en plusieurs endroits des forts à triangles, à étoiles, & qui les affoiblissoit beaucoup; la longueur du travail de la tranchée, où, au lieu d'employer la sappe, comme on fait aujourd'hui, lorsque le feu commence à devenir dangereux, on se servoit des mantelets très-difficiles à bien asseoir, faciles à percer, & encore plus à renverser; le peu d'usage que l'on faisoit du canon, dont on perdoit même la plûpart des coups, en s'amusant à tirer sur les clochers & les édifices élevés, au lieu de s'attacher à ruiner les défenses; la difficulté d'établir ses logemens sur le glacis à la vue du chemin couvert qu'on négligeoit toujours d'attaquer, & qui cependant devoit incommoder beaucoup par les feux & les grenades; le travail long, pénible & dangereux de la galerie qu'on faisoit en charpente pour le passage du fossé; enfin le peu d'expérience qu'on avoit touchant les mines, on ne sera plus surpris que les sieges fussent alors si douteux & de si longue durée, & si meurtriers pour l'assiégeant, quoique

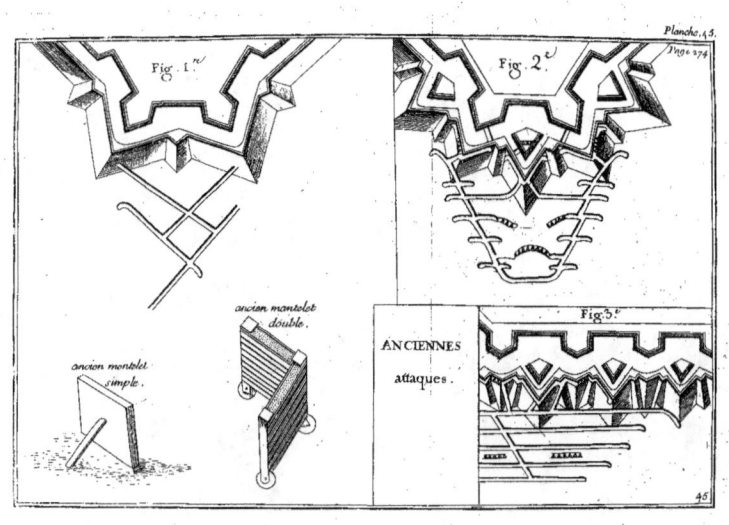

la défense fût cependant beaucoup moins vigoureuse qu'elle ne l'est aujourd'hui.

CHAPITRE DERNIER.
De la Défense des Places.

Un sage & prudent gouverneur ne doit jamais attendre que l'ennemi le menace d'un siege, pour mettre sa ville en état de faire une bonne défense. Il doit avoir prévu de loin ce qui peut arriver; connoître exactement le fort & le foible de ses fortifications, pour profiter de l'un & remédier à l'autre; ne souffrir jamais que qui que ce soit bâtisse des maisons, plante des arbres, fasse des jardins, haies ou fossés aux environs de la place sous la portée du canon; raser, s'il se peut, tous les commandemens qui sont à cette portée, ou s'en emparer par quelques dehors; avoir toujours une bonne garnison, non pas à la vérité toujours si nombreuse que dans les temps d'un siege, ce qui seroit inutile, mais qui ne se relâche point de la discipline, faisant exactement ses gardes pour éviter les surprises; avoir soin que ses magasins soient toujours bien fournis de toutes les munitions de guerre & de bouche; enfin entretenir, autant qu'il peut, la bonne intelligence entre la garnison & les habitans, se faisant aimer également des uns & des autres, les traitant avec douceur, étudiant leur caractère & ménageant leurs intérêts, & les faisant accorder, le plus qu'il est possible, avec celui du Prince au nom duquel il gouverne; ce qui est d'une grande importance, non seulement pour éviter les surprises, intelligences & trahisons, mais pour se mettre en état de faire, en cas de siege, une plus vigoureuse défense. Pour mieux entendre tout ceci, suivons ce gouverneur dans les différentes attaques dont nous avons parlé dans le Chapitre précédent, & supposant qu'il ait à les essuyer toutes successivement les unes après les autres, voyons de quelle maniere il doit s'y conduire.

De la Défense contre l'Escalade.

S'il se trouve quelque endroit du rempart qui soit de facile accès, soit pour être trop bas, soit à cause de quelque breche qui s'y est faite, il faut y remédier au plutôt, ou en réparant la breche, ou en relevant le rempart, ou enfin en approfondissant le fossé; quand le fossé est plein d'eau, on doit avoir soin de le faire nettoyer de temps en temps, de peur que la vase venant à s'amasser, ne fournisse le moyen de le passer sur des claies; & lorsqu'il est sec, il faut y faire au milieu une grande cunette de 10 ou 12 pieds de largeur sur 5 ou 6 de profondeur, & la remplir d'eau. On peut aussi mettre une palissade éloignée du revêtement de 4 ou 5 pieds, ou approfondir le fossé, autour du revêtement, de 7 ou 8 pieds de plus, afin que l'ennemi soit obligé de tenir les échelles fort longues; ce qui les rend très-faciles à rompre. Si le rempart est revêtu de simple terre ou de gazon, il faut prendre garde que les fraises soient en bon état, en faire remettre partout où il en manque, & tenir sur les hauts du parapet des gros quartiers de pierre pour les faire rouler sur l'ennemi, & briser ses échelles; il faut aussi avoir des crocs & des fourches pour les renverser, & se servir des feux d'artifices, lances à feu, grenades, tisons enflammés, &c. pour embraser tout ce qui se trouvera dans le fossé; enfin si les fossés pleins d'eau viennent à se geler en hyver, il faut couper la glace au milieu de la largeur de 14 ou 15 pieds, & en faire une espece de parapet du côté de la place.

Mais le plus sûr moyen d'éviter l'escalade, ou de la rendre très-dangereuse à l'ennemi, est de tenir des gardes dans les dehors, d'avoir des partis qui battent l'estrade pendant la nuit, & de faire observer la discipline & l'ordre des gardes, soit dans la place, soit dans les dehors. Avec ces précautions on est presque sûr que l'ennemi ne formera jamais de semblables entreprises, ou du moins l'on se trouve en état de les lui faire payer bien cher, s'il en avoit la témérité; ce que l'on ne voit plus arriver depuis qu'on s'est avisé d'y pourvoir, comme nous venons de le dire, & comme nous l'allons même expliquer dans l'article suivant.

De la Garde d'une Place.

La garnison d'une place, en temps de paix, selon l'estimation que M. de Vauban en a faite dans un de ses Mémoires, peut se régler à deux cens hommes par bastion, avec une compagnie ou deux de cavalerie ou de dragons, pour les escortes & expéditions où il s'agit de prendre des sûretés extraordinaires; mais en temps de guerre, lorsqu'on se défie d'une nombreuse bourgeoisie, ou qu'on appréhende un siege, il y faut du moins cinq ou six cens hommes par bastion, & le dixieme de ce nombre pour la cavalerie ou pour les dragons qui valent beaucoup mieux, parce qu'ils peuvent mettre pied à terre, & agir comme l'infanterie. S'il se trouve d'autres dehors que les demi-lunes, il faut augmenter à proportion, mettant, par exemple, 600 hommes de plus pour un ouvrage à corne, &c. & observant en même-temps d'augmenter toujours d'un dixieme de ce nombre la cavalerie ou les dragons.

Lorsqu'une ville n'est pas assiégée, la garde est chaque jour du tiers de la garnison, afin que de trois jours le soldat en repose deux, & le nombre des sentinelles est du tiers de la garde, afin que de 24 heures les soldats en ayent 8 pour se reposer. La garde se divise en plusieurs autres qu'on met sur la grande place d'armes, aux portes, aux bastions & dans les dehors. Les sentinelles doivent être posées de maniere qu'elles puissent se parler les unes les autres, & qu'elles puissent découvrir le fossé jusqu'au pied de la muraille. On en met aussi partout où il y a de l'artillerie, devant les magasins, où il y a des munitions, dans les dehors & sur les avenues de la place.

On monte ordinairement la garde à trois heures après midi. Une heure ou deux auparavant on fait battre les tambours, & pendant ce temps-là les caporaux se rendent chez le major, où ayant tiré au sort les postes & les rondes qu'on tient écrites sur un registre, ils retournent à leurs escouades qui s'assemblent devant les casernes, s'il y en a, ou devant le logement du major, s'il n'y en a point, pour être conduites en bon ordre & tambour battant sur la place d'armes, par un officier major du régiment. Quand toutes les escouades sont arrivées, le major donne à tirer au sort les rondes & postes aux officiers, commençant par les capitaines, & finissant par les sergens; après quoi, faisant ranger les troupes en bataille, il fait défiler la garde de la place, celles des portes & des bastions, & enfin celles des dehors. Tandis qu'on marche, les officiers de la garde qui descend, mettent leurs soldats sur leurs armes, & les rangent en haies du côté du corps-de-garde, pour en abandonner la place à ceux qui viennent les relever. Ceux-ci étant arrivés, se rangent à la place des autres qui vont se mettre vis-à-vis, & les officiers qui descendent la garde, consignent les ordres à ceux qui la montent, s'il y en a des nouveaux. Les caporaux font la même chose à l'égard de leurs camarades, les chargeant des meubles du corps-de-garde, & les instruisant du nombre des sentinelles de jour & de nuit, & de tout ce qu'ils ont à faire d'extraordinaire; après quoi ils vont ensemble relever les sentinelles, & à leur retour les officiers de la garde descendante conduisent leurs soldats sur la place d'armes, où ils les font ranger en bataille, & les remercient. Cependant les officiers qui montent la garde, font poser les armes à leurs soldats, prenant garde si elles sont en bon état, & si chaque homme a de la poudre & des balles pour tirer trois coups. Ils leur font en même temps défense de s'éloigner du corps-de-garde de plus de 40 pas, sans permission, & vont ensuite visiter les sentinelles pour connoître l'endroit où elles sont, & si la consigne leur a été bien donnée.

Il y a deux sortes de consignes: les générales que les sentinelles doivent toujours observer dans quelque poste qu'elles soient, comme de crier Qui va-là à tous ceux qui passent, à moins qu'on ne le leur ait défendu, de les faire écarter du chemin en présentant leurs armes, & de ne se laisser approcher absolument de personne; & les particulieres que l'on doit observer selon le poste où on est en faction, comme si on est aux portes ou aux barrieres avancées, de ne laisser jamais embarrasser les ponts de charrettes ou bêtes de charge, d'arrêter celles qui entrent ou sortent, jusqu'à ce qu'on sçache qu'il n'en vient point de l'autre côté, d'arrêter les étrangers à pied ou à cheval, qui veulent entrer dans la ville, & d'appeller le caporal qui s'informe d'où ils viennent & qui ils sont, met leur nom par écrit & le donne au major; ou d'avertir l'officier qui doit les faire conduire chez le gouverneur, si l'ordre est tel, enfin d'avertir le corps-de-garde du plus loin qu'on apperçoit des troupes.

Dans les villes de guerre bien réglées on tient aux portes des gens à qui on donne le nom de consigne, & dont le soin est d'écrire le nom des étrangers qui entrent ou sortent, afin que le major confrontant leurs mémoires avec ceux que leur donnent les aubergistes, cabaretiers, & autres personnes qui logent chez eux, puisse sçavoir combien il y a chaque jour d'étrangers dans la place, qui ils sont, & où ils sont logés. On ne doit pas permettre qu'un étranger reste dans la ville lorsqu'il n'y a plus rien à faire, ni qu'il visite les remparts & les fortifications fans permiſſion ; & lorſqu'on ſurprend un eſpion, on doit en écrire auſſitôt à la Cour, afin que ſon châtiment n'étant pas différé, intimide les autres.

Le ſoir, avant de fermer les portes, ce qui eſt ordinairement une demi-heure avant la nuit, le tambour de garde monte ſur le parapet du rempart, & bat la retraite ; on ſonne en même temps la cloche du beffroi, pour faire rentrer ceux qui ſont dans la campagne, & les capitaines des portes, accompagnés d'un ſergent, vont prendre les clefs chez le gouverneur. Dès qu'ils arrivent, les officiers font ranger les ſoldats ſur deux files, leur faiſant préſenter leurs armes, & le major ayant choiſi ceux qui doivent faire la garde ſur le grand pont pendant la nuit, les y fait avancer ; après quoi l'on ferme les portes dont les capitaines portent les clefs au logis du gouverneur. Alors la moitié de la garde ſe détache pour paſſer la nuit dans les corps-de-gardes des courtines & des baſtions, les caporaux envoient des ſoldats au bois & à la chandelle, & les ſergens vont à l'ordre, au retour duquel les officiers ne laiſſent ſortir perſonne de leur poſte ſous quelque prétexte que ce ſoit.

L'ordre ſe donne tous les ſoirs. Le major va le prendre chez le gouverneur, & vient ſur la grande place d'armes où tous les ſergens forment un cercle, commençant à ſa droite & finiſſant à ſa gauche, tous chapeaux bas, & la hallebarde à la main. Les caporaux font un autre cercle derriere eux, préſentant leurs armes, & le major ſe couvrant, ordonne aux ſergens ce qu'il y a à faire de nouveau, & donne le mot tout bas à l'oreille du premier qui eſt à ſa droite, & qui le fait paſſer de main en main juſqu'au dernier, lequel le rend au major, afin qu'il vérifie s'il n'a point été changé. Cela fait, le major fait tirer auſſitôt les rondes & les patrouilles du dedans de la place, & va enſuite porter le mot au lieutenant du Roi, tandis que les majors des régimens le portent à leurs commandans, & les ſergens à leurs officiers & aux caporaux qui font défenſe de ne plus laiſſer paſſer perſonne ſur les remparts ſans l'arrêter, & avertir le corps-de-garde.

Dès que le mot eſt donné, on commence les rondes qui durent toute la nuit. Elles marchent de quart-d'heure en quart-d'heure, afin qu'il y en ait toujours ſur les remparts, & l'on y porte une meche allumée, ou un fallot avec une lumiere, faiſant exactement le tour de la place dans le chemin des rondes, s'il y en a un, ou autour des remparts, dont on visite toutes les guérites, mettant la tête dehors pour écouter s'il ne se passe rien dans le fossé. Le major fait la premiere ronde pour voir si le mot est bon dans tous les corps-de-gardes, si les armes sont en bon état, si tous les officiers & soldats y sont, & si les sentinelles sont bien postées; les officiers des corps-de-gardes le vont recevoir avec deux mousquetaires, & lui donnent le mot cette fois-là seulement: mais s'il faisoit, pendant la même nuit, une seconde ou troisieme ronde, il devroit donner le mot aux corps-de-gardes, de même que toutes les autres rondes, excepté celles du gouverneur ou du lieutenant du Roi, à qui on le doit toujours donner, allant les recevoir à dix pas avec quatre mousquetaires.

Lorsqu'une sentinelle voit approcher une ronde, elle crie: Qui va-là, & dès qu'on lui a répondu Ronde, elle sort de sa guérite, & présente les armes sans se laisser approcher, jusqu'à ce que la ronde étant passée, elle se remette dans son poste.

Quand la ronde approche d'un corps-de-garde, le soldat qui est en sentinelle, crie: Qui va-là, & quand on lui a répondu, Ronde, il dit: Demeure-là, caporal hors la garde, Ronde. Aussitôt le caporal sort du corps-de-garde, suivi d'un ou de deux soldats, & mettant l'épée à la main, il crie: Qui va-là, & la ronde ayant répondu, Ronde, il dit: Avance qui a l'ordre. Alors la ronde avance, & donne le mot tout bas à l'oreille du caporal qui tient la pointe de l'épée à l'endroit du cœur de celui qui le lui donne. Que si par hazard on lui donnoit un autre mot que celui qui a été donné à l'ordre, il arrêteroit la ronde, & en avertiroit l'officier qui la feroit garder au corps-de-garde durant la nuit, pour en informer ensuite le major.

Lorsque deux rondes se rencontrent, la premiere qui crie: Qui va-là, reçoit le mot de l'autre; mais, pour éviter les surprises, il est bon de donner tous les soirs deux mots, afin que la ronde qui doit répondre ayant donné le premier, l'autre soit obligée de rendre le second.

Les patrouilles sont des rondes qu'on fait dans les rues d'une ville, pendant la nuit, pour obliger les bourgeois & les soldats à rester chacun chez soi, faire fermer les cabarets, & empêcher les désordres. Elles se font par un sergent & six mousquetaires, ou par la cavalerie, s'il y en a; & si l'on trouve quelqu'un qui
aille

aille par les rues sans feu ou sans ordre, on le conduit au corps-de-garde de la place, afin que le major en avertisse le gouverneur qui ordonne le châtiment.

A la pointe du jour, ou demi-heure après, les tambours battent la diane, & l'on sonne la cloche du beffroi, pour l'ouverture des portes. Les officiers font descendre les soldats qui ont passé la nuit sur les remparts, tandis que le capitaine des portes, suivi d'un sergent & de quelques mousquetaires, va chercher les clefs chez le gouverneur, & dès qu'il revient, on met une sentinelle au milieu de la rue, pour empêcher que personne n'approche à 40 ou 50 pas, & la garde se range sur deux files, présentant les armes. Le major cependant monte sur le rempart, où après s'être informé de ceux qui sont dehors, de tout ce qui s'est passé pendant la nuit, & si la cavalerie qui a battu l'estrade, n'a rien entendu, il détache encore quelques cavaliers vers la campagne, & revient ensuite faire l'ouverture des portes.

Lorsqu'on n'a pas battu l'estrade pendant la nuit, ou qu'on veut éviter le désordre que peut faire la foule des personnes qui se présentent ordinairement alors pour entrer & sortir, le major ayant examiné du haut du rempart s'il ne découvre rien, vient ouvrir la premiere porte, où, après avoir fait passer la garde, il laisse quatre hommes qui la referment aussitôt. Il fait la même chose aux ponts-levis & aux autres portes des dehors, jusqu'à la derniere barriere, n'ouvrant jamais d'un côté que l'autre ne soit fermé. S'il manquoit quelque soldat de la garde qui a passé la nuit sur le pont, il en demanderoit la raison à l'officier, & si sa réponse lui donnoit lieu de se défier, il suspendroit l'ouverture jusqu'à ce qu'on eût informé le gouverneur, & appris ses ordres là-dessus.

Quand on est arrivé à la derniere barriere, on fait éloigner pour le moins 50 pas ceux qui veulent entrer, & le major fait reconnoître les avenues à la portée du mousquet, par un sergent accompagné de quelques fusiliers, au retour desquels on visite les charriots & les personnes à pied ou à cheval, pour voir s'ils n'ont point d'armes cachées, & leur faisant laisser celles qu'ils peuvent avoir entre les mains. On fait ensuite entrer, premièrement les personnes à pied, après les gens à cheval, & enfin les charriots, fermant la premiere porte avant d'ouvrir la seconde, que l'on referme aussi avant d'ouvrir la troisieme, & ainsi de suite jusqu'au corps de la place. On observe le même ordre pour ceux qui veulent fortir; après quoi les fentinelles étant poftées, on rapporte les clefs chez le gouverneur, & les officiers font pofer les armes à la garde.

Les clefs fe renferment dans un coffre de fer, dont le gouverneur a une clef, & le capitaine des portes une autre, & c'eft le major qui doit les prendre ou les remettre en préfence du capitaine des portes.

Les officiers de garde ne doivent jamais laiffer entrer ou fortir de nuit ou de jour, aucune troupe de foldats armés, fans un ordre exprès du gouverneur, & l'on change le mot toutes les fois qu'il fe fait ouverture des portes pendant la nuit.

Pour éviter le défordre, en cas d'allarme, foit qu'elle vienne du dedans ou du dehors, on affigne des poftes à chaque corps ou compagnie d'infanterie, de cavalerie ou de bourgeois, avec ordre de s'y rendre dès qu'ils en feront avertis, & de ne les pas abandonner, à moins qu'ils ne foient commandés ailleurs. Car autrement, l'allarme étant donnée, chacun fe porteroit en confufion vers l'endroit qui en auroit donné le fujet, & l'ennemi pourroit profiter de ce défordre pour furprendre la place d'un autre côté.

Contre le Pétard, les Stratagêmes & la Trahifon.

Si toutes les villes étoient bâties & gardées comme le font aujourd'hui les places de guerre, le pétard & les autres furprifes dont nous allons parler, non plus que l'efcalade, ne feroient pas des attaques qu'on ofât entreprendre contr'elles; mais comme il s'en trouve beaucoup qui font très-mal fortifiées, n'ayant fouvent qu'une fimple muraille fans dehors, fans chemin couvert, & même fans foffé, & qu'ordinairement il y a bien peu de gens de guerre dans ces fortes de places, nous dirons, en paffant, de quelle maniere on peut fe défendre, dans ces occafions, contre les furprifes des partis que l'ennemi peut envoyer pour les piller, fans être obligé d'y faire avancer fon armée.

1°. Donc, contre le pétard, il faut mettre des paliffades & des barrieres avancées devant les portes, foit qu'il y ait des ponts, foit qu'il n'y en ait point, afin que l'ennemi ne puiffe pas approcher fans qu'on en foit averti par le bruit qu'il fera en les brifant. S'il y a quelque partie du rempart qui flanque la porte, on y mettra du canon, s'il se peut, & l'on assignera ce poste à quelques mousquetaires, avec ordre de s'y rendre, & de faire feu dès que l'allarme sera donnée. On tiendra sur le haut de la muraille des grosses pierres pour jetter contre tous ceux qui approcheront. On peut aussi faire des trous à la porte pour tirer contre le pétardier, y mettre une bascule pour le faire tomber dans le fossé, s'il y en a, ou faire une espece de souriciere pour le prendre par le corps; tenir au corps-de-garde des petits canons chargés à mitraille, & braqués contre la porte; enfin l'embarrasser avec des charriots, tables, barriques pleines de fumier, pour arrêter ceux qui seront entrés, tandis qu'on tirera toujours de dessus la muraille contre les autres, & que ceux de dedans se mettront en état de repousser l'ennemi.

2°. Contre les Stratagêmes. Il faut réparer tous les endroits des remparts par où l'ennemi pourroit s'introduire dans la place, faisant bâtir les vieilles portes faciles à démasquer, bouchant & comblant les souterreins, mettant des doubles grilles aux égoûts ou aqueducs, avec des sentinelles pour les garder, & faisant fermer toutes les embrasures, ou autres ouvertures qui se trouvent trop basses. S'il n'y a point de ponts devant les portes, on y mettra des palissades & barrieres avancées, où l'on tiendra des consignes pour arrêter les étrangers, & visiter les charriots que l'on ne laissera passer que les uns après les autres, sans leur permettre de s'arrêter, ou d'embarrasser le passage. On fermera de même les entrées des rivieres, & l'on y visitera soigneusement toutes les barques.

3°. Enfin contre la Trahison & les intelligences. Il faut étudier de près le caractere des habitans & de la garnison, s'il y en a; empêcher les assemblées de jour ou de nuit; faire observer exactement les patrouilles; avoir grand nombre d'espions qui puissent vous informer des démarches qu'on peut faire; veiller soigneusement à celles des personnes suspectes, & tâcher enfin, par ses bonnes manieres, de gagner l'amitié de tout le monde, comme nous avons déja dit ailleurs: car c'est le meilleur moyen d'éviter la trahison.

Contre les Attaques d'Emblée, & celles de Bombardement.

On n'attaque d'emblée que les places dont la garnison est extrêmement foible. C'est pourquoi un gouverneur doit toujours, dans ces occasions, avoir des gardes avancées pour être averti de bonne heure des démarches de l'ennemi, & avoir le temps de faire rentrer dans la place ceux qui sont dans les dehors, sans s'obstiner à les défendre.

Pour les attaques par bombardemens, il faut tâcher de renverser par de bonnes sorties les batteries de l'ennemi, & d'enclouer son mortier, ou de brûler la flotte, si c'est du côté de la mer que l'attaque se fait. Mais, si on ne le peut, il n'y a qu'à souffrir patiemment jusqu'au bout, tâchant de contenir les habitans, & leur promettant de les faire dédommager par le Prince; ce qu'il faut faire ensuite effectivement, afin qu'ils soient plus fermes, s'il se présentoit une semblable occasion.

Des Attaques par Siege.

Au premier soupçon d'un siege, un gouverneur doit renforcer sa garnison de bonnes troupes, renvoyer, s'il se peut, les femmes, les vieillards & les enfans en lieu de sûreté, faire entrer au plutôt toutes les provisions nécessaires de guerre & de bouche, remplir ses magasins de grands amas d'armes, d'outils & matériaux, de fascines, gabions, chevaux-de-frise, paniers, sacs à terre, hottes, brouettes, affûts, &c. presser les réparations qui ne sont pas encore achevées, ne laisser rien autour de la place, qui puisse lui faire le moindre ombrage à la portée du canon; & enfin avoir des gardes avancées, afin qu'étant avertis de l'approche de l'ennemi, on ait le temps de faire rentrer ceux qui sont dans la campagne, & de retirer les bestiaux & tout ce qui se trouve dehors.

Pendant l'investiture, & jusqu'à ce que les lignes soient faites, on ne doit point tirer les gros canons de la place, afin que l'ennemi n'ayant point la connoissance de sa portée, tombe, s'il se peut, dans le défaut, ou d'éloigner trop sa circonvallation, ce qui la rendra plus difficile à garder, ou de la rapprocher trop, ce qui l'obligera de la recommencer de nouveau pour éloigner son camp, lorsque le canon viendra à tirer, & lui faire perdre beaucoup de temps & de peines. Si la garnison est forte, on fait sortir grand nombre de soldats pour repousser ceux qui s'approchent, & les tenir éloignés ; & si elle est foible, on envoie quelque peu de cavalerie & d'infanterie, pour attirer l'ennemi sous le feu de l'artillerie & du petit canon de la place. Il faut éviter soigneusement, dans ces occasions, que l'ennemi ne fasse de prisonniers, n'y ayant point de soldat dont il ne puisse tirer quelque avis important, & observer pour cela, qu'on ne le poursuive pas trop loin lorsqu'il feint de se retirer, de peur qu'il ne vous coupe ensuite dans votre retraite. Ceux qui sont dans les dehors & aux environs, doivent aussi s'attacher à tirer plutôt sur ceux qui sont en petit nombre, que sur les autres, parce qu'ordinairement ce sont des officiers ou ingénieurs qui vont reconnoître la place, & qu'il vaut mieux abattre ceux-là qu'un plus grand nombre de simples soldats. Pendant la nuit, on met de petits détachemens d'infanterie en embuscade au-delà du glacis, & ceux-ci avancent des sentinelles le plus près de l'ennemi qu'il se peut, observant qu'elles aient correspondance les unes avec les autres jusqu'à la contrescarpe. Ces détachemens & ces sentinelles servent à surprendre ceux qui approchent de trop près pour reconnoître la place, à donner la main aux petits secours qui peuvent se glisser, à empêcher la communication & les intelligences que les habitans ou les soldats peuvent avoir avec l'ennemi, & enfin à découvrir le véritable lieu des attaques. A la pointe du jour, on les fait retirer, & l'on avance des gardes de cavalerie, qui mettent leur vedette dans les lieux les plus éminens, & en état de pouvoir se voir & se répondre les uns aux autres, avec défenses à toutes personnes de la place ou des dehors, de passer au-delà de ces vedettes sous quelque prétexte que ce soit.

Le gouverneur étant bien informé du véritable lieu de l'attaque, partage sa garnison en trois parties, dont l'une est pour la garde, l'autre pour le bivouac, & la troisieme se tient en repos. La garde se divise encore en trois autres parties, dont les deux premieres soutiennent les attaques, & la derniere occupe les postes non attaqués. Le bivouac suit les mêmes divisions, & prend son poste sur les remparts, immédiatement après la garde. Ceux qui sont en repos, se tiennent toujours en état d'empêcher les désordres du dedans, & de secourir le rempart, s'il en est besoin, & l'on monte tous les jours la garde & le bivouac, afin que chacun partage également le travail. Si les bourgeois sont fideles

& courageux, on fait l'élite des plus braves qu'on mêle avec les troupes dans les dehors & dans les baſtions, ſans pourtant les employer dans les endroits où il y a le plus de péril, tant à cauſe de leur peu d'expérience, que parce qu'ils ne ſont pas ſi accoutumés au feu que les ſoldats. Il faut en même-temps faire travailler aux contre-mines & fougaſſes des ouvrages attaqués, ſi elles ne ſont pas faites; établir des gens qui veillent à la conſommation des munitions, & ſurtout de la poudre qu'on ne doit diſtribuer que par ordre du gouverneur; prendre garde qu'on ne tire le canon mal à propos; que le feu de la mouſqueterie ne ſe faſſe point ſans néceſſité; ne pas ſouffrir que les ſoldats chargent la poudre à poignée, comme ils font quelquefois, ni qu'ils la dérobent ou répandent malicieuſement, & obſerver la même choſe pour le plomb, la meche & les autres munitions qu'il ne faut employer que ſelon le beſoin, de peur d'en manquer avant la fin du ſiege. Il faut auſſi faire conſtruire des ouvrages avancés ſur les pointes du glacis, paliſſadés & contre-minés, & mettre en barbette la plûpart du canon qui doit tirer toute la nuit de l'ouverture de la tranchée.

Le lendemain le gouverneur reconnoît, par le premier travail de l'ennemi, ce qu'il peut faire dans la ſeconde nuit, & s'il juge que la tête de la tranchée puiſſe parvenir à la portée du mouſquet, & qu'il veuille faire des lignes de contre-approche, il les fait commencer aux angles des places d'armes des demi-lunes qui ſont à droite & à gauche des attaques. Ces lignes doivent enfiler la plûpart des tranchées, & être enfilées elles-mêmes par la contreſcarpe & les demi-lunes, afin que l'aſſiégeant ne puiſſe pas s'en ſervir. On y place à l'ouverture des petites pieces d'artillerie, & l'on met du gros canon dans les demi-lunes, vis-à-vis les mêmes ouvertures, pour nettoyer ces lignes, ſi l'ennemi vouloit s'y loger après en avoir chaſſé l'aſſiégé. Que ſi l'aſſiégeant pouſſoit une tranchée juſqu'aux contre-lignes, pour les rendre inutiles, on en feroit d'autres à quelques diſtances paralleles à celles-là, qui feroient encore un meilleur effet, parce que l'ennemi ayant ainſi pouſſé ſes travaux, ne pourroit plus ſe ſervir de ſa cavalerie pour s'oppoſer aux ſorties de l'aſſiégé.

Mais ſi le gouverneur n'a pas deſſein de faire des lignes de contre-approche, alors, outre les allarmes des fauſſes ſorties qu'il doit toujours donner pendant la nuit, pour empêcher le travail d'aller si vîte, il pourra faire construire dans la campagne de petites redoutes enterrées, qui se flanquent les unes les autres, & qui soient capables chacune de contenir sept ou huit mousquetaires pour inquiéter les travailleurs pendant le jour. On tirera aussi, dans la nuit, des balles d'artifice pour découvrir le travail de la tranchée, & pouvoir mieux pointer le canon qui doit tirer continuellement, parce que c'est dans ce temps-là que l'ouvrage avance davantage. Enfin, si la garnison est forte, on fera des grandes sorties pour renverser tout ce que l'ennemi aura fait, & l'obliger à recommencer sur nouveaux frais. Mais en ceci comme dans tout le reste, le gouverneur doit se régler sur un bon projet de défense qu'il aura formé dès le commencement du siege, & où il doit avoir prévu les bons & les mauvais succès que peuvent avoir ses entreprises, prenant toujours garde de ne pas exposer sa garnison, ensorte qu'elle ne soit plus en état de défendre le corps de la place, lorsque les attaques seront parvenues jusques-là.

Les sorties se divisent en petites & grandes. Les petites se font en envoyant quelques personnes qui se coulent sur le ventre, donnant l'allarme pendant la nuit, en criant : Tue, tue, & jettant quelques grenades, après quoi ils se sauvent de leur côté. Ces sorties doivent être toujours secretes, & se faire le plus souvent qu'il est possible, parce que les travailleurs se dissipent facilement sur le moindre prétexte, & ne se rallient qu'avec beaucoup de peine; ce qui peut fort bien faire perdre une nuit entiere à l'assiégeant.

Les grandes sorties sont celles qu'on fait quelquefois de jour, & le plus souvent de nuit, pour attaquer l'ennemi dans ses ouvrages, & renverser tout ce qu'il a fait. Il faut, pour entreprendre celles-ci, que la garnison soit extrêmement forte, ou qu'on attende bientôt un grand secours; que les ouvrages qu'on veut insulter, soient à la portée du mousquet de la place, afin que l'ennemi ne puisse pas facilement vous couper; qu'ils ne soient pas encore en état de contenir toute la garde; que la cavalerie soit assez forte pour soutenir celle de la tranchée, & qu'on choisisse l'heure & le temps où l'on présume de trouver moins de résistance, comme, par exemple, une heure ou deux avant le jour, si la sortie se fait de nuit, parce qu'alors les soldats sont plus fatigués, & se tiennent moins sur leurs gardes, ou bien sur l'heure de midi, si c'est pendant le jour, parce que les soldats accablés de lassitude, s'endorment aisément après avoir dîné, & que la cavalerie est alors pied à terre, & les chevaux débridés; ou enfin après qu'il a bien plu, parce que les armes de la tranchée ayant été mouillées, ne sont presque pas en état de tirer.

Les troupes commandées pour ces sorties, se divisent en trois détachemens, dont le premier est armé de toutes pieces, ayant en main des longues pertuisannes, ou des fourches à crochet, & l'épée & le pistolet à la ceinture, & les deux autres ont le fusil, la bayonnette & l'épée. Entre le second & le troisieme, on met les travailleurs avec des outils, pour raser les travaux, & des feux d'artifices pour brûler tout ce qui ne peut être détruit. La cavalerie se partage en deux corps, dont l'un soutient les détachemens, & l'autre s'oppose à la cavalerie de l'ennemi. Toutes ces troupes s'assemblent ou dans la place d'armes de la ville, ou dans le fossé, s'il est sec, ou dans le chemin couvert, ou dans quelqu'autre ouvrage. En même temps on fait border de mousquetaires les remparts de la place & des dehors, qui donnent sur la sortie, & l'on met des petits canons chargés à cartouche dans tous les endroits où on le juge nécessaire. Si l'on ne fait sa sortie que contre une attaque, il faudra en même temps faire paroître du monde & de la cavalerie vis-à-vis de l'autre, afin qu'elle n'envoie pas du secours.

Dès que le signal est donné par quelque coup de canon ou de cloche, le premier détachement s'avance sans bruit jusqu'à ce qu'étant découvert, il marche le plus vîte qu'il peut vers l'endroit qu'il doit attaquer; le second le suit immédiatement après, & lorsqu'ils sont arrivés, ils tuent & renversent tout ce qui se présente à eux, contraignant l'ennemi de se retirer, sans cependant le poursuivre trop loin, de peur d'être coupé. Alors le premier détachement tient ferme dans les travaux, le second se retire un peu en arriere, & le troisieme fait halte en quelque endroit de la campagne où il puisse faciliter la retraite des autres, étant soutenu d'une partie de la cavalerie, dont l'autre va au devant de celle de l'ennemi. En même-temps les ouvriers font diligence pour gâter, rompre & combler les travaux, de maniere que l'assiégeant venant à les regagner, y soit exposé au feu de la place; & si l'on se trouve dans une batterie, ils enclouent le canon, y enfonçant dans la lumiere des clous d'acier bien trempés; après y avoir mis des petits cailloux que l'on ne puisse pas retirer, en cas qu'on parvînt à les déclouer; ils brûlent aussi les affûts, les

plates-

plates-formes & les gabions, & emportent les poudres, ou y mettent le feu, s'ils ne peuvent pas les emporter.

Quand tout est exécuté, on fait sa retraite dans le meilleur ordre qu'il est possible, le premier détachement se défendant toujours dans le poste qu'on a forcé, jusqu'à ce que les travailleurs & les autres détachemens aient défilés. Alors il se retire, & quand tout est rentré dans le chemin couvert, on jette des balles d'artifice pour découvrir ceux qui les ont poursuivi, & l'on fait feu contr'eux de tous côtés. Ces sorties, quand elles réussissent, retardent considérablement les attaques, & procurent de grands avantages à l'assiégé, surtout lorsque les ouvrages contre lesquels on sort, sont près du chemin couvert, parce qu'alors on ne craint pas d'être coupé par la cavalerie; mais il faut prendre garde de le faire bien à propos: car si l'ennemi peut tenir tête, on y perd beaucoup de monde, & l'on affoiblit beaucoup la garnison.

Lorsque l'assiégeant, malgré toutes les contradictions qu'on lui a fait essuyer, est parvenu à placer ses batteries, il ne faut plus alors tirer à barbette, ni s'aviser d'opposer feu contre feu, parce que son canon étant ordinairement le plus fort, auroit bientôt démonté celui de la place, & s'attacheroit à ruiner les défenses contre lesquelles on cesse de tirer, lorsqu'on voit qu'elles ne tirent plus. On se contentera seulement de mettre du petit canon, en biaisant les embrasures pour être moins en prise, sur les faces des bastions, dans les dehors, & partout où l'on pourra découvrir dans les batteries foibles & dans les endroits de la tranchée où l'on voit du mouvement. Il faudra même changer souvent de place, afin d'embarrasser l'ennemi, tirant tantôt d'un côté, tantôt d'un autre, & toujours avec beaucoup d'économie, réservant sa poudre pour des fourneaux qui, étant bien placés & allumés à propos, feront plus d'effet que cent volées de coups de canon. On ne doit pas non plus faire grand usage de bombes, parce qu'il faudroit qu'elles fussent tirées bien justes pour tomber souvent dans la tranchée; mais il faut se servir de pierriers pour tirer des pierres, grenades, &c. quand les attaques sont proches, & surtout pendant la nuit, qui est toujours le temps où il faut le plus harceler l'assiégeant, parce que c'est alors qu'il avance le plus ses ouvrages. Cependant il faut faire réparer avec soin tout ce que le canon ennemi aura gâté, pour pouvoir ensuite s'en servir, & tirer delà comme dès le premier jour, quand l'ennemi aura rapproché ses batteries.

Pour rendre les approches du chemin couvert plus difficiles à l'assiégeant, on pourroit, outre les ouvrages avancés sur les angles saillans du glacis, faire un avant-fossé qui ne pût pas être saigné, pour obliger l'ennemi à y jetter plusieurs ponts, dont les passages sont toujours très-dangereux à la vue d'une garnison bien retranchée ; & si on ne pouvoit éviter la saignée, on en feroit le fond de maniere qu'il suivît la pente du glacis, afin que l'assiégeant ayant pris bien des peines pour le dessécher, ne pût le faire servir de tranchée, comme il arriveroit infailliblement s'il étoit fait à la maniere ordinaire ; mais de quelque maniere qu'on le fît, il faudroit bien se donner de garde de faire des sorties, tant que les travaux de la tranchée seroient au-delà de l'avant-fossé, étant alors très-difficile de pouvoir faire une bonne retraite, si on étoit repoussé un peu vigoureusement. Il seroit très-bon aussi de construire des redoutes dans les places d'armes des angles rentrans, revêtues, fraisées & palissadées dans le fond de leur fossé, où l'on mettroit des petites pieces de canon pour défendre les ouvrages avancés sur la pointe du glacis, & raser les logemens de l'assiégeant ; on feroit en même temps des caponnieres aux trois angles saillans, & l'on mettroit une seconde palissade dans le chemin couvert, éloignée de 5 ou 6 pieds de la premiere.

L'assiégeant étant parvenu au pied du glacis, il faut lui donner du relâche le moins qu'on peut, faisant feu sur lui des caponnieres, des redoutes, places d'armes, & de tous les endroits d'où on peut le voir & l'incommoder, & le chargeant souvent par des sorties vigoureuses qui l'obligent, ou d'abandonner ses travaux, ou de se découvrir & s'exposer au feu de la place. On doit en même temps avoir grand soin d'éclairer ses démarches pendant la nuit, par le moyen des balles d'artifice qui sont encore ici plus nécessaires qu'ailleurs, parce qu'une seule nuit suffiroit à l'assiégeant pour faire tous ses logemens.

Sa premiere entreprise sera d'attaquer les ouvrages avancés sur la pointe du glacis ; ce qu'il fera, ou à force ouverte, ou par une double sappe poussée sur les côtés, pour les prendre par-derriere. Ceux qui sont à la défense de ces ouvrages, doivent alors céder ; mais dès qu'il travaillera à ses logemens pour empêcher l'assiégé d'y revenir, on fera sur lui une sortie, dont les uns renverseront les travaux, & les autres rentreront dans les ouvrages qu'on avoit abandonnés. Ce petit manege pourra réussir deux ou trois fois; car les sorties faites de si près, font presque toujours lâcher le pied aux plus avancés qui se renversent en désordre sur ceux qui devroient les soutenir, & lorsqu'enfin on sera obligé de céder entiérement, on se retirera en mettant le feu aux fourneaux qui, renversant les ouvrages, renverseront en même-temps les logemens de l'ennemi, si on a eu soin de pousser des rameaux de part & d'autre, ce qu'on doit toujours observer. Il seroit même bon, lorsqu'il n'y a point d'avant-fossé, de pousser des rameaux dans la campagne, pour faire sauter une partie de la derniere parallele.

Ce premier pas étant fait, l'assiégeant, avant d'attaquer le chemin couvert, tâchera de rendre les caponnieres inutiles, soit par le canon de ses batteries, dont il sera bien difficile d'empêcher l'effet, à moins qu'on ne pût démonter ses batteries, soit en roulant devant soi des grands sacs à terre & des gabions farcis, pour en boucher les créneaux; à quoi il faudra s'opposer par le canon des redoutes des places d'armes, par les grenades & les pierres; ce qui fera perdre beaucoup de monde à l'assiégeant, sans l'empêcher pourtant de venir à bout de son dessein.

Alors l'assiégé doit se préparer à être bientôt insulté dans le chemin couvert, & se mettre en état de défense en bordant bien ses parapets, & semant sur le haut du glacis des chausses-trappes, ou y mettant des herissons; ce qu'il ne faut faire que lorsque son canon aura cessé de tirer sur la palissade, car c'est ordinairement un peu après que doit commencer l'attaque, lorsqu'elle se fait de vive force. Il faut aussi, pendant ce temps-là, faire de fréquentes & vigoureuses sorties pour tâcher de renverser les ouvrages & les préparatifs de l'assiégeant; & si, malgré tout ce qu'on peut faire, il s'obstine & poursuit son dessein, il faut l'attendre de pied ferme, jusqu'à ce que le grand nombre contraigne enfin de céder, en faisant une bonne décharge à bout touchant, & se retirant ensuite dans les redoutes des places d'armes, après avoir mis le feu aux caissons ou bombes qu'on doit avoir enterrés sur le glacis, à quelque distance du parapet. Si l'ennemi se trouve ébranlé par l'effet de ces petits fourneaux, on reviendra en même-temps sur lui pour le chasser; mais s'il tient ferme, & qu'il commence à faire ses logemens, on fera le signal à la place dès qu'on sera rentré dans ses redoutes, & la mousqueterie, le canon & les pierriers, feront feu sur lui de tous côtés; après quoi on fera une sortie pour renverser, s'il se peut, ses logemens, & rentrer dans le chemin couvert.

Lorsqu'il reviendra, on se retirera de même pour laisser la liberté au feu de la place, & pouvoir ensuite le chasser comme la premiere fois, & lorsqu'on n'aura pu l'empêcher de perfectionner ses logemens, & d'établir ses batteries sur le parapet du glacis, il faudra alors faire jouer ses fougasses pour détruire tout ce qu'il aura fait, & l'obliger à recommencer de nouveau; ce qu'il fera avec plus de sûreté. L'assiégeant s'étant donc rétabli sur ses ruines, songera à attaquer les redoutes qui, étant bien revêtues & fraisées, lui donneront bien de la peine, & le contraindront à les prendre par la sappe & par la mine. Alors ceux qui les défendent, se retireront en mettant le feu à leurs fourneaux, & en ensevelissant l'attaquant sous les débris de ces redoutes.

Si le fossé est plein d'eau, il faut avoir des petits radeaux qu'on puisse conduire facilement partout où l'on voudra, avec un parapet à l'épreuve du mousquet, & l'on s'en servira à inquiéter l'ennemi dans ses logemens, & pendant la descente du fossé, à brûler les ponts, ou à tirer sur ceux qui y passent, à moins qu'ils ne s'épaulent des deux côtés, & enfin à rechercher le mineur.

Il faut observer, par rapport aux fougasses & aux mines, 1°. De ne les faire jouer qu'à propos; car l'ennemi donne souvent des fausses allarmes pour engager l'assiégé à y mettre le feu, & se loger ensuite plus sûrement sur leur effet. 2°. De faire jouer les plus avancées & les moins enfoncées avant les autres, afin que toutes puissent servir. 3°. Enfin de ne le faire que le plus tard que l'on peut, & de ne renverser la palissade & le parapet, par les mines de la galerie, qu'à la derniere extrêmité, parce qu'il n'est plus possible alors ni de rentrer dans le chemin couvert, ni de faire de nouvelles mines; ce qui assure l'ennemi pour le reste du siege. Si cependant l'assiégeant travailloit pardessous, il faudroit, après l'avoir bien recherché & inquiété le plus qu'on auroit pu, mettre le feu à ses fourneaux, de peur de sauter soi-même. Il faut encore observer, lorsqu'on veut faire jouer quelque mine ou fougasse, de feindre de vouloir faire une sortie contre cet endroit, afin que l'ennemi mette plus de monde à sa défense; ce qui en fera périr davantage.

Si la garnison n'est pas assez forte pour défendre le chemin couvert de pied ferme, on ne laisse qu'un petit nombre de soldats aux angles saillans, avec ordre de faire leurs décharges lorsque l'ennemi sera à quelques pas de la palissade, & de se retirer ensuite par la droite & par la gauche, mettant le feu aux caissons. Dès qu'ils sont rentrés, le feu de la place tire sur l'assiégeant de tous côtés, & l'on fait après, une sortie pour se rétablir dans les postes qu'on avoit abandonnés. Lorsqu'il revient on se retire de même, après avoir fait sa décharge, & la place recommence à tirer pour tâcher de l'éclaircir & de le chasser encore une fois par une seconde sortie; ce que l'on continue jusqu'à ce qu'il se soit parfaitement établi, malgré les caissons & les fourneaux qu'on aura fait jouer.

Si l'attaque du chemin couvert se fait par la sappe, & que l'ennemi n'ait pas fouillé pardessous, on l'amusera par des sorties feintes de temps en temps, & par les pierres & les grenades qu'on tirera contre lui; mais dès que ses logemens seront en état de recevoir des troupes, & que le canon aura été amené aux batteries, on fera jouer des fourneaux qui doivent, s'il se peut, enlever tout à la fois, les logemens, les batteries, & les cavaliers de tranchée; que si l'assiégeant oblige, par ses recherches, de mettre le feu aux mines avant de commencer son travail, ou qu'après ce déchet il recommence de nouveau, alors il faut tâcher de détruire ses cavaliers par le canon des redoutes, de la demi-lune, & par ceux des embrasures biaisées, faites sur le rempart de la place, & tirer grand nombre de pierres, grenades, &c. sur le travail de ses logemens, contre lesquels on fera aussi de fréquentes sorties, soit pour les renverser, soit pour faire découvrir l'ennemi, & l'exposer au feu de la place.

L'attaque de la demi-lune suit toujours de bien près la prise du chemin couvert. Les assiégés, pour bien défendre cette partie de leur fortification, doivent, 1°. Si le fossé est sec, faire aux extrêmités des faces, vers la gorge, des caponnières couvertes de gros madriers, sur lesquels il faut jetter de la terre pour éviter le feu. 2°. Bien épauler de côté & d'autre leur communication avec la place, par de bons parapets qui peuvent aussi servir pour la défense du grand fossé. 3°. Si le fossé est plein d'eau, avoir des bateaux avec des parapets à l'épreuve du mousquet, pour assurer la retraite de ceux qui défendent la demi-lune, en cas que les batteries brisent le pont de communication. 4°. Avoir à la gorge de la demi-lune un bon retranchement bien revêtu, fraisé & palissadé dans le fond de son fossé. 5°. Contre-miner la demi-lune & le retranchement, & enterrer outre cela sur le rempart des caissons & des bombes. 6°. Enfin planter plusieurs rangs de palissades les uns devant les autres, depuis le parapet de la demi-lune jusqu'au fossé du retranchement, & couvrir ces palissades jusqu'à 4 ou 5 pieds de hauteur, de fascines, gabions ou sacs à terre, pour se faire une espece de parapet. Tous ces préparatifs doivent être faits de bonne heure, & avant l'attaque; car il n'est pas possible de rien entreprendre de solide lorsque l'ennemi vous presse, & l'on n'a jamais vu que des ouvrages ou des retranchemens faits à la hâte, aient pu arrêter l'assiégeant, ni procurer quelque avantage à l'assiégé, quelque peine qu'il y ait pris.

L'assiégeant, pour se rendre maître de la demi-lune, commencera donc par le passage du fossé qu'il faut faire, ou par un pont de fascines, s'il y a de l'eau, ou par une sappe couverte & épaulée du côté de la place, s'il n'y en a point. Dans le premier cas on jettera du haut du rempart de la demi-lune quantité de feux d'artifice pour brûler le pont, ou bien l'on se servira des bateaux dont nous avons déja parlé pour le même effet. Dans le second, on fatiguera l'ennemi par le feu des caponnieres, & par des fréquentes sorties, & dans l'un & dans l'autre on fera usage des canons des faces des bastions qui ont vue dans le fossé de la demi-lune. S'il entreprend de faire la breche par la mine, on tâchera d'aller au devant du mineur, & de le surprendre, comme nous avons dit ailleurs. Mais lorsqu'après tous les soins qu'on aura pris, la breche sera faite par la mine ou le canon, si l'ennemi y monte de vive force, on se retirera derriere les palissades, après avoir fait sa décharge à bout touchant, & mis le feu aux caissons & bombes enterrées, ce qui pourra déconcerter l'assiégeant, & mettre l'assiégé en état de revenir; & s'il entreprend de s'y loger peu à peu par la sappe, on le fatiguera de temps en temps par des petites sorties, jusqu'à ce que ses logemens se trouvant proches des palissades, on mette le feu aux fourneaux pour les faire sauter. Lorsqu'il s'y sera établi, on lui chicanera les palissades rang par rang, le contraignant de les enlever les unes après les autres par de petites fougasses, & lorsqu'on sera réduit à la derniere, on se retirera dans le retranchement, en faisant jouer le reste de ses mines. Tout ceci suppose que l'ennemi ne travaille pas pardessous; car autrement il faudroit le prévenir, de peur de sauter soi-même, comme nous avons dit ailleurs, & mettre le feu à ses fourneaux, à mesure qu'il vous passeroit.

L'attaque du retranchement se fera de la même maniere que celle de la demi-lune : c'est pourquoi il faudra avoir aussi des caponnieres dans le fossé, & y jetter vers la pointe où se fait le passage, quantité de feux & de bois goudronnés, qui écartent l'assiégeant pour deux ou trois jours; que s'il vient par le dessous en creusant sous terre, ou que la breche se trouve enfin ouverte & facile à monter, il faudra se retirer dans la place, en faisant jouer ses fourneaux, qui renverseront le retranchement, & enseveliront tous ceux qui se trouveront à la portée de leurs effets.

Tandis que l'assiégeant attaquera la demi-lune, il travaillera en même-temps à la descente du grand fossé, pour y faire ensuite son passage. Si le fossé est sec, cette descente se fera par une sappe souterreine, à laquelle on pourra s'opposer en allant au devant de lui, & faisant jouer des fourneaux qui détruisent la descente & les logemens qui sont pardessus. S'il recommence après, on pointera du canon qu'on tirera sans cesse vers l'endroit du débouchement, & l'on enverra, pendant la nuit, des détachemens de 4 ou 5 hommes qui, se tenant auprès de l'endroit où ils entendront qu'on travaille, feront leur décharge dans l'ouverture lorsqu'elle sera faite, & se retireront à côté pour recharger & tirer de nouveau; ce qu'ils pourront faire jusqu'à ce que l'assiégeant ait établi un poste dans le fossé. Si la descente est simplement blindée, ce qui arrive lorsqu'il y a de l'eau dans le fossé, on ajoutera à l'effet des fourneaux celui des bombes, des pierres, &c. & l'on pourra se servir de bateaux pour tirer dans le débouchement.

Si le fossé est sec, on y plantera dans le milieu une bonne palissade parallele aux faces, pour arrêter le mineur, & l'on la soutiendra de côté & d'autre par des caponnieres enterrées, couvertes de madriers, sur lesquels on jettera de la terre, ensorte qu'on ait peine à connoître d'où vient le feu; on fera aussi devant les flancs des coffres ou logemens couverts, un peu plus relevés que les caponnieres, où l'on placera des canons qui, joins à ceux du flanc, incommoderont beaucoup le passage, & l'on bordera de mousquetaires la communication de la place à la demi-lune, en l'épaulant du côté de la demi-lune contre les logemens que l'affiégeant y aura faits. Tous ces logemens & le fond du foffé doivent être contre-minés, s'il fe peut, ou du moins il faudra y enterrer des bombes & des caiffons, pour faire fauter l'ennemi qui ne manquera pas de les attaquer lorfqu'il fera fon paffage. Que fi, malgré toutes ces chicanes & les fréquentes forties qu'on aura faites fur lui, il fe rend enfin maître du foffé, & attache fon mineur au revêtement, on jettera des gros quartiers de pierre fur les madriers dont il fe fera couvert, ou fi fon trou a été fait par le canon, on jettera des bombes & des feux d'artifice vis-à-vis, pour l'y faire périr. On tâchera en même-temps de le rechercher pardedans, & fi l'on prévoit qu'on ne puiffe pas l'empêcher de continuer fon travail, on mettra le foffé en feu avec quantité de bois goudronnés, ce qui éloignera l'ennemi pour quelques jours, & étouffera infailliblement tous ceux qui travaillent à la mine. Il eft inutile de redire ici que pendant toutes ces manœuvres, la moufqueterie des défenfes, le canon & les pierriers, doivent tirer fans ceffe fur tous les logemens de l'affiégeant, qu'ils peuvent découvrir, ce qu'on doit continuer depuis l'approche du glacis jufqu'à la prife de la place.

Si le foffé eft plein d'eau, on tâchera de ruiner le paffage par le canon des flancs, ou par des feux d'artifice jettés du haut des remparts, ou attachés au pont par le moyen des bateaux, qui ferviront auffi à inquiéter beaucoup ceux qui y travaillent du côté où l'on ne fera point d'épaulement, & à furprendre le mineur s'il eft paffé à la nage, ou fur quelque radeau.

Les meilleurs retranchemens qu'on peut conftruire dans un baftion, font d'autres petits baftions intérieurs, qui laiffent très-peu d'efpace à l'ennemi, & dont les flancs défendent la breche du baftion oppofé; on peut en faire plufieurs les uns après les autres jufqu'au dedans, où l'on peut encore en conftruire d'autres plus étendus & de différentes figures, les contre-minant, fraifant & paliffadant dans le fond de leur foffé, & mettant, outre cela, plufieurs rangs de paliffades depuis le parapet du rempart jufqu'au foffé du premier retranchement, de même depuis le parapet du premier retranchement jufqu'au foffé du fecond, & ainfi de fuite.

Pour n'être pas furpris par l'effet de la mine, lorfque l'ennemi voudra faire breche, il faut faire aux revêtemens des faces plufieurs petits trous imperceptibles par le dehors, & affez grands en dedans pour pouvoir regarder ce qui fe paffe dans le foffé.

On y placera deux ou trois personnes intelligentes, qui, voyant porter des madriers & des sacs pleins de poudre, en donneront avis, & l'on jettera en même-temps des feux d'artifice, qui peuvent produire un désordre épouvantable en mettant le feu aux poudres, & consumant ceux qui les portent. Que si l'assiégeant vient cependant à bout de charger ses mines, & qu'on le voye faire écarter ses troupes pour les mettre à couvert des éclats, on se mettra aussi à l'écart, jusqu'à ce que la mine ait fait son effet; après quoi on attendra que l'assiégeant ait cessé de tirer son canon, ce qu'il fait ordinairement pour labourer la breche & la rendre plus praticable, & lorsqu'il se mettra en état de la monter, on y jettera des chausses-trappes, des chevaux-de-frise, des sacs à poudre auxquels on mettra le feu, des fascines goudronnées, des grenades, bombes, &c. qui feront périr les plus hardis.

L'assiégeant étant parvenu de vive force jusqu'au bout de la breche, on lui opposera les plus braves soldats de la garnison, armés de cuirasses, de faulx emmanchées à l'envers, de pertuisanes & de bâtons ferrés aux deux bouts, pour repousser & renverser tous ceux qui se présenteront; & lorsque le grand nombre les aura contraints de céder, ils se retireront dans les palissades, en mettant le feu aux fourneaux, dont l'effet pourra donner le moyen de revenir.

Que si l'assiégeant prend le parti de se loger sur la breche par la sappe, on l'inquiétera par des sorties & par les grenades, pierres & feux d'artifice, qu'on tirera contre lui, & lorsque son logement sera fait, on fera jouer ses fourneaux.

Si le fossé est sec, on peut faire diversion par le moyen de quelques mines poussées sous la demi-lune par la galerie qui lui sert de communication à la place. Quand l'assiégeant montera à la breche du bastion, on mettra le feu à ces mines qui enleveront les logemens & tous ceux qui s'y trouveront, & l'on se logera sur leurs effets, pour voir la breche de revers; ce qui obligera l'assiégeant de reprendre la demi-lune, & pendant ce temps on tâchera de réparer les désordres de la breche.

L'ennemi ayant repris la demi-lune, & remis la breche en son premier état, y remontera de nouveau; à quoi les soldats cuirassés s'opposeront encore de tout leur pouvoir, & lorsqu'ils auront été contraints de céder en se retirant derriere les palissades, on fera agir sur lui la mousqueterie, les grenades & les feux des retranchemens, & les canons qu'on aura mis sur le flanc de ceux des bastions opposés. Tous ces obstacles inquiéteront extrêmement l'ennemi; mais comme à la fin il viendra à bout de les surmonter, en démontant le canon par ses batteries sur la contrescarpe, & établissant ses logemens sur la breche, de sorte qu'il ne pourra plus être repoussé, il faudra alors lui chicaner les palissades, faisant toujours sauter celles qu'on abandonnera, après quoi on se retirera dans le premier retranchement, embrasant son fossé, tenant ferme, & disputant pas à pas le terrein qu'on enlevera toujours par ses fourneaux, lorsqu'on ne pourra plus le tenir. On fera la même chose dans les autres retranchemens, pour obliger l'ennemi à faire plusieurs sieges au lieu d'un, & lorsqu'il ne restera plus que le dernier, le gouverneur n'ayant plus alors de terrein pour se retrancher, pourra consentir à une capitulation qui ne sera peut-être pas des plus avantageuses, mais qui sera des plus glorieuses pour lui & pour ceux qui auront combattu sous ses ordres.

Au reste le temps, le lieu & la nécessité peuvent faire trouver pendant la durée d'un siege, une infinité d'autres chicanes qui, à la vérité, ne rendront point une place imprenable, parce qu'il est naturel qu'une grande armée qui renverse tout ce qu'on lui oppose, vienne enfin à bout d'un petit nombre de soldats, dont la plûpart périt en se défendant, mais qui retarderont beaucoup les progrès de l'assiégeant; ce qui est l'unique but qu'on doit se proposer dans la défense, parce qu'il peut arriver que l'ennemi sera obligé de lever le siege, soit à cause du grand nombre des morts, des blessés ou des malades, soit à cause des mauvais temps, ou du manque de fourrages, de vivres & des munitions, soit enfin par la crainte d'un grand secours qui aura eu le loisir d'avancer.

De la Défense des Places irrégulieres.

Les regles que nous venons de donner pour la défense des places régulieres, sont presque autant de maximes dont il faut s'éloigner le moins qu'on peut dans la défense des irrégulieres. Ce qu'il faut observer, surtout dans celle-ci, c'est de bien connoître leur fort & leur foible, pour profiter des avantages de l'un, & réparer, s'il se peut, les défauts de l'autre, soit par des dehors avancés, soit par un plus grand nombre de soldats qu'il faut mettre à leurs défenses. Il faut aussi prendre garde de ne pas faire connoître à l'ennemi quel est l'endroit foible en tirant le canon de ce côté dès le premier jour de l'investiture, comme on a fait quelquefois, mais de lui en dérober la connoissance en tirant d'un autre côté, & empêchant par des embuscades, comme nous avons dit ailleurs, que l'on n'en approche de trop près pour le reconnoître.

S'il se trouve des commandemens aux environs, qu'on puisse ne pas raser, il faut s'en emparer par des dehors lorsqu'ils sont assez près pour cela, sinon il faut y mettre des redoutes ou forts soutenus par d'autres, jusqu'au plus prochain ouvrage de la place.

Si la ville est située sur une élévation, il faut y faire des ouvrages avancés presque jusqu'au pied de la montagne, pour disputer le terrein pas à pas; multiplier, autant qu'il se peut, les chicanes dans les fossés, & ne faire jamais des sorties hors des ouvrages, parce qu'on ne sçauroit se retirer sans donner l'avantage à l'ennemi de vous découvrir depuis les pieds jusqu'à la tête.

Quand les places ont des environs couverts d'eau & entrecoupés de canaux, on peut faire des grands bateaux avec des parapets à l'épreuve même du canon, sur lesquels on mettra des batteries pour inquiéter & prendre l'ennemi de revers partout où il travaillera, pour l'arrêter au passage des fossés, brûler ses ponts, soutenir & défendre les ouvrages attaqués & détruire les logemens que l'assiégeant voudroit faire sur la breche.

Si l'ennemi attaque par des chaussées ou sur un front très-étroit, sans pouvoir faire de places d'armes assez étendues, il faudra faire souvent de vigoureuses sorties, étant très-difficile, dans ces occasions, qu'il puisse en empêcher le succès.

S'il y a quelques fauxbourgs aux environs de la place, le plus sûr seroit de les raser; mais si cela ne se peut, il faut les enfermer dans des ouvrages à corne ou à couronne contre-minés, & avec de bons fossés, observant toujours qu'ils soient bien défendus: il faudroit aussi, si cela se pouvoit, contre-miner la plûpart des maisons, afin que l'ennemi venant à s'en rendre le maître, ne pût pas les faire servir de retranchement.

Enfin, s'il y a une citadelle, & que l'ennemi l'attaque pour réduire plutôt la ville, il faut rompre toutes ses défenses du côté de la place, & en faire d'autre sur l'esplanade, pour faire tête à l'assiégeant, lorsque la citadelle sera prise.

De la Défense contre les attaques brusques.

S'il y a quelque chemin creux, rideau ou autre couvert, qu'on n'aura pas eu le temps d'applanir, & à la faveur duquel l'ennemi puisse former cette attaque, il faut l'en éloigner le plus qu'on peut, sans lui permettre de s'y établir; & s'il a profité de cet avantage jusqu'à s'emparer de quelque dehors, il faut alors tout hazarder pour l'en chasser, & tâcher ensuite de fortifier cet endroit beaucoup mieux qu'il n'étoit auparavant: il est bon, dans ces occasions, d'avoir toujours un corps de réserve dans quelque lieu sûr, afin de pouvoir donner au plutôt & sans désordre sur l'assiégeant. Le reste de la défense se fera comme nous avons dit ci-dessus.

De la Défense contre les blocus.

L'unique remede, dans ces sortes d'attaques, est d'avoir, s'il se peut, de grandes provisions; d'établir des gens qui veillent à leur conservation, les changeant souvent de place, de peur qu'elles ne se gâtent, & ne les distribuant que selon le besoin; de contenir les habitans & la garnison le plus qu'on peut, sous apparence d'un prompt secours, & d'attendre avec patience que ce secours arrive en effet, ou que le mauvais temps oblige l'ennemi à décamper, sans s'amuser à faire des sorties, à moins qu'on ne fût en état de forcer quelque quartier, & de faire entrer des provisions; car autrement, l'ennemi étant loin de la place, on se mettroit en risque d'être enveloppé dans sa retraite.

De la Capitulation & Reddition d'une Place.

Un gouverneur doit observer de ne jamais parler le premier de capitulation dans son conseil, de peur que quelque mal intentionné ne fît ensuite entendre que c'est par sa faute que la place a été rendue. Il doit écouter les avis des uns & des autres, sans paroître incliner ni pour ni contre; avoir égard aux bonnes raisons qu'on peut alléguer pour soutenir la défense; réfuter les mauvaises avec douceur, tâchant de ranger ceux qui les avancent du côté des autres, & faire signer à chacun son avis, afin que si le Prince n'approuvoit point la résolution, personne ne pût nier sa signature. Cela fait, il fera signer un mémoire de l'état des vivres & munitions, des fortifications & de la garnison, dont il gardera un double dans sa poche, & enverra l'autre en Cour, demandant la permission à l'ennemi, si l'on ne peut faire passer le courier autrement. Tout ceci doit être fait en temps & lieu, de peur d'être obligé de se rendre avant d'avoir reçu la réponse. Lorsque l'ordre sera venu, le gouverneur assemblera le conseil à qui il en fera la lecture; & quand on verra que la défense ne peut pas aller plus loin, on fera une grande sortie le jour d'auparavant, pour faire voir à l'ennemi qu'on est en meilleur état, & le lendemain on fera battre la chamade: pendant ce temps-là on réglera dans le conseil les articles de la capitulation, demandant de sortir par la breche, tambours battans, meche allumée, drapeaux déployés, avec des pièces de canon, des mortiers, avec bagages, chevaux & charriots couverts, pour se rendre tous ensemble, par le plus court chemin, à la ville qu'on aura choisie, & cela sous escorte des assiégeans. Si on attend du secours, il faut demander un temps limité, au bout duquel on promettra de se rendre, expliquant clairement & nettement ses propositions, de peur d'en être la dupe, s'il se trouvoit quelque ambiguité. Il faut aussi renfermer dans ces articles les ecclésiastiques, la noblesse & la bourgeoisie, & faire venir les magistrats à qui on demandera ce qu'ils veulent faire mettre, les exhortant à ne point changer d'affection en changeant de maître, & leur promettant qu'ils retourneront bientôt sous leur premier gouvernement. Ces articles seront couchés par écrit avec une grande marge, où le général ennemi marquera ce qu'il accorde, & ils seront portés par deux ou trois officiers qui serviront d'ôtage, & qui doivent finement faire entendre dans leur discours, qu'on n'étoit point du tout pressé de se rendre, & qu'on n'en parle sitôt que pour obtenir des conditions plus honorables. L'assiégeant enverra aussi des ôtages dans la place, auxquels on persuadera la même chose, les régalant & les traitant le mieux que l'on pourra, sans leur permettre cependant de visiter les ouvrages. Cependant on fera toujours monter la garde régulièrement, ne souffrant point que les soldats ennemis viennent visiter la breche, ni que personne ne sorte de la place, de peur qu'on n'avertisse l'ennemi du mauvais état où sont les affaires. Lorsqu'on a encore beaucoup de vivres & de munitions de guerre, il faut, avant d'envoyer la capitulation, mettre à part ce que l'on juge pouvoir suffire, & faire brûler & détruire le reste, de peur que l'ennemi n'en profite, vous obligeant de les lui remettre par les articles de la capitulation.

Lorsque tout est signé de part & d'autre, on livre la ville à l'assiégeant qui y met sa garde, comme nous avons dit ailleurs; & la garnison s'étant rendue sur la place d'armes avec tous les équipages qu'on leur a permis, & ayant salué le général ennemi qui y vient avec ses troupes, se retire en bon ordre, suivie de l'escorte qu'on lui a donné, sans consentir qu'elle se retire, jusqu'à ce qu'on soit arrivé à la ville où elle doit l'accompagner.

Si l'assiégeant ne vouloit accorder de capitulation que sous des conditions honteuses, le gouverneur ne doit point l'accepter; mais après avoir repris ses ôtages, & renvoyé ceux qu'il avoit, il doit tout hazarder, & faire une grande sortie générale, s'ouvrant un passage au travers de l'ennemi, qui ordinairement ne s'y attend point.

Ce qu'il faut faire lorsque l'Ennemi leve le Siege.

Il y a des circonstances où l'ennemi, après bien des peines & des travaux, se voit cependant obligé de lever le siege. On peut alors, lorsqu'une grande partie de son armée aura défilé, faire une sortie sur l'arriere-garde, si l'on y trouve quelque avantage; mais il faut bien prendre garde de ne point tomber soi-même dans le piege, comme il est arrivé quelquefois, & le plus sûr est de faire un pont d'or à l'ennemi qui fuit. Dès qu'il sera parti, on fera raser, détruire & combler tous ses ouvrages, réparer les breches, & fortifier les endroits qu'on a connus être trop foibles: on pourvoira la place de nouvelles munitions de guerre & de bouche. Enfin on disposera toutes ces choses de maniere que l'ennemi y revenant, la trouve en meilleur état, & capable d'être mieux défendue que la premiere fois.

JOURNAL
DU SIEGE
DE LA
VILLE DE LILLE,

Depuis le douze Août mil sept cens huit, jusqu'au vingt-deux Octobre suivant, qu'elle a capitulé.

Le douze Août, à la pointe du jour, un corps de 12 à 15 bataillons, & autant d'escadrons des ennemis, passerent la Marque, & vinrent se camper, leur droite au pont de l'abbaye de Marquette, & leur gauche à la chaussée de Menin. Une partie de la garnison sortit, & alla escarmoucher avec les ennemis : une garde de 20 hommes que nous avions en-deçà du pont de Marquette, se retira sans perte avec le détachement de la garnison qui inquiéta les ennemis pendant tout le jour. Vers le soir, M. de Boufflers fit brûler les maisons du fauxbourg de la Magdeleine, à la réserve de la chapelle & de la maison du curé, où l'on établit un poste de 100 hommes commandés par deux capitaines & deux lieutenans.

Le 13 les ennemis s'étendirent jusqu'à l'abbaye de Lôo à leur droite, & occuperent les villages de Helemmes, Lezenne, & Notre-Dame de Grace à leur gauche; à deux heures après midi la place se trouva investie de toutes parts : on employa ce jour à brûler ou à démolir les maisons du fauxbourg de Fives, & celles qui étoient situées autour de la redoute de Chanteleux; cependant le canon incommodoit les ennemis dans leurs mouvemens : on se munissoit des choses nécessaires pour le siege, & pour réparer les endroits défectueux des fortifications.

Le 14 on commença à former l'inondation entre la grande digue & la citadelle : ce jour les ennemis étendirent leurs lignes d'infanterie entre les deux rivieres de la Deulle.

Le 15 les ennemis s'approcherent de la redoute de Chanteleux, à la faveur d'une forte haie, derriere laquelle ils éleverent un parapet ; mais le canon de la citadelle les incommoda si fort, qu'ils furent obligés de l'abandonner.

Le 16 l'officier qui commandoit dans la redoute, envoya couper la haie, & renverser le parapet : 800 de nos travailleurs acheverent pendant ce jour de démolir ce que le feu avoit épargné dans le fauxbourg.

Le 17 & 18 les ennemis travaillerent à faire leurs lignes de circonvallation : ils avoient un poste d'infanterie dans un bouquet de bois à la portée du canon du côté de la citadelle : ils eurent avis, par un déserteur, qu'on avoit dessein de l'enlever, & prirent le parti de le retrancher ; ce qu'ils firent malgré le canon de la ville & de la citadelle. Ils reçurent leurs gros canons, & établirent leur parc d'artillerie entre l'abbaye de Marquette & la chaussée de Menin.

Le 19 l'inondation se trouva formée. On ferma l'écluse du pont de France, pour faire regorger les eaux parderriere la citadelle jusqu'auprès de la porte de S. André, & peu de jours après, tout le terrein depuis le bois de Lanbersart jusqu'au-deçà de la redoute construite au pied du glacis du bastion S. André à la gauche de l'ouvrage à corne, se trouva inondé. Le même jour, un détachement de la garnison applanit les terres depuis l'ouvrage à corne de la Magdeleine jusqu'aux tenaillons, les ennemis faisant juger qu'ils formeroient leurs attaques de ce côté.

Le 20 les ennemis formerent leur amas de fascines & de gabions : leur principal dépôt se fit au trou & à Helerin.

Le 21 six pieces de canons, postées & retranchées sur la butte du moulin, proche la porte S. André, tirerent sur le camp des ennemis qu'elles incommoderent beaucoup, parce qu'elles les voyoient de revers. Pendant ce temps, un détachement de la garnison alla à la portée du pistolet des ennemis ; brûler quelques maisons & abattre des haies vis-à-vis les tenaillons, & il s'y tira quelques coups de fusils de part & d'autre. Vers le midi les ennemis vinrent s'emparer d'un moulin vis-à-vis la demi-lune,

lune, entre les tenaillons & la corne de la Magdeleine: ils se retrancherent derriere, & s'y maintinrent malgré le feu de la place.

Le 22 ils battirent de sept pieces de canon qu'ils avoient dans le bois, la cense de la Vaquerie dont on avoit fait un poste: on s'y maintint sans autre perte que de six grenadiers blessés des décombres abattus par le canon qui tira jusqu'à huit heures du soir. La nuit, les ennemis ouvrirent la tranchée par une parallele tirée du moulin vis-à-vis la demi-lune, entre les tenaillons & la corne S. André, qu'ils pousserent jusqu'à 30 toises pardelà le chemin d'Ypres; l'endroit le plus proche de leur parallele au glacis, étoit de 160 toises: ils avoient ouverts les écluses de Vambrechies, pour établir leur pont de communication sur la basse Deulle.

Le 23 ils continuerent à tirer sur ce poste, jusqu'à ce que vers les onze heures du soir M. le Maréchal eût donné ordre qu'on l'abandonnât: l'officier qui y commandoit se retirera si secrétement, que les ennemis tirerent long-temps après, ne s'étant point apperçus que le poste étoit vuide. Les ennemis avoient en même-temps canonné le poste de la Magdeleine; comme il étoit plus découvert, ils avoient de tous côtés fait faire dessus un grand feu de mousqueterie: nos gens y répondirent avec vigueur depuis six jusqu'à neuf heures du soir, mais sur les onze heures ils y furent attaqués par 800 hommes qui les envelopperent, tuerent tous les officiers, & emmenerent les soldats qui étoient restés. La nuit du 24 ils pousserent de leur parallele un boyau qui communiquoit au poste de la Vaquerie; ils en firent autant à celui de la Magdeleine, où ils se remparerent contre le feu de la place, & pousserent une sappe jusqu'à 80 toises de la corne gauche de la Magdeleine.

Le 26 leurs batteries de canon établies derriere leur parallele, depuis le trou jusqu'au-delà du bois, se trouverent perfectionnées. A six heures du soir, 400 hommes, tant d'infanterie que de dragons, commandés par M. de Ravignan, soutenus par 200 cavaliers, sortirent par la porte de la Magdeleine, attaquerent le poste de la Chapelle, tuerent tout ce qui s'y trouva, renverserent tous leurs ouvrages de ce côté jusqu'au moulin, & après une heure de travail, ils se retirerent en bon ordre, l'arriere-garde faisant toujours feu sur les ennemis qui s'étoient avancés en grand nombre. La garnison n'y perdit que 15 soldats & un officier; on ramena 20 prisonniers & beaucoup d'outils, & on tua aux ennemis plus de 100 hommes. Le lendemain au matin on s'apperçut qu'ils avoient réparé tout le désordre de la veille.

Le 27, à sept heures du matin, les ennemis démasquerent trois batteries, & commencerent à sept heures & demie à tirer avec 82 pieces de canon de 24 livres de balle; ils en faisoient sept décharges par heure, & souvent de 20 pieces ensemble, qui ne faisoient qu'un coup : ils continuerent ce feu sans interruption, jusqu'à huit heures du soir. Les deux faces gauches des deux bastions de la porte d'eau, se trouverent endommagées considérablement, & jusqu'à fleur d'eau : aucuns des ouvrages avancés ne fut maltraité. Vers les six heures du soir, ils avoient jetté quelques bombes qui mirent le feu à 4 ou 5 maisons voisines de l'attaque; les boulets échappés causerent beaucoup de désordre dans la ville : les ennemis, pendant la nuit, & sous la protection de 40 mortiers qui jettoient incessamment des bombes & des perdreaux dans les chemins couverts & dans les ouvrages, tirerent une parallele depuis le poste de la Magdeleine jusqu'à celui de la Vaquerie. Cependant on faisoit du rempart, des ouvrages & chemins couverts, un feu continuel sur les travailleurs, tant de canons & bombes, que de mousqueterie. Au moyen de cette parallele, ils se trouverent à 80 toises du chemin couvert des tenaillons.

Le 28 les ennemis commencerent à canonner avec la même fureur, depuis quatre heures du matin jusqu'à huit heures du soir, de sorte que les breches des deux bastions attaqués se trouverent de la largeur des faces même des bastions, & en état d'être insultées. La nuit, vers les onze heures, ils firent attaquer par 400 grenadiers soutenus de 4 bataillons Anglois, le moulin de la porte S. André, gardé par 40 hommes soutenus par deux bataillons Suisses; les ennemis s'en rendirent maîtres après y avoir été repoussés trois fois, & y avoir perdu beaucoup de monde : on ne leur donna pas le temps de retirer leur canon qui y étoit, ni leurs mortiers, & partie de leurs blessés; car à la pointe du jour on les chassa après un grand carnage; on les poursuivit jusques dans leurs tranchées, & après avoir mis le feu à ce moulin, renversé le parapet, & repris leur canon, on se retira. Nous ne perdîmes que 60 ou 80 hommes, tant tués que blessés; & il en resta sur la place plus de 500 des ennemis.

La nuit du 29 au 30, les ennemis dresserent une nouvelle

batterie de canon de 12 pieces, entre les deux paralleles : elle battoit la corne gauche de la Magdeleine, & la face gauche de la demi-lune, proche les tenaillons. Nos bombes, avant le foir, leur en démonterent huit, & le lendemain les ennemis furent obligés de l'abandonner.

Le 30 & le 31 ils continuerent leur feu d'artillerie, & perfectionnerent une nouvelle batterie à droite de la Magdeleine : ils poufferent auffi du côté de la porte S. André, un boyau d'environ 30 toifes.

Le 1ᵉʳ Septembre leurs canons & bombes continuerent le feu, & brûlerent quelques maifons voifines de l'attaque : cependant nuit & jour on faifoit du côté de la place un feu continuel de moufqueterie & de bombes. Ce jour même M. le Maréchal reçut une lettre de M. le Duc de Bourgogne qui lui mandoit de l'Epines, que dans peu il feroit à lui pour le fecourir ; vers les quatre heures de l'après-midi, l'armée du Mylord Malboroug parut dans la plaine depuis le pont Atreffein, tirant du côté d'Avelin. Pendant la nuit, les ennemis tirerent une parallele depuis le moulin brûlé, jufqu'à la riviere, & firent grand feu de bombes & de perdreaux qui nous incommodoient beaucoup.

Le 2 M. le Maréchal eut avis que l'armée du Roi avoit paffé l'Efcaut, & qu'elle marchoit aux ennemis. Le feu des affiégeans fut toujours égal à celui des jours précédens. Vers le foir, ils tirerent des bombes & des perdreaux à l'ordinaire, & la nuit ils drefferent une batterie de 30 pieces de canon, pour battre la breche & le demi-baftion droit de la corne S. André, & la pointe de la demi-lune voifine à fa droite.

Le 3 ils tirerent à l'ordinaire. La nuit du 3 au 4 les grenadiers de Fora & 100 dragons, firent une fortie fur la fappe que les ennemis pouffoient de leur parallele à la gauche des tenaillons : ils renverferent & tuerent ce qui s'y trouva, & enleverent les gabions, facs à laine, & outils des ennemis. On reconnut à la pointe du jour que tout leur défordre avoit été réparé, & que leur fappe étoit avancée jufqu'à 10 toifes de l'angle gauche du tenaillon, & à 15 du droit.

Le 4 M. le Maréchal eut avis que M. le Duc de Bourgogne étoit à Pont à Marque en préfence des ennemis ; ce qui nous fit efpérer un prompt fecours. Les affiégeans fe ralentirent beaucoup. La nuit, 10 de nos grenadiers mirent le feu aux gabions de la fappe droite des tenaillons.

Le 5 les ennemis ne tirerent plus que 35 pieces, les munitions commençant à leur manquer: on apperçut du rempart l'armée du Roi campée à Mons en Penel. On inquiéta les assiégeans par deux sorties; mais à la faveur de leurs bombes & perdreaux, ils réparerent le désordre, & avancerent leur ouvrage jusqu'à 7 toises d'un côté & 9 de l'autre, des angles saillans des tenaillons. La nuit on leur dérangea quelques-uns de leurs gabions; ils réparerent le mal, & s'avancerent de 3 toises de chaque côté: ils employerent le jour & la nuit du 6, à perfectionner leurs ouvrages, & le 7 au matin, ils se trouverent presque logés sur les deux angles du chemin couvert des tenaillons, & fort près des angles de la corne S. André & de la Magdeleine.

Le 7, dès le grand matin, ils se servirent des munitions qui leur étoient arrivées la veille, & firent un feu encore plus grand de leur artillerie, qu'ils n'avoient fait: on apprit, par un déserteur, qu'il leur étoit arrivé 5 à 6 mille grenadiers de leur grande armée, & l'on ne douta point que ce ne fût pour attaquer les chemins couverts. Effectivement vers les sept heures du soir, après une décharge générale de toute leur artillerie, les ennemis, au nombre de 6 à 7 mille hommes, déboucherent de tous côtés, & vinrent attaquer tout le front de l'attaque, depuis le demi-bastion gauche de la corne de la Magdeleine: ils furent repoussés de tous les côtés avec une perte très-considérable. Ils redoublerent leur feu d'artillerie, & sous cette protection ils revinrent à la charge; ils y furent reçus de même que la premiere fois, & repoussés de sorte qu'ils n'oserent plus attaquer les places d'armes, & se contenterent d'attaquer pour la troisieme fois les angles saillans des deux cornes & des deux tenaillons, où ils se logerent après une forte résistance. Ils perdirent, dans cette occasion, plus de 2500 hommes; les glacis étoient jonchés de corps morts, parmi lesquels étoient encore le lendemain quelques blessés qu'ils n'avoient osé aller retirer, & que nos grenadiers allerent prendre. La perte qu'ils firent dans cette occasion, les empêcha dans la suite de se présenter en si grand nombre; les assiégés n'eurent que 198 blessés, & 50 ou 60 morts: ils employerent le reste de la nuit à se loger, & pousserent deux sappes à droite & à gauche le long du chemin couvert des tenaillons.

Le 8 les assiégeans tirerent fort peu. Vers le soir, & toute la nuit, ils jetterent à l'ordinaire leurs bombes & perdreaux, & dresserent des batteries sur leurs logemens.

Le 9 au matin, une batterie de trois pieces de canon, fur le logement droit, commença à tirer, mais elle fut démontée fur le champ. Sur les cinq heures du foir, on fit une fortie de 200 hommes fur les fappes des ennemis, mais un de leurs bataillons fortit de leur parallele, & obligea les affiégés à fe retirer avec précipitation, fans perte néanmoins.

Le 11 au matin, M. de Maillebois, colonel de Touraine, à la tête des grenadiers, chaffa les ennemis de leurs fappes, enleva 160 gabions, & beaucoup d'outils, leur tua 15 ou 16 hommes, & combla leurs travaux. La nuit, les affiégeans répareront leurs ouvrages, & perfectionnerent leurs logemens à l'angle faillant du chemin couvert de la corne S. André, fur lequel ils établirent 4 pieces de canon, qui furent démontées dans la fuite. Ils avoient reçu la veille un convoi de 600 charriots, & de 10 pieces de canon. Le 12 on entendit dans la plaine du côté de Seclin, beaucoup de canon, & on eut avis que la veille M. de Bourgogne avoit chaffé les ennemis de plufieurs poftes qu'ils occupoient. Les affiégeans demeurerent très-tranquilles ce jour-là, & la nuit fuivante, les affiégés commencerent à réparer les deux breches des deux baftions de la porte d'eau; la droite, par de grands arbres couchés de long, & attachés par des chaînes: on y avoit laiffé les principales branches, lefquelles entrelaffées les unes dans les autres, rendirent la breche tout à fait impraticable & impénétrable au canon. La breche de la gauche fut réparée par beaucoup de fafcines bien piquées, lardées de gros pieux fur lefquels on mit depuis quantité de crochets de fer & autres inventions, pour foutenir du bois à brûler & artifices qui ne devoient s'allumer que lorfqu'il y auroit apparence d'un affaut. L'effet de celle-ci ne répondit pas au projet: elle brûla, & le canon des affiégeans eut bientôt dérangé toute l'économie, & en 24 heures rendit cette breche plus acceffible qu'elle n'avoit jamais été.

Le 15 les affiégeans battirent les défenfes avec 45 pieces de canon feulement, & vers le foir ils jetterent beaucoup de bombes dans la ville, qui ne firent pas grand mal; ils travaillerent pendant la nuit à combler le foffé des deux tenaillons: le canon du jour précédent avoit déja fort ébréché les deux pointes de ces deux ouvrages, ce qui leur facilitoit leur paffage du foffé; mais le feu du rempart de la ville les incommodoit fi fort, qu'au jour on s'apperçut qu'ils n'avoient au plus avancé leur travail que d'une toise. Les assiégés firent un nouveau parapet derriere les breches : on commença dès ce jour à retrancher le bastion droit, celui de la gauche l'ayant été dès le commencement. On eut avis que M. de Bourgogne avoit décampé, & qu'il marchoit du côté de Tournay.

Le 16 les assiégeans tirerent sur le flanc opposé à la breche de la gauche : cependant leur artillerie continuoit à tirer. La nuit, des bateaux armés dans lesquels étoient 60 dragons, s'avancerent dans le fossé du tenaillon droit, & firent si grand feu sur les assiégeans qui avançoient leurs ponts, qu'ils les obligerent à l'abandonner, & du haut du tenaillon on jetta plusieurs tourteaux goudronnés, qui brûlerent & consumerent tous leurs ouvrages.

Le 17 on vit dans la plaine l'armée ennemie qui se retiroit vers le pont Atressein : celle du Roi s'étoit emparée du pont des Pierres. La nuit, on renversa à coups de canon le pont que les assiégeans avoient voulu rétablir au fossé du tenaillon droit ; pendant ce temps les ennemis chasserent un lieutenant & 10 grenadiers qui gardoient la traverse la plus prochaine de leurs logemens : ils en furent rechassés le lendemain à la pointe du jour, & on leur prit une douzaine de gabions.

Le 18, à neuf heures du soir, ils s'emparerent des traverses du chemin couvert le long du tenaillon droit ; mais ils n'y furent pas plutôt logés, que le sieur Santy, capitaine de Touraine, les en chassa, leur tua 40 hommes, & rétablit le désordre que les ennemis avoient fait pour y établir leurs logemens : les assiégeans employerent le reste de la nuit à leurs ponts qu'on dérangeoit à chaque instant, & qu'on brûloit avec des fascines goudronnées.

Les 19 les ennemis avancerent fort la breche de la corne droite de S. André, & ruinerent le flanc opposé au bastion gauche de la porte d'eau. Pendant la nuit notre mousqueterie les incommoda beaucoup, & surtout aux endroits où ils travailloient à établir le passage du fossé.

Le 20 on découvrit une mine à l'angle de la place d'armes, proche la corne de S. André. Vers le midi, une de nos bombes mit le feu à un de leurs magasins à poudre, & fit prendre feu à 60 bombes qu'il y avoit. La nuit on mit le feu à leurs ponts du fossé, au tenaillon droit : ils avoient fait toute la journée grand feu de mousqueterie & d'artillerie.

Le 21, dès le matin, ils firent grand feu de canon, & tirerent d'une nouvelle batterie de 8 pieces de canon, sur le flanc droit du bastion gauche de la porte d'eau. Environ sur les six heures du soir, sur ce qu'ils soupçonnoient que la bourgeoisie aidoit la garnison à défendre la place, ils firent un bombardement en forme, qui dura presque toute la nuit; ils jetterent environ 2000 bombes, mais elles ne firent pas grand dommage, parce qu'étant jettées à toute portée, elles crevoient toutes en l'air: il n'y eut que quelques maisons voisines de l'attaque, qui en souffrirent dans la premiere fureur de leur bombardement. Ensuite, sous la protection de leurs canons en général, qui tiroient sur le rempart, ils déboucherent de tous côtés en grand nombre, & attaquerent en même temps les deux tenaillons, les quatre places d'armes, & les deux cornes de l'attaque: ils furent repoussés de toutes parts, surtout à la droite, où ils n'oserent plus paroître; mais ils se joignirent tous, & vinrent, en faisant de grands cris, attaquer toute la droite & les deux tenaillons: ils y furent repoussés trois fois de suite, & à la quatrieme, on ne put les empêcher de faire un logement qui pouvoit contenir 10 hommes, sur la contrescarpe de la breche du tenaillon gauche, où il n'y a point de chemin couvert. Pendant cette attaque, ils avoient fait jouer deux mines à la pointe de la place d'armes voisine de ce logement; ils s'y étoient établis, mais un moment après l'action finie, on les en délogea; tout ce qui s'y trouva fut passé au fil de l'épée, on leur prit 200 gabions, ensuite on travailla à rétablir la palissade: tout fut raccommodé deux heures avant le jour. Les ennemis perdirent dans cette action plus de 1500 hommes, & les assiégés 150, tant tués que blessés. Le reste de la nuit fut employé, par les ennemis, à se fortifier dans leurs logemens, à s'établir tout du long de leurs communications par des traverses tournantes, & à embrasser, par un pareil ouvrage, le chemin couvert le long de la breche droite qui avoit été abandonnée dès le commencement de l'action, de sorte que les deux tenaillons se trouverent embrassés.

Le 22 fut employé à perfectionner leur établissement du jour précédent. Un déserteur donna avis que le Prince Eugene avoit été blessé au front à l'attaque du 21.

Le 23 le mouvement des ennemis, dans leurs tranchées, fit juger qu'ils avoient dessein de faire une nouvelle attaque. Effectivement vers les six heures, 2000 grenadiers se présenterent au tenaillon droit dont ils avoient perfectionné les passages du fossé ; ils tâterent en même-temps les deux places d'armes à droite & à gauche, & furent repoussés partout : mais il survint une si grosse pluie, accompagnée de tonnerre & d'une grande obscurité, qu'il n'étoit pas possible de se servir d'armes à feu ; ce qui leur facilita un logement sur la pointe du tenaillon droit, & sur celle de la place d'armes de l'angle flanqué de la demi-lune tenaillée qu'ils n'avoient pas encore osé occuper, quoiqu'abandonnée depuis qu'ils s'étoient logés sur les angles saillans des tenaillons. Ils firent des efforts inutiles pour se loger sur les places d'armes de la droite & de la gauche ; ils avoient aussi, pendant ce temps, poussé un boyau vers la place d'armes du batardeau de la breche droite, mais la pluie cessée, les grenadiers les en délogerent & renverserent leurs ouvrages : ils perdirent beaucoup de monde à la gauche, où la défense s'étoit faite avec la bayonnette. Nous n'y eûmes que 80 hommes hors de combat.

Le 24 les ennemis se fortifierent dans leurs ouvrages. Vers le soir, & toute la nuit, ils bombarderent la place sans dommage. M. de Maillebois, colonel de Touraine, fut fait brigadier des armées du Roi, & monta la palissade ce jour en cette qualité. La nuit, les ennemis avoient poussé une sappe de trois toises à la place d'armes du batardeau de la droite : dès qu'on s'en fut apperçu, on les en alla déloger ; mais ils se maintinrent dans le logement qu'ils avoient fait à l'angle flanqué de la place d'armes, à droite de la demi-lune gauche.

Le 25 les ennemis travaillerent à leur nouvel établissement, ils se prolongerent pour s'approcher de la place d'armes du batardeau de la droite, leur bombardement continua sans grand dommage.

Le 26 & le 27 ils tirerent fort peu ; on reconnut qu'ils minoient la traverse du tenaillon gauche ; on fit une seconde traverse : pendant la nuit on leur brûla quelques gabions.

Le 28 les ennemis furent fort tranquilles : ils jetterent quelques bombes vers le soir. A minuit, M. de * Luxembourg entra dans la place, suivi de 1300 cavaliers, dragons & carabiniers. Ils étoient partis de Douay à six heures du soir, chacun portant en croupe un sac de 60 livres de poudre : la plus grande partie passa les lignes sans être reconnue ; mais les ennemis s'en étant ap-

* Il fut depuis Maréchal de Montmorency.

perçu,

perçu, rassemblerent à la hâte quelques troupes qui firent feu, & blesserent quelques cavaliers: on n'osa pas leur tenir tête à cause de la poudre, & quelque diligence qu'on fit dans le passage, on ne put empêcher les assiégeans de couper l'arriere-garde du secours qui fut obligé de se retirer à Douay au nombre de 700 hommes. Les ennemis, pendant ce temps, avoient poussé quelques gabions sur le haut de la breche du tenaillon gauche; mais on les alla brûler dès le matin du lendemain. On découvrit aussi une mine qu'ils avoient sous la traverse de ce tenaillon.

Le 29 les assiégeans furent fort tranquilles. A six heures du soir, ils jetterent beaucoup de bombes, & attaquerent la traverse du tenaillon droit, où ils furent repoussés trois fois, après quoi ils la firent sauter, & s'y logerent avec beaucoup de peine, à cause du feu continuel de la demi-lune & de la seconde traverse derriere laquelle on s'étoit retiré.

Le 30 les assiégeans firent plus de feu que les jours précédens, & battirent avec force la pointe de la demi-lune tenaillée, le pont de communication de la demi-lune à la corne S. André, & les flancs opposés aux breches: il leur arriva un convoi de pain dont ils avoient grand besoin. La nuit ils pousserent leurs sappes à droite & à gauche des tenaillons vers les places d'armes, & établirent des communications depuis les tenaillons jusqu'aux angles flanqués des demi-lunes.

Le 1er Octobre, sur les six heures du soir, 400 grenadiers vinrent tâter la place d'armes du tenaillon droit, & y furent repoussés. Comme on avoit dessein de faire une sortie par cette place, pour renverser leurs ouvrages, on cessa de tirer pendant qu'on en faisoit la disposition: les ennemis croyant qu'on avoit abandonné ce poste, vinrent en grand nombre pour s'y loger; mais on les chargea si vivement, qu'ils n'eurent pas le temps de faire leurs décharges: on les poursuivit jusques dans leurs boyaux. Cependant on brûla & prit leurs gabions & leurs sacs à terre.

Le 2 ils continuerent la breche de la demi-lune, & détruisirent le pont de communication de la corne S. André à la demi-lune prochaine. La nuit, malgré le feu de la place, ils établirent un pont de communication du tenaillon droit au bas de la breche de la demi-lune.

Le 3 la breche se trouva tout à fait praticable. Un sergent & 20 hommes trouverent moyen de se glisser à 11 heures du matin, à la pointe du parapet de cette demi-lune, & s'apperçurent que tout le monde étoit dans un profond sommeil: ce poste avoit été demandé dès le commencement du siege, par un capitaine des grenadiers, qui n'en étoit pas sorti depuis, ni sa troupe non plus. Comme le soldat faisoit feu toute la nuit pour éloigner les assiégeans, & que l'ennemi n'avoit fait encore aucune attaque avant midi, il se reposoit ordinairement depuis neuf jusqu'à deux heures. Le sergent qui étoit monté ayant appellé du monde, se rendit maître de cette demi-lune, & alla se poster à la gorge qu'on avoit retranchée, crainte de surprise: les assiégeans y vinrent alors en foule; mais on fit de nos remparts un si grand feu sur eux, que tout y fut tué, & la demi-lune demeura déserte jusqu'au soir. Nos gens qui avoient été surpris n'avoient eu que le temps de se jetter dans la riviere qui y sert de fossé, & comme on ne pouvoit y aller qu'en bateau, il n'y eut pas moyen de regagner ce poste, à cause du feu que les ennemis avoient fait de leurs traverses à droite & à gauche des tenaillons. Cette surprise entraîna la prise des deux tenailles que M. le Maréchal envoya ordre d'abandonner. Les assiégeans employerent la nuit à se loger solidement sur ces ouvrages.

Les ennemis nous voyant de revers dans le chemin couvert, nous firent abandonner la place d'armes rentrante entre le tenaillon droit & la courtine de la porte d'eau, & la nuit ils y pousserent leurs sappes dans le dessein d'y établir des batteries.

Le 5 on eut avis par un officier de Luxembourg, qui s'étoit jetté dans la place, que les ennemis avoient dessein de faire une attaque; les guetteurs avoient découvert du haut des clochers qu'ils avoient doublé leurs tranchées: on se prépara à les recevoir, & on plaça dans les courtines, & aux endroits qui les voyoient, plusieurs pieces de canons, dont quelques-unes étoient chargées à cartouche: on doubla aussi le chemin couvert. Vers les 5 heures leur signal d'attaque fut de faire jouer une mine à la face gauche de la place d'armes du batardeau droit, après l'effet de laquelle ils s'avancerent pour s'y loger; mais ils furent presque tous tués. Ils ne réussirent pas mieux une seconde fois, & ils furent reçus avec la même vigueur aux autres places d'armes qu'ils attaquerent en même temps: le canon en fit un carnage considérable. On travailla ensuite à réparer le désordre de la mine.

Le 6 les assiégeans battirent d'une nouvelle batterie de sept pieces de canon, le flanc gauche du bastion de la droite de la porte d'eau. La nuit ils continuerent leurs sappes.

Le 7 au matin on s'apperçut qu'ils étoient prêts à déboucher dans la place d'armes du batardeau gauche: 50 grenadiers tomberent dessus, & renverserent tous leurs ouvrages: la nuit ils pousserent leurs sappes du côté du batardeau droit.

Le 8 on découvrit une des mines qu'ils avoient sous les faces de la place d'armes du batardeau droit. Sur les neuf heures on les culbuta encore dans le débouché qu'ils avoient rétabli au batardeau gauche. Nous avions fait à la droite deux mines; les ennemis les découvrirent, & s'en servirent contre nous: outre cela ils en avoient trois autres. A cinq heures du soir ils mirent le feu à toutes les cinq, & l'effet en fut si considérable, que l'officier & la plûpart de sa troupe y furent enterrés. Cependant le reste tint ferme, & repoussa les ennemis qui s'étoient avancés pour s'y loger: ils revinrent à la charge; mais nos grenadiers à qui on avoit renvoyé du renfort, les en chasserent & les reconduisirent jusques dans leurs travaux; enfin ils y revinrent en si grand nombre, qu'on ne put les empêcher de s'y loger sur le haut: mais à neuf heures, 100 dragons ou grenadiers les en chasserent, tuerent tout ce qui se présenta, & emporterent leurs gabions. On travailla ensuite à réparer le parapet autant que le désordre qui avoit été grand le pouvoit permettre; on replanta une nouvelle palissade, & on redonna, du mieux que l'on put, une forme de chemin couvert à cet endroit qui avoit été entiérement renversé.

Le 9 les assiégeans continuerent à ruiner le flanc gauche du bastion droit de la porte d'eau. Les assiégés de leur côté travaillerent à miner les breches, & à faire une galerie à la gauche, pour prévenir les mines des ennemis. La nuit les assiégeans avancerent quelques gabions à l'angle de la place d'armes attaquée le jour précédent: comme elle ne pouvoit plus être gardée, il n'y avoit plus que 20 hommes & un lieutenant.

Le 10 notre canon dérangea beaucoup de sappes des ennemis: on les obligea la nuit, par notre mousqueterie, d'abandonner celles qu'ils avoient voulu pousser à la gauche.

Le 11, à la pointe du jour, on leur alla culbuter 5 à 6 toises de sappes qu'ils avoient dérobés à la droite pendant la nuit: on abandonna ensuite la place d'armes du batardeau, & on se retira derriere la traverse voisine, tirant du côté de la demi-lune.

Le 12 les ennemis tirerent quelques coups de canon jusques

à neuf heures, après quoi ils envoyerent 50 hommes pour attaquer la traverse dont on vient de parler; mais ils y furent repoussés. A onze heures du soir, ils vinrent de nouveau l'attaquer, & le feu du rempart, après leur avoir tué bien du monde, les obligea de se retirer.

Le 13 ils firent la même tentative, & furent chassés jusques dans leurs débouchés, où on leur tua quelques hommes; enfin vers les cinq heures du soir ils y entrerent, tuerent 11 hommes & un lieutenant qui la défendoient, & s'y logerent: mais à huit heures du soir ils en furent encore délogés. Ils avoient, vers les deux heures, fait jouer une mine à la droite de la place d'armes de la gauche, qui avoit dérangé 4 ou 5 toises de palissades; cependant ils n'oserent s'y présenter, à cause de 80 dragons & de 40 fusiliers qui étoient prêts à les recevoir: on répara à leur vue le désordre de la mine.

Le 14 & la nuit suivante, ils nous obligerent, par leurs sappes, d'abandonner la traverse dans laquelle ils plongeoient; mais le 15 au matin on sortit sur leurs logemens, où tout ce qui s'y trouva fut tué, & comme on n'eut pas le temps de renverser l'ouvrage, on fit sur les sept heures du soir une seconde sortie de 60 hommes, & 40 travailleurs qui renverserent 20 toises de sappes, & tuerent tous ceux qui s'étoient présentés hors de leurs ouvrages. Nous y perdîmes 20 ou 30 hommes tués ou blessés. Le jour suivant, les assiégeans firent jouer deux mines à la place d'armes de la gauche, & quoiqu'elles y eussent fait une ouverture considérable, ils n'eurent pas la hardiesse de venir s'y loger: ce désordre fut réparé la nuit.

Les ennemis cependant, par leurs ouvrages prodigieux, s'étoient avancés si proche de la place, surtout depuis la surprise de la demi-lune tenaillée, qu'ils songerent à faire un dernier effort. Comme le feu continuel de la place, les petites sorties, les pierres & les bombes les incommodoient extrêmement, ils abandonnerent le dessein d'attaquer à force ouverte, & ne vinrent plus qu'à la sappe par dessous terre, où, en se blindant derriere des parapets de 10 pieds d'épaisseur sur 8 de profondeur, ils établirent tout du long des gorges des tenaillons des batteries de canon, dont partie devoit battre en but, & l'autre en écharpant; ils saignerent à droite & à gauche les fossés de l'attaque, par des coupures qui communiquoient dans la Deulle, & épaissirent toutes leurs sappes qui faisoient front sur l'attaque: telle fut leur occupation jusqu'au

20, & ce jour même on eut avis qu'ils avoient reçus 50 charriots de poudre dont ils commençoient à manquer. On avoit remarqué dès le matin que les fossés étoient à sec, & que les ennemis étoient de tous côtés prêts à déboucher pour en faire le passage; on avoit appris aussi, par un déserteur, que le lendemain les batteries devoient recommencer : c'est pourquoi M. le Maréchal prit le parti de faire mettre le feu à la breche droite qu'on croyoit rendre impraticable, en y jettant sans cesse du bois pour y entretenir un feu perpétuel.

Le 21, à neuf heures du matin, les ennemis firent tirer 35 pieces de canon qu'ils avoient établis sur les contrescarpes, vis-à-vis la courtine de la porte d'eau : les unes battoient le flanc droit du bastion gauche, où ils vouloient faire une nouvelle breche, & les autres tiroient sur celle qui étoit en feu : ils ne discontinuerent point pendant tout ce jour & la nuit suivante, & le lendemain, à la pointe du jour, ils firent leur débouchement pour aller aux deux breches : il y en avoit 6 à la breche droite, & 5 à la nouvelle, à la gauche : ils travaillerent tout de suite & en plein jour, à leurs ponts de passage, qui se trouverent presque joignant aux breches à midi du 22. M. le Maréchal fit battre la chamade le même jour à quatre heures après midi, & la capitulation fut signée le 23. La porte de la Magdeleine fut livrée aux ennemis le 24 au matin, & le 25 à midi, l'infanterie & les dragons de la garnison se retirerent à la citadelle.

La cavalerie, par un article de la capitulation, avoit été conduite à Douay avec les équipages des autres officiers, qui auroient embarrassés dans la citadelle.

Les ennemis perdirent au moins 12000 hommes. La défense de la place leur avoit paru si vigoureuse, qu'ils disoient communément que c'étoit les envoyer à la boucherie lorsqu'on les commandoit pour attaquer quelque poste. En effet, ils ne purent jamais s'emparer des places d'armes aux angles saillans des deux demi-lunes de l'attaque, & on ne leur abandonna les autres que pied à pied, & lorsqu'il n'étoit absolument plus possible de les garder; mais ce ne fut jamais par le feu qu'ils faisoient. La garnison eut environ 5000 hommes tués ou blessés.

Le 29 Octobre le Prince Eugene attaqua la citadelle avec la même chaleur, & y trouva une résistance encore plus forte qu'elle n'avoit été au siege de la ville, de façon qu'il ne s'en rendit maître qu'au bout d'environ 40 jours. C'est dommage que l'officier qui nous a donné le Journal qu'on vient de voir, ne nous ait point laissé la Relation de ce qui se passa à l'égard de la citadelle : on peut y suppléer par les desseins que j'en donne, & remarquer, en comparant ce qui se passa devant Lille en 1708, avec ce qui s'étoit passé devant Namur en 1692, que les François, soit qu'ils attaquent leurs ennemis, ou qu'ils en soient attaqués, leur sont toujours infiniment supérieurs.

EXPLICATION

Des Renvois pour l'intelligence du Plan de l'investiture de la ville de Lille, Planche 46.

A. La ville de Lille.
B. La citadelle.
C. Attaques de la ville à la porte de la Magdeleine, & de l'autre côté de la riviere.
D. Investiture de Lille par les troupes des Alliés.
E. Lignes de circonvallation, faites par 7000 paysans.
F. Lignes de contrevallation.
G. Autre Ligne pour mieux renfermer la citadelle après la prise de la ville.
H. Attaques de la citadelle après la reddition de la place.
I. Parc d'artillerie des Alliés.
L. Inondation de la haute Deulle.
M. Quartier du Prince Eugene, où étoit aussi logé le Roi de Pologne.
N, N. Quartiers du Prince d'Orange.
O. Quartier du Prince de Hessen, où étoit aussi campé le Landgraf de Hessen-Cassel, avec les Généraux.
P, P. Quartier où logeoient la plûpart des Généraux de l'Empereur.
Q. Deux régimens de Hussards.
R. Quartier des Etats de Hollande.
S. Régimens postés derriere les lignes, d'abord qu'elles furent achevées.

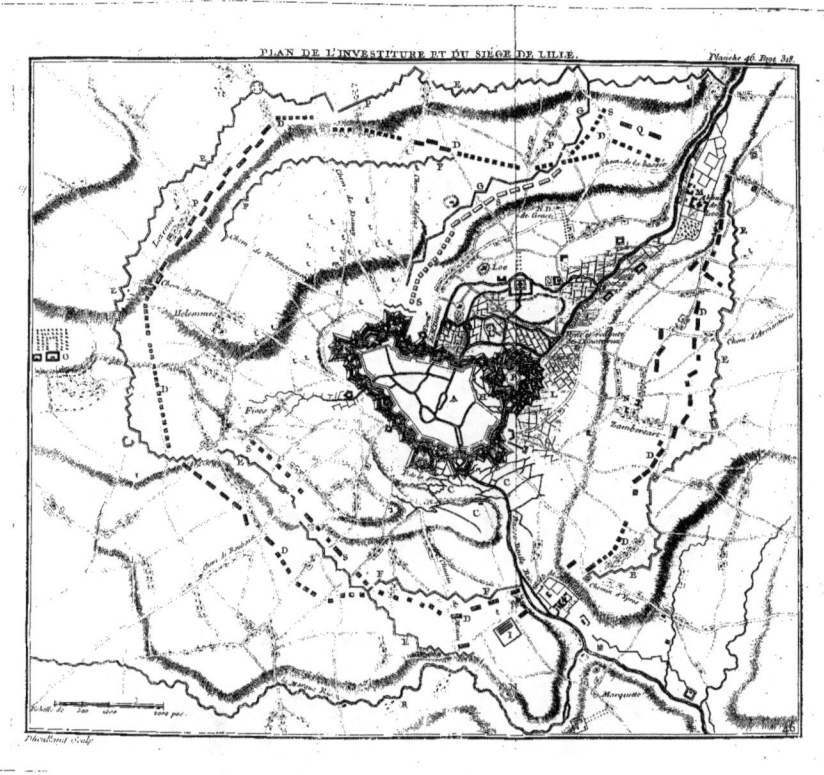

EXPLICATION

Des Renvois du Plan des Attaques de la ville de Lille, Planche 47.

A. Batteries de canon, faites du 24 au 27 Août.
B. Chapelle & maison canonnées par deux batteries, & attaquées toutes deux ensemble la nuit du 24 au 25, par des grenadiers.
C. Deux boyaux faits la même nuit, après l'attaque, avec une batterie de quatre canons au bout, contre les sorties des assiégés.
D. Deux batteries à bombes, faites le 26 jusqu'au 27.
E. Trois batteries de canon, dressées le 30 jusqu'au 1 Septembre.
F. Batterie à bombes, faite le 2.
G. Batterie faite le 3 jusqu'au 5.
H. Lignes faites le 4 jusqu'au 7, avec deux batteries à bombes.

Nota. Le 7, entre huit & neuf heures, on commença l'assaut aux contrescarpes des deux ouvrages à corne & du ravelin, par deux mille grenadiers commandés; ce qui dura jusqu'à minuit, & quoiqu'on en chassa l'assiégé, on ne se rendit maître que d'une partie du glacis.

I. Lignes & batteries faites le 8 jusqu'au 12, contre les deux ouvrages à corne, le ravelin détaché, & les deux lunettes.
K. État où en étoit le siege depuis le 13 jusqu'au 14.
L. Galeries contre les deux lunettes, faites le 15 jusqu'au 20.

Nota. Le 21 ces lunettes furent toutes deux attaquées; celle de la droite fut emportée, & celle de la gauche abandonnée: mais le même jour elle fut attaquée pour la seconde fois, & on se logea dans toutes les deux, comme il se voit.

M. Logement dans le ravelin, après l'avoir pris d'assaut le 3 Octobre à midi.
N. Lignes poussées du 4 au 9 Octobre, parderriere le ravelin, pour arriver jusqu'au glacis du corps de la place.
O. Ouvrages & batteries faits sur le glacis, derriere le ravelin, depuis le 10 jusqu'au 18. Le 20 on commença à tirer de ces batteries pour faire de nouvelles breches, & pour agrandir les vieilles.

P. Les deux grandes breches.
Q. Les deux nouvelles breches.
R. Retranchemens & mines des assiégés.
S. Endroit par où l'on a saigné le grand fossé.
T. Galeries sur le grand fossé.
U. Redoute deux fois attaquée.
W. Nouvel ouvrage fait par les assiégés avant le siege, avec une communication à la redoute.

EXPLICATION

Des Lettres de renvoi du Plan particulier des Attaques de la Citadelle de Lille, après la prise de la Ville, en Novembre 1708. Planche 48.

A. Premiere parallele faite pendant la suspension d'armes, depuis le 25 jusqu'au 29 Octobre.
B. Batteries de canons & de mortiers, mises en état depuis le 29 jusqu'au 31.
C. Trois boyaux avec une batterie de canons & une de mortiers, faits depuis le 31 jusqu'au 3 Novembre.
D. Seconde parallele, & autres petites lignes & batteries, achevées depuis le 3 jusqu'au 10.
E. Troisieme parallele sur la premiere contrescarpe, avec les batteries & logemens faits depuis le 10 jusqu'au 16.
F. Six ponts sur l'avant-fossé entre les deux contrescarpes, dressés depuis le 16 jusqu'au 20.
G. Quatrieme parallele sur le bord du glacis de la seconde contrescarpe, mise en état depuis le 20 jusqu'au 27.
H. Cinquieme parallele avec toutes les batteries de canons & de mortiers, faites depuis le 27 jusqu'au 28 Décembre, jour de la reddition.
I. Canal par où l'on a fait écouler les eaux entre les deux contrescarpes, & l'endroit où l'on a percé la muraille de la droite.
L. Nouvel ouvrage.
M. Inondation.
N. Coupures.
O. Coupures dans les places d'armes.

RELATION

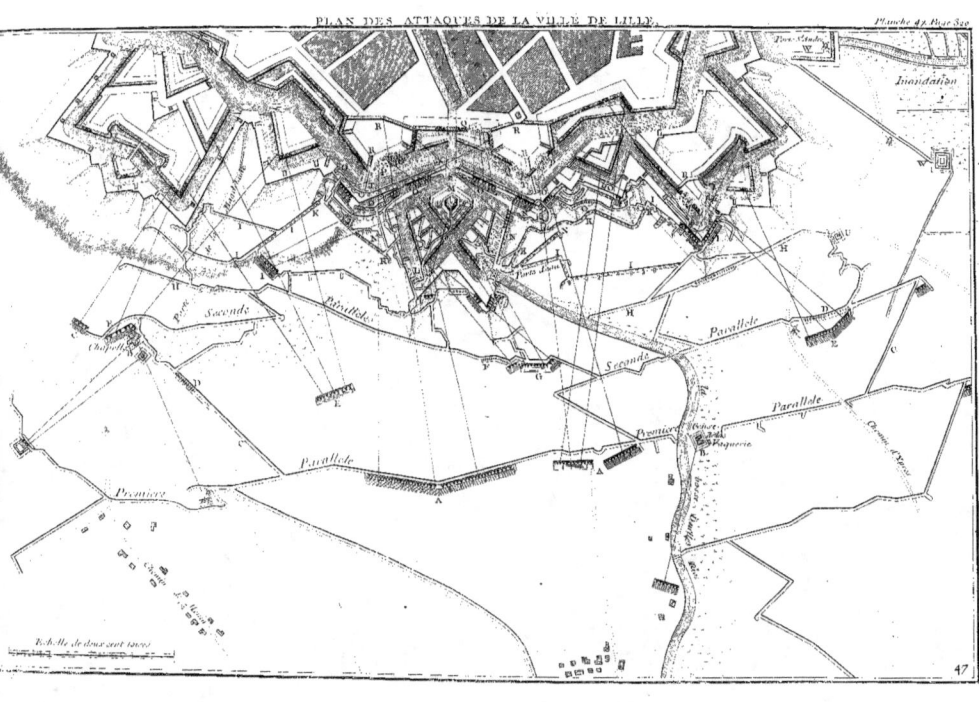

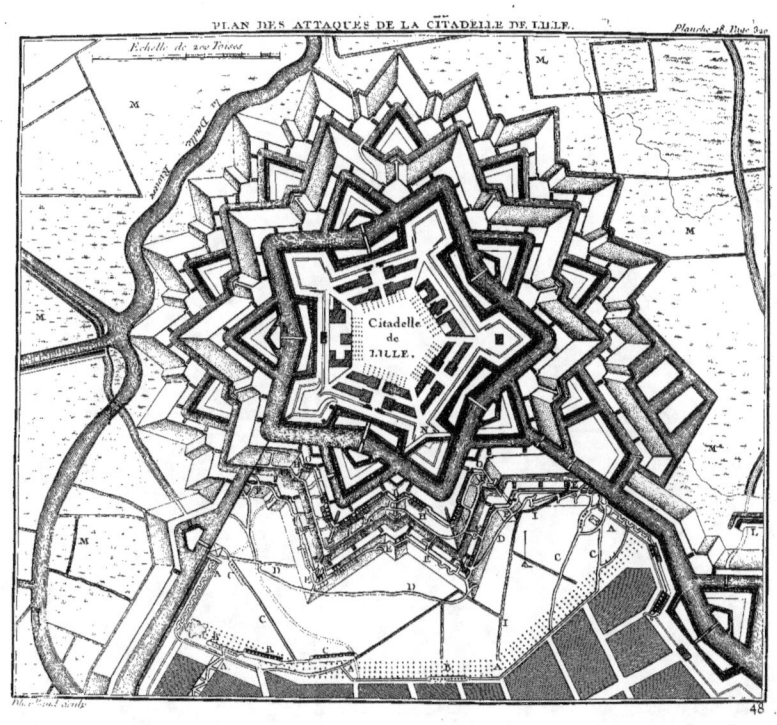

RELATION
DU SIEGE
DE LA
VILLE DE NAMUR,

Fait en mil six cens quatre-vingt-douze, Louis XIV *y commandant en personne.*

Namur est la capitale de l'une des dix-sept provinces des Pays-Bas, à laquelle elle a donné le nom. Son heureuse situation au confluent de la Sambre & de la Meuse, ses belles fortifications, & l'assiette merveilleuse de son château escarpé & fortifié de toutes parts, la faisoient regarder comme une place devant laquelle la plus nombreuse armée devoit nécessairement échouer.

Lorsque Louis XIV en entreprit le siege, il y avoit près de quatre ans que la France soutenoit la guerre contre toutes les puissances, pour ainsi dire, de l'Europe, qui, jalouses de l'éclat de cette monarchie, sembloient en avoir conspiré la destruction. Le succès avoit cependant été bien différent de celui que les alliés en avoient attendu. Les pertes considérables qu'ils avoient faites aux célebres journées de Fleurus, de Staffarde & de Leeuze; la prise de plusieurs de leurs places, & surtout de Philisbourg en Allemagne, de Nice, de Montmélian en Savoye, & enfin de Mons dans les Pays-Bas, les avoient obligés de se tenir honteusement sur la défensive contre un Prince dont ils avoient d'abord été les présomptueux agresseurs.

Le principal chef de leur ligue étoit le Prince d'Orange qui venoit de monter sur le trône d'Angleterre, dont il avoit chassé le Roi son beau-pere qui s'étoit réfugié en France. Les difficultés qu'il avoit essuyées pour s'assurer cette couronne, lui avoient servi d'excuse sur le peu de secours qu'il avoit donné aux alliés; mais enfin se voyant paisible possesseur de son royaume, il ranima leurs espérances en repassant la mer avec ses meilleures troupes, & à son exemple on fit de tous côtés de nouveaux efforts pour rendre cette année 1692, fatale à jamais à un Monarque qu'on avoit résolu de faire passer sous le joug.

Il est vrai que pour faire une puissante diversion en Angleterre, le Roi avoit fait équiper une flotte sur les côtes de la Normandie, laquelle s'étant mise en mer avec le Roi d'Angleterre, faisoit déja repentir le Prince d'Orange de s'être tant avancé, & que peu s'en fallut qu'il ne retournât dans son royaume avec ses troupes : mais la nouvelle étant arrivée pendant le siege de Namur, que la flotte Françoise avoit été dispersée par les vents en présence de l'armée ennemie, & qu'on avoit mis le feu à quinze de nos vaisseaux qui avoient été obligés de se faire échouer, on ne doutoit plus que le Prince d'Orange ne mît tout en usage pour ne pas recevoir devant Namur le même affront qu'il avoit reçu devant Mons.

Ce fut donc vers la fin de 1691, que le Roi, résolu de vaincre l'obstination de ses ennemis, & de les contraindre, ou à faire la paix, ou à ne pouvoir plus faire la guerre qu'avec de grandes difficultés, forma le dessein de leur enlever la plus importante place qui leur restât, & celle qui pouvoit contribuer le plus à les affoiblir. Dans cette vue, il donna ses ordres pour établir de grands magasins de vivres & de munitions le long de la Meuse, & dans ses places frontieres des Pays-Bas, & pour faire hyverner dans les provinces voisines de grands corps de troupes qui grossissoient tous les jours. On fit en même temps, dans tout le royaume, une augmentation considérable d'infanterie & de cavalerie.

Les alliés de leur côté garnissoient toutes leurs places de troupes, & faisoient des préparatifs considérables pour faire une irruption en France au commencement du printems. Leurs conférences se tenoient à la Haye, entre le Prince d'Orange, l'Electeur de Baviere & les autres confédérés; & le succès de leur entreprise paroissoit si certain, qu'ils regardoient comme indigne d'eux de garder le secret dans leurs délibérations.

Sur la fin d'Avril 1692, le Roi, suivi de toute sa Cour, arriva auprès de Mons où étoit le rendez-vous général : les armées s'étant assemblées dans les plaines de Givries, entre les rivieres de Haisne & de Trouille, il en fit la revue générale le 21, & comme on avoit chargé à Mons plus de six mille charriots de munitions de guerre & de bouche, on fut en état de se mettre en marche deux jours après la revue.

L'armée qui devoit faire le siege, & que le Roi commandoit en personne, étoit de quarante bataillons, & de quatre-vingt-dix escadrons. Le maréchal duc de Luxembourg en commandoit une autre de soixante-six bataillons, & de deux cens neuf escadrons. Celle-ci devoit tenir la campagne pour observer les ennemis, & c'est delà qu'elle fut appellée Armée d'observation.

Le Roi avoit pour lieutenans généraux le duc de Bourbon, le comte d'Auvergne, le duc de Villeroi, le prince de Soubize, les marquis de Tilladet & de Boufflers, & le sieur de Rubentel. Le marquis de Boufflers étoit nommé pour commander une autre armée qu'on assembloit dans le Condroz. Les maréchaux de camp étoient le duc de Roquelaure, le marquis de Montrevel, le sieur de Congis, les comtes de Montchevreuil, de Gassé, de Guiscar, & le baron de Bressé. Ceux qui avoient le principal commandement sous le Roi, étoient le Dauphin de France, le duc d'Orléans, le prince de Condé, & le maréchal de Humieres. La direction générale des attaques étoit commise au sieur de Vauban lieutenant-général.

Les lieutenans-généraux du maréchal de Luxembourg étoient le prince de Conti, le duc du Maine, le duc de Vendôme, le duc de Choiseuil, le comte du Montal, & le comte de Roses mestre de camp général de la cavalerie légere. Les maréchaux de camp étoient le chevalier de Vendôme, grand-prieur de France, les marquis de la Valette & de Coigny, les sieurs de Vatteville & de Polastron. La Maison du Roi étoit commandée particuliérement par le baron de Busca, maréchal de camp. Le duc de Chartres commandoit le corps de réserve.

Le vingt-troisieme de Mai les deux armées se mirent en marche. Celle du Maréchal quitta le camp qu'elle avoit le long du ruisseau des Estines, passa la Haisne entre Marlanwelz, sous Marimont & Mouraige, & campa le soir à Feluy, & à Arquennes, proche de Nivelle. Celle du Roi, après avoir traversé les plaines de Binche, passa la Haisne à Carnieres, & alla camper à Capelle d'Herlaimont, le long du ruisseau de Pieton. Une partie de l'artillerie & des munitions suivoit le Roi; & l'autre, accompagnée d'une grosse escorte, alla passer la Sambre à la Buisière, pour passer par Philippeville, & delà se rendre devant Namur.

Le vingt-quatrieme, le Maréchal alla camper entre l'abbaye de Villey & Marbais, proche la grande chaussée; & le Roi dans la plaine de S. Amand, entre Fleurus & Ligni.

Le prince de Condé fut détaché par Sa Majesté la nuit suivante, avec six mille chevaux & quinze cens hommes de pied, pour aller investir Namur, entre le ruisseau de Risnes & la Meuse, du côté de la Hesbaye. Le sieur Quadt, avec sa brigade de cavalerie, l'investit depuis ce ruisseau jusqu'à la Sambre: de l'autre côté de la Meuse, le marquis de Boufflers, avec quatorze bataillons & quarante-huit escadrons, pris de l'armée qu'il assembloit, parut devant la place; & enfin le sieur de Ximenes, avec les troupes qu'il avoit tirées de Dinant & de Philippeville, jointes à douze escadrons que le marquis de Boufflers lui donna, investit la place du côté du château, occupant tout le terrein qui étoit entre la Sambre & la Meuse.

Le 25 l'armée du Maréchal alla camper sur le ruisseau d'Aurenault, dans la plaine de Gemblours, & celle du Roi auprès de Milmont & de Golzenne, au-delà des Mazis. Le Maréchal eut ordre de Sa Majesté de détacher le comte du Montal avec quatre mille chevaux, pour aller se poster à Longchamp & à Gennevoux, proche des sources de la Mehaigne, & le comte de Coigny avec un pareil détachement, pour aller se poster à Chasselet, près de Charleroi. Le premier devoit couvrir le camp du Roi du côté du Brabant, & le second devoit favoriser les convois de Maubeuge, de Dinant & de Philippeville, & tenir en bride la garnison de Charleroi, & les troupes que les alliés pouvoient y envoyer.

Le 26, sur les six heures du matin, le Roi étant arrivé devant Namur, reconnut d'abord les environs de la place, depuis la Sambre jusqu'au ruisseau de Wedrin, & après avoir examiné la disposition du pays, il donna ses ordres pour la construction des bateaux sur la Sambre & sur la Meuse, & régla tout ce qui étoit nécessaire pour l'établissement des quartiers. Celui de Sa Majesté étoit entre le village de Flawine, & une métairie nommée la Rouge Cense, un peu au dessus de l'abbaye de Salzenne. Le même jour le Roi s'avança sur la hauteur de cette abbaye, & s'étant apperçu que les ennemis avoient négligé de mettre des troupes sur les hauteurs du château, & sur celles du ruisseau de Wedrin, ce qui auroit rendu le siege presque impossible, il donna ordre au comte d'Auvergne de se saisir de l'abbaye de Salzenne, & des moulins des environs. Il ordonna aussi au marquis de Tilladet de visiter les gués de la Sambre, depuis le quartier du Roi, jusqu'à la place; & au marquis d'Alegre, d'aller avec un corps de dragons se saisir du passage de Gerbizé sur le chemin de Huy & de Liege du côté de la Hesbaye.

Les deux rivieres partageoient l'armée en trois principaux quartiers. Celui du Roi étoit entre la Sambre & la Meuse du côté du Brabant; celui du marquis de Boufflers s'étendoit dans le Condroz, depuis la Meuse au dessous de Namur, jusqu'à la même riviere au dessus, & celui du sieur de Ximenes occupoit le terrein entre la Sambre & la Meuse. Le Dauphin & le duc d'Orleans campoient auprès de Sa Majesté; le prince de Condé, le maréchal de Humieres, & tous les lieutenans-généraux, à l'exception du marquis de Boufflers, avoient tous leurs postes & leurs quartiers dans le quartier du Roi.

Les lignes de circonvallation furent projettées le même jour de l'arrivée du Roi; leur circuit étoit au moins de cinq lieues: on les commença à la Sambre du côté de Brabant, un peu au dessus du village de Flawine; delà on les fit traverser un fort grand nombre de bois, de villages & de ruisseaux de part & d'autre de la Meuse, puis on les continua dans la forêt de Marlagne, d'où on les fit revenir à la Sambre entre l'abbaye de Marlogne & un petit château nommé Blanche-Maison.

Le 27 le Roi visita le quartier du prince de Condé, où étoient les parcs d'artillerie & de munitions, entre le ruisseau de Wedrin & la Meuse; puis s'étant avancé avec le sieur de Vauban sur la hauteur du Quesne de Bouge, qui commandoit la ville entre la porte de fer & celle de S. Nicolas, il résolut d'attaquer cette derniere porte. On acheva le même jour les ponts de bateaux pour la communication des quartiers.

Le 28 Sa Majesté passa la Sambre à la Blanche-Maison, & la Meuse au dessous du village de Huepion, pour aller visiter les quartiers de Boufflers & de Ximenes, & reconnoître le côté de la place qui regarde le Condroz & le fauxbourg de Jambe, où les ennemis s'étoient retranchés au bout du pont de pierre bâti sur la Meuse. Le long de cette riviere il y avoit une petite hauteur d'où on voyoit de revers les ouvrages de la porte S. Nicolas, qui est de l'autre côté, & le Roi y fit élever des batteries pour inquiéter l'assiégé. Le même jour & les suivans, les convois d'artillerie & de munitions, arriverent de Philippeville & de Dinant, par la Meuse. Cependant vingt mille pionniers commandés dans les provinces conquises, travailloient aux lignes de circonvallation, aux abbatis de bois, & aux réparations des chemins.

Les assiégés avoient mis quelque infanterie dans les bois au dessus des moulins à papier de S. Servais: mais dès qu'on fit mine de la charger, elle quitta ce poste, & se retira dans la ville.

Comme les alliés s'étoient imaginés que le Roi n'oseroit rien entreprendre sur une place qu'ils regardoient comme imprenable, plusieurs Dames de qualité s'étoient réfugiées dans Namur où elles croyoient être en sûreté. A l'arrivée du Roi la peur des bombes les saisit: elles firent demander, par un trompette, la permission d'en sortir, & cette grace ne leur ayant pas été accordée, elles sortirent à pied par la porte du château, suivies des Dames de la ville, & de quelques femmes qui portoient leurs hardes & leurs enfans, aimant mieux passer pardessus les considérations qui pouvoient les retenir, que de s'exposer à être ensevelies sous les débris des maisons. Le Roi, touché de compassion, ordonna qu'on les traitât favorablement, & les fit conduire le lendemain à l'abbaye de Malogne, d'où elles furent transportées à Philippeville.

Il y avoit dans Namur cinq régimens de troupes de Brandebourg & de Lunebourg, cinq d'Hollandois, trois d'Espagnols, quatre de Wallons, un régiment de cavalerie & quelques compagnies franches, qui faisoient en tout neuf mille deux cens quatre-vingts hommes commandés par le prince de Barbançon, gouverneur de la province, de la ville & du château. Cette garnison étoit pourvue de toutes les choses nécessaires pour soutenir un long siege, & l'on présumoit aisément qu'ayant à défendre une place si bien fortifiée, elle ne manqueroit pas de faire une vigoureuse résistance, surtout étant informée que le Prince d'Orange venoit à son secours avec une armée de près de cent mille hommes, dont le rendez-vous général étoit aux environs de Bruxelles.

Pour ne point fatiguer les troupes par un travail forcé, le Roi voulut qu'on n'attaquât d'abord que la ville. La fausse attaque étoit au-delà de la Meuse, & la véritable en-deçà. On y ouvrit trois tranchées qui devoient se communiquer par trois paralleles. La premiere étoit le long du bord de la Meuse, la seconde à mi-côte de la hauteur de Bouge, & la troisieme dans un grand fond qui aboutissoit à la place du côté de la porte de fer.

Ce fut la nuit du 29 au 30 Mai, que la tranchée fut ouverte: trois bataillons avec un lieutenant-général, & un brigadier, monterent à la véritable attaque, & deux à la fausse, avec un maréchal de camp; ce qui fut continué jusqu'à la prise de la ville. Le comte d'Auvergne qui étoit le plus ancien général, monta la premiere garde. Le travail de cette nuit fut avancé jusqu'à 80 toises près du glacis: en même-temps les batteries sur la hauteur de Bouge, & de l'autre côté de la Meuse, furent faites avec tant de diligence, qu'on fut bientôt en état de tirer, & de prendre la supériorité sur le canon de la place.

La nuit suivante fut employée à perfectionner ce qui avoit été fait.

La nuit du 31 Mai on s'étendit du côté de la Meuse, pour resserrer les assiégés, & empêcher les sorties.

Le premier Juin on poussa les travaux à la sappe. L'artillerie cependant ruinoit les défenses, & les assiégés, vus de plusieurs endroits de front & de revers, n'osoient presque plus se montrer.

La nuit du 1er au 2 Juin, on se logea sur un avant-chemin couvert en-deçà de l'avant fossé, formé par les eaux de Wedrin & de Risnes; & l'on tira une parallele pour la communication des attaques. On construisit aussi deux batteries qui commencerent à tirer contre le demi-bastion & la muraille qui régnent le long de la riviere. Le même jour, à huit heures du matin, le marquis de Boufflers attaqua & prit le fauxbourg de Jambe. Sur le midi, l'avant-fossé de la porte S. Nicolas se trouvant comblé, les Gardes Suisses & le régiment de Stoppa de la même nation, attaquerent la contrescarpe & l'emporterent sous les ordres du marquis de Tilladet, lieutenant-général de jour: on prit aussi une lunette revêtue, qui défendoit la contrescarpe, & l'on fit des logemens dont les assiégés ne tenterent pas de nous chasser, quoiqu'ils fissent toujours grand feu de leurs autres ouvrages.

Le soir du 2 Juin, le marquis de Boufflers étant de tranchée, on s'empara d'une demi-lune de terre, qui couvroit la porte de S. Nicolas, & que les ennemis avoient abandonnée dans l'espérance qu'on n'oseroit pas s'y loger, à cause du feu continuel qu'ils faisoient.

Les eaux de la Meuse étant alors fort basses, on avoit projetté de pousser une tranchée le long d'une langue de terre qui étoit à découvert au pied du rempart, & comme ce rempart étoit continuellement battu par les batteries basses de la Meuse, il auroit été facile de prendre la ville de ce côté ; mais les grandes pluies ayant enflé cette riviere, on fut contraint d'abandonner ce projet.

Pendant le troisieme & quatrieme Juin, l'artillerie battit en breche la face du demi-bastion de la Meuse, & y fit une ouverture considérable ; les assiégés montrerent beaucoup de résolution, & travaillerent même à se retrancher : mais comme on s'apperçut qu'ils transportoient dans le château leurs munitions & leurs effets, on ne douta point qu'ils ne se rendissent bientôt. En effet le cinquieme de Juin, le duc de Bourbon étant de jour, ils battirent la chamade, & demanderent à capituler. Les articles de la capitulation furent que les soldats de la garnison entreroient dans le château avec leurs familles & leurs effets ; qu'il y auroit une treve de deux jours, & que pendant tout le reste du siege, on ne tireroit ni de la ville sur le château, ni du château sur la ville ; mais l'un & l'autre parti avoit la liberté de rompre ce dernier article, pourvu qu'on avertît qu'on ne vouloit plus le tenir.

La capitulation signée, le régiment des Gardes prit possession de la porte S. Nicolas. Il n'y avoit que six jours que la tranchée étoit ouverte, quand Namur se rendit ; & les attaques furent si brusques & si précipitées, qu'à peine avoit-on eu le temps de donner la derniere main aux lignes de circonvallation.

Pendant que ceci se passoit devant Namur, les alliés marchoient pour venir au secours de cette ville : le Prince d'Orange & l'Electeur de Baviere, à la tête de l'armée, ayant passé le canal de Bruxelles, étoient venus camper à Dighom, puis à Lefdael, & à Wossem, delà à l'abbaye du Parc, & au château d'Heverle près de Louvain, où ils séjournerent quelque temps, pour attendre que toutes leurs forces se fussent jointes. Ce n'étoit pas là cependant la véritable cause de ce séjour, le Prince d'Orange craignoit toujours que la flotte Françoise qui conduisoit le Roi d'Angleterre, ne fît quelque descente qui l'obligeât à rebrousser chemin ; mais dès qu'il eut appris que sa flotte, jointe à celle des Hollandois, s'étoit mise en mer, & qu'ils étoient fort supérieurs aux François dont tous les vaisseaux n'avoient pu se joindre,

il

il se remit en marche, & partit le cinquieme Juin des environs de Louvain, pour aller camper à Meldert & à Bauechem; le sixieme, il campa auprès de Hougaerde, & de Tirlemont; le septieme, entre Orp & Montenackem; & enfin le huitieme, sur la grande chaussée entre Thinnes & Breff, à la vue du maréchal de Luxembourg, à qui le Roi, après la prise de la ville, avoit envoyé le comte d'Auvergne & le duc de Villeroi, lieutenans-généraux, avec la plus grande partie des troupes qui étoient campées du côté du Brabant.

Le septieme Juin, c'est-à-dire le dernier jour de la treve, le Roi quitta son premier camp, & en prit un autre entre la Sambre & la Meuse, dans la forêt de Marlagne, auprès d'un couvent de Carmes, appellé le Désert. Une ligne de troupes s'étendoit depuis l'abbaye de Malogne sur la Sambre, jusqu'au pont construit sur la Meuse à Huépion. Une autre ligne de dix bataillons qui composoient la brigade du régiment du Roi, eut son camp marqué sur les hauteurs du château, & ce fut delà que la brigade du Roi eut ordre d'attaquer les assiégés dans les retranchemens qu'ils avoient faits sur ces hauteurs à la faveur de quelques maisons, & entr'autres d'un hermitage fortifié en forme de redoute.

L'attaque fut brusque: on renversa d'abord les postes avancés; on poussa les ennemis jusqu'à une seconde hauteur aussi escarpée que la premiere, & là, ayant trouvé des bataillons en bon ordre, on les battit l'épée à la main jusques dans leurs retranchemens qu'on auroit même forcés, si le prince de Soubize, lieutenant-général de jour, & le sieur de Vauban, n'eussent rappellé les troupes pour les obliger de se contenir dans le poste qu'on avoit occupé. La brigade du Roi eut dans cette action environ six vingts soldats tués ou blessés.

Après s'être établis sur cette hauteur, on ouvrit une tranchée qui fut relevée tous les jours par sept bataillons. Les jours suivans les pluies continuelles, & la dureté du terrein pierreux, empêcherent d'avancer beaucoup le travail, & ce ne fut qu'avec de grandes difficultés qu'on acheva les batteries.

Le 13 Juin les travaux ayant été poussés jusqu'aux retranchemens où les ennemis se préparoient à une vigoureuse résistance, le Roi se transporta lui-même sur la hauteur, & envoya ses meilleures troupes pour les attaquer.

Deux cens Mousquetaires du Roi à la droite, les Grenadiers

à cheval à la gauche, & huit compagnies de grenadiers d'infanterie au milieu, marcherent sur le midi l'épée à la main, soutenus de sept bataillons de tranchée, & des dix de la brigade du Roi, qui étoit en bataille sur la hauteur à la tête du camp. Les assiégés n'osant soutenir cette attaque, firent simplement leur décharge, & se retirerent en désordre dans le chemin couvert des ouvrages qui étoient derriere eux. Ils perdirent plus de quatre cens hommes, & beaucoup d'officiers; les François eurent environ cent trente hommes & quarante officiers ou mousquetaires tués ou blessés. Le duc de Bourbon étoit lieutenant-général de jour.

Le comte de Toulouse, amiral de France, âgé de quatorze ans, reçut une contusion au bras à côté du Roi, & plusieurs personnes de la Cour furent blessées autour de Sa Majesté. On accorda aux assiégés une suspension pour retirer leurs morts, sans discontinuer d'assurer les logemens dans les retranchemens qu'on venoit d'emporter.

De toutes les fortifications de la place, celle qui coûta le plus de temps fut le Fort-neuf nommé le Fort Guillaume, parce que le Prince d'Orange l'avoit fait construire l'année précédente. Il étoit sur le côté de la montagne qui descend vers la Sambre, & quoiqu'il parut moins élevé que les hauteurs qu'on avoit gagnées, il étoit cependant à l'abri du commandement.

La nuit du 13 au 14 Juin, on avança le travail plus de six cens pas vers la gorge de ce fort; le quatorzieme on s'étendit sur la droite, & l'on y construisit deux batteries, tant contre le fort-neuf, que contre le vieux château. Ce même jour les assiégés abandonnerent une maison retranchée, qui leur restoit sur la montagne.

Le 15 on démonta presque entièrement le canon des assiégés, mais nos batteries firent fort peu d'effet contre le fort-neuf.

La nuit suivante on ouvrit une nouvelle tranchée au dessus de l'abbaye de Salzenne, pour embrasser ce fort par la gauche, & l'on poussa le travail jusqu'à quatre cens pas.

Cependant le Prince d'Orange, rassuré du côté de l'Angleterre par la nouvelle qu'on venoit d'apprendre que la tempête avoit dissipé la flotte Françoise, se comportoit comme un homme qui vouloit passer la riviere, & attaquer l'armée du maréchal de Luxembourg. En arrivant sur la Méhaigne, il fit sonder les gués, posta son infanterie dans les villages & les endroits favorables à son passage, & fit jetter grand nombre de ponts de bois & de bateaux ; mais en même-temps il faisoit démolir tous les ponts de pierre qui se trouvoient sur la Méhaigne, comme s'il eût voulu assurer sa retraite en cas qu'il fût battu.

Le maréchal de Luxembourg ne voulant point engager d'un bord de la riviere à l'autre, un combat où la cavalerie n'auroit point eu de part, se retira un peu en arriere ; ce qui fit d'abord croire aux alliés, que leur chef ne manqueroit pas de les faire passer : mais le Prince d'Orange qui n'avoit nulle envie d'en venir aux mains, s'excusa tantôt sur les pluies, & tantôt sur le dessein qu'il disoit avoir formé de faire périr l'armée Françoise en temporisant d'une part, tandis qu'il tenteroit de l'autre quelque stratagême qui feroit échouer nos desseins.

En effet, il détacha secrétement le comte de Serclaës de Tilly, avec cinq ou six mille chevaux du côté de Huy, d'où ce général ayant tiré un détachement considérable, alla passer la Meuse, & fit remonter son infanterie dans le dessein de couper le pont de bateaux qui étoit sous Namur, & qui faisoit la communication de nos armées ; en même-temps le comte de Tilly, avec sa cavalerie, marcha vers le quartier du marquis de Boufflers, pour l'attaquer & brûler le pont de la haute Meuse, avec toutes les munitions qui se trouveroient sur le port : mais le Roi en ayant été averti, fit sortir ses troupes hors des lignes, & le comte de Tilly qui en eut vent, fut contraint d'aller rejoindre bien vîte l'armée des confédérés.

Le Prince d'Orange ayant demeuré quelques jours sur la Méhaigne, remonta jusques vers la source de cette riviere, & alla camper sa droite à la cense de Glinne, près du village d'Asche, & sa gauche au dessus de celui de Branchon.

Le Maréchal qui l'observoit de près, remonta aussi, & vint camper à Hanrech, la gauche à Temploux, & la droite à Hanrech. Ce fut là où l'Electeur de Baviere ayant passé la riviere pour observer notre armée, fut obligé de repasser brusquement à l'approche de quelques troupes de carabiniers qui le chargerent avec vigueur.

Ce dernier camp de notre armée étoit trop incommode, à cause de plusieurs ruisseaux dont il étoit coupé : le Maréchal alla camper sa gauche au château de Milmont, où elle étoit couverte du ruisseau d'Aurenault, & étendit sa droite par Temploux & par le château de la Falise, jusqu'auprès du ruisseau de Wedrin. Pardelà ce ruiſſeau, il fit camper ſon corps de réſerve, de ſorte qu'il ſe trouvoit proche de l'armée du Roi, & de la Sambre & de la Meuſe, d'où il tiroit la ſubſiſtance de ſa cavalerie.

Le 22 Juin le Prince d'Orange paſſa le bois des cinq étoiles, & alla poſter ſa droite à Sombreff, & ſa gauche proche de Marbais ſur la grande chauſſée, de façon qu'il étoit en état de paſſer en un jour la Sambre, pour tomber ſur l'armée aſſiégeante; c'eſt ce qui obligea le Roi d'envoyer le marquis de Boufflers avec un corps de troupes, pour ſe ſaiſir du poſte d'Auveloy ſur la Sambre, & diſputer le paſſage de cette riviere aux ennemis, en cas qu'ils vinſſent à s'y préſenter. Le corps de réſerve du Maréchal eut ordre de ſe joindre au marquis de Boufflers, dont les troupes n'étoient pas aſſez nombreuſes; en même-temps le Roi fit jetter un pont ſur la Sambre entre l'abbaye de Floreff & Jemeppe, vers l'embouchure du ruiſſeau d'Aurenault, où la gauche du Maréchal étoit appuyée. Par ce moyen ce général pouvoit aiſément paſſer la Sambre, ſuppoſé que les ennemis vouluſſent entreprendre la même choſe du côté de Farſiennes & de Charleroi.

Tandis que les deux armées étoient ainſi en mouvement, on continuoit les attaques du château de Namur avec toute la diligence que les pluies pouvoient permettre. Le 17 au matin les aſſiégés ſe voyant extrêmement reſſerrés dans le fort-neuf, firent une ſortie de quatre cens hommes de troupes Eſpagnoles & de Brandebourg, ſur l'attaque gauche, où ils cauſerent quelque déſordre; mais les Suiſſes qui étoient de garde les repouſſerent, & le travail fut bientôt rétabli: il y eut de part & d'autre quarante hommes de tués. Le 18 & le 19 on ôta preſque entièrement les communications du fort-neuf au château, & le canon des aſſiégés fut démonté. Le 20 & le 21 on élargit & perfectionna tous les travaux, & le ſoir du 21 on attaqua les dehors du fort-neuf.

Huit compagnies de grenadiers, commandées avec les ſept des bataillons de la tranchée, occuperent ſur les ſix heures tous les travaux qui enveloppoient les ouvrages des ennemis. Le duc de Bourbon étoit lieutenant de jour. Le ſignal donné un peu avant la nuit, on marcha au premier chemin couvert, d'où, ayant chaſſé les aſſiégés, on paſſa le foſſé qui n'étoit pas fort profond, & on les pourſuivit juſqu'au ſecond: là, ils firent quelque réſiſtance; mais ayant été obligés de céder, on les pouſſa juſqu'au corps de l'ouvrage, & à l'inſtant ils battirent la chamade, & leurs ôtages furent envoyés au Roi.

Le lendemain ils sortirent du fort au nombre de quatre-vingts officiers, & de quinze cens soldats qui furent conduits à Gand. Du nombre des officiers étoit un ingénieur nommé Coëhorn, qui avoit donné le dessein de ce fort. C'est le même dont nous avons donné les méthodes dans ce Traité, & qui dans la suite, jaloux de la réputation de M. de Vauban, ou, pour mieux dire, piqué de l'affront qu'il avoit reçu dans son propre ouvrage, tâcha toujours de ternir dans ses écrits la gloire de cet illustre Maréchal. La foible défense que l'on fit à la prise de ce fort, fait bien voir qu'il n'étoit pas encore fait à user de ces chicanes sans fin dont il parle dans son Traité des fortifications.

Le 23 on éleva dans la gorge du fort-neuf des batteries de bombes & de canon contre le château. La tranchée ne fut plus relevée que par quatre bataillons.

Le 24 & le 25 on embrassa tout le front d'un ouvrage à corne, qui faisoit la premiere enveloppe du château, & l'on mena une parallele depuis la tranchée qui étoit du côté de la Meuse, jusqu'à celle qui étoit du côté de la Sambre.

Le 25 le Roi alla visiter le fort-neuf & les travaux, & fit la même chose les jours suivans, pour ranimer ses troupes par sa présence, malgré l'incommodité du temps, & la difficulté des chemins. La mousqueterie des ennemis & les éclats des bombes, tuerent & blesserent plusieurs personnes à ses côtés.

Le 26 on poussa les sappes jusqu'au pied de la palissade du chemin couvert.

Le 27 on perfectionna les travaux, & l'on dressa deux nouvelles batteries pour achever de ruiner les défenses, tandis que les autres battoient en breche les faces des deux demi-bastions de l'ouvrage.

Le 28 à midi, le signal ayant été donné par trois salves de bombes, neuf compagnies de grenadiers avec les quatre bataillons de la tranchée, marcherent l'épée à la main aux chemins couverts des assiégés; le premier se trouvant presque abandonné, elles passerent au second, tuerent tous ceux qui osoient leur résister, & poursuivirent les autres jusqu'à un souterrein qui communiquoit dans l'ouvrage.

Quelques grenadiers de la compagnie monterent sur la breche du demi-bastion gauche, pour la reconnoître, malgré les efforts que faisoient les assiégés pour les en chasser : l'un d'entre ces grenadiers y demeura fort long-temps, & y rechargea plusieurs fois son fusil avec une intrépidité que tout le monde admira.

La breche se trouvant trop escarpée, on se logea dans les chemins couverts, dans la contre-garde du demi-bastion gauche, & dans une lunette qui étoit au milieu de la courtine. Les assiégés perdirent environ trois cens hommes, & les assiégeans eurent près de deux cens, tant officiers que soldats tués ou blessés.

Le même jour les sappeurs firent la descente du fossé, & dès le soir on attacha les mineurs en plusieurs endroits; mais comme on étoit sûr d'emporter la place, on résolut de ne faire jouer les mines qu'à la derniere extrêmité : c'est pourquoi le 29 on tira le canon pour élargir les deux breches.

La nuit du 30 quelques grenadiers du régiment Dauphin furent commandés par le sieur de Rubentel, lieutenant-général de jour, pour monter sans bruit sur la breche du demi-bastion gauche, & épier la contenance des ennemis. Ces soldats s'étant apperçus que les assiégés s'étoient retirés au dedans de l'ouvrage où ils ne se tenoient pas exactement sur leurs gardes, firent signe à leurs camarades, & ceux-ci étant montés, ils chargerent tous ensemble l'ennemi avec de grands cris, & s'emparerent d'un retranchement qui étoit à la gorge du demi-bastion. Ceux qui gardoient le demi-bastion de la droite craignant d'être coupés, abandonnerent au plus vîte leurs postes, & laisserent les François entiérement maîtres de ce petit ouvrage.

Il y en avoit encore deux autres construits à peu près de la même façon, avec des grands fossés taillés dans le roc, & derriere tout cela étoit le château, qui lui seul auroit pu nous arrêter encore long-temps. Mais le gouverneur voyant sa garnison affoiblie, & extrêmement intimidée, & d'ailleurs ne comptant plus sur les promesses dont le Prince d'Orange l'entretenoit depuis le commencement du siege, songea à faire sa composition à des conditions honorables, & demanda à capituler.

Toutes les marques d'honneur qu'il avoit demandées lui furent accordées par le Roi, & le jour même on livra une porte à nos troupes. Le lendemain 1er jour de juillet, la garnison sortit au nombre d'environ deux mille cinq cens hommes, partie par la breche, & partie par la porte vis-à-vis du fort-neuf. La désertion leur avoit enlevé deux cens hommes, ainsi, ajoutant ensemble ces neuf cens hommes avec les deux mille cinq cens sortis du château, & les seize cens qui sortirent du fort-neuf, on voit qu'il périt dans ce siege environ quatre mille deux cens hommes, puisque la garnison étoit composée, comme nous avons dit, de neuf mille deux cens.

Un peu avant la reddition du château, les alliés étoient partis de Sombreff, & avoient tourné le dos à Namur, pour aller camper dans la plaine de Brunehaut, la droite à Fleurus, & la gauche du côté de Frasne & de Liberchies. Là, le Prince d'Orange ruinoit les environs de Charleroi, dans la crainte sans doute qu'il ne prît envie au Roi d'en faire le siege. Le soir du dernier jour de juin, les salves que firent l'armée du Maréchal, & celles du marquis de Boufflers, annoncerent aux alliés la prise de Namur, & leur consternation en fut si grande pendant plusieurs jours, qu'ils n'oserent s'opposer au passage de la Sambre, que le Maréchal fit faire à son armée, pour la poster dans la plaine de S. Gerard, où il étoit plus à portée de favoriser les réparations les plus pressantes de la place, & les remises d'artillerie, de munitions & de vivres qu'il falloit y jetter.

Pendant les deux jours qui suivirent la prise du château, le Roi donna les ordres nécessaires pour la sûreté de cette conquête. Il visita les ouvrages & en ordonna les réparations ; ensuite il alla trouver le maréchal de Luxembourg à Floreff, d'où il détacha différens corps pour l'Allemagne & pour la sûreté des frontieres de Flandres & de Luxembourg. Enfin, ayant pourvu à tout, & donné tous les ordres, il partit de son camp le 3 Juillet, retourna à Versailles, laissant au maréchal de Luxembourg une puissante armée capable d'arrêter tous les desseins que les confédérés auroient pu former.

Pour donner aux lecteurs une plus grande intelligence de la relation de ce siege, on a joint ici le plan de la circonvallation de l'armée du Roi devant la ville de Namur, *Planche* 49, & le plan des attaques de la ville & du château, dont voici l'explication.

EXPLICATION

Des Lettres de renvoi du Plan des Attaques de la ville & du château de Namur, Planche 50.

A. Le château.
B. Porte de Bouller.
C. Porte de Jambe.
D. Porte de Grugnon.
E. Porte de Bruxelles.
F. Porte de fer.
G. Porte de S. Nicolas.
H. Attaques de delà l'eau.
I. Attaques de la Meuse.
K. Attaque des hauteurs de Bouge.
L. Battéries de delà l'eau, de cinq pieces de canon.
M. Batteries de dix pieces de canon.
N. Batteries de cinq pieces de canon.
O. Batterie de mortiers.
P. Village de Bouge.
Q. Maladerie.
R. Maison des Jésuites.
S. Le pont sur la Meuse.

F I N.

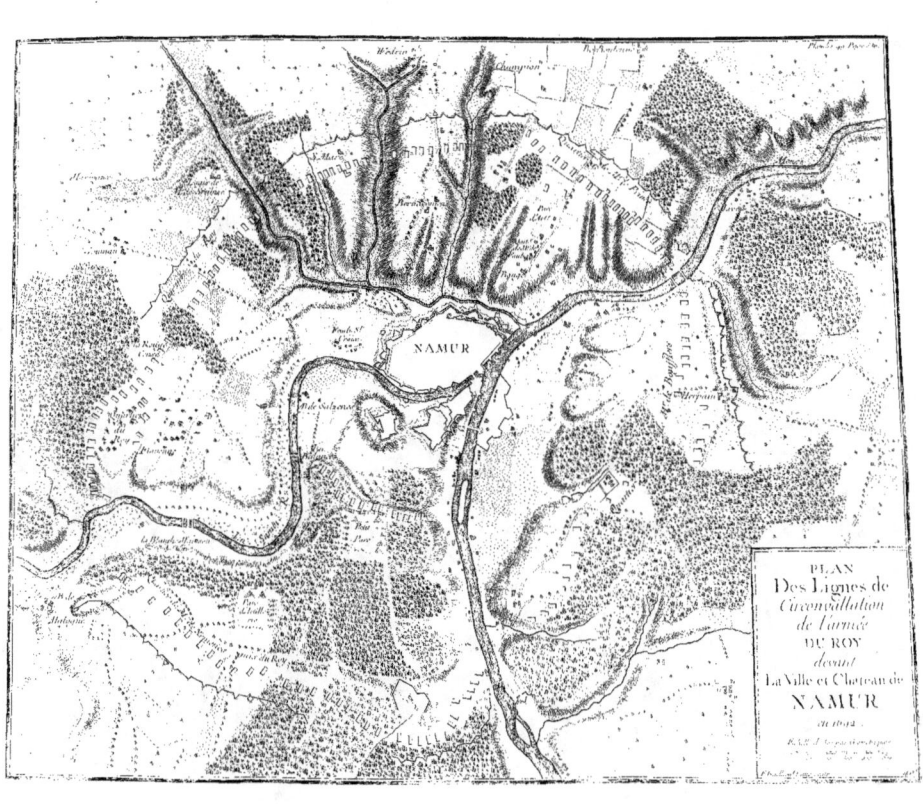

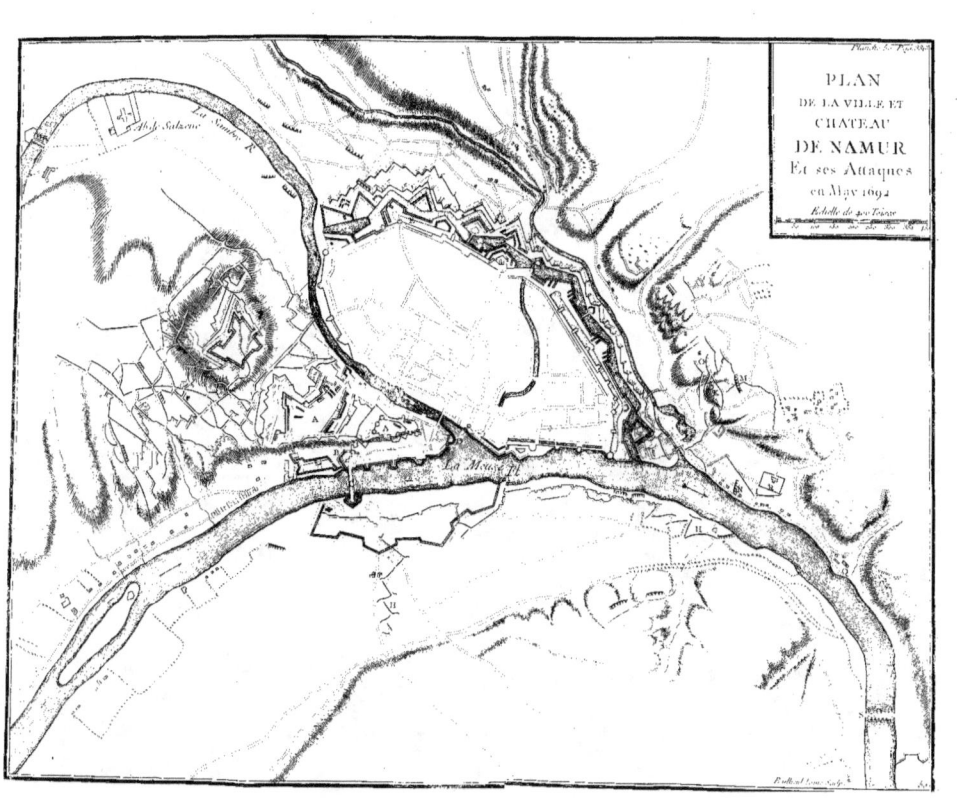

TABLE
DES CHAPITRES
ET
DES MATIERES
Contenues en cet Ouvrage.

PREMIERE PARTIE.

DE LA FORTIFICATION RÉGULIERE ET IRRÉGULIERE.

CHAPITRE I. *Explication de quelques principes de Géométrie, néceſſaires aux Fortifications,* page 1

CHAP. II. *De l'invention & des progrès de la fortification. Plan de cet ouvrage,* 7

CHAP. III. *Explication des parties d'une place, des différens dehors qu'on y ajoute; des angles & des lignes qui compoſent ſes parties, & des lignes occultes qui ſervent à la conſtruction,* 9

Des lignes & des angles qui compoſent les parties d'une place, 11

Des lignes & des angles occultes qui ne paroiſſent point après la conſtruction, 12

CHAP. IV. *Des maximes générales des fortifications,* 14

CHAP. V. *De la conſtruction des ouvrages ſelon la premiere méthode de M. de Vauban,* 17

Conſtruction de la ligne magiſtrale, du rempart, du foſſé, du chemin couvert, & du glacis, 18

e *la maniere de décrire le profil du rempart avec ſon revêtement,*
D*du foſſé, du chemin couvert, & de la contre-eſcarpe,* 29

V v

TABLE

Construction du bastion à orillons, 31
Construction des embrasures & des batteries à barbette, 32
Construction des cavaliers, 33
Construction des guérites, 34
Construction de la tenaille simple, de la tenaille double, & de la caponniere, ou chemin couvert au devant de la tenaille, ibid.
Construction des demi-lunes sans flancs, des demi-lunes avec flancs, des grandes & petites lunettes, 36
Construction des ouvrages à corne, 38
Construction d'un ouvrage à couronne, 40
Construction d'un ouvrage à tenaille simple & double, des ouvrages à queue & à contre-queue d'hirondes, & des bonnets à Prêtres, 42
Construction des traverses, des redoutes, bonnettes, ou fleches qu'on met à l'extrémité du glacis, de l'avant-fossé, & des Pâtés, ibid.

CHAP. VI. *De la seconde & troisieme méthode de M. de Vauban,* 45
Construction de la troisieme méthode, 48
De la grande place d'armes, de l'arsenal, des casernes, des grandes portes, des poternes, des ponts, &c. 54

CHAP. VII. *Des méthodes de différens Auteurs. Méthode d'Errard,* 59
Méthode à l'Italienne de Sardis, 60
Méthode Espagnole, 63
De l'ordre renforcé, ibid.
Méthode du Chevalier de Ville, 64
Méthode du Chevalier de S. Julien, pour les grandes places, 65
Méthode du Chevalier de S. Julien, pour les petites places, 68
Méthode Hollandoise de Marollois, 69
Méthode de Bombelle, 71
Méthode de Blondel, 72
Méthode anonyme, 75
Seconde méthode anonyme, 81
Troisieme méthode anonyme, 83
Méthode du Comte de Pagan, 85
Méthode qu'un Auteur moderne préfere à celle de Neuf-Brisach, 89
Méthode de la fortification à rebours, 97
Premiere méthode du Baron de Coëhorn, 103
Seconde méthode du Baron de Coëhorn, 111
Troisième méthode du Baron de Coëhorn, 116

DES CHAPITRES.

Méthode de Schéiter, 120
Méthode de Sturmius, 124
CHAP. VIII. *De la fortification irréguliere & de la construction des citadelles & des réduits,* 128
Rendre réguliere une place irréguliere lorsqu'on le peut, 129
Trouver les côtés extérieurs d'une place, lorsqu'on n'a que les intérieurs, 131
Fortifier une place irréguliere, dont les côtés & les angles sont réguliers, 136
Fortifier une ovale, 138
Fortifier un long côté, 148
Maniere de tracer une place réguliere avec un long côté, 151
Fortifier un côté trop court, 161
Fortifier les places situées sur une riviere, sur le bord de la mer, sur une hauteur, &c. & celles dont on veut conserver l'ancienne enceinte, 165
Remarque. Description de la ville de Luxembourg, 167
Noms des principales parties de la fortification de Luxembourg, 169
De la construction des citadelles & des réduits, 171

SECONDE PARTIE.

DE L'ATTAQUE ET DE LA DÉFENSE DES PLACES.

CHAPITRE I. *De l'attaque des places,* 175
Surprise par escalade, 179
Des surprises par le pétard, 186
Des surprises par stratagême, 192
Des surprises par intelligence & par trahison, 194
Des attaques par canonnade & bombardement, 199
Des attaques d'emblée, ibid.
Des attaques par forme, 200
De l'investiture d'une place, 201
Du campement de l'armée, & des lignes de circonvallation & de contrevallation, 203
Des préparatifs pour l'attaque, de l'ouverture de la tranchée, & de son avancement à la fascine, 208
Du profil de la tranchée, des grandes & petites places d'armes,

TABLE DES CHAPITRES.

de leur profil, & de leur distance entr'elles,	214
Avancement de la tranchée par sape,	217
Des batteries de canon,	220
Des batteries à bombes & des pierriers,	224
De la prise du chemin couvert, & des logemens sur le glacis & la contre-escarpe,	225
De la descente du fossé & de la prise de la demi-lune,	230
Du passage du fossé, & de l'attaque du bastion,	234
Des mines & contremines,	238
Ce qu'on doit faire pour empêcher les secours qu'on peut donner à la place attaquée,	255
De l'attaque des places irrégulieres,	259
Explication des attaques d'une place située dans un marais,	264
Explication des premieres attaques d'une place située sur une grande riviere,	266
Explication de la suite des attaques d'une place située sur une riviere,	267
De l'attaque brusque d'une place,	268
De l'attaque d'une place par famine,	270
De la reddition d'une place,	271
De la levée d'un siege,	273
Des anciennes attaques,	274
CHAP. II & DERNIER. De la défense des places,	275
De la défense contre l'escalade,	ibid.
De la garde d'une place,	276
Contre le pétard, les stratagêmes, & la trahison,	282
Contre les attaques d'emblée, & celles de bombardement,	284
De la défense des attaques par siege,	ibid.
De la défense des places irrégulieres,	298
De la défense contre les attaques brusques,	300
De la défense contre les blocus,	ibid.
De la capitulation & reddition d'une place,	ibid.
Ce qu'il faut faire lorsque l'ennemi leve le siege,	302
Journal du siege de la ville de Lille,	303
Relation du siege de la ville de Namur,	321

Fin de la Table.

www.ingramcontent.com/pod-product-compliance
Lightning Source LLC
Chambersburg PA
CBHW070543230426
43665CB00014B/1796